廖辅叔全集

第四卷·文学译作卷

（下册）

中央音乐学院《廖辅叔全集》编委会◎编

中央音乐学院出版社

煤

〔波兰〕亚历山大·席包尔-里尔斯基著

版本：作家出版社，1957年

第一章　从查勃尔泽来的人

1

炸药爆破的气味还在弥漫着。工程师普罗斯提望着那在黝黑的裂口前面上下流动的光着背脊的行列，用他那婆娘式的尖细的声音问那个工长：

"伤人脑筋的家伙是哪几个？"

"我们就要到那边去，矿长先生，他们在煤壁的另一头工作着。"

"您可用不着这样跑，特拉赫登堡！我们总还可以按时赶到的！"

他们沿着沾满汗水的背脊的行列走。那些人们挤在煤壁前面，把那爆开的煤块铲起来倒到溜槽上面去，那些溜槽凑成了一张闹床，一进一退地不歇地跳动。倒上去的煤就不平衡地冲激着向那黑暗的上山坑道溜过去。

煤壁很长。在他们两人走近柯可特和鲁特卡之前，他们必须跳过撑柱的木堆并避开那些收拾落在溜槽后面的木块和煤块的工人。

柯可特已经从远处发觉了他们，他放下手上的铁锹。

"阿尔柏特！"

"什么事？"

"挖下去！"

"为什么？"

"工程师普罗斯提向我们爬过来了。"

"我已经在什么地方看见过他……"鲁特卡掉过头来说，同时用力对付着一块大皮箱一样大小的煤。

柯可特等候着，像平时一样弯着腰，叉开两条腿，好比一只眼睛突出的大蜘蛛。他有长胳膊，他的冒汗的秃顶在那推后了的鸭舌帽底下直闪亮。

"这就是那些小伙子，矿长先生"，工长特拉赫登堡靠边站住，一面说着，一面用手指指着柯可特和鲁特卡。他向那两个矿工吆喝："放下工作，矿长先生来了。你没有听见吗，鲁特卡？"

"原来您就是柯可特，"工程师普罗斯提问，同时他还得把头抬高一点，虽然这个挖煤工人并不高。这位工程师的身材是特别矮小的。站在工长身边他显得不比一个男孩子高多少，虽然他在矿坑下面还穿上了双层底的长靴。

"是的。"

"那就说吧，可是要说到正题。"

"我们已经向那位业务主任先生提出过要求；这里简直不能工作，矿长先生。"

"说到正题上来！"普罗斯提大声地提醒他。

"我们向工长先生和业务主任先生请求过两次。业务主任先生说，那是您的事情，矿长先生。"

"呐，呐！"

"这里的矿工是太多了。"

"哪里？"

"这一片煤壁。"

工程师嘘了一声。"嘀嘀，柯可特，您告诉我的是什么事？"

柯可特紧张地望着普罗斯提解释道："这里有 36 个人。这是太多了。工作简直做不开。"

"他说得对，工作简直不能进展"，工长证明着。他沉思地摸着他那零散地长在面颊和下巴的皱纹中间的灰色毫毛。

"胡说。从前你们是 30 个人，也一样做不开。"

"从前也做不开，不错"，工长打起官腔接口说。他认为随时随地为事实作证，是一个正派人的义务。

柯可特摇他的秃头。

"不行，不行，现在是人太多了，从前也一样是人太多。我们的党小组通过了决议，请求矿长先生改变这种情况。就人数来说，地方是太窄了，矿长先生。您看看吧，他们的胳肘总是你碰我，我碰你的，他们没有办法把顶板铺起来，煤块总是落到他们身上。"

"你们还有什么话要对我说的？"普罗斯提冷淡地插进这么一句。

"可是矿长先生……"

"这样一来我们挣到的钱就连买面包上的盐也不够！真是气死人！"鲁特卡忽然大声地嚷起来。他推开他的同志，站到前面来，晃着他的拳头。"那简直是糟蹋人，可算不上是什么劳动！"他软帽底下垂下来的黑头发遮住了一只眼睛，另一只眼睛就像一支点着的烟卷一样闪着火光，射到矿长那张并非不算漂亮的脸孔上面去。

"先不管赚钱不赚钱，矿长先生。可是定额呢，计划呢？"柯可特把秃头扭到一边去，声明说："我们的煤壁应该每天挖出 540 车，但就没有一天挖到过这个数目。

不是这样吗？不是吗？"

工长又来作证明，可是那位工程师显然是已经打定主意要走了。

柯可特逼紧着说："全部工作都吃了这个亏。大家都只能挖到80%~90%，只有达勃罗夫斯基的、我的和勃拉契克的小组比较好些……实际上我们可以挖得比定额所要求的还要多！只要——这样子怎样可以工作下去！36个人爬来爬去，一个人压着另外一个人，你压我，我挤你！岂有此理！调走10个人吧！这样子怎么做得成积极分子？你能够开足马力来工作吗？"

"糟蹋人！"鲁特卡叫了一声，一拳向支柱打过去。

"我叫你们维持秩序！"工程师尖叫着。

"什么？"

工长用手指擤一擤鼻子，严肃地说明："这就是说，你应该停止叫嚷。"

现在是工程师开口："柯可特！我告诉您：一切都很合适。这样很对，而且必须这样维持下去！如果定额不可能达到，那是因为你们不愿意工作。我们走吧。"

工长做出远视的姿势，把银表从表链拉到胳膊一样的长度看一看时间，接着他们两个便在坑道的转角后面消失了。

2

当工程师和工长的矿坑灯在黑暗中消失掉，他们的声音也被溜槽的碰击掩盖了的时候，柯可特发出了由衷的叹息："你们看吧，看吧，那究竟是怎么样的一个人啊。"

"畜生！蠢才！无赖！"

"假如他们是这样的话，我们的矿坑哪里谈得上进展！他们对矿工就没有一丝一毫的信任！"

"碰到这样的矿坑真是活见鬼！"

"不要这样说！"

"岂有此理，维克多，你知道，我不是为钱打算。"

"那你又骂什么？"

"活见鬼！难道我们这边不可能跟别的矿坑一样吗？那边的工程师是我们的人，他们一道工作，他们把工作当作一回事，我们这边怎么样？"

阿尔柏特·鲁特卡忍住气，一把抓住那柄铁锹，似乎他并不是想去挖煤，而是要戳穿工程师普罗斯提的肚皮。他的面孔气得就好比一个愤怒的小孩，虽然他已经是 35 岁以上的人了。

维克多叉开腿站在那里，他的圆眼睛望着那盏放在他脚跟前坑地上的矿坑灯。"谢尔贤可以表示同意，可是那一个不行。业务主任一定只晓得服从上级。要是这样，那该是多美啊，24 个矿工，两个一排，谁也不妨碍谁……540 车！——我们自己就要挖得更多，不是吗，阿尔柏特？"

"天哪，那真是不错！"

他沿着煤壁望过去。36 个人用鹤嘴镐和铁锹在裂口上拼命挖，把煤扔到脚前面，把煤块从煤壁上拉下来搁在肩膀上，越挖越气，咒骂声搅做一团。

"滚开！"——"走上前面去！"——"滚出去，见你的鬼！"

那些人在煤壁面前展开广阔的阵线走过，把那刚打开来的煤扔到溜槽上面去，溜槽接上一条长长的滑床，通过整个现场把煤送到上山坑道。从那里它又哗啦啦地倒在第二道溜槽上面，边跳边响地转到石门的输送带那儿去。

紧挨着身边的那个挖煤工人菲列克·达勃罗夫斯基，正在小心地把一块大煤块搬到溜槽上面去，用眼睛在仔细地估量，看它会不会碰到支柱，一面慢慢地转身向着维克多："你可以满意了，柯可特，鲁特卡并没有叫那位小老爷吃他一嘴巴。"

"那我只觉得可惜"，柯可特愤恨地说。

"昨天他也给了一个人一嘴巴，弄到他们非把他从酒店里抬出去不行"，他继续说，并没有放下他的工作。

"是不是你又打了架？"

鲁特卡自言自语地吼出了一些别人听不懂的话。黑色的头发遮住了他那转向他的同事的半边面孔。

"他们总有一天会把你从矿坑里轰出去！"

鲁特卡吐了一口唾沫。似乎他忽然间对一切都感觉厌倦，他把铁锹放在坑道侧壁上，跳过溜槽，就在挖空的中间坐下。他是常常这样子的。在他身上会意外地有一把怒火烧起来，过了一会又会突然熄灭。

菲列克还在把那砸在煤壁上的煤条扳下来。他爬到煤堆上面去，用那短鹤嘴镐去钩煤。接着一拉，黑块块就轰隆轰隆地落到他脚跟前。他的动作是慢的，可是又准确，又集中。菲列克很少跟柯可特讲话。

"不要生气。干你什么事！"

"矿坑……"

"算得什么呀，还有更大的忧虑呢。"

"我愿意一切都变得更好……可是那些魔鬼……"

"啐他们一口，好家伙，你倒也过着很好的生活呢。"

"不要胡说八道！"

"要是你也像我一样要跟这样的爸爸住在一起——真是倒霉，比整个矿坑还要倒霉。"

"对爸爸是应该尊敬的"，杜都力克从另一边喘呼呼地插嘴说。虽然是在半明半暗的地方，他的脖子却像一支红萝卜一样从短袄里发出了光亮。

"不，这样的爸爸用不着去尊敬他。"

"那就一把抓住他的脖子，把他摔出去"，鲁特卡狠狠地向他建议。菲列克住了口。他们大家都知道，那个老头子阿洛伊斯·达勃罗夫斯基是骗子、二流子又是酒鬼，比菲列克要结实得多。因此也才引起那个挖煤工人的忧虑。当他晚上回到家里的时候，那个爸爸常常是在那唯一的房间里面和一个婆娘睡着打鼾。他却必须不哼声！

菲列克又用鹤嘴镐小心地去扳煤条，一直把它拉到平滑的裂口。他那明亮的、充满了怨恨的眼睛慢慢地朝他的同事溜过去。只有魔鬼知道，他究竟是看到了什么人还是惦记着什么人。忽然间他向"爸爸"杜都力克建议："不要这样，把它打开两半。这样通不过那些支柱。"

"你才真是！"

"那就随你高兴吧。唉，只要他们肯把矿区的一所住宅给我……一个小房间……！"

"替普罗斯提舔舔肚脐去吧，也许他给你一间！"阿尔柏特·鲁特卡狠狠地说。

"为什么你这样痛恨那个矿长？什么缘故？难道他还会倾听这样一些肮脏家伙的意见？也许你愿意传授点什么给他？你念过什么样的学校？怎么样？"

杜都力克一个字一个字地射出来，就好比大炮的炮弹。他那张圆面孔像蒙上一层硬脂一样在发亮。每说一个字他都要轻轻地耸一耸他的公牛似的肩膀，似乎他是在和说话的人开玩笑。

"学校吗，爸爸，那倒并不就是一切，您不知道吗？"柯可特提醒他。

"特别是今天的……那简直是骗人，只是骗人的。谁在那里教课？完全像你一样的混蛋……从前，是的，从前，那才是学校呀！我知道，我曾经听人说过。谁能够在那里挑得出毛病啊？德·维龙伯爵、亨克尔·封·顿纳斯玛克伯爵、莫拉夫斯基伯爵……"

"爸爸，铲煤吧，时间要飞掉的。"

"嘿！"杜都力克不高兴听别人劝告。他委屈地擤一擤鼻子，从他拱起的小肚皮的深处发出一声长叹，他又铲下去了。同时他还记起："这样的一位普什琴斯基侯爵……像纸一样枯瘦，眼眶上嵌上一片玻璃，或者是那位封驻拉提博尔的公爵。我有一次曾经帮我的兄弟把向他缴纳的大麦送到拉提博尔去。那才是一位老爷——手套拿在左手上；头抬得高高的，眼睛从不望面前的东西。哦，今天再没有这样非凡的人物了。"

菲列克呢，他这一段时间做着的梦却说出来了："即使是一间小阁楼，也总算是自己的。唉，只要离开爸爸就行！可是矿区就是不给。矿长呢，他们是会给他的，可是像我这样的呢——不给！去年我曾经提过一个那么小小的，叫做什么……建议，从煤壁上面去提取矽合金屑①，结果怎么样？他们不是就连一个兹罗提也没有给我吗？"

3

最后半个钟头他们差不多都只在做纪录。煤是连最后一颗粒都铲到溜槽上去了，犯不着再动手去重新爆破。它要留在那里等候第二班了。何况还有一点，谁也不会给谁送人情！只有柯可特的、勃拉契克的、菲列克的小组一直挖到最后一分钟。他们善于计算时间和工作，他们挖够了全班的煤。维克多一面收拾那些工具，一面向一个瘦小的、弯腰的人拉话，那个人正在穿他的短袄："皮尔卡，倒霉的傻瓜，你又有什么烦恼了吗？"

"难道我的忧愁还少吗？每天都有一种新的。"

"这样吗？"

皮尔卡的面孔直抽搐，连眼睛、鼻子和嘴角都走了样了。他两边太阳穴都长了白头发，虽然他还是年纪轻轻的。他的嘴唇倔强地弯曲着。当他们迈开鹅步从上山坑道向石门走过去的时候，他悲惨地说着："维克多，你本来知道，真是，我是不诉苦的。你本来知道，我是不诉苦的，最多是当我已经碰到了严重的烦恼的时候。这样的烦恼我就恰好碰到！老婆现在快要临盆了，你知道，这是第六个孩子。老婆

---

① 矽合金屑是一种硬金属，可制钻孔机的钻头。

再挨不了多少时候……维克多，你知道……"

"给我，我替你拿那把铁锹。"

"唉！医生说，她必须注意，因为她很可能出事。她只有到医院去生产才对。"

"那你为什么还要叹气……你就要多增加一条毛虫了。"

"唉……"皮尔卡没有把握地摇摇手，似乎他是想说："真是见鬼。"可是就是他的动作也并不灵活，不完整，半中间就打断了，迟疑地，像皮尔卡所做的一切一样。他细声说："那么你借给我两百兹罗提，维克多，可以吗？"

他用那只空闲的手拍一拍皮尔卡那汗湿透了的、颤抖的肩膀。他们正在走进那一般称为"毛虫"的石门，最后那批煤正在转运带上从斜巷通过石门卸出去。在他们面前和他们头上都有像火炬一样发出黄光的灯。

"唉，根本一切事情就都是这样！"皮尔卡骂道。"谁能够靠每天这几个钱活下去？哈尼斯把鞋子踢破了，这双鞋子就花了我 3000。——这里却又是这样的计班工资……"

维克多拐着他那弯曲的、又开的短腿沿着煤壁走过转运员的身旁。他的样子有点滑稽。可是并没有引起别人的注意。

皮尔卡又开始说他的忧虑。

"我听到了，你和矿长是怎样说话的，和那个工程师普罗斯提，维克多。你们说得声音那么大，连我这边都可以听见。假如他们听你的话，假如他们从这边煤壁调走一些矿工，是不是我们就真的可以多挣一些钱呢？"

柯可特瞪着他那眼光粗野而且不自然地张大的眼睛望着他："那你又怎样想？"

"我知道什么？"

"那就听着吧。定额是每人 15 车。可是地方是那么窄，假如你一班挖得到 14 车，就已经算多了。你根本达不到这个定额，那你得到的工资就要少些。要是你能够挖到 150%，你说你将要得到多少钱？"

"不知道。"

"你就要一班得到 1000 兹罗提以上！毫无疑问，这是够出奇的吧！现在我们从煤壁开采到 540 车，可是我们可以保证 600 车。矿坑这样完不成计划；每班要差到 100 车。也许我们补它一下好不好？"

可是皮尔卡再也不听柯可特所梦想的计划了。他机械地向前走，一面翻来复去地羞怯地自言自语："1000 兹罗提！"

那黑压压一小堆一小堆工人从基本巷道的所有横巷汇集在一起。在那已经等在那里的"巴尔干号特别快车"的周围紧紧挤着灯、鹤嘴镐、肩膀和脚。整块第三煤田的人们都集中到这里来。在那火车头的旁边可以听到工长特拉赫登堡的声音。

他们尽可能地塞进了那辆小型客车,三人一排或四人一排,这就看他们的造化。

"上来吧",叶德拉什科叫着,当柯可特和皮尔卡在他身边站住的时候。皮尔卡弯下身子,把头探进车厢里面去。一不小心他给一滩污水滑倒了,差一点没有把头撞到座位上。叶德拉什科站得最近,可是无动于衷地看着。他已经是这样的一个人:碰到大事情是捉摸不定,碰到小事情则是粗鲁而且冷淡。

车里面有一个人,用尖脆的歌声迎接他们:

> 你想求婚就买一件新衣,
> 然后吻我的七弦琴。

"你又想出了什么花头了吗,你这位出众的人物?"维克多笑着说。两个一起地坐在对面的长凳上面,灯放在双脚中间,斜向前面,免得它射到伙伴的眼睛,咖啡瓶放在口袋里,面孔紧靠着面孔,从下面发出奇怪的灯光,照着维克多·柯可特的圆头,愁闷的皮尔卡的灰白头发的太阳穴,叶德拉什科的坚硬的、锐利的面孔和捷弗力克,霍尔巴拉的丑角怪相,他的笑话是随便从袖口抖出来的,就是这样他们四个人挤在一堆。叶德拉什科装作没有听见捷弗力克的笑话的样子,转身向维克多说:"事情没有成功吗?"

"没有。"

"你要把事情搞好吗?你是我们党小组的组织者啊。你肯做点事吗?"

维克多眨一眨他的眼睛。叶德拉什科咬着他那三角形的小胡子,用冰冷的声音再逼他:"你肯做点事吗?"

"好吧。我要把这件事通过党、通过勃尔佐查同志来解决。"

"巴尔干号特别快车"在钢轨上面响,转到了岔道上面,沿着白色的、砌上砖壁的平巷飞驰过去。大盏的电灯紧贴着车顶平静地溜过。墙壁有时是那么贴近,不小心伸出去的胳肘很有刮掉一层皮的可能。有些声音从最近的一节车传过来。你可以听见尖刻的阿尔柏特·鲁特卡的、悠闲的菲列克·达勃罗夫斯基的、爸爸杜都力克东一句西一句插进来的说话……接着就有清凉的、纯洁的空气像水一样向他们头上涌过来。他们是在矿井底下。

当他们在升降机的铃声和呼啸声中等候轮到他们的时候,捷弗力克绕着那个呆立在那里的叶德拉什科轻轻地转圈子,并且找他拉话:"要我给你讲一段有趣的故事吗？在意大利这样的一所房屋里面是怎样的呢？你简直要笑破肚皮。"

叶德拉什科从高处向他望下来，连眼睫毛也不动一下。捷弗力克把两只手指圈起来，接着便把大拇指插进去，一上一下地移动着。有些人看见这个动作都发笑。捷弗力克忽然间转身对着叶德拉什科说："你知道吗？我又没有地方住了，守着整千双装满水的胶套鞋。这是霍尔巴拉的命运，不是吗？"

"他们把你撵出来了吗？"

"是的。我本来住在布德里那个两只眼睛不同样子的老头子家里。他把我轰出来，因为他认为我和他的老婆睡过觉。"

"那你有没有呢？"

"一共 3 次！可是就为这个缘故立刻把人从家里轰出来……"

叶德拉什科向升降机走过去。半路上他转身告诉捷弗力克："晚上把你的破行李带到我们家里来吧。妹妹正月间就走了，你可以搬进来。"

也不等候回答，他把挤向前面的克略格尔满不在乎地推向一边，自己上了升降机。克略格尔和捷弗力克在他后面上去，跟着他们上去的还有其他 6 个人。升降机有 4 层。他们能够通过洋铁顶的洞眼看见站在他们头上的矿工的长靴。

捷弗力克愉快地唱：

> 爸爸和妈妈，嘻嘻嘻！
> 妈妈和爸爸，嘻嘻嘻！

"你出了什么事情，今天居然来上工了？"叶德拉什科对克略格尔说。克略格尔向他仰起他那没有寒毛的长面孔。在那眨紧的眼皮底下他气势汹汹地望着他。

捷弗力克大声地笑了出来："你不知道吗？他们要把他从矿坑里也从住宅里撵出去！"

"闭上你的狗嘴！"

"他们撵你出去，他们撵你出去还要加上 5 记耳光，结结实实的 5 记耳光。"

捷弗力克住了口。他想起了现在已经下班，再过一会，洗过澡之后他就要找克兰茨去。她已经在他眼前站着：又丰满又热情。他忘掉了克略格尔和整个矿坑。他心目中只有那个邮差克兰茨的老婆。

克略格尔捏紧拳头、翘起下巴、瞪着凶恶的眼睛站在那里。看样子似乎他对任何一个人都要嘘他一下。他每月总是这样缺上他十班，他就是"安娜·威罗尼卡"矿区懒虫头子之一。到现在为止他一次又一次地混过去了，而且他始终希望，他可以一直混下去。他算准一点：他总会有办法凭他的狂妄把局长吓倒。是的，实际上没有第二条出路。他知道，还可能有比开除更坏得多的事情等着他。

叶德拉什科仔细地打量他："你莫非是，老兄，又违犯了规则吗？"

"没有。你说什么？"

"他当然是又违犯了规则，岂有此理，他犯规可犯得严重啦！"矿工们声势汹汹地嘀咕着。从他们的说话里面你找不到一点点善意，本来他们整天说笑都是充满着善意的。他们嘀咕着："为了这张狗嘴他就得滚蛋。"

"他究竟做了什么事？"

"他抽了一支香烟！叶德拉什科，你们懂得吗？这个畜生在下面的上山坑道抽了一支香烟！"

"哪，要是那里有了煤气怎么好？矿坑里面是有煤气的——随时随地都可以发生爆炸。这样就会霹雳一声——我们全都完蛋。"

"可是事实上并没有爆炸。"克略格尔撅起他的下巴。忽然间升降机轻微地摇摆了一下，叶德拉什科高大的身躯向克略格尔弯过去。现在事实显示出来，他是怎么样的一位英雄。他马上贴紧那面洋铁壁，面颊上一丝血色都没有了。他想：要是叶德拉什科把我推到门口去，升降机就会把我在石壁上磨成肉饼。然后大家都来证明，是我自己不小心滑下去的。

"你去找局长吗？"

"我去。还有什么？"

他发觉大家都是反对他的，8张狠狠的、恨得发红的面孔。他觉察到他们嘴唇上的带着酸性的气息。他挺起胸膛，为了掩饰他给人失败的印象，他吼着："我再不在下面抽烟了。"

洗过澡，穿上了破破烂烂的平时衣服，那些矿工们从"瓦琳斯基"矿坑走到了大门口。他们拿下了他们的号牌，彼此点点头，便各走各的路去了。在灰暗的3月浓雾里他们彼此差不多认不清各人的面目，柯可特在大门背后还提醒他那同一煤壁的同志叶德拉什科、勃拉契克和鲁特卡："4点半上党课，别忘了。说不定那位副局长已经到了。我们就趁这个机会向勃尔佐查报告我们煤壁的事情。"

在街道的另一边，黄色电车发出叮当声音的那一边，矿务局的房屋正在暗下去。在斯威尔切夫斯基街的背后就是小镇。

爸爸杜都力克的挂着抽纱窗帘的住宅临着环城马路，他正在迈着沉重的脚步朝着这个方向走。叶德拉什科向右边转过去。他住的地方正对着大里戈塔尽头的"科秋什科"矿坑。皮尔卡在等候去布德里的公共汽车。

"新的副局长吗？——我不相信。听说他 10 天之前已经到了这里。碰到这样的一个矿坑他怕起来了。"菲列克·达勃罗夫斯基对于这件事说不上高兴，也说不上扫兴。

"他怕起来了吗？他是从查勃尔泽来的一个矿工。这样的人是不会那么容易就给吓倒的。"

"也许吧。大家平安。"菲列克拖着一只被煤车碰伤的脚，走过了电车道。他慢慢地拐着腿回家去，到萨尔坎德巷他那恶毒的父亲那里去，距离矿务局只有一百步路，他不知道，他在那里又要发现些什么东西。

柯可特和鲁特卡是最后离开大门的人。

"你的胶大衣又扯破了吗？一道找我老婆去吧，阿尔柏特，她可以替你补一补。"

他们两个走着同样的脚步，两个人的腰都一扭一扭的，只有一点区别，那就是阿尔柏特高大而瘦长，柯可特强壮而短小。一阵蒙蒙的细雨，像蒸汽在冷风中打到一块玻璃板上一样，把这一对伙伴弄模糊了，好比一个小伙子用蘸水的手指涂抹一幅复写铅笔画一样。

克略格尔一直等到大家走光了，才消失在矿务局的房屋里面。

4

从矿务局的窗口望出去，可以看见整个第一号矿场的展开的画面。查贝尔斯基用不着从他写字台边站起来，就可以从那窗口看到矿区房屋的稠密的排列，细得像是用叶茎编织起来的卷扬塔的支架和它那两个转动的滑索盘以及那在矿场小屋后面几乎看不见的选煤机的钢架。可是即使是这样一个再好不过的监视哨，是不是就准能够在某些事情上面帮助一个人呢？

"克吕格尔或者克略格尔来了"，女秘书轻轻地报告。同时她笨拙地靠着房门弯一弯膝头，请求说："局长先生，我很想，今天早些下班……我家里工作多得很……"

"假如您家里工作是那么多，那您就走好了。我会自己想办法"，查贝尔斯基微微一笑。他用一种迟疑不决的、彷徨无主的动作张开了他的双手。他又一次笑得那么真心和善意，以致那个女秘书差一点就坦白出来，那实在不过是一次非常普通的约会。他答应了她早些下班。

"您现在把这条懒虫给我叫进来吧。"

他等候着。他懒散地翻阅那些乱堆在写字台上的公文。查贝尔斯基不是讲究整齐的人。他这样想：只要我需要，我什么都可以找得到。

同时他不由自主地想：矿坑的工作不对头。我头脑里天晓得有多少麻烦问题，可是职工代表会却要求我去管这一类的糊涂事。我必须考虑计划，可并不是随便哪一个白痴在工地上犯了规则都要我来管。

"哼，克略格尔，我应该惩罚您了吧？"他对那个进来的矿工说。从一开始整个局面的演变就和职工代表会的想法不一样。这句话的前半在语调上已经缓和了，到了结尾就只剩得一个问号。查贝尔斯基是不适合于扮演审判官的角色的。

克略格尔狂妄地摇摇头。

"为什么不应该？克略格尔，你是在下面抽了烟吗？"

沉默。

"您抽了烟没有？"

这个懒虫的平滑的、不长胡子的面孔简直就不抽动一下。眼皮遮掩着那双浮肿的、麻木的眼睛。他两腿叉开，捏紧拳头站在那里。外衣底下露出一件没有领的运动衫。查贝尔斯基简直是驴头不对马嘴地想：一个工人的典型。

"您怎么可以在下面抽烟呀？您不是知道，矿坑是有煤气的吗？一公升煤气——还有……"

"局长先生！"克略格尔用这样一种语调答复他，就好像要纠正一个小伙子一样。接着他又非难地重复一次："局长先生！"

查贝尔斯基住了口。他的眼光落到了写字台上面，开始玩他的钢笔杆，至于那支钢笔杆呢，那照例是没有笔尖的。他觉得很狼狈，暗地里想，他一定是打错了主意，可是他摸不清楚，究竟是打错了什么主意。他终于大喝一声："我还是有理的，岂有此理！"

他于是皱起他那丑陋的鼻子，怒气冲冲地骂起来："我们的矿坑有各种爆炸气体，到处都散布着沼气。一根点着的火柴——就会发生不幸的事故！几年前曾经有一次煤气爆炸引起了全矿坑的燃烧，人们活活地给烧死了。一个月之后还有人把烧焦了的尸体抬出来！克略格尔，这是一种恶劣的行为。只有犯法的人才这样做。照道理应该把您关起来！为了这支香烟您必得坐一段时间的牢才对！"

克略格尔低着头。他想：这样倒好，他现在是吼出来了——一切都可照常了。

查贝尔斯基住了口。他还哼了几哼鼻子。接着便静默地等待。那个懒虫一声不响。局长倒为难起来了。他于是又提醒他："喂，克略格尔……您还有什么意见？"

那个懒虫穿着一件运动衫，与其说是一个旷工，还不如说他更像一个水手，他把双手捏成拳头，始终不说话。

查贝尔斯基不懂得怎样和工人打交道。他从来不觉得有学这一套的必要。大战之前他和他们至多在庆祝会上有 10 分钟的碰头。因此他对克略格尔的沉默就或多或少地依照他的方式来判断：他很难过。我也许不应该这样大声吵嚷。那是侮辱了他。一个人不应该剥夺别人工作的兴趣。他们究竟也是有他们的自尊心。

"克略格尔先生，职工代表会要求开除您。您有宿舍吗？"

"有。"

"哪——您看。您害了您自己。您现在打算怎么样！喂，克略格尔先生？"

懒虫继续沉默下去，一直沉默到局长在拍纸簿上写下了罚款 500 兹罗提的一刹那。接着克略格尔便用下巴向窗口指一指，恶毒地说："我觉得好像是那个新人来了。"

"谁？"

"副局长。"

于是他们两个都站在玻璃上被水气弄得模糊不清的窗口向那潮湿得发亮的斯威尔切夫斯基街望下去。在电车站旁边站着一个人，从高处望下去，他显得就像侏儒一样。他穿着一件秋大衣，手上提着一个塞得满满的、破破烂烂的公文皮包和一个用报纸包着的小包。他迟疑地四处张望。他在周围那高耸的围墙中间显得十分的渺小和寒伧。

5

米贡从前在里戈塔有过两次短时间的勾留，可是已经记不大清楚。他朝高高的围墙望上去——啊哈——这里。一座红色的房屋，一块旧的、模糊的牌子写上了灰黑色的字："安娜·威罗尼卡矿务管理局"——阴雨迷蒙的天空都反照在窗玻璃上面。米贡向入口走过去。一个短小精悍的，长着一张红色的、饱满的、活泼的面孔的男子在这里背靠着一棵还是光秃的树已经站了相当长的时间了，他嘴里噙着一颗糖，把包纸折起来，小心地放到口袋里，向他招呼："对不起，米贡同志。"

"是……？"

"您认不得我吗？我叫勃尔佐查，波兰统一工人党企业小组第一书记。"

"哦，认得，认得！"来人迷乱地回答，从脸上一直红到了耳朵。同时他的眼睛又气得在闪光。看样子他不能忍受一点羞耻的感觉。

"当时是很黑的，因此您无从记忆。"

"您不要生气，同志，请原谅。"

"当时是很黑的。真是见鬼，我在这里等候您。"

"您怎么晓得的……"

"有一位同志看见您坐电车走过特尔津尼采。他打了电话来。"

"本来我应该10天前就到这里来了。可是害了感冒，同志……"

"我收到了一封电报：'父病，稍缓即来'。"

"啊，小彼得，这个机灵鬼"，米贡温柔地叱喝着，忽然间他变得十分自然，他再不感觉窘迫了，他瘦削的脸上那强项、紧张、谨慎的平常的表情也消褪了。

"您听我说，米贡，我要和您谈一谈。"

"现在就谈吗？"

"不，16点30分有党课。我们就约定19点在书记处吧，怎么样？"

"我准时去传达室听候接见。"

"用不着传达室听候，您干脆进去就行了。再见。"

当米贡已经在前厅踏脚垫上擦他鞋底的污泥的时候，勃尔佐查又在背后叫他："也许您要一片薄荷糖吗？它可以提提精神的。"

米贡用他25年来走过许多矿坑的平隆一样沉重的脚步沿着楼梯走上去。他过去是挖煤工人。一个普通的矿工。实际上又不是。他在某一点上是有点特别的，当他完成了定额的600%~700%的时候。在这以前米贡只有过几个星期在中央管理局担任新采掘工作法的讲师，假如这几个星期不算，那么，他实际上就是从查勃尔泽的"横巷"直接到里戈塔来的。他在他那破破烂烂的公文皮包里面装着替换衣服，至于他为了腾出手来理理头发却把它夹在脚腿中间，那个小包里面却是一些食物。

他敲门。立刻听见急促的脚步声，过了一会，米贡便受到了衷心的欢迎，坐在和查贝尔斯基局长对面的一张靠椅上面。

"把您的东西放到椅角里去或者把它交给我，我们把它放到小桌子上去吧"，他催促他。"对不起，我可以帮忙您脱衣服吗？您已经吃过中饭没有？"

"啊，说哪里话。"

"我们立刻打电话告诉我的女儿，她会为我们准备一些晚餐上的东西。呐，您好吗？好吧？您倒拿中央管理局开了一次玩笑。他们曾经布置了一个庆祝会。您被捧上了这里的宝座……料不到，忽然间！一场小感冒，怎么样?"

"一场感冒"，米贡不对劲地说着。他打量着查贝尔斯基，就好像他生平第一次看见他一样：亲切的眼睛，皱折的鼻子，一簇稀疏的黑头发围绕着光秃的头顶，还有一把长到额头上面的滑稽的发鬓，使人回想到那簇头发曾经是长得非常浓密的。米贡想起了他们在省委员会告诉他的关于查贝尔斯基的话：那个局长还是非常健壮的，可是他一点都不了解他周围的新世界。他从来不坐汽车回家，而是踱着方步。可是他同时又嘲笑劳动竞赛。

"老实说，我不知道应该怎样安排您的住所，米贡僚友。暂时——或者就住在我这里，您同意吗?"

"局长先生……"米贡忽然开口，在他干枯的脸皮底下抽动着像小胡桃一样明显地凸出来的青筋疙瘩。他的样子好像是经过长久的犹豫之后就要放胆跳进深水里面去似的。

"什么?"

"我应该到这里来做副局长，可不是……不是吗?"

"当然啦，僚友。"

"这样子，那么……对不起，我们还是谈谈作业，谈谈矿坑吧。"可是，当他觉察到查贝尔斯基有点不好意思的样子的时候，他又补充一句："而且，我以为，我们将来是会有时间谈的。对不对?"

"那一定……"查贝尔斯基张开了双手。在心里却苦恼地补足了他的意思：我和面前的这个人也没有共同的语言，为什么他一下子火气就那么大呢?

米贡跳起来，像是被开水烫过一样，在主人面前站住，接下去说："您说吧，今天的事情怎么样? 预定计划完成了没有?"

"什么?"

"唉，什么事……什么? 今天的预定计划!"

"那我要找记事簿看一看。"

"这个您不是记在脑子里的吗?"米贡逼紧一步。

"就来，就来，干吗这样的东西要用力背熟呢? 应该是 3510 吨，不对，可惜没有那么多。"

"差多少?"

"350 吨。"

米贡转动着他那宽阔的颚骨，好像在咀嚼着麸皮面包一样。可是他什么也不说，一直沉默到查贝尔斯基由于寂静感到了不安,扔掉了他的全副架子,开始畏缩地说起话来;似乎是在自言自语,完全心不在焉的样子:"呐,什么?——这个很坏,僚友,很坏,您该是和我意见一致的吧?"

米贡对他的回答是:"昨天呢?"

"昨天吗?……就来,就来。哦,在这里:差了365吨。"

"前天呢?"

"我可不会把每一天的情况都告诉您,一直回头算到计划公布的那一天吧!您要习惯一点:这个矿坑完不成它的计划。不管是昨天还是前一个星期,总之您会碰到缺额。一次是5%,一次又是7%……您还是和事实妥协吧,米贡。"

来人现在自己动手去翻阅一些证件了,这些证件指明了过去那些日子的可悲的收获。查贝尔斯基等候了很久,等候那个人表示什么意见。他不能忍受这样的情况,两个人整整大半个钟头肩并肩地站着,不说一句话。他脑子里浮起了一种模糊的想象,觉得这样的态度实在是粗暴无礼,于是他尽了他最后的努力:"真是该死,莫非您认为这是我的过错?"

米贡慢慢地抬起头,似乎他直到最后一刻还想抓紧一幅幻象。接着他便回复原状,用手背擦擦嘴,下他的结论:"从月初到今天一共差了5000吨。今天是3月16号。我们要用未来的15天补足这些缺额。这是第一件极端重要的工作。3月计划必须完成,或者是不必要吗?"

查贝尔斯基现出一种感到侮辱的神气,从烟盒里拿出了一支香烟。他也递给他的客人,可是却不望他一眼。米贡今天已经侮辱了他三次,因此他暴躁的天性又显露出来了。可是这个犯错误的人对于这种态度却毫不在意。他吸烟,同时用他特有的方式把香烟夹在大拇指和食指中间,纸卷那一头朝着上面。他脑子里有更大的烦恼。这个他一小时之前开始了工作的矿坑使组织的信任落了空。大家都在指望它。"安娜·威罗尼卡"是一个中型的矿坑,而且是相当高度机械化了的。要是别的矿坑从它学到了坏榜样怎么办?……真是该死,这样一来,3年计划会变成什么样子?

"我们还有15天……"

"那又怎么样?"查贝尔斯基忽然叫了起来,他的鼻子从鼻梁上一直红到大鼻孔,从鼻孔里翘起了黑色的鼻毛。

"那又怎么样?我们连我们的3500吨还挖不出来,您却梦想着超额完成!计划定得太高了,您懂吗?您了解我的意思还是不了解?有了这样的分量就应该满意的了!"

"我们用这 15 天补足缺额。您可以相信我，这是可以办到的。我们有两个星期的时间来补足全部差额。除此之外，我们可以加上两次或三次双班……我们还要几个夜晚把那些职员拖过来参加工作。"

米贡的语调使查贝尔斯基生气。更使他生气的是这个工人的自信心和他那无法可想地搁在写字台上的双手之间的对照。一只狗熊要在蜜蜂身上刺花，他想。

"您在这里什么也帮不了忙，僚友先生！定额就是定得太高，您的努力会是白费的。您要来扮演英雄吗？就算是，我们 3 月份完成计划了。我们拼了命，还有 4 月——我们就全部完蛋。例如只达到 50%。那个时候怎么办？您又要想出什么样的新花头，您这智慧的发明家？"

可是现在他也收不到预期的效果。他打不动米贡的心。他只是微笑。他用手指捏熄了香烟头，轻松地向局长弯过身去。

"矿工们……矿工们不答应这种做法。"

他们听到了一阵走近来的懒慢的脚步声。查贝尔斯基由于米贡的微笑已经解除了一半武装，对于他对矿工们的坚定的信心又觉得好玩，他告诉他："也许来的是波克尔济夫尼基。他是我们的总工程师。地面设备、发电厂、压缩机、工地都归他领导，归他和矿长普罗斯提……"

忽然间他中断了他的话。他本来想讲，波克尔济夫尼基和普罗斯提将是米贡的最接近的下属。可是他直到工程师进来的时候还只是张开嘴巴站着不动。现在他才想通了，论学识，米贡还挨不到他们的脚跟。波克尔济夫尼基是在法国综合技术学校毕业的，普罗斯提则是克拉科夫矿业学院的。眼前的这一位呢？他不过是查勃尔泽的一个积极分子……

6

波克尔济夫尼基是两位局长在整个矿区技术人员中间所遇到的最吊儿郎当的人。这个好老头，年纪 60 左右，有一张长满灰色寒毛的面孔和肮脏的长耳朵，脚上拖着一双毡鞋，这是他平时进办公室的时候立刻穿上的。介绍的时候他连瓷器烟斗也没有从嘴上拿开，糊里糊涂地说着："非常愉快……副局长先生。"

他说起话来，好像米贡已经明了全部的经过，他一口气说下去："我请求，我的先生们，我想在涡轮机房与总配电站之间安装一个光学——音响学的信号联络。我请求批准我的估价单。"

他在写字台上放下了一些干净的、白色的、填满数字的、用回形针夹起来的纸张，就又拖着他的毡鞋大摇大摆地回他办公室去了。到了门口他还提醒他们，咬着他烟斗的嘴子说："这件事可是非常紧急的，还得趁……"

他走出去了。与他的外表相反，他是整个联营组织的最能干的工程师之一。

局长说："一头滑稽的畜生，是不是？"

"为什么说一头畜生？"米贡觉得很奇怪。查贝尔斯基充满不可掩饰的惋惜神气凝望着他：这个家伙对于开玩笑可真是毫无了解。他避开这句问话回答他："那就算了吧。现在我们把那份估价单塞进抽屉里面去，我们就去找我的小女儿，她一定会给我们一些东西吃。"

"我必须 7 点钟到勃尔佐查那里去。来得及吗？"

"那一定。"查贝尔斯基一下子就又恢复了他的幽默。也许是由于这样，因为他觉得这样的一个人值得同情，他连"畜生"这个字眼所包含的倾慕的意义都体会不到。他拍拍他的肩膀，慷慨地向他提议："把那个小包给我，您拿皮包，开步走！"

查贝尔斯基局长的别墅距离这里并不远，可是要走过淋了雨的人行道的滑石板也走了差不多一刻钟。在平时，查贝尔斯基是只要 10 分钟的。他从来不使用公务车，一辆奥佩尔牌，虽然汽车间就在他别墅的花园里面。每当工作日完了，他便吩咐汽车司机回家去，查贝尔斯基呢，他是特别晚回家的，他迈开他的短步走过整个里戈塔。

"日安"，罗济奇卡·查贝尔斯基用沉闷的声音说，"我立刻就吩咐准备茶点。"

"这是我的女儿。一个大块头吧，是不是？"接着他看了米贡一下，改口说："一个大女孩子了，嗨？"

罗济奇卡慢条斯理地沿着走廊走，那双兔皮的拖鞋每走一步便劈拍一下。她是一个 16 岁的胖姑娘，有一只雀斑鼻子和一双感伤的、恍惚的眼睛。她领他们两个走进那个阔大的、摆满了但泽家具的饭厅，她说："靠椅连靠椅，活像是置身克洛德尔的'靠椅的荒原'。可是你们放心吧，决不会有什么秘密的试探。"

米贡完全没有什么担心，因为他从来没有听人家说过克洛德尔，这已经够了，而且他在靠椅里面既不能发现什么秘密的也不能发现什么公开的试探。麻烦的倒是他实在不知道应该如何措手。最初米贡只是静默地坐在那里，对那两位主人的答复只是羞涩的微笑。

"爸爸，现在这位先生就是你的副座了吗？"

"对对，他还要在两个星期之内完成 3 年计划。"

"米贡先生是那么一种西里西亚的安格莱伯。"

"米贡先生可以抵得上100个安格莱伯，此外还要加上一打奥格摩莱斯。"

查贝尔斯基在他饭厅的温暖的家常生活中间的言谈举止是与在办公室里面两样的。由于满足、幸福、快意和诙谐，他显得容光焕发。他在那挂上了奶黄色的窗帘的窗户和门之间来回踱方步。过后他便蹑着脚尖，愉快地咳嗽一下，从酒食柜上拿来三个漂亮的水晶酒杯，每人一个。米贡耸起他阔大的肩膀，自己在那里想：奇怪，这个人回到了自己的冷落的别墅才回复了他的真面目。一个字也不提到矿坑。他很高兴，用不着再想到它。他在门槛上擦掉鞋跟上的污泥的时候连生产的烦恼也一股脑儿擦掉了……

罗济奇卡在等候茶点的时间逗着猫玩。一共三只。灰色的、丝绒一样柔软的安哥拉猫，带着畜生式的夭娇的女人的动作。最大的那一只有一双橙黄色的眼睛，像小孩一样四周张望。罗济奇卡把它贴到她脸上，吻它，同时她偷偷地把她那苍白的嘴唇张得那么开，以致她用她的舌尖可以碰到猫的鼻子，接着她便用她阔大的腰身靠着桌面，细声细气地说："你有像雪铃花王后一样的一张小嘴。我要给你讲她的故事。可不要老是要转身走开呀！——一条蛇在闹脾气，美露西妮——在银树林里面。雪铃花冷得发抖，因为在银树林里是冬天了……听着，小猫，这是弗兰蒂色克·哈拉斯做的……还有，滚你的蛋，讨厌的家伙……"

米贡到了晚饭的时候才决定吞吞吐吐地开口："局长先生……很喜欢这所小房子吗？"

"唔，我的……像是我的。那却是矿坑的财产……我可是发疯一样地喜欢它。这是一种根深蒂固的癖好，您相信吗？不，无论如何不要这样。我生平没有过过好日子。您知道，正好比一个孤儿所过的生活一样。对我来说再没有比这样在家里和罗济奇卡一起喝茶的时间更可宝贵的了。外面下着雨，我们却坐着，聊聊天，聊聊天……"

"那不会是太冷落吗？"

"为什么？"

"只是这么两个人吗？"

"还有一个老保姆——完全依照'世纪末'的规矩"，罗济奇卡插嘴说。

"三个人——一整幢别墅。"

"不错，地方是多了一些，甚至对我们也是太多了。六个房间，干脆可以让出三间来。"

"但是在一个条件之下，如果他要取得它，就要把它装进口袋里，连人带房间一起离开这个花园。"

米贡转过那张干枯的工人面孔向着她。他向她提出一个简短的问题："您不喜欢人竟到这样的程度吗？真是怪事！"

"和陌生的人住在同一所房子里面吗？也许我的小猫和我最难忍受的莫过于此了。爸爸在这个问题上是像河马一样麻木的。要是照他的意见，他早就要把半打无家可归的积极分子带进来了。"

"哦，我亲爱的米贡，这一下倒把我提醒了，我们必须替您解决住宅问题。您一定愿意尽可能快点把您的太太和小孩接过来。我一点不觉得奇怪，那是明明白白的事情。唔，这样，也许……也许您搬到前任副局长的别墅那边去……不过……可是那是不成问题的……"

"可是什么？"

"啊……那是一些小问题。不成问题，不成问题。您还是请用一点复盆子果酱吧，僚友。"

"是些什么小问题呀？您说吧。"

"您知道，事实上那边住着波兰青年联盟的一班小伙子。他们要在那边布置一所青年之家。而且他们已经开始了工作，要把两个房间之间的一面墙拆掉，让地方更宽敞一些。唔，可是这个不成问题"，他安慰米贡说。"我当时答应得太快了。还要调整一下。因为，您看，除了这幢房屋之外，我只有一所空房子，可是这是宿舍大楼里面的。两个房间和一个厨房。在宿舍大楼里面。注意，我们要把您从宿舍大楼里救出来啊，米贡。您还是请用一点果酱吧。"

这位新任副局长一点不怕难为情，用他的衣袖抹抹嘴，他没有注意到，罗济奇卡矜持地垂下了她的睫毛。他直截了当地说："您想到哪里去了，局长？我难道要抢走青年联盟一班小伙子的青年之家？这样一来，我再不要想在工作上，我要说的是在矿场上有所作为了。"他有点粗暴地结束他的话："抛弃您这种主意吧！我就住大楼的房子——对。"

大门口一阵延长的响亮的电铃声打破了谈话之后的尴尬的沉寂。罗济奇卡走到前厅那里去。穿过虚掩的门可以听见一种婆娘般的腔调，可是这种腔调却是属于一个男子的。

"我自己会脱下我的大衣。好，好。我看见饭厅里有灯光，我心里想：查贝尔斯基一家会给我一杯热茶。您该可以给我一杯吧？"

他是矿长普罗斯提。罗济奇卡让他先进来，从后面用批评的眼光打量他。显然地，她是不大喜欢他的。普罗斯提在米贡面前站住，双手叉腰，同时把解开的上衣的后尾拨到后面去。

这位工程师把这位新任副局长，从鞋子到他那褐色的、乱蓬蓬的头发上下打量了一眼。他显得惊奇或者至少是诧异。

罗济奇卡形式地介绍一下：

"普罗斯提先生——米贡先生。"

"哦，我很熟悉这位先生！是是，米贡先生。这位米贡先生早就在中央联营部的几位党老爷的陪伴之下访问过我们了。对不对，米贡先生？"

"是"，被问的人粗声大气地说，站起来，在身上擦擦他双手——这样擦法，似乎他要把手上沾着的果酱的残余擦干净。普罗斯提似乎现在才想起了社交的形式，他先问候问候局长，然后是米贡，然后挨桌子旁边坐下。

查贝尔斯基对于来客显然是高兴的。他望着这位工程师眨眨眼睛，拍着他那丰腴的手掌，叫着："你们知不知道，我的先生们，我们喝他一杯。我刚刚想起，在我酒食柜什么地方还有一些我岳父的青梅烧。而且是怎样的一种烧酒啊！这不是什么青梅烧，那纯粹是烈火！"

"我们敬一敬这位不速之客。"

"我们敬一敬这位副局长，史切潘涅克！"查贝尔斯基纠正他说。他对于这忽然的访问显然感到很满意，因为他替他解除了单独地和米贡周旋的义务。

"啊，是的，对，副局长！"普罗斯提把靠椅向米贡转过来："您还是到这里来了吗？"

"为什么还是？"

"唉，您知道，要是您自己想不出来，那就很难说得上什么了。"

"我自己想不出来！"

"要是我，米贡先生，处在您的地位——谁知道，我会不会作出这样的决定。"

"我们喝酒吧"，查贝尔斯基打断他的话，他不喜欢轻率的态度。普罗斯提仅仅是静了几秒钟，这是喝干一小杯金黄的酒精所必需的几秒钟。接着他就回到了原先的话题。

"您从来没有上过矿业学院吧？"

"你的话从何说起啊，史切潘涅克，你明知道，米贡先生是没有上过什么高等学校的。也许你还是再来一两条茄汁青花鱼吧？"

"矿业学校您上过吗?"

米贡摇摇头。

"您也没有当过工长?"

"从来没有!"

"可是随便什么讲习班呢? 一句话,这种讲习班把您训练出来领导一个矿坑,是吗?"

罗济奇卡是故意不参加谈话的,她慢条斯理地抚摸着一只安哥拉猫,她觉察到这位遭受进攻的矿工怎样在桌布上面捏紧他的拳头。普罗斯提爆发出一阵不舒服的、尖锐的笑声。他把他那波浪式的头发理平,耸耸他的肩膀:"您,米贡先生,如果我没有弄错,那您就只懂得挖上1000%的煤。可是我不能不使您难受。我们这里没有很多的矿工有兴趣去完成他们平常的100%。我们这里也许也可以找得到一个、两个、三个积极分子。可是这里,这里不是查勃尔泽。您的奇迹在这里不会交到好运。他们给您的这道任命的确不是什么好事,我敢打赌。"

米贡知道,要是在矿坑工地上他会把这个恶毒的、愚蠢的家伙痛骂一顿,而且把他轰到门外去。可是查贝尔斯基家的气氛却像是一张蜘蛛网。那些说话中间搬弄的外国名词,饭桌上各种精致的手势,在他眼中常常是莫名其妙的、微笑的神色和诙谐,这一切都夺去了他的魄力和勇气。他的魄力只能够达到这样的程度,他断言:"矿坑必须完成3年计划。"可是他自己感觉到,他的声音是沉闷的,是不能使人信服的。

"我们要试试看,一定,我们试试看……"查贝尔斯基竭力要缓和一下。可是普罗斯提在两口青梅烧之间结束了他的话:"我必须向您指出一点。里戈塔是一个小地方,偏僻,在世界的尽头。从这里去华沙也罢、达到社会主义也罢,都是遥远的。这里的人干脆就不愿意劳动。让您把这段话做一块指路牌吧,假如您要开始学习去领导一个矿坑的话。我们的人是懒惰的,他们不愿意劳动,毫无办法强制他们去劳动。他们嗤笑党,嗤笑劳动竞赛,嗤笑社会的进步和一切百年计划。他们就是这样子,米贡先生。"

7

党书记的写字台上面点着一盏亮堂堂的装上绿色灯罩的电灯,因为勃尔佐查工作的时候,喜欢舒适的灯光。这个房间沉浸在绿色的半边阴影里面就像是沉浸在水里一样,使人想到一座大的水族馆。从第二个房间里面传来各种各样的声音和愉快的笑语。那里有三位同志在打开那些从卡陀维采给党图书馆寄来的书籍。

米贡穿着大衣在那吱吱作响的椅子上坐下，潮湿了的帽子夹在大腿中间，说："我来了。明天开始工作。你们对我有什么要求？"

勃尔佐查诧异地翘起了他的眉毛。

"活见鬼，同志，我不懂您的意思。"

"是党嘛，我听候你们的差遣。"

"为了不致引起误会……"勃尔佐查插嘴说。同时他合上了一本大的、漆布装订的记事簿，把它放在另一堆上面，顺手把那些书脊整理一下。他声明："我很高兴，您，米贡同志，听候我们的差遣。可是，米贡同志，您不仅是我们党的党员，而且也是副局长。这样，我们并没有存心把您当作副局长来发号施令。您可是这样想的吧，照您刚才的说话看来，我相信我并没有估计错。"

他那双小眼睛乐意地闪烁着。

"我必须劝您吃薄荷糖，米贡，吃薄荷糖。这比那些可怕的香烟显然是卫生多了。您要来试一试吗？"

"不"，米贡简短地答复。

"可是最低限度您可以把大衣脱下来吧，怎么样，同志？"

让·米贡耸耸肩膀。接着他还是站了起来，踱到衣架那边去，衣架的浅色油漆的木头从犄角里发出了光彩。他对普罗斯提、对局长、对罗济奇卡以及一切只是无可奈何地在矿区接待他的人们的愤怒还没有消除。勃尔佐查沉默了一段长时间，然后才开口："喂，查贝尔斯基已经给您描写过关于'安娜·威罗尼卡'的情况了吗？"

"说哪里话。"

"吓？"

"唉……"

他们又面对面地沉默地坐了几分钟，直到米贡像是偶然想起似的，突然地说起来："书记同志，你是开诚布公地和我谈话的吧，是吗？"

"请。"

"我不能够那么适当地表达出来，您知道。可是，同志，这个地方啊，这是一段该诅咒的事情。说起这个矿场……说起这些领导人和局长。把一切都告诉我吧，假如您愿意的话。"

勃尔佐查装作好像要把事情考虑一番的样子，虽然从他们谈话的第一秒钟起他只是在等待。于是他粗声大气地说："那好吧，米贡，可是也许您先告诉我吧，据您看米，这种情况是可以挽救的呢还是不可以？"

"胡说，书记同志！我还从来没有看见过毫无办法的情况！"

"那么，我们这里呢？"

"里戈塔住着和到处一样的人。"

勃尔佐查容光焕发。

"就是这样，您听着吧。两个月之前这里的党组织还是完全陷入窘境。可是党组织本身具有一个健全的活动核心，就好比李子有核一样。这个活动核心把一切都掌握在自己手里，号召改选书记处，并请党派出一个新的书记来。我是两个月之前到这里来的，今天呢，训练工作已经开足马力走在前头，党小组组织起来了，我们已经有了26个鼓动员，我们也布置了一个党图书馆。"

米贡充满了惊叹的表情在打量着勃尔佐查，勃尔佐查一接触到这种眼色，就立刻下他的断语："呐呐，同志，据我的揣测，您是认为这应该算作我的功绩的。希望您不是一个小孩子。我不过是工具，党本身运用这工具的助力促成了这种转变。假如您——说得更糟一点——认为我只是由于谦逊才这样说，那您就又犯了第二次错误，这种错误我们是不会那么容易宽恕的。"

"瓦琳斯基"矿场从大街的另一边传来了闹声。分类滤煤机没有休止地在工作。这种声音使人记起辽远的拖拉机的轰响。米贡打量着他那纵横龟裂的指甲。勃尔佐查站了起来，走到窗口去。他从那边继续说下去："'安娜·威罗尼卡'是一个坏的矿坑。您也这样想吧，是不是？"

"是的。"让点点头，伸手去拿一支香烟。

"说起这个坏矿坑的情况就和我们坏的党组织一样。矿坑有一批人员，他们愿意改变一切。您不久就会亲自看到。当然，并不是说全体矿工是这样。有些人由于领导的错误变得没精打采，一部分人受到了懒虫的影响。可是这批人员也正像其他组织一样有一个领导的积极的工人小组，为了治疗'安娜·威罗尼卡'的老毛病，他们尽了一切的努力。就是这样，米贡同志，正因为这个积极工人小组的努力，您才调到这里来。他们要求有一个矿工在矿务局里来减轻他们治疗的困难。斯大林说：干部决定一切。干部是已经有了。他们等候着……"

勃尔佐查转身背着米贡和绿色的电灯。他望着黑暗的天空，静听那在站台前面听候调度的车辆的响动。他继续说："当一切都真的走入正轨的时候，当矿坑开始完成计划的时候，有许多人将会认为这是您的独占的功绩。可是您，米贡同志，究竟不过是积极分子中间的一个，这些积极分子现在已经在下面治疗着'安娜·威罗尼卡'了。而且事实上是他们在医治这个矿坑，而不是您。对吗？"

"看起来倒真像是对的"，米贡表示同意。他现在站在勃尔佐查身边，他们两个一道在观察那些火车头怎样在土堆底下调度过来。那是两个。在黑暗中时时刻刻都有一团团浓的、光度强烈的蒸汽从那里冲出来。勃尔佐查把手插在他天鹅绒短袄的口袋里面继续说："我们不愿意一开头就在您思想上安下固定的一套。您自己去巡视一番然后由您自行判断。我仅仅向您提出如下的计划。第一点：认识那些矿工的带头小组，考查一下，看他们是不是真正像普罗斯提所武断的那样不愿意工作。第二点：为什么'瓦琳斯基'矿场每班只挖到 1200 吨而不是 1442 吨……"

"'瓦琳斯基'？就是这里对面的那个吗？"

"是的，就是这个。"

"那边的业务主任是谁？"

"一个名叫谢尔贤的青年工程师。您第一次看见他的时候，您免不了会觉得奇怪。谢尔贤，这是第二点的一部分。至少我有这样的感觉。我不坚持，事实也可能是另外一个样子。"

"呐，我们已经有了两点了。"

"还有第三点：岂有此理，为什么矿坑接二连三地发生事故！今年已经有过一次死亡事故和一大堆严重事故！"

"破坏行为？"

"我很难相信。"

"那么究竟是怎么一回事呢？"

"是的，知道就好了！现在说第四点：缺勤现象；要查明懒虫缺勤的原因是不是都由于本人的过失。至于第五点就是形形色色的大杂烩：奖金啦，宿舍建筑啦，查贝尔斯基啦，普罗斯提啦，'科秋什科'矿场啦，劳动竞赛的总结报告啦，职工代表会和它的主席雅塞列克啦，午饭啦，宾馆啦，财务科长里姆启维茨啦，节约啦，还有——亲爱的同志，尽可能快快弄好——您自己的住宅的布置。"

"局长暂时请我住到他家里去。"

"那您一定是满意的了。"

"说哪里话！"

"这样说，我就向您提议——明天立即搬到一位同志的住宅那边去，我就把他的地址写给您。您明白……为什么不要打扰那位局长吗？"

"我明白。"

勃尔佐查把米贡送到大门外。空气充满了强烈的浓雾和火车头刚冒出来的煤烟的气味。在车路的对面有好几十个灰暗的、弯腰的身躯在警卫小屋的灯光底下涌现出来，接着又立刻在它那光圈背后消失到黑暗中去了。午班工人正在放工回家。轨道后面的远处废石堆上面发射出樱桃红色的火光。

"我们目前就试一试来完成3月份的计划吧"，勃尔佐查一面说着，一面翻起他的衣领。

米贡的面孔在灯光背景上显现出一张清楚的侧面，看起来活像是许多墙报上可以找到的一幅剪影。眉毛、鼻子、嘴唇现在都在轻蔑地抽缩着。

"试一试吗?"

"唔。"

"呸，书记同志！我们要完成它！"

勃尔佐查嘲笑着让，但并没有一点恶意。"我们要完成它，您听着。我们一定会治好这个矿坑的毛病。这无疑是一件长期的工作。或者您相信，您在两个星期之内就可以达到目的吗?"

"为什么不行呢?"

"呐，好吧……无论如何整个党组织都在听候您的差遣。我们一定在两个星期之内尽可能地多做。"

米贡不看他一眼。

在黑暗中很难分辨清楚，究竟他是在优越地微笑呢还是仅仅是勃尔佐查有这样的感觉。

第二章　风在吹

1

"那边可真是有人呢"，走在前头的柯可特觉得奇怪。他在上山坑道和采空面之间的犄角里站住，堵住了在他背后走过来的一队人们的道路。鲁特卡敲着柯可特背在肩膀上的那个装爆炸材料的白铁罐。

"向前走！走！"

在空场的黝黑隧道上摆动着一盏灯的灯头。柯可特叉开阔步一颠一拐地走近一个陌生人的面前。那个人正在和一个党员同志仔细地检查煤壁的断面、煤的硬度和顶板的构造。

"日安。"

"日安。我名叫米贡。"

"哦，副局长先生！"维克多满心欢喜。他简直想拥抱他，可是他将会怎样想呢？"副局长先生，您到这里来也许是为了整顿我们煤壁的秩序的吧？"

"真是岂有此理！您可不要管我叫副局长啊！"米贡摇了一摇头。这使得挤在他周围的人们感到了轻松，当他们看见这个新来的人并不摆什么架子的时候。他们继续向前移动。背后有一个人嘲笑地说："干吧，可是要快，不要让那位工地主任先生把我们大家都撵出去！"

"说吧，矿工们"，米贡请求他们说。"现在你们的煤壁怎样了？36个人在这里开采，对吗？"

"呐，您点点数吧！只有两个懒虫不上班，克略格尔和美里马卡。"大家开始大声地拉开喉咙嚷。

"在这样一个狭窄的地方怎么工作呀？"

"鲁特卡经常把煤倒在我头上。"

"我打你一个嘴巴，教煤从你屁股里面溜出去！"

"还有横梁呢？"

"说到横梁吗？究竟应该怎样搭起来好？搭在谁的脑壳上？一条横梁，那可是一块沉重的厚木板，非得牢靠地站好不可的。"

"装卸员用起铁锹来，把脚也从肚皮底下铲走。"

讨论实在是多余的。只要算一算人数，看一看工作场地的长度就够了。米贡只是照例问清楚一下："你们这段煤壁每班采掘多少车？"

"要是顺利的话，挖540车。"

他苦恼地摇头。"540……"单是他和他的纵队要挖得出多少车呢？唉，说起来是够可惜的……

矿工们挤在他身边围成一个圆圈，一部分人充满了期望和好奇心，另外一部分人则是沉默或者嗤笑。他们中间有那个秃顶的积极分子柯可特，党小组的组织者；典型的急先锋阿尔柏特·鲁特卡，他那股黑鬈发遮过了半边面孔；还有叶德拉什科，瘦削又是高傲的，活像是一个普鲁士军官；他旁边是那个傻笑的捷弗列克·霍尔巴拉。在他的附近挺立着杜都力克的魁伟的躯体，这躯体背后有两张向前探望的面孔：

疲倦的、苍老的皮尔卡，他不要很久就有第六个孩子出世；还有那个挨了爸爸的打新添上蓝色瘢痕的漠不关心的菲列克·达勃罗夫斯基。有一个体育家式的矿工，剪短的头发就像刺猬硬毛一样竖起来，他站在一边。

米贡响亮地笑着说："你们为什么睁着那么惊奇的眼睛？我们要在这里把秩序建立起来。我要把你们一半人调走。剩下 18 个。好吗？"

"什么时候？"

"当我回到矿务局去的时候。"

"我的上帝啊……"捷弗力克尖声叫起来，"这样一来我们可以挣到那么多的钱，我们每一个人都可以在一反掌之间把自己的房子建立起来了！"

"还是静一点吧"，菲列克插嘴说。"不要高兴得太早。我们要先看一看搞些什么名堂出来。"

"喂，你们还在等待什么？动手干呀！喂，把麻绳从坑道侧面捡起来！"米贡警告说。他站着，向后面弯下去，用工长鹤嘴镐撑着他的腰身，矿灯斜斜地挂在胸口，以免照到别人的眼睛。他并不答复菲列克，可是把他的话记在心里。

他们沿第九区段和第八区段的上山坑道之间的全面煤壁分散开了，溜槽就消失在上山坑道里面。可是他们并不是那么快就能够开始正式的采掘；前一班挖煤的时候是那么马马虎虎地滥挖，把顶上宽宽的一长条暴露出来。因此必须先用横梁像梳子一样地把这个黑的拱顶撑牢。横梁底下的支柱都拱起来了。他们用出全身的气力用定位锤打过去。结果他们还没有在巷道面前开始采掘，所有的肩膀都已经光闪闪地冒汗了。钻孔机咆哮起来，菲列克带头，接着动手的还有其他的人。只有维克多·柯可特照旧站在那里动也不动。随时吹动他的薄嘴唇，眨眨眼睛朝米贡望过去。

"你就是柯可特吗？为什么你不挖？"米贡申斥他说。

维克多抓起放在地面上的钻孔机，把它提高到耳朵边，用手指拍打掉那些煤灰，用一种迟疑的神情打量着。

米贡这一下可忍不住了。假如他是一个比较高明的心理学家，他就永远不会说出这些沉不住气的话："你想怎么样啦，岂有此理！是不是懒病传染到了你身上？"

柯可特吓坏了。他垂下头，在他眉毛底下闪动着那双凸出的眼睛。他在巷道前面迎接副局长的那种欢欣鼓舞的心情已经无影无踪了。他阴沉地问道："你在查勃尔泽完成了 600%，是吗？"

"我达到了这个数字，可是那有什么关系？"

柯可特耸耸肩膀。在一分钟之前他还有请让指点一些窍门的念头。现在他却绞尽脑汁想有什么办法可以避开他。要是他看到这样坏的挖掘，一定会笑他的。可是由于他找不到好办法，他只得走过去，在他的工段上站住。

他觉察到对方的眼光盯在他背后。他挖得比平时更坏，而且，也许是由于生气，他的双手都麻木了。柯可特预先知道，这位副局长是会提醒他的注意的。可是他还是气愤地板起他的面孔，虽然听到了米贡安静的说话："不要生气，柯可特，我有话跟你说……你该是愿意做一个更好的矿工的吧，怎么样，柯可特？"

柯可特关上了他的机器，把它拉回来。他头也不抬，死命搞他的钻孔机，它在煤壁里卡住了。可是同时他却在偷偷地听他说。

"同志，你的挖法，我应该怎么说好，还是依照老样子……"柯可特不让人看出来他是在静听。事实上一个月来他做梦想着的也只是这样的谈话。就在昨天晚上他还因为焦急的等待弄到他睡不着觉。可是现在充满内心的却是羞愧和嫌恶。羞愧是对同事说的，他们在同志背后好奇地抬高头，头上戴着装上矿灯的帽子，为了什么都不肯轻轻放过——对米贡的嫌恶呢，就因为他在一刻钟之前没有了解到他的心事。

"听着吧，柯可特，这一层矿是和岩层交错着的。是吗？你却把所有钻孔都平行地向地面挖下来。因此你就必须钻它 12 个眼孔。就是这样还是挖不出足够的采掘量，因为矿层是坚硬的，它妨碍爆裂。你不也是这样想法吗？"

"当然。"

"你这样试试看：第一个眼孔平行的，第二个横穿那块堵塞的矿石，第三个这样，第四个这样……一共钻七个……"

"嘻？"

"还有一点。每一个钻孔都是 1.8 公尺深，也许你做得不大对。一个挖得深些，另外一个浅些，试试看。这里 1.2，那里 1.8，你有什么意见，柯可特？"

"这样做法是不是真正好呢？"

米贡搔他鼻子上的皱纹，翘起上唇做出没有把握的样子。

"我不知道，柯可特。"

"怎么会不知道呢？"

"我还没有对付过这样的矿层。我的煤壁是另一种，倾斜的，唔，根本就跟这个不一样。可是我以为，我们不妨试试看。"

柯可特终于抬起他的眼睛。同事们的灯光反射在他的面孔上。他点头表示赞成，戴上了装着矿灯的皮帽，捏起一双拳头去抓那机器的把柄。

别人已经做完了他们的工作，焦急地在那里等待着。

为了不必多耽误时间，米贡要来了开箱子的钥匙，把贮藏器拿出来，打开盛着火门管的盒子，每一只都用手指甲弹一弹，为了把可能还藏在这些小管内部的细微的屑末清除掉。接着他便迅速地把这些火门管联接到导火线的雷管上面去。

到了维克多挖完最后一个眼孔的时候，米贡已经站在他背后，手上拿着沼气棒，胳膊底下夹着一捆鲜红的导火线。

"你拿去吧。"

"我自己装上去。"

"为什么呢，同志？"

柯可特敌意地抽紧了眉毛。

"我不要做，先做给我看。干吗这么多废话？"

让考虑了一刹那的时间。接着便不客气地把柯可特推在一边。——也许，他是一个好的积极分子，可是他却像年轻姑娘一样敏感，他想。

"你们的钻孔清扫器在哪里？"

"谁还会拿钻孔清扫器来玩？嘿，你有那么多时间吗，局长先生？"鲁特卡嚷着，他躲在一条支柱背后把头伸出来，支柱上面挂着一盏大探照灯。

米贡回答说："小伙子，如果你把灯光挪到这边来，那就会比你胡说八道要来得聪明一点！把钻孔清扫器拿来！"

他从眼孔里面把钻灰清理出来，接着便开始用一根小棒子把火药包塞进钻孔的深处。现在所有挖煤工人都跑拢来了，他们奇怪："为什么这样子？一个眼孔里面那么多，另一个眼孔却仅仅两个？"

"这会闹出笑话来的。"

"他装得不平均。事情并不十分对头！"

唯一的例外是菲列克·达勃罗夫斯基，他张着半闭的眼皮注视着工作的进行，到了米贡来到最后一个钻孔的时候，他慢吞吞地说出他的意见："这里放四包火药。"

"对，你从哪里知道的？"

"我明白你的意思。"菲列克抚摸着他瘦削的脸上那块蓝色的伤瘢，结束了他的话："你是依照裂口选择出来的，并不是依照死板的公式……"

"对啦，难道还有别的办法吗？"

现在他们都躲到上山坑道里面来。皮尔卡嘀咕着："我当然不敢武断，说这样搞不出一点名堂。可是谁能够把这些捞什子通通学会呢，不是吗？并不是每一个人一出世都是那么聪明的，对付这样的事情就简直无法可想……"

柯可特用放大的、粗暴的声音嚷着，声音一直穿过平窿和硐室，引起了多样的回声："点火了……"同时扳动着爆破器的把柄。

当他们重新回到工作的场地，鼻子嗅着强烈的火药味的时候，事实表明了，米贡的7个爆破孔比柯可特平时的12个所炸出来的要多上一半。同时依照新的师傅的指示钻孔却占用更少的时间。现在大家是静下来了，渐渐的才听见在一边的细声的耳语。米贡了解他们特有的一套：正是这样，矿工式的赞叹就是采取这样的方式表示出来的。

有一个男子向他跑过来，这个人本来是躲在别人肩膀背后的。从各方面看起来他都像是很害羞的样子。米贡看了他一会，于是得出了结论，不论在多少个挖煤工人中间他随时都可以把他认出来。具有这样阔大的肩膀和这样高挺的胸膛的体育家是不轻易碰到的。这个巨人用他那黝黑的大巴掌搔他那剪短头发的脑瓜，结结巴巴地说："勃拉契克……我也要！"同时通过那由于缺少两只门牙造成的一道缺口呼呼地把空气吸了进去。

"你有什么意见？"

"勃拉契克……还有我也要！"这个挖煤工人顽强地重复着，而且没有把握地试作微笑状。他是纵队里面最不喜欢说话的人，通常号称活的挖泥机，因为只要他从他的装卸工人把铁锹拿到手，他双手底下的煤就像河水一样向溜槽流过去。勃拉契克带着迟钝的注意力听过了米贡的解说。同时他试图通过每一下肌肉的运动来表示他无限的服从。让认为这个听讲的人听他的解说一定有四分之三是听不懂的。

当然，后来事实表明，单从外表看人是不对的。

他挖出来的煤比柯可特还要多。

将近中午事情已经很清楚，柯可特、菲列克和勃拉契克这一天能够完成定额300%。

他们能够。可是他们完不成。这一片煤壁是那么拥挤，因此有六个人甚至于一无所得。

2

"这样的夜晚是忘不了的！"留声机咆哮着。两个老处女用她们的全副服务热情去照管那旋转的唱片。一张唱片一静下去，她们便立刻放另一张。音乐节目通过扩音设备向地面所有单位播送。看样子她们倒像是在鼓舞劳动热情上起着重要的作用。

这两位老气的姑娘隔着眼镜凝望着，尖声怪气地说："杜德奇卡，哪一份报纸有关于中央煤业管理局的消息？"

"你不能够说大声一些吗？我一个字都听不清楚！"

留声机吼着，两个女职员嚷着。米贡额头上冒着汗。因为一时缺乏一个单独的房间给他，只好暂时把他安置到这两位老姑娘那里去，这两位像是开玩笑似的在领导着"劳动竞赛"部。靠近房门给他摆上一张旧写字台，写字台又没有钥匙。写字台上面放着一个盛着复写铅笔、日历和信夹的盘子。笔杆还没有。采购科必须先填写购买这样贵重东西的特别申请单。

查贝尔斯基打清早起就逗留在卡陀维采，因此，米贡便直截了当地开始了他的活动。只有勃尔佐查给他打电话说："我们大家都很高兴，祝你成功而且准备在任何情况之下付出我们的助力。"现在让坐着，身子弯在写字台上面，他的拳头撑在台面上，皱起眉头去打量这座宫殿。

"这样的夜晚只有一次！"女高音从留声机里呜咽着，两位女士之一已经敏捷地踱到这座怪叫的家伙面前，要用流行歌曲"羊齿花"更进一步去提高劳动热情。米贡利用这5秒钟的间歇时间喃喃自语："我发布了对八号煤壁的一件指令……嘿……"

那两个女人深沉地打量着他，耸耸肩膀。"一位局长，居然把毛线运动衣穿得高高的，高到脖子上去，而且说'嘿！'……"

接着留声机（云母片）又发出高声的邀请，请人家深夜到什么地方来，于是米贡放弃了一切更进一步和这两个女报告员取得谅解的企图。他小心地把靠椅往后挪，决定用电话向"瓦琳斯基"矿场的工地主任传达指令。是的，可是在那两个职员的拼在一起的写字台上面却闪烁着两台电话机。米贡用一双拳头撑住一张写字台的边沿，吃力地咽下一口唾沫。他的手悬空搁了一会。最后他拿下那个近身的听筒：不，这一下没有拿对，矿场总线的信号在他耳朵里响起来。在那两个妖怪的偷眼窥视之下他脸红了起来，于是去拿第二个听筒。他以为像在查勃尔泽一样他会听到女接线员的声音，可是在听筒薄膜里面却只是嗡嗡作响。

他焦躁地咳嗽，抱着空幻的希望，以为那边的女接线员会听到他的声音终于会自行通报。接着他迟疑地说："喂？……"

到了晚上他才想起，矿区的电话是可以通过自动的总线来使用的。——当他放下听筒的时候，那两个女职员意味深长地自得其乐地相视而笑，忽然地擦起鼻子来。他放弃了和工地主任用电话通话的念头。他过分大声地命令那两个女人中间的一个说："请您坐到打字机前面来。我给您口授一封信。"

"我？请原谅，局长先生，我不是速记打字员！"她委屈地翘起了眉毛，又把眼镜挪正。第二个女职员不平地答复让的问话："非常乐意。可是我不知道，副局长先生是不是已经准备好了信件的草稿。"

草拟信稿忙了让半个钟头。他不能决定，日期应该写在左角还是右角。至于工地主任的地址、姓名……应该写在中间呢还是写在旁边？最后他也把正文磨出来了："见字请今天立即从第三区段八号煤壁减少 18 个人，并把他们调到别处去。副局长。"

"就是这样一个字都不改动吗？"女打字员刻薄地明确一下说。

"是的。"

他想了一阵子，走开，下去，在横巷前面，抓到一把铁锹，只为了尽可能地离开这两个坏东西。可是他并没有走开，像是坐着针毡一样，熬到下班时间才一摇一摆地走出去呼吸新鲜的空气。

他很高兴，他把柯可特的纵队从完全沮丧的状况里救了出来。可是他的快乐并不长久。一天之后，他就听到了，八号煤壁的 36 个矿工原封不动地继续工作。

有一个年轻小伙子从"瓦琳斯基"矿场打电话来："副局长吗？"

"叫工地主任听电话……"

"是的，我就是，"在电话机的另一头的青年报告说。"局长啊，您真是，好家伙，完全对，我赌神罚咒地确信……"

"什么？"

"这里是谢尔贤，'瓦琳斯基'矿场工地主任。我是说，您的指令正确之至，我自己已经为这件事拼了一个月。可是您知道……"

"我什么也不知道。"

"矿务局昨天向各区段发出了一件通报，说您的每一件通知都必须由查贝尔斯基或那个臭东西普罗斯提连同签署……说到我呢，我没有权利……"

让跳得半天高。他冲进了局长办公室。气得直眨着那双灰眼睛，他开始闹了起来："局长，喂，局长！那签署捞什子究竟是怎么一回事，什么？这究竟是什么意思，局长？"

"呐，您自己说吧，同事先生"，局长宽慰他说。"您曾经领导过这样大的企业没有？一个工厂？或者一个矿区？一定没有！"

"没有，我没有领导过"，米贡阴沉地回答。同时他望着他那急躁地一下子凑在一起一下子又分散开的十只手指。他试图朝上面望一望，可是他又想到，查贝尔斯基可以从他的眼里看到很多的东西。

"没有"，他又一次摇他的头。

"就是嘛！"局长得意了。"我说什么好……其实您埋怨是不必要的。您总有一天会把它学会，那并不是那么可怕的。我们对您是乐意从旁协助的。日记、每天来往邮件、档案、个别区段的工作对照表，总而言之，都不过是开头显得可怕罢了。"他心里还补充一段话：我们在他身上将会得不到很大的愉快，如果我们给他传授一点点基本的知识，也许他还能够在某些地方、某些问题上有一点用处。——

"呐，还有什么问题？您一定在布置您的住宅上有些困难吧。不是这样吗？我当然会派一部运货车给您从查勃尔泽把您的家具搬来，那是没有疑问的。至于燃料……"

"够了！够了！普罗斯提拖着您，他想做什么就做什么！"米贡忽然嚷起来。他站在写字台前面叫着："怎么样，是不是您现在马上写一份新的通报？怎么样？"

对于局长来说这十分显然是不舒服的。他用手指在那小鬈发上打转，这点鬈发对他来说是作为从前的满顶头发的纪念剩下来的，接着他就用手指敲打写字台，写字台上面每天都是这样的凌乱。他不愿意当面告诉米贡，要领导一个矿区是需要一种资格的，他就没有这种资格。这可能使米贡感到痛苦。

"您写不写？"

"您听我讲……"

"不！"副局长的声音像排炮一样吼着。他忽然抓到一个红墨水瓶子，开始用它在台面上为他的叫喊打起拍子来。

"您写不写？您写不写？好，那我就马上打电报到中央管理局去。要他们来和您算清这笔账吗？"

砰的一声，墨水流满了写字台。局长也脸红起来了。忽然间有一下轻微的敲击的声音，勃尔佐查书记从容地踱进了室内。他做出好像并没有注意到这两个人紧张的表情的样子，他提议："不可以开一开窗子吗？这里简直闷死人。"

查贝尔斯基耸耸肩膀，忽然向米贡大声一嚷——虽然从他的叫喊还可以反映出他的气愤，可是声音却并不再显露气愤的成分："好吧！让一切都搞得天翻地覆吧！好吧！"

5分钟之后米贡拿着交给女打字员的那张文稿离开办公室。他在门口站住，难为情地说："这样的一块墨水印……不知道能不能够从桌面上擦掉……可是请您不要生气，局长！"

3

不管是普罗斯提还是局长都是反对召集一次矿坑积极分子的特别座谈会的。现在，月底的前几天，依照这两个人的了解，找工人来开座谈会就和布置"讲坛"、向领导企业发出祝贺或职业学校学期开学典礼差不多。一切神圣的时日总不免遵循固定的形式。

米贡坚持要召集。党在大力支持他。查贝尔斯基其实是完全无所谓的，因此也就不和这"疯子"长久争论。

午饭之后所有被邀请的人都到了工会的礼堂。这是一些积极分子、工程师、工长、党小组的组长、职工代表会的成员——其中有那位独臂主席雅塞列克。那些从早班上来的人都是黑黝黝的，带着一股汗味。他们走进来，扭着腰身，低声说着笑话。有些职员来得迟一些，最后到的是总工程师波克尔济夫尼基，又脏又长着长胡子。太阳光穿过窗户射下来，光柱之内的尘埃像飞散的彩虹一样舞着。查贝尔斯基偷偷地把一份画报"普尔采克罗伊"摆好，他把它夹在硬皮卷宗里面。他挤眉弄眼地望着普罗斯提，普罗斯提带着轻微的讥讽打量着聚集到礼堂里来的人们，同时用手撑着那突出的下巴。"对有些人来说民主就等于川流不息的开会，是吗，史切潘涅克？"

普罗斯提懒散地摇动他那分成四道妖媚的波浪的浓密的头发。他轻蔑地撅起他的下唇回答说："我敢拿我的头来打赌，每一位高贵的积极分子先生都宁愿劳动过后在他的窝里休息休息。到今天为止我们已经开过不止一次座谈会了，可是对于每一次座谈会，他们都比我们显得更加厌烦。"

这种说法是不错的，至少就过去那段时期来说是不错的。今天以前的每一次座谈会都是矿长普罗斯提主持的。他做他一个两个半钟头的总结报告，那些矿工只听得懂五分之一或十分之一。当他总结过后向周围发出他那刻薄的眼光，表示要求愿意发言的人参加讨论的时候，在场的每一个人都做沉思状，生怕叫到了他的名字。

425

临末是结束会议，皆大欢喜，纪录上这么一句话："出席者均热烈参加会上的讨论。"

当然，在最后一段时间，那些在党内组织起来的工人越来越多地提出了他们的批评，可是普罗斯提却有办法用急速的废话把他们钉牢。自从勃尔佐查来到之后，这位矿长总是尽可能地拖延这样的座谈会的召集。根据米贡的要求，党书记主持今天的会议。

米贡的行动出乎大家的意料之外，他的讲话还不到 3 分钟。他只是自我介绍了一下，就简单明白地说："我们矿坑的情况很坏。要完成计划还差 540 吨。有些人不相信'安娜·威罗尼卡'有一天会得奖。同事们，我们一定要提意见，应该做些什么来消灭差额。不然的话我们就不能使我们的矿坑健全起来，岂有此理！情况很坏，提意见吧，矿工们，看我们应该怎样做。就我这方面说，我向你们保证：我们完得成计划！这就是我要讲的一切。"

接着查贝尔斯基觉察到米贡脸上的微笑。这是充满了无言的请求的微笑。

可是接上来的答复却是一阵那么长久的沉默，使那位局长充满同情地在想：我们可爱的急先锋没有交上好运。——米贡靠主席团的桌子坐下，平静地抽一支香烟。他周围的人都打量着他那丑陋的、烟色的头发和那拿香烟的怪手势。

"好吧，让我来跟你们讲一点吧。"在后排长凳中间站起来了一个年轻人，他有骄傲自满的面部表情和神气地向上翘起的小胡子。他肩膀上坐着一只白老鼠。矿工们总是喜欢带着老鼠下矿井去。如果空气里含有煤气，这种畜生会早些发觉出来。

普罗斯提快快地叫："近一点，近一点，公民！我们希望您到讲坛上来。"

可是勃尔佐查书记及时地参与进去，因为他从这位矿工的眼睛里觉察到拒绝的神色，于是他向他说："实际上您也可以就在您原来位置上发言。我们已经可以听见，不是吗，工程师？"

"您是从前天起到这里来的，副局长，我却从战争末期就在这里工作。是不是这样？您以为您要在这里建立起秩序，而他们就会从卡陀维采给您送来一项月桂冠。这样的事是不会有的。这是一个倒霉的矿坑。您在这里会白费您的气力。矿坑里什么都不对头。在这里的人都是丧家之狗。谁在这里看一看他的饭碗？谁来这里闻一闻他的破铁桶？这样一只狗是不会工作的！绝对不。"

靠着窗子有一个矮个子咬着瓷器烟斗跳起来，他没有从嘴上拿下他的烟斗。

"这个小伙子有头脑！别的矿坑供给宿舍，这里却连修理一下都不行，让屋顶掉到我脑壳上来吧！大事业——矿工算什么！"

工长特拉赫登堡证实说："是这样。没有宿舍。他们已经施工了，可是又停止了。"

那个咬着瓷器烟斗的人重新鼓起了勇气说："您不用走远，只要到轨道后面的美里马卡家里去看一看就行了。可怕啊！一个人和他的妈妈和三个孩子住在一个鸡窝里，里面只摆着一张床。他要做缺勤的懒虫，难道算是奇事吗？"

会场乱得一团糟。矿工们一个比一个大声地向主席台上叫过去。在吵闹声中谁也听不懂他们一句话。普罗斯提高傲地微笑着，开始装漂亮地从口袋里抽出一把小锉刀来修饰他的指甲。勃尔佐查把手抬起来，逐渐地稳住了到场的人们。大家看见，他是朝右边望过去，在那用旧布做成的红色帷幔底下有积极分子柯可特坐在那里。看样子他好像是请求过发言，只是在这种混乱情况之下他举起来的手被人忽略过去了。

可是书记却仍然是发觉到了，于是说："请。现在是柯可特公民发言。你们大家不要打断他的话。"

矮个子柯可特虽然是站了起来，还是几乎看不见。他摆动一下他那短得可笑的脖子上面的圆脑袋，开始有点神经紧张地说："嘿，矿工们！干吗这样呀！不要这样，再要这样就会闹成一个狗窝。我们一定要，你们知道……"

他停住了，有人发出一阵短促的哄笑。这就是肩膀上坐着白老鼠的那个人。柯可特迷惑地站了一阵子。他张眼去搜索书记的眼睛，发现那双眼睛十分镇静而且充满了期望。于是他继续一口气地说下去："是的，我们能够这样说他两个星期，同事们！我们一定要打开天窗说亮话：这是谁的过错，怎样才能够帮助他纠正？"他换一口气，同时别人可以看见，他的嘴唇是干枯的、裂开的。米贡想道：干吗这只蜘蛛那么激动？他对着他的同事们怕难为情吗？可是过了一会他可明白了。

"事情的确使我非常难为情，可是我必须十分坦白地向你们摊一下牌。我们一定要批评。没有批评，同事们，就是最优秀的人也可能迷失方向，不是吗？对每一个人有时都应该纠正他的错误，不管他来头多大！"

普罗斯提有了一些什么预感，他用他那微细的可是又尖锐得出奇的声音说："呐，柯可特！我们等着！"

这位积极分子沉默了一阵子。书记最初以为他对那矿长怕起来了，于是插嘴说："柯可特同志，对你们大家、对我甚至于对领导的局长随时提出一些意见，都是非常好的事情，不是吗，局长？"

"随便说出来吧！"那个和蔼的查贝尔斯基鼓励他说，他是决不反对实事求是的批评的（也许因为他对工人的意见根本就认为是无足轻重的）。

柯可特现在开口了："我们最大的痛苦就是矿长对我们的态度。普罗斯提公民对我们矿工毫无信任。他的意见总是认为工人是愚蠢的，绝不能想得出什么好主意。可是事实上矿长却不能什么都亲眼看见，什么都亲手掌握。工人是整天都在底下的。他常常可以发现缺点。可是要提出什么改善的建议却是毫无意义的。一切都毫无用处。矿长先生始终比任何别人都聪明！"柯可特叫着，本来是用比较直率一些的"公民"这个称呼的，一下子可就转为日常的"矿长先生"了。

普罗斯提翘起了他的眉毛去端详他的指甲。

"继续说下去，同志"，是勃尔佐查发出来的声音。

"举例说吧：我们的煤壁有36个人。那个地方实在是太狭窄了。这些矿工的半数是可以成为积极分子的。大家都是劳动的好手。我们请求，鬼知道已经请求了多久，从我们那里调开一部分人！不这样做是干不好活的！"

"安娜·威罗尼卡"矿场从来没有人敢对矿山工作的领导人提出这样尖锐的公开批评。那些人干脆就害怕：他会把他们撵出去或者把他们调到更坏的区段去。可是今天呢，今天有了米贡在这里。他们还不认识他，可是他们知道：他不会容许普罗斯提报复。现在别的一些人，由于柯可特出台的鼓励，也开始表示他们的意见了。普罗斯提十分明显地要努力记住他们的面孔和名字。直到他碰到了米贡的视线的时候，他才装出了一副伪善的神色。

"请，矿长是不是有意对会上的发言人提出答复呢？"

普罗斯提站也不站起来回答道："一点也没有这个意思。这些英雄们还不如对我们亲爱的副局长提出如何完成3月份计划的意见，因为，我敢断言，虽然他抱定这样的决心，他自己却莫名其妙。"

语气是侮辱性的。从最后一排长凳上有一个头发剪得短短的人站起来，接受了普罗斯提的挑战。

"呐，那好吧！星期班再加双班。"

"当然啰，勃拉契克同志！"

"后天就加双班！"

勃拉契克笨拙地坐下。米贡渐渐地想起来了：啊，不错，这就是那个面目迟钝、沉默寡言的挖煤工人，他立刻便领会我提出来的新的钻孔法。

从会场的另一角有别一个党员压倒了一些工人厌烦的哼声，响应勃拉契克的提议："唯一的出路，好朋友！我们还有13天。现在要搞大改革是已经来不及了。我们一切都改善一点吧。这是必要的一点，而且要立刻动手！两次星期班，星期六一次双班，这会比需要的还要多，要是，说起来真可恨，要是大家都来的话！"

"谁替你来呀，傻瓜！"那个带着老鼠的青年傲慢地打断他的话，同时抖抖他的小胡子。"单凭党内几个人你可搞不出更多的煤，你可以相信我的话！"他不安地拉好那围着脖子的毛线围巾，他的动作正好比一个刚治好一场感冒又害怕重新伤风的人的动作。

"那你来不来呢？"柯可特忽然嘀咕着。"说吧，拉波克，你来吗？"

"我们说吧，就算我来了，可是别人呢？"

"你的小组不来，这是确定的！可是我告诉你：我和我纵队里的每一个人都说了一遍。嘿，个个都来！可是你的人却像蟑螂一样在各个犄角里缩起来！"

"事情总有揭晓的一天！我们倒要看看，你们星期六挖得到多少。"

"不要担心，不要！我们不多不少要挖到你们这个星期的差额那么多。我们还要把你们坑里面的工作包过来！"

他们展开了长时间的讨论。查贝尔斯基觉得很奇怪。到今天为止他从来没有料到，这些枯燥的人竟然是这样热切地关心每月计划的命运，比他自己要关心得多。会议决定了两次双班和星期加班。工长和党小组的组长要取得每一个人来上特别班的允诺。

散会之后米贡很愿意柯可特留下来，并向他的发言表示感谢。可是这个积极分子却只对他瞥一瞥气愤的目光，就加快脚步从他身边走过去了。勃拉契克像一只听话的小狗一样跟在他后面。听见了米贡的叫唤他才站住了："你认为大家都会来吗？"

"他们来的，副局长。"

"您这样想吗？"

"那当然了，我知道！"

米贡很想和这个挖煤工人多聊一会天，可是他想不起什么话。本来他是想找他打听一下柯可特的事情的。他究竟在生什么气，那个驴子！可是他找不到发问的借口。因此他只好粗声大气地说："谁打落了你的牙齿？"

"唉，抵抗！在 1937 年。再见，局长。"——"再见！"

在他背后他听见了查贝尔斯基厌倦的声音："这一下那些弟兄们可吵了个痛快了，什么名堂也搞不出来，对吧，史切潘涅克？你相信他们完得成计划吗？胡闹！"

4

克略格尔站在厨房里，把双手捏成拳头："开场了。你知道这个布尔什维克想出了什么鬼名堂吗？你知道吗？你不知道，你怎么可以知道！"

特鲁德正在擦地板，她并没有注意到，她蘸水的时候两条腿叉开来是多么难看。克略格尔等了一会，然后大声叫嚷："这个布尔什维克！这样的一个布尔什维克！呐，这是一次好的开头！"

他针对老婆疑问的目光提出回答："他命令大家星期天去工作。特拉赫登堡告诉我。可是我不去。我不去，就是不去！这个布尔什维克！"

"进屋里去吧，我要安静地在这里收拾干净，你在那边也一样可以跟我讲"，特鲁德放低声音说。她用手背把头发从额头掠上去，免得它给灰褐色的水弄脏了。

克略格尔把短袄扔掉，穿着那件没有领的紧身衣站在那里。他断断续续地骂下去："有这样的事？我得星期六上双班。先来一次夜班，然后又做一个星期天下午。这就是社会主义！让雷公把我打死算了！"

特鲁德从屈膝的姿势站起来，阴沉地望着他的双眼，然后说："安静一下吧，到了夜里你又不免要叫心里难过了。你究竟管谁叫布尔什维克？"

"米贡呀，难道你还想不起来吗？"

特鲁德把抹布在桶上绞了一会。脏水淅沥地滴到洋铁桶里面去。接着就说："昨天我在矿务局门口看见了他的太太。她跑来这里是为了争房子。"

"她是什么样子的？"

"像一个白痴。我也这样当面对她说了。"

克略格尔担心地嘟哝着："白痴？你这样说了吗，我有没有听错？你没有想到达样做是会妨害我们的吗？"

"不要害怕，雷蒙德。顺带说一句，我并没有存心要隐藏我想说的话。"

她提着水桶到楼梯间的水龙头那边去。克略格尔一会捏着拳头，一会又把手张开。特鲁德胆子太大了，这是不好的，一个人不可以那么老实地暴露他的思想。在这一方面雷蒙德认为他是无懈可击的：他一辈子只是盘算着一件事，不要太大胆。

"你今天碰到过什么不愉快的事情吗？"她用一种只有非常聪明的女人才能做到的平静的关心问他。

"当然有。我总是常常有些的。也许我会从煤壁调到水仓那边去。水仓，这倒是头等的地方。在那里呆上两个月我的骨头就会鼓出来。对待'不稳分子'倒是恰到好处的！"

"这也是那个新人的一种花样吗？"

"你根本用不着先来发问。水仓吗？当然啦，就在三天之前他们还为了一支香烟要罚我 500 兹罗提。难道你相信我真的是抽了香烟吗，笑话，你相信吗？说！"

"不，雷蒙德，我丝毫也不相信。你洗脸吧。我就为你准备晚饭。"

"水仓！对布尔什维克他们就发双倍工资，因为他们是积极分子。像我们这样的人呢——唉，我们知道——完蛋！"

他踱到那面彩色的西班牙式墙壁的背后，那里的洗脸盆是放在那张洗脸台的大理石桌面上。他慢吞吞地脱下他的衬衫，然后用手指摸他胸口的一个伤疤。是的，布尔什维克始终是一模一样的：1937 年这个威尔诺维采的灰色工人用马丁炉的铁浇勺打他的胸膛，打折了他一条肋骨。当时他们是对付"罢工破坏者"。像我这样的一个人应该向哪里去混碗饭吃呢？当他这样慢条斯理地泼泼水、哼哼气擦洗的时候，雷蒙德继续想他的心事：当时我在那里已经做了一年。我 1936 年已经进了卡陀维采冶铁厂，那是正当第一次罢工的时期。

他自己当时是不是觉得这样做好呢？不，他的心情并不愉快。可是他的未婚妻当时害着胃癌，必须服用葡萄糖之类的万应灵丹，偏偏克略格尔连黑面包也吃不到。照他的看法失业工人唯一的机会就是：做罢工破坏者。到了第二年根本就没有人认为克略格尔会去参加罢工。他也的确没有参加。至于他跑去告密，说有些共产党员把什么东西藏在煤气总管附近，他这样做可不是为了发财。第一次谁也没有给他钱。他之所以这样做只是由于害怕。他害怕那些恶人。而且他本人也不喜欢保卫局的那些特务。他们那双夹起眼皮四处侦察的眼睛，在翻高的衣领上面闪着凶光的眼睛使他恶心。啊，说什么，这一切都已经是年深月久的事了。

"可要我替你把咖啡倒上？"特鲁德从厨房里问他。

"等我来的时候再倒吧。这应该是很明白的，不是吗？"

特鲁德很会管家，不像克略格尔那病体支离的头一位未婚妻。在战争开始之前那一位已经死了。至于特鲁德呢，她是将近战争结束的时候才出现的。当时雷蒙德是运输跟车，带着萝卜驶过勃尔泽辛卡。她在黑暗中从背后跳上货车，克略格尔为这个无票乘客大吃一惊，由于怕事他把她藏在车篷底下。后来，车一面走，他一面想着这件事在发抖：要是司机和管车看见她……那就糟透了。他们可不会相信，她是自己跳上来的。在这种恐惧的压迫底下他把她偷偷地带到他在工厂的宿舍里面去，特鲁德也就住下来了。他告诉过她关于她得救的经过，可是特鲁德不相信他的话，正如她以后也不相信雷蒙德是缺勤的老手，是懒虫，是骗子。——她发出聪明的、老练的微笑，说："我认识你比你所想象的还要清楚。为什么你这样做？"

因此他在吃晚饭的时候也就十分简单地对她说："我不去上双班，星期天也不下井。不。莫非你倒愿意我去？"同时他声势汹汹地、斗志旺盛地翘起他那洁白的、光溜溜的下巴。特鲁德怜惜地微笑着："我可知道，雷蒙德，你是累了。"

5

首长和高级检察人员用的浴室是在大厦的侧翼，也就是办公室所在的侧翼。早上 6 点钟，米贡正在穿着上身连裤的衬衣，听得更衣室背后一阵音调错得出奇的口哨。接着吹口哨的又转为声乐演习歌唱，现在米贡听出来了，这就是那个在电话里介绍他自己是第一工地主任的小伙子的声音。他想不起他的名字：沙尔潘？切坎？同时那个小伙子又不知疲倦地改窜那首船长之歌，他周游了全世界，终于在陌生的国度闹恋爱。

米贡向隔壁浴间叫过去："您完了等等我！"

"谁在叫？"

"米贡。"

"您好吗，副局长，我的老天爷！"

米贡赶快把上身连裤的衬衣套在身上，又穿上羊毛袜子以防在坑底下长久走动的时候把脚擦伤，接着就把双脚塞进长统胶靴里面去，从他的大衣里把空瓶拿出来放到连套衬衣口袋里面去。

我到矿井上去灌咖啡吧，他想着就踱出了浴间。

看来，让还得再等候那个年轻的工地主任一会。那个小伙子过了几分钟才离开浴室，可是又赶回去一次，也许他忘了他的钉锄。过后他又回去一次，去拿他的手帕，他跑到米贡那边去的时候，手帕还拿在手里。"您已经来了吗，副局长？您可真是——怎样的一种速度啊！"

他举步的时候，好像是轻蔑地把双脚拖过来，只是无可奈何地把一只脚举到另一只脚的前面。

他有一只长鼻子，蓝色的儿童眼睛和下巴底下的两个墨点。他介绍他自己："兹比格涅夫·谢尔贤，拆烂污。"

接着他就大放厥词："我早就这样催促过了，副局长。可是那个混蛋，那个普罗斯提！事情很难办。现在一切才像个样子。"

"等一会，等一会"，米贡止住他。"您谈的是什么事？"

谢尔贤从管浴室的老太婆那里把矿坑灯领回来，粗声大气地说："怎么啦，谈什么吗？这是什么意思，副局长？您想不起来吗？第三区段第八号煤壁，他妈的真是！"

米贡不露痕迹地微笑着。这样横七竖八的乱咒乱骂，显得谢尔贤比他的外表更加孩子气。这样一个小捣乱能够做工地主任吗？

"您听我说，谢尔贤，我很想知道，他们在您那边会不会实行双班和星期班。您的意见怎么样？"

谢尔贤慎重地摇摇头。一绺淡黄的鬈发随即落到耳朵上，可是这个小伙子不理会这个。

"我怎么知道啊，副局长。我现在下井去，一个一个地告诉他们。可是谁能够预言搞出什么名堂来呢？"

他们站在矿务局大厦前面，等候汽车交通稍为间断的机会，就朝去"瓦琳斯基"矿场的大路对面走过去。沥青车路上的货车像枪弹一样呼啸驶过。在那没有盖上帆布的车板上面铁桶蹦得半天高。在一辆车的车门上米贡看见了停车场的名字："特尔津尼采冶铁工会"。他们还得让一辆拖车驶过去，它拖着两节装满矿坑松木的车到"科秋什科"矿场去。

"我是一个笨拙的、粗鲁的人，您看。是的，可惜得很，这也就真是不幸！"谢尔贤唉声叹气，用手摸他的下巴。

现在米贡也猜到了谢尔贤脸上墨点的来历了。他的手指沾满了黑墨点。要不是他从昨天起没有洗过脸就是通宵画图到天亮。

"您干吗要这样想？"

"唉，副局长，我老有一些这样不合实际的主意。可是更糟的是，只要我抓住什么主意，我就别的什么都不想。"

"举个例子好吗？"

"举个例子吗？唉，我们还是不要说它吧。此外，您听着，运输，您懂得吧？水平坑道的终点。一个圈套形式的转运站。环线的半径是四公尺。转接点，两架推车机。就用不着要有火车头。"

"呐，呐"，米贡疑惑不定。"依照这样一个半径车子可就再不能转入轨道了。"

"啊哈",谢尔贤愉快地叫了出来,抡起他的钉锄在他脑瓜周围打转转。"正是这样!一块铁板垫底。啊哈!这样一块铁板来代替路轨。斜度是三度,呐,还有一条定向轨在内墙。"

接着他的活泼愉快的表情就忽然消散了,他害羞地供认:"普罗斯提把我嘲笑得无地自容。请您,副局长,不要对那个老狐狸提起这件事,说我把这种蠢事告诉您。"

"可是,岂有此理,小伙子,无论如何这可不是不能实现的理想!还有什么——我们就在第三区段采用它。这是只有好处的。"

"不,不,普罗斯提是一个好专家。"

"因为他上过大学吗?"

"呐,我也是在克拉科夫学院毕业的。当然那不过是一年之前。可是我就是这样一个不可救药的人。"

在矿坑底下这个不可救药的小伙子在水潭里面一直浸到踝骨地踩着水走,接着向四面张望并亲切地骂一辆电机火车头的司机:"这样行驶是不许可的,老头子。你把两条腿搭在车边,那边就是通风门。你可能因此齐膝头丢掉你那两条腿。再不要这样做!"

米贡正想参加进去,并提醒谢尔贤不要这样斥责人。可是让还来不及提意见,那个司机已经低声下气地答复那个青年人:

"好吧,主任同志,我再不这样做。"

"说话算数的吗?"

"当然算数。"

"啊不错,我请求你一点事,老头子。你来上星期班吗?我们大家都来。呐,你来吗?"

"来,主任同志。"

接着他们就沿着灰暗的路走过去。

6

星期六晚上的双班是一次值得重视的成绩。相当多的矿工都来了,当菲列克·达勃罗夫斯基拖着他那马马虎虎算治好了的脚回家去的时候,他想道:柯可特真是少有的满意。我们差不多挖了 600 车……可是对他来说不也是可多可少的吗?难道是他的煤吗？至于那几个钱奖金……胡说。而且我们还一点不知道，他们会不会发给。他们欠我的奖金已经欠了一年了……究竟算什么呀？

天亮之前雾像下雪一样浓。它像玻璃屑一样沾牢衣服。当菲列克转入萨尔坎德巷的时候，他停了一会，咽一口苦味的空气。他问他自己：那个老魔鬼在家里该又安排出了什么好把戏啊……？

"科秋什科"矿场的压缩机的呼啸从右面传过来。叶德拉什科现在也正在什么地方回家去，只有一种区别，在他家里没有意外的事情等着他。最多是老婆噜苏一会，因为他惊醒了她。可是他家里呢……？

他一打开房门，这个房间是用作厨房、饭厅、卧室兼娱乐场的，他的鼻子就觉察到，有什么东西不对头。烧酒和一个陌生女人的气味。呐，像平常一样，爸爸又乐过了。

他扭开电灯，看见靠窗那张床上摊开身子躺着的老头子，他在睡梦中无拘无束地打鼾。在爸爸身边睡着那么一个矮小的女人，被窝从她那粉红的后背滑了下来。桌上摆着熏鲱鱼的骨头、打翻的酒杯和捏碎的小面包块。

菲列克的小儿子和他的姊姊睡在一张白天收起来的行军床上面。他醒了，正在轻轻地啜泣。菲列克把咖啡瓶子放在灶头，把帽子扔在椅子上，就坐到孩子身边去。

"爸爸，唉，爸爸！"

"你咧开嘴哭什么？"

"爷爷呀，爸爸……"

"怎么样？"

"他晚上把我打了一顿！他用皮带把我打了一顿。耶稣啊！爸爸，你看吧：青癍……"

"他干吗打你？"菲列克用疲倦的声音问他。他明白，这是需要加以干涉的。光论父道的尊严就已经要求这样做。可是他究竟感到本身缺乏进行争辩的力量。要和父亲打一架他是不敢冒险的。这个老头子还是十足像他盛年的时候一样强壮，他尽可以毫不费力地把菲列克摔到楼梯下面去逗引全家的笑乐。

"哦嗬，爸爸"，儿子结结巴巴地说，脸也红起来了。

"怎么样……"菲列克用齿音说。他想道：他脸红起来，也许他闹了什么事，这样和父亲就可以和平了结。——"爷爷昨天和那个……那个……喝了酒。接着他就把她放在床上，我张眼望着。因此爷爷就拿皮带把我鞭打了……"

"凡是他们没有请你去的地方，下一次你就不要朝那边伸长鼻子。不然的话我还要加上一顿！"菲列克用浑浊的声音威胁说。他得救了。他拿那砸碎了珐琅的铁皮脸盆盛满水。就在这一刹那间老头子慢吞吞地张开了肿胀的眼皮，伸伸他的肢体。在他那圆下巴上面有好几十支锐利的灰色的胡须根，就像是刺入坐垫里面去的针一样。他愉快地喃喃地说："哦，已经天亮了！又可以喝酒了。"菲列克不说话。他认为天下再没有比他父亲更可恨的人。可是他不敢坦白表示出来。这间住所并不属于矿区房屋处，它正如这幢房屋的所有住处一样是属于那个房东的，而那个房东就是阿洛伊斯·达勃罗夫斯基。他随时可以把他的儿子连他的孙子撵到街上去。因此菲列克在老头子重新叫他一遍的时候就掉过头来还他一句："这样吗？"

"呐，事情怎样啦，他们有没有因你为祖国建立的功勋送给你一顶月桂冠？把拖鞋拿给我吧，我要解手去。"

那个婆娘醒来了，盖上了她的背部，可是由于有阿洛伊斯做后台，她毫无羞耻或拘束的表示。吃早点的时候阿洛伊斯一面尖声怪气地唱一支短歌，一面用脚打拍子。他给他的孙子扔过去一张红色的100兹罗提的钞票，又哈哈大笑起来。"给你买一块有复盆子的水晶糖，嘻嘻嘻。宽恕你爷爷的过错，正如他宽恕你的过错一样吧。亚门。菲列克！和我们喝一杯吧！"

"那是最厉害的毒药！"

"不，不，国家酒精专卖局的顶好的产品，它为劳动积极分子，也同样为我们服务，嘻嘻嘻！"

菲列克想睡觉。他想：要是我现在不立刻钻进被窝里面去，我就没有气力上下午的加班，我是答应了柯可特要去的。——那个女人在床上吃早点，她在下巴底下兜起一只手，提防碎屑掉进衬衣胸口里面去。

老头子根本就不冲洗酒杯，他相信烧酒最能杀菌。他斟了三份酒，每份100公分。接着叫道："来吧，我们来参加神圣的飨宴。为快乐干杯！谁不喝干，我就用这只手撕掉他的耳朵！"

"唔"，菲列克在那里发愁。"看样子我是休息不成了，休息不成这就等于是……"他做出绝望的动作干了一满杯。接着他们还一起喝了许久。

这一天第八号煤壁徒然地等候那个一开头就领会到新任副局长的工作法的矿工。菲列克喝酒了，哭了，直到他在椅子上睡着了为止。

7

星期五和星期六是党的鼓动员工作繁忙的日子。其实也不仅是他们才这样。职工代表会所有真心关切月度计划的命运的成员、工长、工地主任、横巷老年工人和积极分子，大家都为星期六晚上的双班和星期加班打下了基础。可是如果不是党组织这样投入去，这一切也不见得会搞出了什么名堂。

这两天党把它的整个机构交出来，听候米贡的调遣。座谈会过后几小时，工地小组已经在矿山的各个集合场所挂起了漏夜准备出来的新一期的墙报。墙报简短地报导了座谈会的经过，揭露了缺勤的懒虫的劣迹，并且举出第八区段所领导的工作做例子。

星期五下午在"安娜·威罗尼卡"历史上第一次发出了勃尔佐查亲自组织的工地广播。扩音器打断了跳舞音乐的播送，穿过工场、更衣室和集合场所发出了吼声："这里是'安娜·威罗尼卡'的工地广播台在讲话。我们播送采掘战线的第一号报告。今天我们的矿坑的早班挖出了 1750 吨煤，完成了计划 97%。短少的吨数是由于第五区段的牵累，那边今天的缺勤人数占人力配备 70%。"

星期六清早在矿务局大厦里面安装了一块巨大的、写上了三行红字的牌子：星期六到星期日的夜里——星期日上午——星期日下午带头的区段。那些当严重的班次显示出最优良的成绩的区段的工长名字就得公布出来。

同时书记处的全体成员和各区段组织的书记都亲自找个别的矿工谈话，尽力要他们答应参加加班的工作。

凡是适合去做推动工作的全体书记处成员部分配到横巷前面比较弱一些的小组里面去，以便帮助他们完成他们的任务。

星期六晚上已经显著地显示出来，这种种努力并不是白费的。在双班上到了五分之四的人数。党的积极分子全数到齐了。可以希望，星期天也同样不出岔子。

当柯可特星期天早上反复查点他纵队人数的时候，他睁大了他的圆眼睛："15个？怎么搞的？呐，谁没有到？准是克略格尔和美里马卡，他们都是大名鼎鼎的缺勤的懒虫。可是第三个是谁呢？菲列克不在，你看，老兄！"

柯可特摇头，似乎是太难受了。他细声地喃喃自语："他发生这样的事已经是第二次了。他会变成酒鬼，那个混蛋……"接着他就喝一声："你们等待什么？弄你们机器去！杜都力克，打一根木桩塞住那根管子。难道你听不见你头盖上的风吹吗——你却站在那里，动也不动一下。准是已经损失了好几千公升的空气！"

他们已经好久没有看见柯可特那么气愤。他使出大蜘蛛式的动作在现场上溜来溜去，每一点小事情他都要嘀咕一下。他自己做工作就是这样轻快容易。越加使他生气的是在煤的输送上的经常中断。每隔一刻钟就有人煞住电动机，溜槽也就停着不动。

"一定是缺少车辆，准是，柯可特老兄。你没有理由这样送掉你的性命，你气死也并不能想出办法来的"，同事们安慰他说。

柯可特齿缝里发出声音说："我想不出办法？想不出？我们马上就可以看到！"他摇摇摆摆地在塞满上山坑道的支柱和横梁的密丛中消失了。他从下垂的溜槽挤出去，他从一条斜巷跳到另一条斜巷。

经过一番跳越之后再慢慢地向前移动，他终于挨到了石门，绰号"毛虫"，转运带沿着进行的石门。最后他到达了装卸站。有几个人背向着他，在一个包着铁皮的电门上面枉费力气地工作着。矿坑灯的光正射着那台机械，给他们面颊上画出黄色的剪影，其他一切就都陷到黑暗里去了。

"呐，呐！我们究竟在什么地方？在幼儿园？在幽会？在公园？"柯可特开始骂起他们来了，还从一列空车背后把头伸出来。"你们在找消遣吗，你们这些萝卜头？"

"别作声"，米贡的冷静的声音打断了他。

"这是怎么一回事？"

人们沉默地继续工作。柯可特叉大两条腿爬到车上去，试踢一下输送带的一个人。那个人低声说："什么，你也亲眼看见，我们是在修理它。见鬼，它自己停了下来。"

"什么，柯可特，您懂得搞电气这一套吗？那就帮一手吧。要是不懂呢，那就不要来打搅！"副局长平淡地命令他。他忘不了那个挖煤工人的敏感。

"干吗要徒然伤您的脑筋，副局长同志？干吗您总是找着我？"

"呐，柯可特，我现在不答复您的质问！""我听见了！"他们气呼呼地把他们彼此的嫌恶的眼色都盯在对方的脸上。汗的酸味因他们短促的呼吸更增加了分量。——忽然间从煤柱那边传来轰隆轰隆的声音，可是米贡开头并没有注意。他嘲笑地嘀咕着：

"盖起你的秃顶吧，它刺我的眼睛！"

又有雷一般的响声。现在是猛烈到脚底下的平窿底板都在震动了。煤车砰砰硼硼地互相撞击。第一次震动之后，平窿里面就不断发出破裂的声音，还有小石片飞到衣领后面来。

"耶稣·玛利亚……坑塌了！"

米贡拉下了电话听筒。

"喂！斜道工作站！快点，快点。什么事？米贡在讲话。我就到那边去。

混帐!"

他迈开大步冲过平巷。柯可特跟在后面。他们两个摔在岔道上,可是立刻爬起来,继续赶上去。他们像脱钩的车一样跑下斜道。一个在装一座插接器的装配技师用低沉的、紧张的声音向他们嚷道:"第二斜巷!可是注意!它还在崩塌!"

在平巷里面有几个矿工在喘着气,他们刚从斜巷里跑出来一会儿。有一个人歇斯底里地呜咽着:"因为那盏灯!因为那盏灯!为什么,见鬼,他回去了!现在你来承受!"

"出了什么事?"

"第三和第四号煤柱,副局长?"

"那个人在哪里?"

"在第四号那里。可是很难到那边去。还在崩塌。"

"他活着吗?"

"不久之前他还嚷过!"

"一切,一切都只是因为那盏灯!为什么,见鬼……"

米贡捏紧他的手指。小膀子上暴起了一行行的小青筋疙瘩。也许他用尽了全身的力量来捏那两只手。他神经质地向顶板望着。沉重的继续震动的声音就从那上面传下来,好像是有人在打鼓。

"我们去吗?"柯可特大胆地细声说。

"现在就去了吗?"

"也许我们可以把那个好家伙从死亡中救出来。"

"不错,再迟一会他也许就完蛋了……"

可是他们仍然站在原来的地方。冒出来的汗湿透了钢帽的衬里,衬衫也黏住了他们的身体。忽然间米贡从贴近他身边站着的矿工手上抓走了那把钉锄。

"柯可特,你去吗?"

"我去。"

"带一把铲子。"

"先走吧。"

他们自然而然地取消了客气的称呼叫起你来了。他们肩膀挨着平巷的巉岩的墙壁,摸到了煤柱的切口。山里面现在是停止崩塌了,因此过了一会他听见背后的脚步声。

本来是通过煤柱的切口才能够到达真正的矿脉,现在那个切口却被一座石片和煤块堆起来的崩积山堵塞得几乎水泄不通了。他们爬过去，同时用他们的灯光搜索那个石拱顶。石拱顶中间可以看见许多深的裂痕，简直深到光线再也照不进去。它们可能是 10 公尺，也可能是 100 公尺深。

当灯光扫过这片拱顶的时候，从斜道的深处发出了呻吟："好人啊，不要让我躺在这里！不要让我躺在这里！"

这条矿脉是大量开采了的，他们必得走过好几十公尺的石堆才能够走近那个呻吟的人身边去。柯可特喃喃地说："还可能一直塌下去……"

"可能……"米贡喘呼呼地说。

"那会把我们压成肉饼！"

他们吃尽了苦头才挨到那个被壅埋的人的附近。他是看不见的，因为他是在他们脚底下，岩石块中间，那些石块每块都比大的宽的箱子还要大。这些石头似乎是靠着斜角互相支撑着，因为底下的那个人叫起苦来并不显得特别的吃力："你们来救我命吗？哦，救救我吧，同志们！"

"你有足够的空气吗？"

"有，有。我一点都不觉得什么，它根本就没有压住我。它们堆得很合适。可是你们不要丢下我不管……"

一阵冲击掉下了一些石块。他们向上面照一照。这一下可吓得他们浑身冷汗。正在那个被壅埋的矿工头顶上悬着一块火车一样大小的大石头。只有魔鬼知道它是怎样在半空里拴牢的。每次震动都使它轻微地摇动一下，好像它已经要掉下来的样子。

"米贡……"

"什么事？"

"我们就用支柱也撑不住它……"

"不行。"

"只要你一碰它，它就会掉下来。"

他们把嘴贴到冷的缺口上向那个被壅埋的人轻轻地说："好家伙，再不要说一个字！要是你大声一嚷，我们就通通完蛋。在你头上正吊着死亡，因此……"

"耶稣·玛利亚——我不嚷，谁知道会发生什么事。"

"你在底下觉得怎么样？"

"一点不觉得什么，一点不觉得什么。只要快点把我拖出来就好了。"他的声音颤抖着，他的话很难听懂。可是他们却十分了解他。他躺在底下的黑暗中，在崩塌的石头底下。空气该是足够的，可是他不知道，他顶上发生了什么事。他们告诉他那种可怕的事情，他必须一点不动地等候着，不管是死亡突然地袭来还是又放过他一次。他轻轻地说："脖子，好人啊，最糟的就是它……"

"你的脖子怎么样？"

"夹在两条支柱的中间。不，它们并不是砸着脖子。可是你们知道，万一它们这样夹紧一下呢……"

"你不能够把你的头从支柱中间抽出来吗？"

"就是呀……最糟的就是这个……我真是怕得很，亲爱的同志们……"

平窿里面已经来了劳动保护的检验人，米斯科，救护队队长和矿坑安全检查组的几十个组员。那个驼背的米斯科没有办法决定采取什么救护行动。他叹气说："条例规定……撑好顶板。可是那块大石头只要用支柱碰一碰，它就会塌下来。唔，要是救护人员因为事先没有撑好支柱给壅埋了的话，他们便会加我疏忽的罪名，把我关起来……"

米贡离开了矿脉一段短时间。他几乎站不住脚。他布置工作："除了我们之外，谁也不要上斜道去。用不着多拼几条命……反正地方也是太狭窄，它刚好容得下两个人。我要同一个挖煤工人，同柯可特单独把他挖出来。只要给我一点喝的东西就行了。"

一刻钟又一刻钟过去了。在那被壅埋的矿工身上堆起来的石堆越来越小了。顶层上随时有一些石块掉下来，有一块几乎把柯可特砸死。忽然间发生了那件大家最担心的事情：它裂开了，轰响了，从顶上像落雨似地倾泻下一阵石头和碎片。那个挖煤工人一下子大声嚷起来。接着，记起了那在他头上摇荡着的死亡，他绝望地低声说："耶稣·玛利亚！它夹起来了！砸住了！耶稣·玛利亚！"

"什么事？"

"支柱呀！哎哟！我没有办法……"

他们一直挖到他脸上，把手指插进石块中间去摸索那些支柱。那些支柱的确是像一把剪刀一样夹住他的脖子，凭着矿坑灯的光线可以看见这个被砸的人的面颊已经在变黑。在灯光的影响之下他眨着眼睛，喘呼呼地说："快点，快点……！"

他们试图用手去拉开那狠心的木头。它动也不动，那两根柱子的末端陷在乱石堆里面，乱石堆像用老虎钳似地把它夹住了。柯可特凝望着米贡的眼睛，米贡做出好像并未觉察到的样子。他用低沉的声音命令说："拿把锯子来！跑步！"

可是在矿坑底下只能使用粗齿锯，长锯子在横梁之间是没有伸展的余地的。无论如何要弄到一把短小的细木工锯子，除此之外再没有其他办法。

两个矿工跳到火车头那边去，在第九号车场上他们冲进了地下储藏库。

"没有！我们必须上地面上去。"

"哎哟……"石头底下的人呻吟着。他额头上每一条血管都胀到电缆那么粗。汗水像眼泪一样从两眼一直沿着鼻子流下来。他气喘得越来越可怕，张开口，黄色的黏液流下来流成狭窄的长条。在他舌头上沾着那用钉锄匆忙地又是谨慎地拨下来的石片的粉末。他始终记住他头上的那块大石块，不然的话他便不免要叫出来了。

尖劈全不顶事。岩石是异常坚硬的。楔入的木头一分钟比一分钟夹得更加紧，对于这样的石堆什么尖劈都是不中用的。柯可特想起了一次崩塌，它把铁筋混凝土像面包一样压得碎碎的。

"也许最好是把这种障碍物爆破。"

"那就要继续塌下去。"

"这样呢……他会窒息而死。"

当锯子终于送到米贡手上的时候，那个被壅埋的人已经在做着绝命的挣扎了。他在拉锯子的时候死去，再没有发出过一些声响。

矿山当局想放弃尸首的发掘。

可是党却是铁一样的坚持。一定要把人交还他的家属。波兰统一工人党每班两名志愿参加工作的党员清扫那些乱石堆，临近半夜，那具灰暗的尸首已经可以搬到石门那边去了。米贡和柯可特站在一边，在矿坑灯光圈之外，在激动的叫喊之外，在带臂章的救护员和他们的互相抱怨之外。他们精疲力竭地坐在一辆车子上面，轮流从一个瓶子里喝咖啡。

当柯可特把瓶子递给米贡的时候，米贡紧握着他的手："维克多！"

"不要心软，让涅克。"

他们一步一步地走过那段漫长的道路。他们的灯光显得越来越小。

8

死者名叫克秋克。他是一个老矿工，普通工人，多数人员连他的名字都不曾听说过。他遗留下三个孩子，其中有一个害着喉头结核，好几年以来再也没有离开过特尔津尼采的医院。最细致深入的检查都只能确定一点，克秋克的死亡是由于自己的疏忽。

在那条横巷里和挖煤工人克秋克一起工作的人们根据事实说，他们曾听到崩柱的首次的响声。

"在顶板的中部发出了尖锐的声响。可是只有两次。接着便轰隆一声，响得多厉害啊！……"

崩塌是差不多在顶板里面的警告声发出来之后立刻发生的。克秋克的三个同事刚好来得及逃走。克秋克本来也可以救出来的，可是他又转回去拿留在地面上的反射器。这样一来他便被壅埋住了。

"顶板是怎样撑起来的？"

矿工们恼恨地承认，那是撑得不够牢固的。不错，事实是这样，克秋克是疏忽的。特拉赫登堡当时立刻被送到安全处去查问，证明了他并无过失。在上一个星期天他曾经向克秋克提出了有关忽视劳动保护条例的严厉的指示。当他这一个不幸的星期天来到这根煤柱面前的时候，他曾经断定一切都还是老样子，于是决定顶板一天没有进行相应的支架便应该一天停止开采。可是克秋克却依主观的想法办事。太弱的支柱加速了这场不幸。"从前，这场不幸之前，也发生过这一类的事情吗？疏忽、草率、拖拉！"

"我记得是这样的情况。"

"有什么例子？"

"就是——是的，这样。前一个月就有同样的事情。支架太坏了。我向局长报告过。他罚克秋克一笔钱。"

"处罚没有效力吗？"

"好像没有。"

专家鉴定：山岩的震塌起因于支柱上头的含沙石片的破裂。防止这种震塌是不可能的。顶板支架的不合规定使崩落的岩层比正常情况来得更急促，结果就造成了挖煤工人克秋克的死亡。过失是在不幸事故的牺牲者本身。

矿坑像蜂窠一样的喧闹。大家一连几天都尽在谈论着崩陷的斜道。后来才慢慢地静下来，不提这桩事。只有勃尔佐查书记有一天晚上坐在财务科好几个钟头，从纸堆中不倦地找寻着什么。他非常深沉地走进劳动竞赛办事处，米贡还是孤零零一个人在钻研那企业的组织纲要。他掀动着嘴唇，同时蒙着一双耳朵。看样子他似乎要把它背熟。勃尔佐查就桌面上坐下，把他的天鹅绒裤子拉高，打断了让的学习："您听我说，同志，您看看这个。"

"那是什么呀？"

"只要您瞥一眼就行。"

"您这个是什么东西?"

"从一份旧的收支报告上抄下来的。"

在一小张纸上可以看到三行枯燥的数字和字母:格拉尔德·克秋克,矿工,第三区段,由于忽视劳动保护和卫生的条款,应受处罚,从应得工资扣除 150 兹罗提。"呐,这是什么意思?"

"我自己也还不知道。"

"妈……"米贡轻蔑地开口了,可是立刻住口。他用拳头揩他的前额,同时搔乱他的头发。

"150 兹罗提……"

"啊哈!"

他摇摇头,接着又重复着:"150 兹罗提。"

接着忽然说:"您把这张破纸片给我,勃尔佐查同志。您给我吗?"

"好吧,拿去。我自己还不知道,我应该如何来考虑这件事。"

米贡想划一根火柴,可是火柴枝却在他手上断掉。他粗声大气地说:"扣除了应得工资……这个克秋克的按班工资有多少钱?"

"一个低级的柱工。也许是 576……"

"不错……还不到三分之一。这样,这倒是一笔罚款啊!……还有那两段煤柱也不再在那里了……"

"您现在打算怎么办?"

米贡嘟的一声撅起了嘴唇,勃尔佐查记起了一个类似的面孔——当他们那天晚上在管理局大厦前面的马路上谈话的时候。米贡正是这样带着鄙夷不屑的表情把他的嘴唇撅到前面去。

"我不懂",他有点不敬地说。

勃尔佐查不是容易感到冒犯的那一类人。他微笑。

"每个正常的矿坑都有一些后备横巷,以备必要时能够把矿工调过去。可是在'安娜·威罗尼卡'呢?这里连后备切口都没有。而且两段煤柱——算起来一班也总有那么 178 吨……"

"谁说过事情不是这样子。"

"这是每周千吨的一个问题。"

"千吨。"

"我们的差额本来是约莫 1000 吨，加起来那就是 2000 吨。"

"唉！"米贡痛苦地叹一口气。他把勃尔佐查看作一个小孩子，他和比较上了年纪的人谈到一些事情的时候，还是不免太困难的。"您难道真是不懂吗；书记同志，一次星期班，一次星期六双班不就是一切都可以赶完它吗？"

"不，我真是不懂这个。一次双班，一次星期班吗？不错，可是您不要忘记，活见鬼，每个平常日都要产生 300 吨的差额。一个星期过去了，您就又来了第三个 1000。"米贡的面部现出了皱纹。他眼皮底下有灰暗的圈圈，这是从太少的睡眠来的。勃尔佐查知道是什么缘故。米贡通宵学习"矿坑的领导"。他钻研卡片索引的秘密，他要下苦功背熟它，他研究每个人的人事关系，压缩机的平均输出量，螺丝钉的供应应该向哪里去信，他努力记熟所有工长和工地主任的名字。勃尔佐查也相当赞成这种做法。可是无论如何这位新任副局长过于坚信他自己的意见，他过高地估计了他的工作布置的意义，而过低地估计了现存的阻力。

"您平心静气地听我讲一次话吧，米贡。"

"那又怎么样？"

"一笔 3000 吨的差额威胁着我们。除此之外还要估计到不能预见的工作障碍。至于顶顶重要的一点则是：我们还没有贯彻任何一种的变革，是不是？缺勤现象，工作障碍，不健全的组织，矿工的差劲，这一切完全和从前一样，我说的不对吗？双班和加班的星期工作，只是一种命令手段。说到改善，基础巩固的真正的改善，是只有经过刻苦工作的道路才能达到的。"

"呐，那应该怎么办？"让生气了，靠在写字台上面，好像是要用他的脑瓜去打那个书记似的。"难道我们应该放弃计划吗？"

"米贡同志！米贡同志！怎么可以这样呀？"

"也许您有意要恐吓我吧，是吗？不错，查贝尔斯基整天都在我耳边嘀咕着：'什么名堂都搞不出来的，定额太高了……什么名堂都搞不出来的。'现在呢，您也来了，是吗？"

"您使我陷入绝望的地步，米贡。查贝尔斯基是胡说。他要转移您的注意力……您还是终于了解这一点吧：为了走在使人惊奇的前头，你必须把一切，可是也的确是一切可能的手段都用上去。您不要信赖双班和星期劳动。矿坑人员对自己还缺乏信心。他们也还觉察不到现实的胜利的气氛。这是不可能用冒险的诺言，例如：我和你们打赌，3 月份计划将会百分之百地完成！塞进矿工脑袋里面去代替的。"

"要是办不到那该怎么办？"

"可是总会小得到的。"

勃尔佐查把他的短袄整理整理，看看表，就开始走出去了。到了门口他又补充了下面的几句话："我劝您请求职业学校上一次夜班，并向那个组织'为波兰服务'请求帮助。除此之外，星期三再来一次加班。整个党委员会从明天起就要像100个恶鬼一样在坑底干起来。荣誉担保！"

米贡左右前后地穿过房间走了三遍。他满怀愤怒地把那留在写字台上面的带着醋酸矾土的瓶子扫掉，这是那个老处女每天用来做几个封套的，他不知道她为什么做这个。最后他阴沉地笑了起来。

"我们的勃尔佐查才谨慎呢！呸，多么谨慎啊！"

9

矿务管理局不愿意对工作人员隐瞒生产情况并不顺利的事实。第三区段的不幸事故更使我们必须加强我们的努力。3月24日的差额是156吨，结果就是我们的本月采掘差额和昨天的加在一起提高到1500吨……

从扩音器发出来的字句传遍了矿工会所的大礼堂，消失在角落里，在逐步高涨的吵闹声中沉没了。高高挂在那画上整百整百朵红花的礼堂天花板上面的黯淡的电灯冲不散那睡意的半暗状态。职工会所挤满了一堆堆从更衣室涌进来的灰暗的人体。人们的面孔还是又白又干净，虽然他们穿的是黑色的破衫，沾满灰尘的短裤，浸透了机器油和原油的连裤工作服。

在聚拢在墙报周围的矿工们背后的某一处，可以听到党的鼓动员平静的、充满信心的声音。他和一个对手辩论的一些比较大声的片段传到了矿工们办理每天"点名"手续的小窗口。

"对不起，我告诉您，雅努力克，对不起。您愿意国家的事情好些吧，对吧？您愿意政府在里戈塔建造一个游泳池，一所医院，一个美丽的运动场吗？是的，您说，我愿意这样！我就问您，雅努力克，要是大家都是像您一样的懒虫，国家能不能够做到这一切呢，雅努力克。听我说一遍，您看……"在特拉赫登堡的小窗口那里的矿工们用鞋底擦地，其余的话他再也听不见了。他的眼光离开了卡片，他已经把他一班所有上班的人名都在卡片上登记完了。小窗口空了。矿工们在职工会所里面四处站着，等候他们的工长。

"嘿，家伙，还有一个没有登记吗？"特拉赫登堡从小窗口嚷出去。一个秃顶挡住了他的视线。那是柯可特。

"已经全登记完了。"

"岂有此理，真是岂有此理！"工长骂起来。他从口袋里把那个带着镍链子的银表掏出来，向后侧着头看一看时间。

"6点过3分，我们要下井了。"

"真是时候了！"柯可特喃喃地说。

他眯着他的鹤眼看工长的纪录。

"又没有全部到齐，呐！"

"正好缺20%"，特拉赫登堡叹一口气。他用手指撩他那坚硬的、鬃一般的小胡子。忽然间他望着柯可特的眼睛。他经过一阵考虑之后说："进来一下，好吗？"

"唔。"

"我们愿意谈一谈……柯可特，您可是党小组的组织者，对不对？"

特拉赫登堡从来没有决定过要把那他认为必须使上司和下属隔离开来的障壁打破。现在他头一次转动了他的脑筋，无论如何必须完成每天的计划。扩音器已经报告过了："情况并不顺利。"

照他的意见，说出这样的话来是对威望有损的，为了挽救他的威望，他板起他那副严厉的面孔。他有些怀疑地说："我很想知道，柯可特，您处在我的地位打算怎样做。"

维克多很快地把名单看一遍。糟糕。他那片煤壁又缺了克略格尔、美里马卡和最近越来越常缺勤的菲列克·达勃罗夫斯基。此外还缺了三个推车工，推动工具的火夫和别的几个人。

"该死的东西，应该剥掉这些二流子的皮！"

"不错……"特拉赫登堡严肃地表示赞成。柯可特沉默了一会，他的眼光停留在这个老头子衬衣的一个白铁钮扣上面。工长室空了。他们都走进职工会堂去找他们的人。

维克多用手指在桌面上敲敲打打，接着便抬头望着特拉赫登堡的露出疑虑的皱皮面孔。工长已经在后悔向挖煤工人请教。他也一定想不出什么名堂，这多丢脸！这是怎么样的一种耻辱啊！

维克多缓慢地、慎重地说明："在煤柱区段有我们党小组的人。在我这边，连我算在一起也有四个党员。还有水平坑道的装卸站那里有一个青年联盟的小伙子。我们把缺勤各人的工作包起来。这样：从我那片煤壁调两个人去，从切口调一个，至于装卸站的那个小伙子没有助手也可以办得了。就是这样已经……"

"神话。"

"干吗又来这一套？"

"他们支持不了的。"

"一定，要是每天这样，那他们不久就要搞垮了。可是一天是可以支持得了的。"

"他们会同意吗？"

他们是同意了的。特拉赫登堡装了一会气愤的样子，可是骨子里却是满意的。在乘着"巴尔干号特别快车"向前行驶的整段时间，他的确没有说一个字，可是行程完了，他却喃喃地说："呐，柯可特，我从来没有料到过，你是这样的一个漂亮人物！"

维克多回头望过去并和气地眨眨他的眼睛。就是这样扣上了这老年的、唠叨的工长和第八号煤壁的秃顶工人之间的同情的纽带……

这一天在横巷工作可真是困难得很。这片煤壁现在只有 13 个矿工来担当预定是 18 个人的工作。不管缺勤的有多少，也不管输送上的需要，定额是必须完成的。平时在工地上是经常由 8 个称为一拨的 2 人小组工作着的，另外还有两个管木头的木工。今天这个问题却必须另想办法来解决。首先就缺少了那个好手菲列克·达勃罗夫斯基。此外不平均的数目也增加了工作分配的困难。对付木头是必得有两个人的，因为一个人既不能锯那些"面条"，也不能撑起那些支柱，或者去安装那些横梁和用定位钟去测定方位。

他们剩了 11 个人。五拨和一个多余的装卸员。柯可特搔他的秃脑壳，一直搔到他做出了决定：我自己担负起两个装卸员的工作。我相信，我够顶得上两个人的装运。

他们像凶神一样起劲工作。他们没有在这样小的集体范围之内分配工作的经验，因此比较弱的小组便妨碍了工作的进行。柯可特喘呼呼地、满头大汗地而且气愤地在煤壁前面东奔西跑，激动地帮助同事们，又是请求，又是诅咒。

鲁特卡、勃拉契克和叶德拉什科因为是党员，全部力量都用了出来，只要他们做得到的都做了。汗水就是这样尽从他们身上流出来。他们的工作不能进展得太快，因为这一拨的采掘不能比别的煤壁推得更远，采掘必须在整片煤田平均进行。不然的话，那接榫的横梁便再也撑不住那采掘到更远去的地方，这样就不免有发生新的灾难的危险。因此正常的工作便随时停顿下来。柯可特正在打算再装，那边却宣布，邻近的一拨才做完了钻孔的工作。

下班前两小时米贡来到了他们那里。他那发红的眼睛不安地闪动着。

"你装满了你的540车了吗，维克多列克？"

"不要担心。"

他们彼此都把起劲得发胀的面孔凑前去。两人的呼吸都带有酸味。自从他们两只手在一只咖啡瓶子上面联结起来之后——在当时那场不幸事故之后——他们彼此还不曾再讲过话。就说现在吧，他们之间也没有人想起要拍拍另一个人的肩膀，微微一笑或者采用其他的方式互相表示他们亲切的感情。维克多，快快地换一口气，便低声问："说吧，那边——地面上怎么样？"

"他们已经管得了他们的事情。波克尔济夫尼基在坚持。可是那两个矿场……"

"差额吗？"

米贡点头。

"你们人太少……"

"岂有此理，你！妈的，只要输送工作不出岔子！"

米贡一跳跳到一个矿工那边去，那个矿工正趴在机器上面痉挛地咳嗽。他从他手上抓过那把钻孔机，开起来，在煤壁上干他一个多钟头，然后又陆续去接替疲乏了的矿工们的工作。可是正当那位副局长从区段走开，要去另一横巷钻孔、搬运、装卸的时候，电动机却忽然停住了，一直到下班时间都停着不动。装满了煤块的、黑光闪闪的、静止的、僵死的溜槽在嘲笑人们一切的努力。在那输送带上面睡着好几百吨……八号煤壁的纵队沉默地离开了煤田。那些人挤着穿过上山坑道的黑洞，在洞里面他们有时必得四肢着地从某些斜道、大梁和溜槽的骨架底下爬过去。直到他们走上了通往石门的平巷上面，那条输送带才像一只作跳跃准备的野兽一样抖了几下，接着就又走动起来了。

在矿场底下清凉的前厅里面，柯可特召开了一次历时5分钟的党小组会议。他们简单扼要地决定：工地领导部门必须立刻对电动机做一次广泛的、彻底的检查。要想采取任何别的一种措施都是困难的，因为电机技师并不在工长管辖之下。因此在自己的工作范围之内是没有改变的办法可想的。

忽然间在机车房的煤车后面出现了工程师普罗斯提。他向柯可特打听会议的结果。当他听过了报告之后，他点点头："我将要处理这件事。"

他的确把电动机的服务人员召集起来，向那些人发出一道严厉的指示。可是他却显然没有得到什么效果。

在一月的最后一天，当柯可特的颧骨已经像弓一样拱起来，矿工们也因为睡眠不足和筋疲力尽，连幽默都丧失掉，甚至于停止了咒骂的时候，祸事就发生了。第三区段的电动机烧坏了。仓库里没有现成的，除了等候从布德里把电动机运来之外再没有其他办法。

米贡和普罗斯提一道去检查了一次，他们发现电机技师手下的两个工人用渗水的油灌到电动机里面去。这里牵涉到盗窃的问题。水把导线的绝缘板浸软了，从而毁坏了电动机。这一事件给移到安全处去处理。可是第三区段这一宗事故就把整个3月份计划打成粉碎。虽然矿坑积极分子尽了最大的努力，差额却还是高的。

4月1号大清早，天还是灰暗得像是一块树皮一样，人们每说一句话的时候，水蒸汽都像是倒翻的粉末一样从嘴里飞撒出来，这时有一堆人聚拢在管理局的扩音器前面。他们大家都同样灰暗和弯曲的站在那里，要分辨出他们中间谁是挖煤工人，谁是机械员，谁是副局长……是很困难的，他们等候着公报。

"安娜·威罗尼卡"的扩音器宣布：

> 1949年3月31日24小时过去之后，我们的矿坑在3月份计划范围之内的差额是2648吨煤。虽然有工作人员的绝大多数的共同努力，我们却没有完成计划。原因如下：第一是意外的事故，煤柱崩塌；第二是第三采掘段上的电动机出毛病；第三是缺勤现象，这是……

那依照矿工的习惯上身弯向前面的穿着老旧的、破烂的衣服的剪影都消失在无力的半明半暗的地方。米贡张开嘴巴吸一口气。在警卫室前面他碰到了勃尔佐查。他们彼此没有说一句话。让只是像一个万分疲倦的人一样点一点头。

第三章　人　们

1

"你又把大衣扯破了，阿尔柏特！"

他们站在天桥的中部。两个人都像顽皮孩子一样弯身趴在混凝土栏杆上面，努力要向那在下面驶过的火车头的烟囱里面吐一口唾沫。可是每一次他们都不得不把面孔缩回来，因为那些浓烟团的讨厌的臭味冲进了他们的鼻子。一阵猛烈的旋风立刻又把烟像蜘蛛网一样吹过那荒芜的田野。天气很像 4 月的样子，清明而且寒冷。

"呐，我们还是走吧，老婆子该是准备好中饭在等候着了。"

"我是没有谁在等候我的，你早就知道。"

"一道到我们那里吃饭去，怎么样？"

"唉……"

"别说废话，"柯可特开心地骂他。他们朝着小里戈塔的长排的房屋的方向继续走，那些房屋是在田野中间灰苍苍地反射过来的。鲁特卡和柯可特都住在那里。在回家的路上他们摘下了新生的杨柳的一些枝子。鲁特卡开始悠闲地咬嚼它。"它有一种健胃苦酒一样的味道，试试看！"

"你们究竟在什么地方呆了那么久？今天嘛，据我的了解，既没有行政会议也没有学习，也不收集五金或是下乡，也没有……"

"婆子，原谅原谅吧……"柯可特打断了他老婆的话头。

她笑了，向他们眨眨眼，把一瓶杨花摆到桌子上去。"也许又要替阿尔柏特缝补大衣了吧，不是吗？"

"可不是嘛，"鲁特卡肯定地说。他望着乌尔苏拉，苦恼地叹口气："维克多，你的妻子今天越发漂亮了。唉，我还是上格丹斯克去吧，让人家雇我到船上去，走呀走的一直驶到北极随便什么地方去……"

"你打了一场什么架又把你这件大衣扯破了？"她装作严厉的神气审问他。她那长形的——像有些人所说的——马面的双颊今天比平时更红了。她扯他那乱蓬蓬的头发扯得更多了。

接着她便为全体三个人把饭食端出来。孩子们早就喂过了，乌尔苏拉不按照西里西亚的习惯，把女人派在一个犄角里单独吃她的中饭，却把餐桌子让给男子，像里戈塔许多女人都还是这样做的。

"现在说吧，小伙子，煤壁那边有什么新闻。"她带着微笑看他们，越发显得她漂亮。实际上她却并不见得好看：她有一张太长的面孔，发热一样的、几乎是结核病那么发红的斑点长在双颊上，还有一个腻得出奇的鼻子，它的皮在一层白粉底下甚至于像蜡一样在发亮。"开讲吧，喂，维克多，开始吧！"

"还好。那是金子，并不是煤。它自行流出来。今天——590 车！虽然菲列克又旷了工！"

维克多的眼睛粗野地闪亮。乌尔苏拉熟悉这一种闪亮，好多年以来都常常在他眼里出现。从前是因为一场波兰、丹麦的体育比赛或者对格里维采的一次怠工行动的揭发，今天却是对矿坑的热忱。乌尔苏拉认为维克多身上最可爱的就是他眼里那份灿烂的、非凡的光彩。

"可是有一阵子我可给吓坏了。我们像妖怪一样把煤挖下来，忽然间——不得了！——车子没有了。我马上跑去，闹了一场，他们才把车子开过来，安排好。要不是出这一下岔子，我们会超过了590车。难道我们挖不到吗？"他威胁地向鲁特卡问话。"我们是会做到的，嘿，600车，马马虎虎。"

"呐，你们不弄谢尔贤想出来的那条弧线吗？"

柯可特乐得满面红光。他完全忘掉有朋友在场。他趴住整个桌面，向他的老婆弯过去，他短袄的衣角浸在汤里面，兴高采烈地说着："他们已经搬开了那些石头，让涅克·米贡打通了管理局那一关。他，乌尔卡，听着，他说过：'什么，我们没有挑战？那些人不愿意劳动？也许检查组的老爷们认为改善输送不合他们的脾胃，也许是检查组的老爷们不愿意劳动！'我告诉你，要是我们有了新的转运站，那我就会开怀痛饮，醉得一塌糊涂，娘子啊，我们煤壁就会在三个星期完成4月份计划！"

"维克多列克，你不要生我的气，我现在要走了。"

"哦，"柯可特脸沉了下来。

"我6点钟要去开一个家长会议的会。"

"在学校里吗？"

"是的，维克多列克，在学校里。"她站在他面前就好像一个要到院子里去玩的规矩的小姑娘一样。

"那边打算搞些什么名堂？"维克多好奇地问。

"你知道吗，我打算加紧推动那个把旧大厦改建为学校的计划。像你向我提议的那样。我们今天早上到那边去过。那实在是合适得很！只需要把内部修缮和布置一下，因为屋顶是……"

柯可特的眼睛又闪亮起来，而且睁得圆圆的。"他们同意这样做吗？他们必得来工作，也许每星期两次。"

"来的都是党里面的和妇女联盟的。他们支持我的建议。孩子们再也不能够老是在茅草棚里面挤来挤去了。"

她穿上了那件黑色的破旧的皮短裤。维克多又一次把乌尔苏拉在门口拖住，用请求的声音问她："你8点钟左右回来吗？怎么样，你以为怎样？"

"你可是非常愿意的吧？"

他点点头肯定了这句问话。她笑了。

"呐，8点以前我已经可以回来了。那时候我们就舒适地聊聊天吧。"

鲁特卡在这一段时间是被忘却地而且无所事事地在窗前站着，从窗口望出去是一片溪谷的宽广的景色，掘土机就在那边工作。最后他忍不住了："你们不要老是那么扭扭捏捏了，柯可特两口子，不然的话我嘴巴里就要长疥癞了。还有明天，我提醒你，我们要到农民那里去修理拖拉机。不要睡过了头，维克多！"

他心满意足地微笑着，因为他扰乱了他们。

2

叶德拉什科也要一道下乡到拖拉机站那边去。因此他告诉捷弗力克："你也可以跟我们一道走一趟，怎么样，你这小丑？"

可是捷弗力克只是冷笑了一下。不行，这是不符合他的作风的。农村妇女总是脏的多。不行。

他在叶德拉什科家里已经住了两个星期了，而且付给他们500兹罗提。他是在那个下雨的晚上应叶德拉什科的邀请搬去的。捷弗力克带来一个砸破了角的旧箱子。这个箱子里面就装着他的全副家当。

他带着查理·卓别灵的傻瓜式的动作走进厨房，拉长他那张因为胡子剃得急促给刮伤了的面孔。他指一指那口箱子，吹一下拉长的口哨："一切。"

"什么'一切'，捷弗力克？"叶德拉什科的胖妻子表示关心，同时并没有放下她用玫瑰色的带子半中腰束紧的小窗帘。

"这是我所有的一切。再也没有别的什么了。正如你们看到的，我并不是有产者。在婆娘们身上花了我太多的钱。这里是一件旧大衣，五双破破烂烂的袜子和一磅好笑话。"

"捷弗力克，要是你用在矿坑里面讲给我们听的那样的笑话来应酬她，那么，你就会碰点钉子！"叶德拉什科威胁地声明，他是即使在厨房里，穿着破拖鞋，敞开了顶上头的裤扣子也不会忘掉他那庄严的声调的。

"不要怕他，不要紧，讲一点吧！"

"关于意大利的妓院吗？他连这个也还不知道……"

"闭你的狗嘴。"

"要不说就不说吧……那你就告诉我，为什么你的屁股从上到下破开来而不是打横里破开的呢？"

"呐？"

"因为这样一来，当你上楼梯的时候，它就不免要一开一合地扭起来了。"

"你真蠢，捷弗力克！"他的同事指责他。可是他的妻子却发出一阵饱满的、从胸口出来的哄笑，这一笑使那笑话专家感到一种奇特的电力的震颤。他吃着带汤汁的肉团子，同时想着：玛尔塔黑得像是一个西班牙女人。我生平还没有同这样的女人打过交道。于是忽然间他食而不知其味了。

主妇找他拉话："听着，捷弗力克，告诉我，为什么您不像别人一样讨个老婆？"

"请您替我想想吧，我总是同四五个女人勾勾搭搭的，要是我同一个女人结婚，我可又舍不得其他那些女人。"

"现在也是吗？"

"不错，现在也是。"

"同五个吗？"

"老实说，只有三个。一个金黄头发的、一个瘦的和一个多愁的。"

叶德拉什科的老婆在食物橱旁边兜来兜去。她是矮的、黑的，年纪又轻。她站在水桶旁边，客人看她不见，她就仔细地打量他。她把那温暖的眼睛藏在睫毛后面。

她漏了几滴水在地板上，她怨恨全世界，尤其是恨霍尔巴拉，她睡觉去了。

她和捷弗力克所有的情人比较起来并没有两样，拿邮差克兰茨的老婆来说吧，她整一辈子只是对付补袜子的问题；布德里那个老头子的爱侣呢，她的日子是拿缓慢的、拘谨的细切洋葱和大蒜打发过去的；其他整百整百的妇女，对她们来说，世界这个概念不过是对那厌烦的菜市一瞥眼，而且她们的窗帘又把她们的视线遮住了。可是她们全都不是柯可特老婆那一类型的有气魄的工人妻子。她们全都沾染上了里戈塔小贩妇女传给她们的那种小市民的气质。霍尔巴拉对她来说是一场犯禁的冒险。他把堕落和罪恶的气息带进她那挂满了绣花墙布的厨房。对她来说，他是一次意外的换换口味。现在的事情也摆明是这样。捷弗力克知道，这件事情又将是怎样结局。

他睡在厨房旁边的一个神龛式的小房间里面，用一幅绿色的帷幔从玛尔塔那充满了各色各样引起食欲的香味的王国分隔开。他和他的主人两个每天6点以前就起床，把咖啡瓶子装在口袋里面就迈开大步赶到矿场去。叶德拉什科的老婆起得还要早，为了替他们准备咖啡和黄油面包。她拿着壶子跑去倒水，从食物橱里把黄油拿出来，用机器去切面包。那蓝色的睡衣跟着她敏捷的动作飘荡着。捷弗力克在那绿色的帷幔后面沉重地呼吸，穿上衬衫和短袄同时便从缝隙里去窥探这个女人的动作。

叶德拉什科已经穿好衣服进厨房里来了。有一天早上他给捷弗力克带来一双黑羊毛袜子。他吩咐说："穿上吧！天气还冷，你的已经破了。"

捷弗力克结结巴巴地说了些话，两眼低垂，因为他偷偷地打量了叶德拉什科的老婆，自己觉得惭愧。可是他仍然继续想着她。

星期六下午，柯可特、勃拉契克和鲁特卡来了。停在门口的那辆卡车，隔了不一会又揿起喇叭来，催人快走。那些到来的客人发出了一阵寒冷和汽油的气息。"你来了吗，叶德拉什科？"

捷弗力克，撑着胳肘，躺在床上冷淡地望着他们。"你们下乡去捉摸鸡的心事吗？"

"不要废话，你这鬼头。"

"你们替我向母牛鞠躬，并吻吻它的奶头吧。"

"你不和我们一道去，却尽在胡说八道。我们要到那边去修理犁和机器，你这糊涂虫啊，你"，柯可特好心地向他解释，当他正在用刚从灶头引着了火的一张纸片点他香烟的时候。

"你倒是吃过中饭之后就在鸭绒被里面煨得暖暖的。"

"叶德拉什科，带一条被窝去，我们今夜不回来的。"

"为什么？"

"青年联盟的一班小伙子有一场演出，我们又要安装车房的电线，因此我们今天吃过中饭就去，不能等到明天早上。"

霍尔巴拉打量着叶德拉什科的老婆那裸露的、敞开来的肩膀的皮肤，忽然间他跳了起来："再等候10分钟，我一道去。"

那四个人已经到了门槛上。他们笑着走了出去。捷弗力克抖着双手穿上他的裤子，绝望地叫喊："叶德拉什科，叶德拉什科，我要一道去！"

他沿着楼梯扶手滑下去，跳到大街上，只看见那辆逐渐消失的卡车的背面，甚至于连发动机的咆哮也再听不见了，那是被对面大机房里运转着的空气压缩机的声音掩盖了的。

他好比一个罪人一样走回来。他没有正面看玛尔塔一眼，跑到室内的书架前面去。他想起了，叶德拉什科是不高兴书籍凌乱的，于是用手点着书脊来看。"塔杜须先生"，"联共（布）党史"，杰克·伦敦的《黄金的诱人的呼唤》。

夜里，叶德拉什科的老婆轻轻地说："你想着什么，捷弗力克？"

一言不发，眼皮也不动一动，他呆望着天花板。板上面映着压缩机房前面悬挂的一排电灯的白光。风吹过大街的时候，那些反光一律地而且奇怪地摆来摆去。她用下巴抚摸他，细声问："你怎么了？"

捷弗力克缩回他的手，为了不要接触到那女人的丰满的胸腔，随即发起牢骚来："真是可怕，简直受不了。一双胶靴装满了水——矿坑工作超过了限度，因此舌头都伸了出来，我呢，却只能想着它，刚好想到我又猛然间想起任何一个婆娘的时候就完事。于是我眼里又满是肚皮和大腿。告诉我吧，告诉我，一个人这样子怎么活得下去……"

他叹气，然后又说下去："我不懂为什么是这样。那好像是一把满是女人的火。她们甚至于当我自己一点不愿意的时候还是委身给我。我是尽可能要避免它的。她们之中没有一个是爱我的。她们全都不过是需要我。过后就有人打我的嘴巴，却没有一个人同情我。"

可是临近天亮的时候，当4月的严酷的凉气冲进房间里来的时候，捷弗力克又温存了玛尔塔一次。

3

这是米贡到里戈塔以来没有在矿坑里停留到深夜的第一个星期天。他是在天黑之前已经迈开大步走到市场了。他走着，双手深深地插在大衣的口袋里面，他既看不见从砖柱中间的半明半暗状态中映照出来的合作社的颜色愉快的橱窗，也看不见在市场周围住着的所有杜都力克家人的窗前加厚的窗帘。一辆从布德里驶近来的卡车的喇叭把他从迟钝状态中唤醒了。他从大路上跳上了人行道，并且向一些从车中向他打招呼的矿工亲切地招手。他在他们中间立刻认出了那个光头的柯可特和那个歪挺着身子的叶德拉什科。他们准是下乡回来的，他们在那里度过休假的日子，为了替农民修理播种机、耙和拖拉机。

米贡走过布德里横路，他们刚才过来的那条横路，同时想着：今天在家里，在齐阿普卡身边，我还要做点事。晚上——晚上也许去找找勃尔佐查……我必须跟他谈谈。岂有此理，他该会怎样猜想我啊……

工人老婆们带着篮子和袋子从他身边走过。走到小镇的尽头，米贡照例应该向右边拐弯，回到那没有安慰的、还不曾粉刷的住所，那里会发出吵闹的声音，一直冲过空旷的田野。可是他却继续向前走了约莫两百公尺，走到那座小巧的、布满了干枯的、凌乱的葡萄的别墅，铁锤的敲打声正从那里面传出来。他从那矮围墙的百合花形的铁条望进去。有人愉快地叫他："啊，您还是继续走过来吧，局长同志！"

"什么？米贡来了？"从屋顶传出来一阵年轻的拉高嗓子的声音。

"他来了。他站在矮围墙旁边，你这小鬼！"

"呐，那就赶快跑到他那边去。要是他从我们身边跑掉了，那我就要把你揍到屁滚尿流才罢手！"

三个穿着毛线衣的半成年的小鬼，卷起了衬衫袖子，不管那边花园门，就爬过铁栏杆，围住米贡。他们中间那个最高大的用一种非常难为情的动作把手指塞住耳朵，结结巴巴地说："我们请求您全部看一遍，看这工作怎样……"

前任副局长的这座别墅渐渐地改变成一所真正的青年之家了。下班之后他们全都聚拢到这里来，在欢笑和歌唱声中把这座小房子改造成一所文化宫。他们把隔墙拆掉，铺上了一层新地板。米贡是不懂得怎样和青年聊天的，因此不一会就动身重回他那愁惨的住所了。那种愉快的叫喊一直陪伴他走到门口："再见，副局长，多到我们这里来吧！"

在楼梯拐弯的水槽边他碰到了小彼得，他正在从扶手上面滑下来。小孩子高兴得欢呼起来，而且温柔地贴在爸爸身上。米贡用手摸他的头顶，站定了一会，又细声问道："呐，小家伙，呐？"

他得不到答复。谁能够答复这样的问话呢？只要眨动他的眼睛，像彼得所做的那样，就完全够了，一切都说出来了，也解释清楚了。

"我今天有一大堆工作，可是我很快就有了办法，事情已经好些了，"米贡微笑着。彼得点点头。

"那你就得躺一会，爸爸，休息休息。"

他们一步一步地上楼梯。小伙子努力防止他的脚步比他的爸爸先踏到上一级：他要听到一致的声音，同时的踏步，他的和爸爸的。他甚至于像他一样摇摆。

米贡的老婆靠窗口坐着，从窗口望出去可以望见矿区周围展开的、没有人耕种的田野的远景。瞥见了进门的人的时候，她既不站起来，也不微笑一下。正相反，她立刻开始一套充满了斥责的伤心的废话："啊哈，散步去看那些癞蛤蟆，你倒有时间，一定，做这种事情是总有时间的，一定，一定！可是回家呢，却总得挨到半夜！我不愿意提这种事，你知道，我不愿意提这种事。不，不，我不会扯这些事情来说。反正你是不管的，清楚得很……"米贡在门坎上停留了一会，懊丧地想着：

活见鬼，究竟干吗我今天早些回这地狱里来呢？接着他慢吞吞地把大衣脱下来，把它扔给他的彼得，他就在门口等候着。他沉重地就桌边的一张椅子倒下来，望着他的老婆。

她满腔心事地在窗口锉她的指甲。她有一个矿坑女工的粗糙的双手，近来却在徒劳地想方设法用一种下等的、紫色的指甲油和三种厉害的雪花膏来把它遮掩起来。她并不是把她的嗓门提高到叫嚷的程度，却用比平时来得高一些的声调重新来一遍："干吗你两次三番地去找那些小鬼头，干吗，你可以告诉我吗，怎么样？我不理这捞什子，告诉我嘛，你也不会这样做。反正我知道，你会拿什么话头告诉我，我不用再等候，我知道得清清楚楚，我什么都知道。你把我们的局长别墅卖给那些小流氓，我只是好奇地想知道卖了多少钱，可是你告诉我什么吗？哪里话！他们给了你一大笔钱，我知道，可是那又有什么关系。你的老婆和孩子是不妨在两间小屋子里面挤来挤去的，我不妨拿粗木地板来弄坏我的手指，那一定，那完全合适，芦席纹地板却必须为那些小杂种准备好。一定，一定，我知道了，你是怎样的一个可爱的丈夫！"

"有什么给我吃的吗？"

"哦，吃你倒晓得要，其他一切你就不管了。饭店吗，什么？你要在家里有一所饭店吗，好丈夫？那一定，副局长的太太是什么都不顶事的，除了秤马铃薯和烧大麦肉汤……至于那座别墅呢……那是为那些贱骨头的，为那些烂污货的，为那些臭东西的！算了算了，上帝已经把一个汉子派给我做丈夫。我就一份菜，一份菜也不给你……"

她没有离开窗口，越来越紧张地锉她的指甲。彼得畏怯地蹲在墙犄角里，这是他妈妈指定他玩的地方。他坐在一些小桶子、破书和活动木偶中间，忽然间他自己也活像是一件破烂的玩具。米贡咬紧他的颚骨，大声地倒抽鼻子。他的老婆已经知道这是什么意思，因此她终于站起来，走进厨房里去。可是就在那里他也听到了她继续不断的咒骂："他们告诉我，那些好人把一切都告诉我。你不用问，哪一些，我可不会告诉你，不，不。我们的局长别墅你卖给波兰青年联盟的那些小萝卜头，你把它卖了，上帝和你在一起，让涅克。你认为好的你就干了，那干我，你的老婆，什么事？这样子怎样下去，副局长太太只应该安心削马铃薯皮，应该在家里跟一班普通工人挤来挤去，应该像每一个人一样跑到楼梯上面去倒水。"

"还是终于住嘴了吧，你这毒龙！"

"你是跟我讲话吗，让涅克，跟我讲话吗？"他的老婆问。

"闭嘴，岂有此理。"他用拳头打桌子，弄得彼得十分畏怯地把眼睛垂下。"你究竟是什么东西？"

"你究竟搞什么东西呀，好丈夫，你说什么呀，我的小伙子？"

"你究竟是什么东西呀，齐阿佩奇卡，什么东西呀？"他使用"齐阿佩奇卡"这个称呼，证明了他痛恨更多于气恼。

这给了他的老婆新的勇气，因此她只在等候他的说话的停顿。可是他却一直说下去："你究竟是什么东西，说呀？你终归不过是一个矿工的老婆。你终归不过是一个普通的挖煤工人的老婆。"

"哦，你是这样的一个人啊！好丈夫，不要生我的气，可是我却一定要，上帝在上，将你一军：你有两条舌头！在矿坑里你是局长，在家里你却扮演成矿工。现在，让涅克，你的谎话不灵了，还是不如老实好。前任副局长住在别墅里，我们也就可以住在别墅里。可是说哪里话！你是不关心我的体面的，上帝在上，一点点、一点点也不关心的。小儿子也十足一样，母亲在他眼里算什么。他想要的是少先队制服，他整天都在苦恼着，在他看来，说我们没有钱那简直是儿戏：他十足像你一样，让涅克……"

她迅速地可是轻率地在住所里面走来走去，同时却骄傲得像母鸭一样展览那弯开来的平板的腰身和紫色的指甲。她在无目的的横冲直撞当中每一刹那都碰到一样面前的东西。这所住宅始终还是给人难民收容所一样的印象，虽然米贡老婆在一个星期以前已经搬了进来了。叉子、刀子和洗涤用具还得从箱子拿出来，箱子又到处摆在椅子上面。造成强烈的对照的则是一个装着网罩的橡皮小圆球的旧香水喷瓶和一个瓷器粉盒，这两样东西倒是小心地安放在五斗柜上面的。彼得轻轻地，像小耗子一样，挤在一个犄角里，笨拙地试图修整一支投箭的破烂的橡皮。他等候着，看爸爸究竟会不会理会那已经接触到的他那么热切盼望着的少先队制服的问题。可是米贡却似乎忽略过去了。他用手指敲着那积满灰尘的桌子，向他的老婆望过去："你在这里就这样不舒服吗，齐阿普卡？"

"让涅克！你怎么可以这样问？让涅克，怎么样？"

"听着吧，你，打开天窗说亮话……在查勃尔泽我们有 3 年之久只住一间屋子。还有战前，你再想不起了吗？在米斯洛维采的茅草棚里？我们曾经用破布去堵窗子。根本就没有水。唉，齐阿普卡……"

他的老婆在他面前摆上了一盆浑汤。她那本来不算不漂亮的小面孔现在却很少吸引力了。

"够了，已经够了，我再不要听这一套了，不要听！你是局长不是局长？而且还是这样一个大矿坑的，有 3000 工人，是吗？你是不是呀，好丈夫？你可不能够告诉我，说你不是局长吧。那么，别墅哪里去了？每一个副局长都有一座别墅，你也就要有，要不是青年联盟的那些小流氓捣鬼的话！"

"你还是终于闭你的狗嘴吧，我求你！"

"现在你同我说话是这样子了，是吗？我还记得，有一些时候，你不要抵赖，你看我是好像看女王一样的，什么，不是有过这样的时候吗？"

"那是很久以前的事了……"他的脑瓜快要爆炸了。他痛苦地想着：我必得修订积极分子的名单，并钻研那份"发明公报"……可是这里？她说，他有一个时期曾经看她好像看女王一样。唉，那已经是多长远的事啊……也许是 10 年，也许已经是 12 年了。那是他还没有了解到她是一个懒的、坏的女工的时候，当时她为了她的装腔作势、胡聊瞎扯和轻举妄动受到了别人的轻蔑。可是不管这一切……他一直爱她到今天。

"彼得完全像你一样。命令他，做点事情……说哪里话！你可以打死他，他总之不做事，这样的一个坏孩子！呐，当然啰，一套制服，你不妨妄想，我的小伙子。告诉爸爸，他准会给你钱！给我买雪花膏他没有钱，可是你却是可以得到的，我的宝贝孩子。"

"好爸爸……"彼得细声低语。他站了起来，畏怯地垂下了双手。投箭的红橡皮在地板上拍打着。他是一个 8 岁的男孩子，嘴唇上生着脓泡疮，一张肮脏的前额，穿着开洞的袜子。他不知道，妈妈的意思是不是当真的。可是他总在希望爸爸大方一下，把他热望的制服买来。他终究愿意跟别的孩子一道去旅行，参加波兰青年联盟的先锋工作，像他们一样。可是穿着他那用妈妈的裙子改造成的破破烂烂的裤子他却觉得怪难为情的。爸爸只顾低着头吃饭，并没有望到男孩子那边去。有 1 秒钟的时间彼得觉得好像爸爸要抬起他的眼皮，可是不能够——是不是眼皮变得那么沉重？他说："因为，好爸爸……"

米贡感觉到齐阿普卡向他射过来的眼光。

他耸耸肩膀打断了彼得的话头，接着他吃得更快。他粗声大气地说："到院子那边去，下去玩吧。"

"要是我，要是院子里……"

"滚出去，要是爸爸这样告诉你！走，小顽皮！快走！可是还得先替我上消费合作社去取去污粉！"她揪住他的耳朵。她气力并不大，除了彼得之外，再也找不到感到她的威力的人了。她扯着他的小耳朵把他领到楼梯口。在门口她还把它揪了一会，似乎她舍不得从她手上放下那发烧的小家伙。接着她便在他背后把门碰紧，彼得在大门口还哭了半个钟头，直到他看见他的爸爸低着头又走了出去。米贡周围望了一望，用他的眼光去寻找那个男孩子，无可奈何地张开了双手。

小彼得懂得他的意思。

4

在党的领导机关讨论过程中勃尔佐查常常从窗口望出去。这种做法甚至于引起了有些同志的注意，可是他们并没有问他什么理由。他们继续讨论提出缺勤分子名单的事情，这是他们后天要在矿区挂出去的。这张名单就要无情地打击这些暗害分子，这些人都是一个月之内有 5 天、6 天以至更多天无缘无故地放弃工作的。某些工人的经常缺勤是一个问题，这个问题的解决是密切关系到年度计划的完成的。党的领导机关没有接受这张由书记拟出来的名单。在这个会上就要有第二张更全面而且更准确的名单提出来。

勃尔佐查在一刻钟之前在党办公室门口的煤汽灯的黄色光圈之内发现到一个穿着大衣的弯曲身材的剪影，它移动着迟缓的、犹豫的脚步在窗前走过。后来这个人有很长的时间躲在黑暗里，黑暗从各方面包围着那淡黄的光圈，他就再也看不见了。可是勃尔佐查感觉到，这个某人是继续站在黑暗里望着窗口。

一辆驶过前面的卡车用它车灯的光芒照住他，于是勃尔佐查暗笑一下：米贡。可是会已经结束了，参加的人也已经分散走开。那个躲在黑暗里的人并不进来。自从 4 月 1 号大清早那个扩音器公布了 3 月份可悲的结果以来，他就再没有出席党领导机关的会议，从那一天起他根本就没有在党办公室出现过。

"呐，老弟，你把弓开得太紧了"，勃尔佐查第二次微笑，只是越发增加了善意的分量。"难道你以为每个人都只是等着要找你生气的吗?"

他记起了他自己当时，在 1932 年，是怎样在萧培尼采的党办公室周围兜圈子，老是打不定主意跑进去，坦白地向他的书记说：你对，我是一头蠢驴子，我没有把我的人带到"市郊游艺场"去，我没有相信维乔列克的话，我觉得"二一委员会"对情况的判断是太过乐观了……

是的，可是当时的情形还是有点两样，他呢，勃尔佐查的确是碰到了一种粗暴的过火行动。虽然这样，他还是跑去坦白地说，他对自己是怎样想法，而且倾听别人对他的一切感想。从那个时候起，在他那已经有了 26 年的党的工作过程中，他总是常常几十次、几百次地承认错误，他已经习惯地采用了这种工作方法。至于米贡呢，活见鬼，那完成 3 月份计划的希望实际上根本就不曾好过。米贡的主要错误是在于他那过分的好名心。他以为他比任何人都更聪明。

一个人必须信任党。个别的人、孤独的人，即使他真有本领，迟早总要出错的。

可是米贡并不来。勃尔佐查按一下他桌灯的电门，打开那份缺勤分子的名单。这是到今天为止在里戈塔还不曾应用过的一种行动：叫"安娜·威罗尼卡"的主要懒虫来出丑，把他们公布出来，批评他们，给他们一个公开的斥责。他把名单看了一遍，签了字，然后继续做其他的工作。

深夜里电话铃响。勃尔佐查跳了起来。

在那笼罩着管理局大厦的深夜的静寂中，电话机尖锐的铃声显得很不舒服。在这位书记伸手去接电话之前，很迟疑了一阵子。在这短促的顷刻他的思想很凌乱。夜里 2 点钟——有什么事呢？岂有此理！出了事故吗？……

"啊哈，我还是找到了您，书记先生"，电线的另一头有某一个人在说话。那种说话的声调是十分凄惨的。"有些人也许会说，我运气好，可是大家都知道，事实是刚好相反……"

"您先说吧，究竟是谁在说话，好吗？"勃尔佐查生气了。他恨不得把听筒摔在话筒架上面，重新做他的工作。开夜工是损害神经的。可是他认定了，在电线另一头的那个人，一定是有了严重的烦恼，才在这个时候打起电话来："是一个叫做皮尔卡的在说话。实际上我的话对你是没有意义的。我不是属于你们党内的一个人。"

"我记得您的名字。您是和维克多·柯可特一道工作的，不是这样吗？"

"是的。"

"那您想要什么？您来不及等到明天？"

"说哪里话，我也宁愿等一会的。可是我的老婆等不及。我拿这个婆娘有什么办法？而且——实际上是无所谓的，我找得到找不到您都一样。您终究是不会帮我忙的。"

"呐，皮尔卡。您不要动火，您还是告诉我到底出了什么事吧。"

"书记先生！"自从谈话开始以来他的语调第一次从轻淡的痛苦转为绝望。"那个婆娘就要死在我手里，救命呀！"

"怎么样？"

"她正要生孩子，时间早了一点，她提了一点东西……大夫不许她留在家里。

我的心很慌张。像人家常说的那样，现在水流完了。"

"唔"，勃尔佐查也担心起来了。他用手摸他暖烘烘的面颊。

"您知道，书记先生，我住在布德里。我这里没有汽车。可是我必得把老婆送到特尔津尼采去。我已经给医院打过电话了。他们没有病车。出了毛病，他们昨天撞了电线杆。呐，您有什么意见？"

"那您打电话找查贝尔斯基呀。他那里有一辆奥佩尔停在汽车间里。莫非你们以为我抖抖大衣袖子就可以替你们变出一辆车子出来？……"

"不错，正是这样！"皮尔卡恼恨地还他一句话。"我早就知道事情是会这样的。一开头我就确信，您什么办法也不想就把我打发掉的。我原来并不是你们的人……"

"皮尔卡！"书记叫了一声，那种声音夹杂着一种绝望的音符在荡漾着。

"我已经和那可敬的局长先生通过电话了。唉唉……"

"怎样了呢？"

"他带着深刻的同情告诉我，说他第一是没有汽车间的钥匙，第二是自己不会驾驶，第三是那个司机住在小里戈塔砂坑附近，说到跑去找他，那是不值得的，因为他是一个撒野的家伙。啊哈，我还忘了补充一句，那就是局长衷心地怜悯我，是的，书记先生。"

勃尔佐查从窗口望出去；想道："外面一定冷得很。"可是他还是不顾一切地放胆说下去："您的地址！布德里，门牌号数呢？511号？您的爱人把衣服穿起来吧，半个钟头之内我就到，等着吧。"

在查贝尔斯基的花园门上长时间的敲打终于把那位局长敲醒了。他有点气恼，有点吃惊地从窗口望出来，略微带点咳嗽地嚷道："什么事呀？有什么人在门口吗？"

"勃尔佐查，局长！"

查贝尔斯基急忙问："出了事故吗？强盗进门吗？"

"是的，局长，出了事故，虽然不是在矿坑。那个当事人已经打过电话来找您了，是不是？"

查贝尔斯基现在真的紧张了。他从黑暗的窗口嚷出来，却不露面："那是一个倒霉的人，可是我的确不了解他，我已经向他声明过了，我想不出办法。"

"呐，呐，您还是先开门吧，我们要谈一谈这个问题！"勃尔佐查以准备协商的口气大声说。那位被打扰了睡眠的局长气愤地从窗口里嘀咕着："轻一点，书记先生，轻一点，求求您，好吗？您会惊醒我的女儿的。"

"呐，那您就还是开门吧！"

"这超过了我忍耐的限度。先生，我帮不了忙。为了你们个人，我连觉都睡不足！"砰的一声窗子关了。

勃尔佐查摇摇头。管他，再没有其他办法可想了；他开始大闹起来，用脚踢那花园门，用拳头连续揿电铃，希望局长为了避免把罗济奇卡惊醒，终于宁可费神来到花园大门口。的确，过了一些时候，一支手电的微弱的灯光闪出来了。查贝尔斯基气愤地喘息着说："您难道是发疯了吗？"

"亲爱的局长！您放心，我自己会在您的奥佩尔上面想出办法来。真是见鬼，一个人总得想些什么办法来帮忙那个倒霉的家伙！"

"汽车间的钥匙呢？"

"我们用我带来的几把旧的百合钥匙试一试吧。要是都不行，我们就把门砸开！"

查贝尔斯基一下子放了心。他让书记进来，而且带头走过了院子。这一夜没有月亮，在黑暗中他好容易才认得出来。到了他们站在汽车间前面，勃尔佐查就从他口袋里抽出了一些叮叮当当的东西，开始在锁上用功夫了。主人沉默地等候着。一声火车头汽笛的嘶鸣从"科秋什科"传过来。锁终于屈服了。书记走进汽车间里面扭开车灯的电门，然后去找一样东西来代替那把开车钥匙。查贝尔斯基在鼻子底下哼出一些什么话。似乎钥匙还是可以用一根铁丝来代替，因为有一缕光芒从两盏车灯泻到了汽车间的混凝土地面上。

"问候那个皮尔卡"，局长用由衷的声调隔着打开的车窗请求勃尔佐查，当勃尔佐查不大有把握地踏那发动器的时候。在查贝尔斯基脸上再也找不到一点愤怒或是不耐烦的痕迹了。他看到了他当初以为没有希望的一种局势现在有了办法，因此他的情绪也立刻改变了。刚才只是他的疲沓、他的主动性的缺乏和对罗济雅的个人的弱点使他走上了疾言厉色的岔路。现在已经是完全缓和了，他说："我赶快替您开门。"

当勃尔佐查从他身旁驶过去驶到门口的时候，他又一次煞住了车。他望了查贝尔斯基一下，咽下了一点什么，过了几秒钟之后才粗声大气地说："您知道，局长，我可以拿头来打赌，说我们已经向您请求过好几次，要注意弄一辆救护车。这样就可以使您免受这样深夜的惊吓。"他一面还在望看他，一面就扳开车盘，慢慢地放起瓦斯来。车子轻轻地从便道溜到了路面上，接着就在两行灯光之间跃进了大路的黑洞。车灯用强烈的光芒照射在沿路站着的电线杆上面。

勃尔佐查从那洒了灰水的、在青年的欢笑声中一日之间便焕然一新的前任副局长的别墅前面疾驰而过，随即沿着一面半倒的围墙飞跑，跑过了一座铁门，铁门上面还挂着那劈去一半的字牌"吉舍……"。最后他到了布德里，在两个弯身站在便道旁的人面前停了下来。车灯耀眼的光芒像用锋利的剃刀片一样从黑夜街道的背景刻画出了他们的形象：一个穿着一件旧大衣的矮个子，一只脚踏在另一只脚的前面，还有一个女人，俏皮地翘起了尖鼻子。在大门口的台阶上面坐着第三个人，她毫无办法地抱住腹部，把头避开灯光歪过一边去。

"上车吧"，勃尔佐查嚷着，一面尽可能快地从车上跳下来。他绕过那个冷却器向他们走过去，因此车灯的亮光把他的眼睛射花了一阵子。"这是我的姊妹。那个最可怜的妇女也一道下来了。她正在那边疼得直哼，书记先生。"

勃尔佐查装作没有听见皮尔卡的尖刻的话的样子。他自己认为，那仅仅是一种姿态。书记跑到皮尔卡的老婆前面，她痛苦地拉长了面孔，眼睛闭着。他轻轻地把他柔软的手放在她头发上，几乎是感动地说着："上车吧，皮尔科娃，我们就开车，好吗？痛得很吗？"

她不回答，甚至于不看他一眼。她迟钝地站起来，朝汽车那边拐过去。勃尔佐查帮她上车。皮尔卡的姊妹怪声怪气地说："呐，我去睡了。难道你们以为我跟你们一道去，一道接那个杂种出世吗，吓？"

"不，不，请便吧"，皮尔卡说，翘起了他的领子。接着他就转身去找书记拉话，谢谢他。可是就是他的感谢也表现不出什么和气的样子，虽然他注意这样做："呐，经过好呢，世界上又要多添一个皮尔卡。说实在话，您是不会怎样震惊的，对我来说那却是另外一回事，我必得为第六个孩子去多挣几个钱。可是我谢谢您。"

"我们还是开车吧，皮尔卡"，书记说着，一面就扳动第一道排挡，而且小心地开动接合杆。他心里想：唉！软骨头——可不是人类！

5

在一块写上黑色大字标题"每天盗窃矿坑 200 吨煤的人们"的名单上，卡罗尔·美里马卡的名字也和其他人们一起给写了上去。美里马卡，"瓦琳斯基"矿场的懒虫头子。波兰统一工人党的党员同志拟好了这张名单，把它在两边的职工会所挂起来。"科秋什科"矿场，也是美里马卡在那里工作的矿场上已经工作多年的矿工们看到了他的名字都觉得奇怪："这就是同一个卡尔力克吗？还在 1945 年，战争刚一结束就下矿工作的卡尔力克吗？"有些人还在更早的时候，共同罢工的时候就认识美里马卡。他们都觉得非常奇怪：懒虫头子？可是事实并没有错。在各种各样的克略格尔和阿洛伊斯·达勃罗夫斯基之流的旁边写得清清楚楚，白纸上面写黑字：卡罗尔·美里马卡在3月份耽误了14个工作日。——难道这真是同一个人吗？他在战前因为隶属罢工委员会坐了牢，虽然他并不属于任何党派，解放之后的第三天他和柯可特、勃拉契克以及另外两个共产党员一道缘梯（四百公尺）下了矿井。当时没有电梯也没有电灯，压缩机还不能用，可是五个硬干的汉子已经开始挖煤了。

美里马卡回到家里，刚走到门槛就说起话来："这样子，妈妈，卡尔力克是一个懒虫头子，对不起！"

他站在囚笼的门口，桌子顶上挂起来的一盏煤油灯的微弱的火头黯淡地照亮了他。他像平时一样在背后交叉着双手。在他那半敞开的皮短袄底下可以看见一条乱七八糟裹起来的围巾。他那湿透汗水的皮靴发出来的那股强烈的气味立刻冲进老大娘的鼻子，这是美里马卡从远处就可以辨认出来的标志。她用男子式的粗暴的声音说："把门关上，天气冷啊。"

"他们把我列入了名单。我每星期盗窃矿坑好几十吨煤。"

他的报道的声调既不是表示特别怨恨，也不见得是激烈。在他字句里面最先可以感觉到的还是反语。她似乎没有听到他的话，妈妈严厉警告他："闭嘴吧，调皮鬼。"虽然美里马卡早就已经忘掉了他什么时候叫做调皮鬼。他本人已经有了三个壮健的小捣乱，现在正在院子里头扔泥团玩。卡尔力克于是不再把矿坑的事情进一步地讲下去，笨重地就床沿坐下，望着那盏冒烟的灯，提出请求："妈妈，把灯芯拧下一点吧，臭得很呢。"

"你的袜子臭得更厉害呢。"

"那就把袜子绞干吧，妈妈。"

"要是我把你绞干，手指头就要脱落。"

忽然间两个人大笑起来。老大娘把头歪下一点，为了可以从眼镜上面望出去，说："你不听上帝的话，因此他们把你写上了黑榜。上帝吩咐你去上工，你却去做什么来？你去了吗？"

美里马卡摇了摇头，他的头发好久没有梳过了。他装一个鬼脸："我有时去……"

"每个矿工都是天天去的。"

美里马卡生气了。他拿着围巾玩，却不把它拿下来，呆望着那煤油灯的小火头。他不服气地说："每个矿工都有一张床。我却——没有。"老大娘拖着她的黑裙子，在饭桌、床和铁炉子中间拖得沙沙作响。她把几个锅子从炉火上拿开，把锅里面的东西倒在两只盘子上，又用围裙抹干净那只汤匙。

"这里，一点点羊肉，儿子，吃吧。"她暗地里非常难过地想着，卡尔力克吃过饭之后再不像从前一样把床底下的手风琴拿出来弹一首波希米亚歌曲"小孩子"或者对那只金丝雀吹吹口哨，敲敲鸟笼，逗那只黄雀唱一会。自从战争结束以来，他们一直借住在亨利克广场他们媳妇外家那里，后来给人家撵出来了，卡尔力克就再也没有想起金丝雀和手风琴。卡尔力克的妻舅名叫维卡尔。他在秋天，同一个牧师商量一次之后，就把他们赶出了大门。那个教堂的主管声明，教堂的房屋不容许那些霸占社会化的生产厂房的党羽居住。除此之外，那个媳妇已经亡故多时，维卡尔又是一个可怕的吝啬鬼。美里马卡同他的母亲和三个儿子搬到了轨道后面距离亨利克广场不远的地方去。可是这所房子……她睁开她那用眼镜武装起来的严厉的眼睛在小屋子里周围望一望，那是曾经一度作为养鸡房的小屋子。这间小屋子简直小到放不开两张床。一条小板梯通上小阁楼，阁楼塞满了红红黑黑的包裹，这就是他们剩下来的一点寒伧的财产。

是的，这就算是他们的住宅，这就是他们到现在为止在里戈塔得到的一切。

"妈妈。"

"干吗你不吃？"

"岂有此理，明天我去上班。我要让党的人们看我是怎样挖煤的！"

"先给金丝雀一点生菜吧。"

"生菜在哪里？"

"那里，在窗子后面。"

他站到一张椅子上，把小铁笼拿出来以便给小鸟喂一些生菜叶。他暗中和他的母亲取得谅解，替金丝雀起个名字叫做"牧师"，算是反对那个讨厌的家伙。小鸟很愁闷的样子。它不要吃生菜。它也不唱。它只是在它的横档上摆来摆去。美里马卡，没有从椅子上走下来，也不望着他母亲，说："妈妈，小牧师就同我一样。它呆坐在那里，什么也逗不到它开心，它在这里很不好过。"

母亲敏捷地摆动她那只剩下瘦骨头的双手。她生气了。她的声音比平时来得更加强硬。"你真蠢，儿子！你不听上帝的话。你不去上班。你祈祷过一次没有？管理局的人委屈了你是他们不对，可是每一个人都必须工作呀！上帝报应不快，可是一切都牢记在心。魔鬼也总还要把局长抓在手里。还有那个罪恶的牧师，他也一定给抓住。"

"明天我去上班！"卡尔力克下了决心；终于从椅子上走下来。

老大娘上床的时候，美里马卡四口儿必须在院子里呆上那么久。卡尔力克的大儿子，斜眼雅西克，绕着一堆小火蹦蹦跳跳，这堆火是他在一个积满水的小坑上面烧起来的。茅草房子的灯光穿过了深黑的夜色。这是里戈塔一般人所说的"轨道后面"移民区。这个移民区甚至于连一条街道都没有。碰到雨天到处都得跋涉泥泞的荒地。这些小茅屋已经盖了很久了，那是在最大剥削期间，即所谓"恢复"时期搭起来的。当时①谁也不为矿工建筑住宅。他们必得自己想办法找地方住下。

这些小房子是拿破砖头、小木板、厚纸皮、旧铁皮和石头拼凑起来的。在别的地方这一类住宅已经不再存在了。工人们在工人房屋管理处的干净的、石灰味新鲜扑鼻的大楼里面领到了新的住所。"安娜·威罗尼卡"却还没有新房屋。

一年前有人在树林后面砖窑附近开始建筑可容400家人的崭新的宿舍。接着计划就缩小了，据说再不盖400家而是只盖200家的住所。后来呢，只有魔鬼知道，为什么建筑工作又完全停顿了。9月间工人房屋管理处又重新开始工作，可是这一次也没有搞出什么名堂。那些裸露的、红色的墙基盛满了雨水。人们忘却了建筑这回事。

"明天我要让柯可特看看！他会有什么感想？"卡尔力克粗声大气地嘀咕着，当他已经把所有孩子都安排好了去睡觉的时候。母亲和三个孙子在床上，卡尔力克在靠床边地板上的一块短草垫上面。他必得留神他的头不要因为迅速的转动就碰到床底下的砖墙或者一脚踢到铁炉子，由于小心，炉子里面的火夜间是熄灭了的。天色朦朦亮的时候他就像被车轮辗过一样醒来了。骨头格格作响。眼皮还很难睁开，好像是进了沙似的。母亲低声地提醒他："5点半了！你不怕上帝吗？"

她甩她那皮包骨头的手去摇他。她自己已经穿好衣服，准备好了当天的各种各样的工作了。这时从床上涌起了一股热浪。

"懒虫头子……我盗窃了矿坑……这些狗儿子就不能够给我一间新住宅吗？"

然后他迟钝地从草垫子转移到鸭绒被下面。斜眼儿子叹一口气就挨到他身边去。老大娘摇摇头："但愿魔鬼们肯把那个牧师活埋掉！"

6

阿洛伊斯·达勃罗夫斯基常常喜欢喝过酒之后偷偷地跑到前任局长官邸的旧花园里面去。他于是坐在一棵老树下面，他那被酒精侵蚀的脑子也就开始填塞形形色色的幻象。在那被枪弹打得七零八落的树干中他又重新看到那个捧着盛满松饼托盘

① 指1924至1926年。——原注。

的列勃尼茨太太。接着那敞开的窗户似乎又在阳光中闪烁，那个干瘪得像是一块陈面包一样的全权代表希美尔斯低声地叫他："过来，小伙子，快点！"达勃罗夫斯基那两条瘦腿变得僵硬了，由于多坐冷石头害上了坐骨神经痛，他随即短步急走，带着轻微的咳嗽到最近的酒馆去。今天他又在大门口站住了。他已经好久没有到这里来过。他像一只侦探犬一样用他那红色的酒糟鼻子去嗅探，有什么东西不对头。虽然4月的和风还像平时一样吹打着那些下垂的、用铁皮剪出来的字母"吉舍……"在大门进口的垃圾堆也仍然继续发霉，阿洛伊斯今天却不喜欢这个地方。

"搞什么鬼，烂臭王八蛋！神经病吗？或者因为睡得太少所以迷糊起来吗？"

他站住了，而且悲哀地想着：50年前他们在这里安上了这块牌子。当时的样子是和现在不同的："吉舍"旁边装上两朵铁皮剪成的玫瑰花。希美尔斯当时吩咐说，每人给一个马克。混帐东西……那个时候才好啊！

达勃罗夫斯基在这里开始了伟大的生活。许多年以前这一座大门曾经出现过一个干瘪的矮老头子，提起他里戈塔真是人人害怕。他就是希美尔斯，吉舍康采恩的全权代表。他口渴得烦躁起来，于是上"圣士提反"酒吧间去，当时那个小阿洛伊斯正在那里筛啤酒。他偷偷地打量那个小伙子，接着他就连同他皱折的面孔弯身倒到柜面上去，放低了声音说："你有一副漂亮的牙齿，小伙子……"他吩咐他，每天送一瓶皮尔斯纳牌啤酒到大厦去。

他做出不懂为什么偏偏要他给希美尔斯把啤酒送到家里去的样子。可是他实际上却是很明白，因为当列勃尼茨太太第一次领他进大厅里去的时候，他发抖了。那个小阿洛伊斯生平还没有接触过一个姑娘，对那位老监督却引起了一种希望，希望有一天他也会像希美尔斯一样有一个刻着题赠字句的金表。从那个时候起他经常访问这座大厦，经常在这个德国人阴森的卧室里过夜。而且千真万确：他不仅赚到了金表和放马克钞票的黑皮夹，而且还有其他许许多多值钱的东西。

于是他结识了监督们、贵人们以及太太们，对她们是必须以"夫人"称呼的。对某一些新朋友他也把啤酒送到卧室里面去。对另外一些人他就从布德里和特尔津尼采把姑娘领来，这些姑娘都是因为薄丝袜的好梦使她们双颊热得睡不着的。阿洛伊斯自己长大起来了。工人们憎恨他。因此阿洛伊斯也开始憎恨工人们。他不止一次地为了密报不可告人的消息接受希美尔斯绿色的钞票："这个工人或者那个工人是一个革命党，监督。"当那充满了绸被面、金牙、冒汗的大亨和沙沙响的钞票的生活一去不复返而达勃罗夫斯基也渐渐变老、变衰弱而且像刨屑一样霉下去的时候，他最后还是只好下矿坑去。矿工们逐渐地忘却他声名狼藉的过去。只有烧酒和妓女还算是他剩余的安慰。这种消遣的开销（顺便说一句这也只是限于寒伧的局面）是靠黑市商人维持的，他从堆栈里偷些小物件如锉刀、断截的胶皮输送带、压缩橡皮管、螺丝钉之类卖给他们。阿洛伊斯就靠这种方法活到今天。有时候他忍不住引起无可奈何的回忆：列勃尼茨太太、监督、贵人们、小偷们、"皮尔斯纳牌"、钞票、金币、吉舍……

只要他一走进那所旧花园，这一切就又在他眼前出现。

可是今天一切都变了样。通过树枝的灰绿的网络他看见一队人围绕着那残破的房屋打转。他听见铁锤的敲打、锯子的低唱以及乱成一堆的说说笑笑。他挪开小步继续走，走到一些灰浆木桶前面就站住了。"莫非你们是发疯了吗，你们这些人？你们想在这里干吗……？"

他们把头转过去，又回头望一望，不动声色地互相撞一撞胳肘。他们尽是一些"业余工作者"，机工的妻子、矿工和青年联盟的一些人。达勃罗夫斯基对一只木桶吐了一口唾沫，怒火中烧地向四周望着。

"阿洛伊斯来了！"

"日安，活死尸！你要来帮忙吗？"

"雅尼奇科，给他一把锯子吧。阿洛伊斯，小儿子，拿起来吧，帮帮忙吧。"

一个沾满了石灰的白色女人和那些用锯屑装了全身的男子大声笑了出来。一个年轻妈妈正在提着一个装满了什么浓灰水的铁桶，随手向桶里面抓满一大把向他脸上洒过去。大家都乐得大嚷大叫。有一个人又抓起一把沙向老家伙嘴巴上用力一擦。

"我们给阿洛伊斯刷粉浆！"

"滚！"达勃罗夫斯基凶野地大叫一声。他举起他的硬拳头去打一个人的下巴。一大堆人忽然间静下来了。笑声停止了，阿洛伊斯发觉他的做法是太过分了。他从眼上抹掉那些粉浆，接着就阴暗地嘟哝着："做得好，小鬼们，做得好！"

他们敌意地沉默着。阿洛伊斯从衣领背后把沙掏出来。有一个人，也许就是挨了打的那个，用手摸着下巴。一位胖大娘，本来是一直站在旁边的，现在是含意深长地说："我们在这里进行建设，学校要设在这里，你这流氓呢……"

"走开，老家伙！"有一个人激昂地大喝一声。达勃罗夫斯基再也不等候进一步的挑战。他一言不发，扭转身，急忙忙地溜之大吉。他在一家酒馆买了两瓶"清酒"，然后向科秋什科矿场走过去。那边是 2 点钟上班。当他朝着矿场的方向走过萨尔坎德巷的时候，他咬牙切齿地发出气愤的诅咒："那个柯可特婆娘！这一个马面婊子！这是她干的事情！原来如此！对小孩子他揩他们屁股，对我们她就说，这是为了把事办好！他们把这些小无赖赶到我的旧王宫里面去，岂有此理！他们给我嘴巴抹上泥浆，他们拿我来嘲弄，可是我总会给他们颜色看，我要用手指挖掉他们的眼睛！混蛋！"

上班的人在门口交验工作证的时候是没有人管的。在里戈塔还没有推行这种管理办法。阿洛伊斯，没有受到任何人的干涉，带着他那两瓶酒走到职工会所的花园里面去。他想：那里是什么指望都没有的，与其做一个吊儿郎当的人，还不如做一个酒鬼。谁不在做工之前先喝一场，他就得不到永久的幸福。工作证已经交过了，矿场就总得付给我工资。

一些矿工在那个老头子身边走过，而且迅速地消失在红色建筑物的深处。他们胳膊底下带着小包裹、咖啡瓶子和几片晚餐的面包。阿洛伊斯等候到同他一个煤壁的几个年轻装运员从门房的便道走近的时候，他轻轻地吹口哨。小伙子们迷惘地站住了。他们互相望着。

"尽管过来吧，小儿子，我身边有些清水，来过这一手之后，就不会筋酸骨痛了。"

"我们筋骨并不酸痛，好老头！"

"呐，呐，我知道，你们刚举行过神圣的忏悔！对吗？"

"时间已经不早了！"

达勃罗夫斯基哈哈大笑。他踱到他们身边去，眨眨眼睛问他们："原来你们是这样的小君子吗？昨天是谁替我把那些螺丝钉从工地里带出来的，嘻？"

那些年轻小伙子脸红了。有一个人结结巴巴地说："听着吧，达勃罗夫斯基，他们把你写上了名单了！作为懒虫，不是吗？我们不愿意他们也把我们写上去。"

阿洛伊斯用力地把他们夹在胳膊底下，拖着他们跟他走。他们只是进行着微弱的抵抗，而且显得莫名其妙的迷惘。那个老酒鬼在支线上面许多车厢中间找到了一个空车厢，拉那些小伙子躲在里面，然后把酒瓶拿出来，说出一句饮酒祝词："祝我们好好挖煤，嘻嘻嘻！"

两个装运员中间年轻些的一个抗拒说："无论如何不要向我们提起那桩事吧。提起来要伤心的。"

阿洛伊斯冷笑着说："说哪里话！你们在我身上比在下面挣到的钱还要多。工作证反正是挂在门房里。对吗？干一杯！"

第四章　拳　头

1

米贡跑到科秋什科矿场选煤处的顶楼，跑到尖顶上才找到了勃尔佐查书记。他在那从卸煤播扬起来的尘雾里面显然觉得十分舒服。他微笑地望着矿场的黑色的深坑，工人们正在为什么开怀欢笑，他通过各种动作的姿势和他们互通消息。

提运机的铁箱每 1 秒钟都从矿井里冒出来，停一会，就有 6 吨煤从那铁箱的自动开启的边门劈里啪拉地倒在煤仓的漏斗形的食道里面。接着那架空的提运机又飞快地落到黑暗的隧道的深处。勃尔佐查满意地微笑。

"我打听到您在这里，书记同志"，米贡以一种谈公事的音调开始讲话，同时换了一口气。

勃尔佐查知道，接上来的就会是一些忏悔的绝望的字眼，因此他打断了他的话："您说吧，米贡，新的输送带的供应情况究竟怎样了？柯可特向我诉苦，说他那里的运输带天天都要拉断，而且已经没有 1 公尺没有补绽的了。"让把头歪在一边，留心地打量着勃尔佐查，就好比看着一个带来一笔意外的奖金的会计一样。勃尔佐查做出一副神气，就好像他们 1 小时之前刚见过面，而且他们彼此之间根本就不曾出过什么事情一样。不管这句问话是如何出乎意外，米贡的答复总是踏实的，同时只是激动地忍气吞声："正是，我今天早上同局长谈到了这件事。当时刚好有供应总处的人在一起，他们愿意供给我们一些新的输送带，而且是在短期内。可惜的只是，您没有听见当时的谈话！"米贡一下子就摆脱了一切公事式的呆板口气。他的眼睛闪烁着："我一走进他的办公室，就看见供应总处来的那个人。我一看，局长已经把请领单交了给他。真是混帐，尽是些输送带和电动机！同志，一个人不要因此作呕吗？"

"仅仅是输送带和电动机吗？"勃尔佐查的脸沉下来。

"就是啊，我立刻质问他：填坑管、链条、滑车、涡轮灯、通风管、皮带、铁钉——5 寸和 6 寸的都到哪里去了？那位局长满脸通红，立刻向我反攻。可是我——沙啦一声——把他的请领单撕破了。接着我就马上给女打字员口授一份新的请领单。您想想吧，同志，要是我到得太晚了的话。"

"那个老头子就是从来不到下面去亲自仔细看一看。"

"他鼻子也不向那边嗅一嗅。普罗斯提把表报送去给他。"那从提运机卸出来的煤劈里啪拉地消失在煤仓里面，又穿过下面洞口流出来，落在谢尔特纳牌铁格板上面。勃尔佐查用一种能使前线的士兵增加勇气的动作拍一拍让的肩膀。米贡拿拳头拨开他那落在眼里去的头发，粗声大气地说："您看，同志，我还要跟您说这说那的说上一大堆话呢。"

"我们下去讲。这里闹得厉害。"

他们走过滤煤设备的旁边，那上面的煤流已经变成黑色的、像是活的骰子在倾泻，再没有在上层铁格板上劈里啪拉地、急促地翻滚的大煤块了。米贡咬紧他的嘴唇。也许他就是勃尔佐查战后所认识的好胜心最强的矿工了。

"呐，书记同志，我的确把事情办坏了。"

"唔。"

"我告诉您，我把事办坏了。正是因为我已经有话对您说，所以我这 10 天以来没有来找您。您了解我吗？我已经打算告诉您，有些事情已经改变了，呐，事情已经变成另一个样子了。"

"我已经这样那样听到了一些。"

"呐；那您现在就听我再说一遍吧。3 月里我想过，几次双班和星期班，教一点钻孔的窍门，而且，我应该怎样说才好呢，我曾相信，给矿工稍为打打气就够了。我以为，这样就会对头了。我当时确信我的想法完全对。可是我们却没有完成计划。"

"事情是这样。"

"我在书记处的大会上也说了同样的话。我以为我比别人聪明些。可是我看到了，实际上却是需要倾听你们个人的意见，倾听书记处的同志们的意见，倾听横巷矿工、装运员、挖煤工人的意见。"

"唔。"

"同志，谁说得多，就买得少。因此……"他换一口气。"因此……过去 10 天的时间我就不说话，只是工作。第一件事：挑选最优秀的矿工创立一个辅导纵队。从明天起他们开始他们的工作。我将把他们调配给采掘成绩最坏的区段。到矿工学会了他们那一套之后，他们再到别处去。"

勃尔佐查点头表示赞成。

"我知道，这是一个很好的主意。直到现在为止，米贡同志，您老是使我想起俄皇彼得一世。"

"为什么？"

"他也相信，他必须亲自给每个人指点一切。可是从那个时候算到现在，事情已经有了不少的改变。"

米贡不耐烦地继续讲："第二件事：新的住宅。"

"哦，这个，这个倒是一件大事！"

"我已经在工人房屋管理处特尔津尼采分处办妥了一切手续。他们星期一就要开始工作。"

"树林子背后那边吗？"

"正是那边。那曾经是我们的财务科一桩莫名其妙的事情。他们因此停了工。活见鬼，我们中的某个人没有在什么东西上面签字。"

"一定是里姆启维茨。"

"可能是他。只要想一想，这样的事情好几个月没有一个人去过问。"

"说哪里话，局长是已经有了住宅呀。"

"第三件事：我向所有的懒虫发出了一次警告，作为他们最后的机会。过后……滚蛋！"

和那些在筛滤器上面滚成小块的分类煤一道，他们沿着楼梯走下去。现在已经再没有整块的了，一有就立刻会给筛出去；现在只剩下四种大小的硬煤核，在这里承受最后的分类。

勃尔佐查忽然站住。他一本正经地说，眼光没有离开那跳动的小煤块："话虽这样说，事实上您却应该10天之前就找我谈这些问题。"

"我也这样想过。"

"我知道，米贡同志。可是这样做却并不怎么好。您必须承认我这个老经验的家伙说得对：这件事情也是表示您过度敏感的好胜心在做怪。您打算立刻拿做好的事实走过来，希望这样子补救你过去的缺陷。实际上您当初的想法也并没有什么坏处。3月里的计划即使是这样子也是完成不了的。原来有那些事故、缺勤现象和经营障碍。您不过由于您的优越感犯了一点小错罢了。您了解我吗？"

让把一些小煤块拿到手上来，又让它从手指缝里溜走。中间掺杂的小石头就顺手扔掉。他眼睛不望那个说话的人。可是他咬紧那两片狭窄的、没有颜色的嘴唇，这是他愤怒的表示。勃尔佐查用一种严厉的低音继续讲："您用姑息的态度对待您自己的缺点。可是恰好是让·米贡必须习惯集体的工作，也必须习惯集体的批评。只有这样您在查勃尔泽才达到了您的纪录，对吗？集体，然后一个人才少犯些错误，而且也比较容易克服缺点。"

他们两个人沉默了。煤像打在铁皮屋顶上面的冰雹一样劈啪作响。在场屋的尽头随时出现那个管理筛滤器的工人。有一次他亲切地用手向他们这边打招呼。米贡望了他一会。他的面孔松弛下来了,最后他几乎得意地说:"好,您把一切都从我身上挖出来了。现在我已经轻松了许多。我们现在已经用另外一种方法开始了,是吗,书记同志?"

"我们用另外一种方法开始了!"勃尔佐查得意地证实一句。

2

管理局今天早上显得出奇的莫名其妙,连米贡也觉得无法集中精神来工作。一班职员来回踱着疲倦的脚步,女书记们打呵欠,报告员把一件报告看上三四遍也抓不住报告的内容。加深这个清晨冷淡情调的是那两位老处女还没有到,让还是和她们分占那间办公室的。她们上班迟到的时间越来越长,上班之后迈开男子式的大步在她们写字台周围忙着一些没有目的的事情,笨拙地解开一些编织物、小瓶子和第二道早餐袋,同时酸溜溜地、尖刻地、毒辣地胡诌一通。可是有一件事她们从不忘记:小心地关紧窗子。

这一天米贡活像一只准备跳跃的狼一样等候着她们。他斜眼瞅着她们,单刀直入地开口讲话:"我给你们规定的限期昨天已经满了。你们工作的详细报告表在哪里,我可以问一声吗?"

"杜德奇卡,副局长先生有点什么要紧的事情找你",她们中间的一个回头嚷过去。第二个,并不停止整理她手提袋里面的东西,回答说:"第一:副局长先生应该依照相应的形式向我直接提出来,第二:副局长先生应该再等几天。我一直是忙得很。谁也不能要求我,一夜之间把这些摘要弄出来。"

"等一等……"米贡狠狠地说着,可是那个管劳动竞赛的女报告员却平静地继续跟她的女同事说:"你可以叫那个管打扫的妇女给我拿茶来吗?好心吧,亲爱的,下一次我来还礼。"

"我没有存心等到您合适的时候!"米贡大叫一声,显示出极度的激动。"我请您立刻把您所有的纪录、书本、卡片索引、目录、清册全部交出来!"

"可惜这些东西还没有整理好,因此,副局长先生……"

"够了!停下您的工作吧!"

那个黑色的妖怪向米贡扫一下轻蔑的眼光。可是一点也不能妨碍他。他跑到这个女职员写字台旁边,从她打开来的边柜门把抽屉扯出来,双手捧出那些乱七八糟的本子和卷宗。那个女人发出短促的、绝望的叫喊。同时她想要从米贡手上把那些猎物重新抢过来,可是他毫不在乎地用胳肘把她推开一边,并且把那些纸张在他自己的写字台上摊开来。"这些东西还不全。还缺少关于工作义务的活页本。"

"什么?那您就继续在我的抽屉里翻一通好了。"

"我请您注意工作义务!"

那个女人拉长了脸发出一阵恶毒的微笑。"您把我的抽屉弄得这样乱七八糟,我什么也找不出来了。"

这已经是近乎怠工的企图了。米贡朝这个女职员的水汪汪的眼睛望了一会。接着他就开始察看他的猎物。这个时候有两个管无线电装备的人走进来。他们开始摆弄那个播音机,拿一些革命进行曲来试音,然后他们中间的一个缓慢地、大声地放一张"安娜·威罗尼卡"的生产公报。另一个等到录上这篇报告的留声片转完之后,就开始一段简短的讲话:"同志们:巴黎外长会议开幕的时间临近了。这次会议……"

"您叫过茶吧",那个仆妇放低了声音从门口叫了一声,还加上一声懒洋洋的"日安"。

"杜德奇卡,拿你的茶去!"

"谢谢您,劳驾您拿到这里来吧。"

"……事情很清楚,我们,'安娜·威罗尼卡'矿坑的员工,必须来一份献礼……"

"呐,您从那里找到了许多东西吧,副局长先生?"

米贡慢慢地从他的座位上站了起来,走过问话的女人那边去,低声说:"什么?局长应该把这份工作交给另外一个人。矿坑的劳动竞赛!唉!这是决不能依靠……这样的人的。只要您已经承担了这种工作,您起码应该把它规规矩矩弄清楚,可不是这样——勉勉强强7小时!"

"请教!"

"注意吧!您就瞥它一眼吧。多少矿工在声明上面签了字,说他们准备参加劳动竞赛?900人。哦,这是一个可观的数字。您可以相信我。可是请您看一看这里。这里是雅塞列克,业务处长的批注。只有120个人真正超过了他们的定额。这在您的统计上并没有显示出来。不,这又干您什么事呢,不是吗?"

"呐,领教,领教……"

她对米贡的蔑视全都在她的眼上肆无忌惮地摆出来。

"您可以推断出来吗？不，似乎您不会这样做。那就让我给您解释一下，这个批注有什么意义吧。它说明，在这签字承担义务的900人中间，只有120个人真正参加了劳动竞赛。其余的人呢？"

"真的，其余的人呢？"

"其余的人可能也是出自善意地签了字。可是你们把他们的每一点兴趣都扫光了。这900人中间差不多有800人只是为他们的参加声明可以每月领到500兹罗提，完事！"

"这干我什么事？我接到指令就照指令办事。谁送来一张问题表，我就填表。我可不会跟在每一个人的背后找他拉话。或者您有另外一种想法吗，副局长先生？"

米贡拿起了电话听筒，他放大喉咙压倒正在放送的哥萨克舞曲叫勃尔佐查听电话，硬绷绷地对他说："这里是米贡在讲话，书记同志。我有一个如下的请求。不，另外一点事。请您立刻写一张通告，征求一个年轻的有魄力的同志，要有能力来负责'劳动竞赛'部。是的，一切都是一团糟。必须从头做起。您没有人吗？听着吧，这个人用不着精通文墨的玩艺，我会尽我的能力指点他，可是他必须是一个全心全意的工作者！"米贡用眼盯住那个气得脸发白的女报告员，他没有理会任何人就走出办公室。直到走出了门口才迷惘地站住，深深地喘一口气。

一个人在这里怎么样工作下去，怎么样想法？他耳朵里装满了音乐、调羹的碰击声和老处女的怪声怪气。他脑子里嗡嗡作响。本来脑力的工作就给他带来不小的困难，碰到这样的环境就更加不得了了。

他拖着沉重的脚步走到过道的另一头，那边的四扇门都安上白色的小牌子："财务科。"他又在这些门口站了几分钟，好像他得先为继续的战斗集中力量。

这里也有的是不高兴新任副局长的人们。他们不能放过他，说他是直接从"下面"爬上来的人，说一口土话，说他双手是被煤屑剥蚀掉的，而且一关门总是粗手粗脚砰砰响。

财务科科长，里姆启维茨迎接他的时候根本就不站起来。当他沉默地把嘴唇动过几下之后，他就粗声大气地说出这样的话："又来了？不行，同事先生，今天无论如何不行了。"

他是一个比较上了年纪的人；他的下颚和那由一条直线皱纹分成两半的下巴不断地颤抖着。在那方形眼镜的背后闪动着那双小的、凶恶的眼睛。

"日安！我要同您讲讲话……"

"我知道,唔—唔—唔,我知道!"里姆启维茨不耐烦地在那两句"我知道"之间吐出了一些含糊的字眼。

米贡不坐,也没有拿一阵微笑或者一句笑话来缓和他要求的语气,要是一个知识分子碰到这样的场合,为了说明来意,通常总是这样做的。他声明:"查贝尔斯基在10天之前,是的,整整10天之前,曾经吩咐您腾出一间屋子来。"

"查贝尔斯基局长先生的确是曾经请我这样办,"这位科长回答,而且特别着重说出"局长先生"和"请"这几个字。

"为什么您不执行局长的命令?"

里姆启维茨动也不动一下。他不回答,他根本就不表示他已经听到了让的话。

"您听着吧,我今天必须搬家!"米贡坚决地声明,而且加上一句:"他们12点钟就把我的写字台搬过来。"

"小伙子,唔—唔—唔,僚友!"里姆启维茨警告他说。"您还是等一会吧。您要明白,第一间屋子是簿记,第二间是出纳,第三间是结算,第四间是我自己办公的。一切都需要,唔—唔—唔,先要重新布置一番,可是我今天却没有时间来管这件事。"

"您究竟有什么事办?"

"呐,请原谅!"

"我12点搬进来!"米贡再说一遍。他把那间空洞洞的大办公室周围看一看,除了里姆启维茨的桃花心木写字台和两张樱桃色的靠背椅之外,什么东西也没有。

"可是我实在来不及,唔—唔—唔,依期迁让,米贡僚友。"

"那我们就联合办公好了。"

里姆启维茨微笑。他是这样的一个人,只有在最激动的时候才微笑。这一下微笑所包含的讥讽和轻蔑,就是最尖刻的说话也表示不出来的。

"我不同意这样做。敬礼,年轻的僚友!"

他同时用他那衰老得皮包骨头的、跟下巴的抽搐一道震动的拳头撑在写字台上面。米贡考量了一会就接着说:"那拖欠的奖金怎样了?我已经请过您赶快了结这桩事。"

"唔—唔—唔,米贡,还是您来接替我的职务好不好?我觉得,您对于会计的事情比我还要懂得多!"

"您说过要在上星期把它办妥!这笔钱对有些矿工来说已经欠上了1年了。例如达勃罗夫斯基就是。他曾经做过从矿层提取矽合金屑的工具的建议,可是他的奖金呢，它在您的账本里给压死了！您究竟要在什么时候清发那些拖欠的奖金？"

"我请您离开我的办公室！我目前忙得很"，里姆启维茨用震动的声音说。米贡还从门口十分冷静地提醒他："12点！"

中午前后有几个工人跑来找让，他们愿意单独跟他谈一谈。他们对他们的上级有一些意见，也可以说是诉苦。可是管劳动竞赛的办公室闹得不亦乐乎，过道上又有一些好管闲事的人在那里抽他们的香烟，来回踱着懒散的方步。人们从侧面打量那位副局长。米贡窘得脸红起来。他想道：他们也觉得奇怪了，我连一个可以工作的安静的角落都没有。这样的一个次货局长，他们一定这样想。

他干脆对他们说："同志们，你们愿意帮我一下忙吗？"

"当然啰！"

"那来吧。"

他们四个人把米贡那张沉重的、破损的写字台抬起来，一步一步地挪到过道的尽头。那些等待的人好奇地回头望着他们。他们从空气里面觉察到一场吵闹。事实上他们并没有猜错。那四个人连同他们的累赘东西刚一消失在财务科长的门背后，就有一阵充满愤怒的尖锐的声音响起来："连你们的东西一道滚出去，滚啊！"

"我们将要联合办公！"

"滚你们的蛋！"

"把桌子摆在这里"，米贡安静地指点说。里姆启维茨一跳跳到那个闯入者面前，扯住他的胸膛，他的绒线衫，而且破口大骂："你先学一点处世的规矩吧，你这野人啊，你……！"

"那您就不愿意同我坐在一间屋子里？"让问一句，闪动着轻松的，几乎是开心的眼光望着这个比他矮小得多的里姆启维茨。同时他轻轻地翘起眉毛，怜惜地吹起嘴唇，他额上的皱纹简直是意外地熨平了。

"不，不，不！"

"呐，这就的确是没有办法。好朋友，把科长先生的破家当搬到隔壁屋子里去！"

"什——么？"

工人们用不着你对他们说第二句。

有一个人去推开那道玻璃门，门背后涌起女速记员的惊奇的面孔。同事们动手去搬那件桃花心木家具，肩膀一扛，他们就闪电一样把它搬到了结算股。那个开门的工人又跳回来对付那些靠背椅，一声口令他又把它们跟在写字台后面拖出了屋子。

里姆启维茨跑出去，哭哭啼啼地把房门砸上。米贡在背后叫他一声："僚友，不先敲门就请您不要再进这间屋子。这里现在坐着一只咬人的恶狗！"

工人们放声大笑，让于是提议："也许现在就请你们说出你们对我的要求吧。"

一天之后，里姆启维茨在矿务局大厦的前厅里面拉住让，眼睛眨呀眨的，装出一个恭敬的样子，别人从远处就可以看出他的虚伪："请您原谅，唔—唔—唔，我当时控制不了我自己。请您不要记在心里，副局长。"

米贡仔细地打量了他一会，然后严厉地回答："这里不是戏院。您的做作对您一点好处也没有。我请您在13点钟之前把奖金名单交给我。"说完话就让他一个人站在那里。

3

矿坑里面的淋浴室是矿工们彼此之间展开最生动的交谈的地方。在这里，在淋浴的银色的温暖的雨点底下，肌肉又重新获得它的弹力，在挂着清明的水点的睫毛底下，疲倦的眼睛又重新闪出愉快的光芒。今天"安娜·威罗尼卡"的职工会所也就是这样。广大的浴室挤满了数以百计的赤条条的身体。像平时一样，捷弗力克·霍尔巴拉花样最多。他在湿漉漉的瓷砖上面滑行，推倒那些年轻小伙子，捏一捏老头子的胁下窝，拉大嗓门嚷道："体贴你一点吧，爹爹，不要吝啬，爹爹！水不是酒精。它烧不起来的！"

杜都力克用享乐式的细心让他身上的每一公分都受到搔痒式的水的喷射。用不着他那脱毛的眼皮的最轻微的眨动他也使人认识到，霍尔巴拉的捣鬼已经传到了他的耳朵。他用他那多肉的手彻底地在他那发红的粗大的脖子上面、他那像女人的一样丰满的胸膛上面和那四条软缝的下垂肚皮上面用功夫。他那双小眼睛努力在检查皮肤上的皱纹，怕那里也许还藏着一点小煤屑。同时依照他洗澡的惯例沉入他那关于侯爷和男爵的梦境里面去，这些东西是他从一些发黄的旧书和多年前收集的剪报里才认识到的。"唉，那位霍亨洛海侯爵，他的浴室才漂亮呢！一切都是镶银的！同我们穷小鬼的浴室完全不一样！"

在闪烁的水幕后面灵活地移动着一些模糊的身影。距离杜都力克不远的是急躁的鲁特卡在匆匆忙忙地擦洗，在他身边的是维克多·柯可特。稍为离开他们一点的是那架活的掘土机勃拉契克在来回笨重地移动他的肩膀。皮尔卡，始终是拒人于千里之外的古怪样子，保持着避开他们的位置。他还老是下不了决心走到莲蓬水龙头底下去。他用脚去试水，把脚伸到淋下来的水底下，可是又总是带着嫌恶的表情缩回来。在他背后，被急流的水笼罩着，站着叶德拉什科。只要有什么人瞧他一瞧，他就害羞地扭转身子。

"喂，好家伙，现在该是够了吧！难道你们想害风湿病吗？"霍尔巴拉尖叫一声就跳进了更衣室。在去更衣室的半路上他又回头看一遍，随即叫道："叶德拉什科，来吧，我给你一条干毛巾。"

当他们离开淋浴室的时候，柯可特留了下来，用他的胳肘撞了一下在他身边走过的菲列克·达勃罗夫斯基。那个挖煤工人在门口站住，一直等到大家离开了浴室。

"你有什么想头吗？"达勃罗夫斯基有点心不在焉地问。

维克多踮着脚趾尖站起来，因为他比他的同事长得矮。他威胁地、探察地、郑重地望着他。

"呐……?"菲列克重新带着漠不关心的表情问一声，这是他拿手的本领。可是柯可特在他眼睛的深处却还是找到了他要找的东西：一点迷惘或者也可以说是惭愧。他再也不说什么就跑进更衣室。

更衣室是一些又宽又高的、三层的厅堂。矿工们的衣服高高挂在头顶上，高到好奇的手也摸不到。为了可以拉下来，就必须在下面用合适的钥匙去开一个锁头，锁头管住一条好几公尺长的链条。开锁之后，就慢慢地把链条放松，链条的另一头挂着的衣服就从屋顶上降落。菲列克是最后一个穿衣服的人。事情很难说，是不是他故意拖延时间，希望因此挨到柯可特离开了矿井。可是无论如何，当他在会所里面碰到柯可特的时候，他是意外的难为情。

"你在等候什么人吗？"

"等候你"，维克多带着颇为粗暴的音调答复他。他一手抓住他的胳膊，像牵走俘虏一样地把他带到门口。他的眼睛充满了愤怒。"听着吧，菲列克，我告诉你一点事。最近几个星期你变成了一条懒虫。你，老弟，你不要来向我们挑衅！"

达勃罗夫斯基胳膊底下夹着那矿工上班携带的杂物袋，低垂着头站在那里。可是他身上所有的并不是悔恨。而是沉默的、消极的抗拒。

"改变一下吧，菲列克！你听见吗？我们不能原谅你！我们纵队里有了美里马卡和克略格尔这两条懒虫已经够了。我们不能容忍这个，你这条鼻涕虫！"

"维克多……"

"什么事？"

"就你来说那不是一样吗？我不下井，他们就不给我工钱。这仅仅是我的损失。

干别人什么事呢?"

柯可特气得发抖。他一手把他的包包扔在地上。咖啡瓶子砰的一声砸碎了。他捏紧拳头说他的道理:"听着吧,畜生。如果你愿意过你寒伧的生活,那是你的事情。可是我们的问题却关系到煤,这是我们的事情。我们不能够让你混过去。而且,不论世界上四面八方发生什么事情,中国人也好,法国人也好,意大利人也好……我们也要帮他们出一把力。难道我们不愿意替他们做点事吗?"

菲列克不回答。也许他不愿意对他所尊敬的柯可特提出反对的意见。在他们两人之间产生了一种陌生的、窘困的沉默。过了一会,柯可特怨恨地说:"你倒实在是一个能干的矿工呀,菲列克!"

"难道是我自己存心要这样做的吗?"菲列克半吞半吐地说,好几个月以来,也许是好几年以来,他头一次突然涨红了脸。他气愤地继续说:"你们根本就不管人的事情。只管煤,只管计划!"他,像是要告别的样子,做一下疲倦的手势。

可是柯可特拖住他:"现在一切都说个明白吧!"

"说些什么?这个这个……好吧,你可以告诉米贡和勃尔佐查。"他的声音起初有点犹豫,接着就以同样绝望的调子结束:"我回到家里,那个无赖又已经在等着我了!"

"谁?"

"谁?父亲呀。只要我不愿意喝,他就揍我。他威胁我,说要把我们从家里赶出来。他把我拖进他那恶心的下流生活里面去。他把那肮脏东西,烧酒,整公升地灌进了我的喉咙。这个酒鬼,唉,根本是骗子!柯可特,要是你知道,他多么恨你啊!"

维克多不答话。从远处有一阵电锯的歌声向他们这边送过来,越来越高,越来越细。菲列克点点头;他的眼睛又变得像平时一样,这就是说灰暗的,麻木的。他请求:"放过我吧,我现在要走了。"

"菲列克,为什么你不早一些来找我们谈。我们都是你的伙伴啊。"

"你们不是认识我的父亲吗?"

"我们不知道事情糟到这个地步。"

"是的,是的……晚安!"

"不,等一等,我们的话还没有说完。你的父亲是一个无赖,对。你必须得到一间新的屋子,这个也对。可是,唉,你懂得吗?你也变成了十足像他一样的懒虫了!我愿意向你泄漏一句心腹话:书记处又在拟一张新的懒虫名单。现在每两星期公布一次。吓，在这张名单上面……"

"什么？……在那张名单上面……"这个挖煤工人低声发问。他的眼光透露出了不安。

"这张名单有这样的话：达勃罗夫斯基·阿洛伊斯——13 天。达勃罗夫斯基·菲列克——11 天。这一对达勃罗夫斯基，居然是一个接一个。"

菲列克的颧骨底下的深凹忽然间变作深灰色。他合上了眼皮。刚才到了最高音忽然煞住的电锯的歌唱又重新开始，只是低沉得多。锯齿啮入铁条或者铁轨越深，声音就越发响，越发高。吹起来的风带来砖窑泥沟里面死水的气味。

菲列克回转身，一颠一拐地走了。

"你上哪里去？"

被问的人从大路对面那一边回答："去找你的……你们的……他叫什么名字呀，真是……勃尔佐查！"

柯可特回到门房里去，向警卫员打一个招呼，就拨党委书记处的电话。他小心地用手遮住嘴，他把双手装成蚌壳一样围住听筒，到了勃尔佐查有回话的时候，他就说："书记同志，菲列克·达勃罗夫斯基去找您，您已经明白……"

从电话线的另一头是勃尔佐查愉快的声音答复他："我也有一份小小的意外消息告诉您。美里马卡同事不久之前到这里来过。"

"名单该是还没有发出去吧，不是吗？"柯可特担心地问。书记善意地嚷道："难道您把我当作这样一个官僚主义的蠢才吗？"

美里马卡和菲列克想不到在党委书记处的屋子里彼此碰头，他们这一惊真是非同小可。勃尔佐查立刻向他们提出问题："听着吧，同事们，也许你们愿意每一个人单独和我面对面谈吧？"

卡尔力克双手搭在背后交叉着，他的鞋带跟着他在地板上一直拖进来，也不理它一理，粗声大气地说："我并没有秘密，书记先生。我到这里来，是为了同您谈谈，菲列克在旁边并不碍事。"

达勃罗夫斯基同样证明："我甚至于觉得他在旁边更加好一些。我想……我以为……我必须告诉全体员工，每一个人……"

"呐，那就坐下来吧！——请注意，同志！"勃尔佐查从门口叫一声，门背后有一架打字机正在劈里啪拉响。"请注意不要放任何一个人进来找我。我着重地声明：任何人！即使是中央联合管理局局长碰巧要来找我也不例外。到我收回这句话为止，我的时间已经安排定了！"

他们面对面坐着静默了几分钟。还是美里马卡自己先开口："我收到副局长先生的一封信。"他伸手到他短袄的口袋里抽出一张复写的字纸。"上面写着，所有懒虫都收到这张通知，这是我们最后的机会，他还说以后再不愿意提起这桩事。他们要把像我这样的懒虫撵出去。"

"副局长的确有这种主张。"

"我不能够找他去，您知道，勃尔佐查"，美里马卡结巴巴地说。"我不能够。局长们不了解我们矿工。"

"米贡自己却就是一个矿工。两个月之前他还在查勃尔泽挖煤呢。"

"唉，这个究竟是不是真的呢？而且，这也实在没有什么关系！我总是觉得还是先找党来谈谈吧。对不起，我可以点一支香烟吗？因为这样子我就说不出话。"

"干吗为这样小事还要先问一声呢？"

卡尔力克动一动那翘起的眉毛，可是什么也不说。他从他皮短袄的随便一个口袋里掏出三根弄脏了的"力士牌"，向勃尔佐查和菲列克请客。书记辞谢了，可是菲列克却连忙向香烟伸手。到了蓝色的烟云罩上了他们的面孔的时候，卡尔力克的勇气来了："你们把我编入了懒虫的名单，作为懒虫头子，哈？事实也并不假。我的确是一名，可是，同志，对不起，我不是你们党内的人，那就还是叫勃尔佐查同事，难道你们以为我这样做是由于负气或者偷懒吗？"

空气又沉寂了一会，因为书记非常了解矿工，他要给美里马卡自发的自我批评以充分的自由。卡尔力克忽然用拳捶他的膝头，带着压榨的声音说下去："达勃罗夫斯基也应该听着。我并不是从恶意出发，岂有此理！我，再没有别人是1945年沿长梯下井的！而且从前，虽然我是无党无派，也曾经和你们共产党人一道坐过牢！是这样不是这样？我这样做是由于其他的原因：我丧失了信心，我不敢相信这一切根本有什么价值。我已经长期住在一所养鸡屋里面，是的，和老太婆和我的三个儿子一道挤在养鸡屋里。我请求过查贝尔斯基，我写过申请书，可是……他们答应给我新宿舍里一所住宅，您知道，在树林背后。可是有什么名堂搞出来呢？他们停止了建造。我们大家都发出疑问：为什么？什么也没有。我们30家人像一群流氓一样住在那里，像恢复时期一样，像在资本家手下一样，谁也是无动于衷！在其他矿场那边他们为矿工盖起了讲究的房屋，别墅，芬兰式的，诸如此类！可是这里……这里是世界的尽头！"

"呐，现在应该怎么样？"勃尔佐查轻轻地发问，抬起眼睛望一望卡尔力克。他微笑地回答："您知道怎样，勃尔佐查，今天早上我到过树林背后。因为他们说过，呐，您知道……"

"知道什么?"

"千真万确!"美里马卡哈哈大笑。"千真万确，勃尔佐查，工人房屋管理处又重新盖房子了。我同他们谈过。那些师傅说，圣诞左右就可以完工。"

菲列克尖起了耳朵。美里马卡结束说："他们开足马力在工作。汽车、石灰、砖头——好大的分量啊，我告诉您。也许您现在会想，我到这里来，是为了取得住宅的保证，对吗?"他真诚地义愤填膺，大声叫嚷："一点不是这样! 不，卡罗尔·美里马卡没有资格要房子! 可是请您了解我，勃尔佐查，我又开始相信了。自从那位新的副局长来了之后，成立了钻孔辅导纵队，他们开始盖房子，一句话，现在看得见，里戈塔有了社会主义，呐，岂有此理……"

勃尔佐查绕过写字台，向他伸出手来："把你的爪子给我，卡尔力克，我是一直这样估量你们的。"

卡尔力克迟疑了一下。他跳起来，把他抱起来，贴在胸前。接着他就用拳头抹抹眼睛，从屋子里跑掉。

在谈话的整段时间里，菲列克始终被一种思想苦恼着，那张倒霉的名单是不是已经送到了职工会所。他和他的父亲榜上有名! 那还不如立刻跳到矿井里面去! 他犹豫地说，眼睛没有对着书记："我是达勃罗夫斯基，你已经知道。我想……我请求……"

"呐，您请求什么呀，达勃罗夫斯基同事?"

"不要把我编入懒虫名单。"

"那教我怎么办? 您曾经，我要马上看一看……您曾经旷了 11 天工，是吗?"

菲列克失神的眼光沿着四面墙壁迷惑不定，他低声说："是的。"可是过了一会他仍然请求道："你们知道吗! 还是这样办吧，相信我的话，我以后再也不缺勤。您相信我吗……?"

"这样做，一般员工会有什么意见?"勃尔佐查在屋子里面踱来踱去。他在菲列克面前站住，仔细地打量他。接着又继续踱他的方步。菲列克直冒汗，他的嘴唇在抖动。他狠狠地嘀咕着："您不相信我，您以为：有其父必有其子……真是困难。再见。"

"不要生气，同事"，勃尔佐查批评他。"我刚才考虑的完全是另一个问题。"

"呐?"

"您是不是可以去请求副局长? 您简直想不到，他是多么难过。您当时啊，达勃罗夫斯基，是勃拉契克之外第一个领会了他的新工作法的人……后来，却是两个星期的缺勤……"

"好！好！我当然一定这样办！"菲列克说出了这句话。接着他就逼紧一步："您相信我吗？您勾掉我的名字吗？"

"我相信您。您愿意我完全坦白待您吗？您不会再一次让别人拖您下水吗？"

"不，不"，菲列克感动地结巴巴地说。

"那么，由我负责不把您写到名单上去。我坚决相信，这样做是不需要的。"

女速记员打断了他们的谈话。她谨慎地进屋子里来，从门口把一张纸递给勃尔佐查。

"那个刚来过这里的脏家伙给我口授了这一段话，书记同志。"

勃尔佐查大声念道："我，懒虫卡尔力克·美里马卡，向全体员工、向党、向业务处长和副局长先生保证，从现在起，非因事故决不再请一天假，也永远不再缺勤。"

"同志，请等一会儿"，勃尔佐查叫她。"您把米贡的信给他了吗？"

"哦，我忘了！"

"呐，那就立刻派人把信送去给他吧。"

通知的字句很简短："我通知您，管理局已经决定，工人房屋管理处为本矿山建造的树林背后的宿舍完工之后，即给您分配第一所住宅。"

4

捷弗力克手上的火柴熄灭了。本来一直躲在那黄色光圈背后的深浓的黑暗就完全包裹住霍尔巴拉。他赶快在盒子里去找第二根火柴，然后朝盥洗室的方向走了迟疑的几步。他并不熟识这里的门路，他只记得今天早上在混凝土地板上发现了粪堆。

洗脸盆破裂了。也许因为这个缘故把水管切断了，水龙头只是轻轻地嘘嘘作响。虽然捷弗力克把它扭到了尽头，还是没有一滴水流出来。他扫兴地从盥洗室回到了过道上。至少这里是亮一些。入口顶上的电灯被风吹得东摇西摆，每隔一阵短促的时间就穿过肮脏的玻璃向过道射进来黯淡的灯光。

捷弗力克忽然没有了睡意。他不回大寝室去，那里有好几十个肮脏的、长胡子的人在床上玩扑克牌。霍尔巴拉走到了厂棚前面站住。他吸一口潮湿的春风。

那块雨洗过的写着"安娜·威罗尼卡矿坑宿舍"字样的牌子在他背后依照不整

齐的节拍敲打着墙壁。"科秋什科"矿场发电厂的刺眼的灯光一排排地从远处照透了黑夜。压缩机微弱的、吸气式的嘶鸣也从那边传过来。在那附近的叶德拉什科一家已经躺下休息了。

灾难的发生像往时一样。唯一的不同是捷弗力克这一次再也找不到新的安身的地方。只有矿坑宿舍还可以解决问题。

如果叶德拉什科眼睛是睁开的，他就会早些发觉到，捷弗力克是自知做了亏心事的。捷弗力克常常拿他的咖啡供奉他，在"巴尔干特别快车"里面安排一个舒服的座位，留下一条干毛巾，让叶德拉什科洗过澡之后可以擦干他的身体。可是他的朋友并不是留心同事和家属的行为的人物。柯可特有时对他说："你是一个好同志，也是一个头等的装运员。可是在你身上却太缺乏一个普通人的品质，你了解吗？"

叶德拉什科只是耸耸他的肩膀。有一次鲁特卡也参加这样的谈话，当他依照他字句的节奏拿铁锹铲地的时候，他向他说明："听着吧，叶德拉什科，我知道，世界上有各色各样的人，高尚的和下流的，坦白的和像你一样谁也摸不着痕迹的人。可是你内心却是那么呆板，那么可恨的呆板，你有时使我想起一个僧侣。"

叶德拉什科感到伤透了心，离开了他们。柯可特事后对鲁特卡说："你实在不应该对他说得那么尖锐。你自己也知道，像他这样正派又肯卖力气的人是很少的。"

"假如他变成了一个肚皮里装满了智慧的家伙的话！"

"呐，别谈这些吧。反正你改变不了他。当然，这样是不算好的。除了勃尔佐查和米贡之外，他对任何人都是这样，好像他们耳朵是塞住了的，眼睛是瞎的。我还从来没有听说过他同他的老婆说过什么合理的话。可是一个女人是需要这个的。我们只好暂时听他这样算了，阿尔柏特……"

星期三叶德拉什科要去参加区段执行委员会的会议。捷弗力克碰到了玛尔塔火热的、会心的一瞥眼，他像毛虫一样在厨房里的一张椅子上缩做一团。

"喂，你不要带我的大衣去吗？它不透水！"他向叶德拉什科提议。

"不要，谢谢。"

"那最少把手电筒带去。等一等，老友，我马上拿来给你"，捷弗力克跳起来，很高兴，他趁他不在家的时候常常干些对他不起的事情，这样子似乎最少可以补救一点他的过失。他走进绿色幕布背后的神龛，拿着一支德国动力手电筒出来。"只要你一路按着这个小按钮就行了。"

"嘿"，叶德拉什科扭扭嘴角。

他把手电筒接在手里，按住那个按钮。一阵笃笃的声音响了起来，穿过灯头的厚镜片放射出一道短的光线。

"怎么样，妙得很吧？不是吗？"

"不坏"，叶德拉什科证实一句。他站在干净的厨房的中间，这个厨房活像一出傀儡戏：刺绣的花、护墙帘、小铜壶、画上玫瑰花的茶杯、一行行擦得发亮的小锅和平底锅……叶德拉什科在这里是不调和的。他身上一切都是硬绷绷的，而且起棱角的。连那件旧的锈褐色的胳肘上打了补绽的毛线衫，在他胸口上面也绷紧得像一件制服。

他的老婆焦急地穿过厨房，从屋子里嚷道："你什么时候到那里？要耽搁很久吗？"

捷弗力克缩做一团。他想着：这样问实在是够狂妄的了。

叶德拉什科坐在白色油漆的桌子旁边；桌子边上挂着一幅麻布的护墙帘，帘上面有一串字，一切坏主妇的口头禅："饥饿是最好的厨子。"他面前摆开了剃须用具，粗声大气地说："需要多久就耽搁多久。起码3个钟头。"

"区委会的人也去参加吗？"捷弗力克快快地插口说。他有一种感觉，只有持续进行无拘无束的谈话才有可能对那受骗的朋友隐瞒真相。

"他们会到那里去——为什么？"

"呐，那就……"

他把脚尖弯向里面，然后又弯向外面。

"我要讲一个笑话给你们听。注意，开始！有一个妇女对她的丈夫说：现在是我们向我们的卡里采克解释的时候了，可是要小心。告诉他，鸟雀、苍蝇、花是怎样搞的——呐，人也是这样……"

叶德拉什科太太从靠拢的房门那条缝探望。她的眼睛像煤块一样烧得通红。捷弗力克继续说："那个丈夫于是跑到他儿子那边去说：你有没有注意到，我们去年同那个红脸厨娘搞什么事情？——卡里采克笑：哦嗬嗬……——父亲又说：那你就注意吧，现在是时候了，你应该知道，鸟雀、苍蝇、甲虫、花……也是这样做的。"

"还是停止你的废话吧"，叶德拉什科说，当时玛尔塔已经笑够了。他没有欣赏幽默的气质，他嘀咕着："你应该羞你自己。这样的一个老家伙还是像顽皮孩子一样胡说八道。"

他从珐琅茶壶里面把水倒在小碗里，并且蘸湿那把刷子。到了他给半边脸擦上肥皂的时候，他又一次回过头来："还是想想矿坑好一些！你一定不知道，我们的计划今天完成得怎么样。"

"不！"捷弗力克忏悔地承认。可是同时他又想着：一刻钟之内他就要出去了。——一种温暖的快乐同时又好像是恐惧侵袭着他。玛尔塔正在蹑高脚趾，要从食物橱拿下一只酱菜玻璃盅来，她的眼色使他血液冲到了耳朵里。他觉得喉咙发干。

他贪婪地然而不动声色地打量着她那壮健的小腿肚绷紧起来的肌肉运动。像往常一样，当他要开始滥用别人的信任的时候，他同时又觉得过意不去。

我的天啊，要是他起码生一点疑心，侦察他、恐吓他、阻止他的话。可是叶德拉什科什么也没有发觉。他安心地上卡陀维采去参加和平战士会议，整晚上留在党委办公室或者在小里戈塔参加柯可特的座谈会，从来不转一下念头去确定那个三房客的行为。"捷弗力克，这边来！"玛尔塔在屋子里用柔软的、然而坚决的声音叫他。"接好那只酱菜玻璃盅，可是不要摔掉！"

她站到椅子上面去，用那蓝色的、皱褶的裙子去扫他的面孔。一阵温暖的气息包围了他。叶德拉什科在厨房里用剃刀在刮胡子。本来矿工们是整个星期不刮胡子的，一直要等到星期日才举行这样的一次盛典。可是叶德拉什科不论参加什么小会一定刮胡子，就像他年轻的同事去赴情人约会一样。

"接住！"玛尔塔发命令。她把第一个装满胡椒王瓜的大玻璃盅交给他。他一只手接过玻璃盅，另一只手就去捻她的膝后窝。玛尔塔在家里是定例脱掉袜子的，免得在什么地方扯住了因此扯破了。

"捷弗力克，拿住这个！"呼吸已经紧张到窒息的程度了。她从柜橱的边沿拿过来一大瓶自己酿造的樱桃烧酒。捷弗力克在从她手上接过酒瓶之前，先用手摸弄玛尔塔的大腿。虽然她表示抗拒，可是她抵抗的动作并不含有气恼的成分。

当他们带着冬天剩下来的储藏来到厨房里的时候，叶德拉什科毫无动作地对着镜子坐在那里，背向着门口。他沉默地咬紧了嘴唇。玛尔塔对他说明："我们把玻璃盅放在窗口。我要趁春天把房间收拾好。"

叶德拉什科急忙地刮完胡子，穿上短袄和大衣。捷弗力克担心地提醒他；"手电筒。"

"你跟我一道走！"主人粗暴地下命令。接着他就消失在黑暗的楼梯间。霍尔巴拉顺从地跟他朋友后面，他正在楼下堂屋里等候他。捷弗力克在最后一层楼上犹豫不定。他看见他瘦长的朋友在半明半暗中的挺直的剪影，戴着的便帽一直拉到了眼睛，大衣袖子笼着他的拳头。

他在镜子里看到了——现在就要发作，捷弗力克吃惊地想道。他慢慢地，越来越慢地，好像他的气力离开了他，踱到叶德拉什科身边。

　　他们这样站了许久，没有交换一句话。不知道是一楼还是二楼的什么地方点亮了一盏灯，像是从黑暗中滤过来的灯光黯淡地穿过敞开的门户照到了叶德拉什科死灰色的脸上。他细声问："你们是不是……已经……"

　　捷弗力克觉得有一种不可抗拒的要求，要全部供认出来。可是他又觉得，现在不可能说得那么坦白。他知道，叶德拉什科现在是什么谎话都肯相信的，不错，他确信，他是等着受骗。因此他只是低沉地叹一口气："还没有。"

　　叶德拉什科一点不急、十分沉着地抓住他的大衣滚边，满腔心事地摇他。排水管里面响起了水声，好像有破玻璃杯掉下来。捷弗力克冷汗湿透了他背上的衬衣。他心惊胆战地想道：他要一拳打歪我的嘴巴。他要打崩我的牙齿——玛利亚啊……

　　"我把你像随便一只狗一样从大街上拾起来，就是为了这个……"叶德拉什科狠狠地嚷着。窗子里面的灯光熄灭了，叶德拉什科的面孔在黑暗中也就看不见。只有一阵急促的、一顿一顿的呼吸还可以听到。接着他低声决定："收拾你的东西去。到我回来的时候，我不愿意再看到你。还有一句话，捷弗力克，再不要在我眼前出现！"

　　他回转身，踱出了大门。在大门后面，变压站周围的电灯刚好大放光明，借这一片灯光捷弗力克看见他朋友的肩膀——从他们认识起，这是头一次——弯得低低的。他跑到他背后去，东倒西歪，他自己也莫名其妙，放声大叫："听着吧，听着吧，我们两个，我们难道再不是伙伴了吗？叶德拉什科，难道就此一切完结了吗？永远完结了吗？"

　　叶德拉什科没有停下来，继续朝着管理局大厦的方向沿着大路走过去。捷弗力克赶上了他，绝望地把手电筒塞进他大衣口袋里面去。他目不转睛地盯住他的朋友。因此他也就发觉到他把手电筒从口袋里拿出来，用一下轻蔑的动作把它朝变压站的篱笆扔过去。现在他才完全一败涂地地回到家里，一言不发地收拾起他那崩角的皮箱，上凡是新来的、无家可归的矿工都到那里去的地方去：矿坑宿舍。

5

　　查贝尔斯基局长天生是一个兴致勃勃的人物。碰到一个这样鲜明的春天的早晨，又加上他的女儿陪他走了上班的一半路，查贝尔斯基这时愿意给每个人尽量做好事。因此当他碰到一个穿着水手衬衣的矮个子工人的时候，他就用微笑回答他的鞠躬，而且尖起了耳朵："请，您有什么事情要提出来吗？那就跟我一道来吧，因为我很少时间。"

那个工人板起生气的面孔说："我是克略格尔，正是因为……"

"克略格尔，克略格尔……"查贝尔斯基想了又想。可是因为他对人的记性很不好，他总不能把克略格尔和某一事件联系起来。为了遮掩这一点，他只是大声说："啊哈，原来是您！"

"呐，是我又有什么好说的！怎么样，难道克略格尔就不是人吗？"那个矿工声势汹汹地反驳。

"您这样动肝火是不必要的，我并没有什么恶意"，局长一团和气地申辩，拍拍他的肩膀。他们恰好碰到一个善良的、可是有一张使人联想到马的面孔的女人，她站住了，而且出奇地望着他们。查贝尔斯基又重复一遍："您有什么请求吗？"

"有。他们命令我，从5月1号起到泥坑里去，这就是一切。"

"那怎么办呢？"

"局长先生！我不愿意为我自己讨人情。可是我必须说明：我有风湿病。那里一个月之内就会把我搞垮。完蛋！"

"谁把您调去的？为什么缘故？"

"副局长先生。是不是再不能更改呢？如果不能更改就不更改吧！对你们来说一个矿工算什么东西呀！"

"您现在在什么地方干活，克略格尔？在挖煤吗？"那位关心的局长问他。同时他想着："这又是一个典型的例子，他们是怎样在扫员工的兴啊。这个米贡总不害羞。"

"在第八号煤壁。我是那里的装运员；可是随您的便！再见！"他赶快一转身，跑掉了。暗地里他却在奇怪，为什么这位局长竟不追究一下，他，克略格尔，本来是上早班的，现在还在市场上来回闲荡。

办公室里等着查贝尔斯基的是新的报纸、一些邮件、前一天的生产报告和勃尔佐查的一张小纸片：我10点左右来。——查贝尔斯基善意地对着那张小纸片微笑，用他的低音唱着一首"里戈列陀"的咏叹调，一面开始批阅收到的东西。10点整女书记报告勃尔佐查的到来。

"您好吗？"查贝尔斯基愉快地问候他。"请在靠背椅上坐。不，不，不要坐那一张。上帝作主！难道您忘记了它是没有脚的吗？呐，我们英明的党有什么新闻？"

"谢谢，还不坏"，勃尔佐查和气地回答，因为不管怎样，由于这位局长的幽默和不摆任何架子，他是喜欢这位局长的。

"在您打开您的烦恼包袱之前，先喝一杯咖啡好吗？葛特路德小姐，请您按电铃叫那个女管事，给我们拿点热东西来。呐，你们的和平大会已经开始进行讨论了？"

"是的，已经开始了。"

"虽然我不知道，见鬼，开开会是不是可以改善现在这个从来未有的最坏的世界的情况，可是试试看总是不害事的。无论如何，我们西里西亚的代表，矿工柯秋巴能够见一见世面，这就是收获。希望巴黎的织帽女工不会诱惑他"，查贝尔斯基笑了起来，在他的靠背椅上舒服地伸开手脚，由于心情平静而满足显得容光焕发。勃尔佐查不着痕迹地抽一抽嘴唇。了解他的人就知道，这是他的轻蔑的标志。这位书记想道：有一种人戴起眼镜来还是毫无用处的，他们仍然是瞎子。——当查贝尔斯基在那些纸张中间去找那份失落的日报的时候，他随口夸奖一番："呐，我们也为庆祝和平大会做了出色的工作。您看，没有一毛钱的赤字！是的，查贝尔斯基也还有能耐做一个和平战士，嘻嘻嘻！"

"我背得出那份报告，找出来也没有用处。事情的确是越来越好。各部门都有了生气，就好像是通了电流似的，是吗，局长？"

查贝尔斯基在送上来的咖啡周围兜圈子。他闻一闻香味，就皱起了眉头，粗声大气地说："碰到一天好天气我就要在我门口挂上'本局今日停止办公'的条子，亲自下厨房去。全西里西亚居然没有一个人煮得出一壶真正合格的咖啡！话又说回矿坑上来，您可以得到最好的证明，就是我们也还搞得出一点名堂。可惜的是，米贡仁兄不免损害我们的工作。"

"从哪里说起，什么话？"勃尔佐查吃了一惊。差一点没有把咖啡打翻在摆满纸张的写字台上。

"我对他有些意见。除此之外他倒是一个够能干的家伙。我不能不说，他是那么出奇的教条主义。"

"那又是另外一回事。您知道，到现在为止，我实在坚决相信，我们的矿坑所以活跃起来，多半是和他的到来分不开的。可是您的想法，据我的初步了解，现在却完全是另一个样子！"

查贝尔斯基大声地擤鼻子，而且狡猾地眨眼睛："您听着，勃尔佐查，您暂时把您的党的尊严放开一边吧。为什么我们要互相欺瞒？"

"真是白昼见鬼，我根本什么也摸不清了，"书记气愤地说下去，同时用手指甲搔他多肉的下巴。"依照您的意见来说，矿坑是怎样得到改进的，怎样的？"

"呐，就是这样那样前进起来的。究竟谁能够证实是什么原因呢？"局长沉思地说。他的秃顶微微地发光。那一把从鼻孔里面伸出来的短小的、黑色的鼻毛转移了书记的目标。好容易他才抑制住他用削笔刀把鼻毛切断的企图。

"您看，勃尔佐查先生，我们，这就是说普罗斯提、里姆启维茨和我，尽我们的能力什么都做了。结果是您看到了的。为什么偏偏4月份出岔子呢？一个矿坑就像风一样，你永远不知道，它会从哪一个方向吹。"

勃尔佐查拿一片薄荷糖来提提神，把那张小包纸搓成一团，然后扔到那个空墨水缸里面去。他深沉地摇他的头摇了好一会才开口："我们在党的书记处里的意见完全相反。我们认为矿坑是有生命的，像是一个活的机构。他可以发展或者死亡，要证实这一点是容易的，只要你注意观察。一个人永远能够计算出来，看它一个星期之后好一些，一个月之后又好一些，一年之后就终于变好了。可是一切都必须连带计算进去：采掘的吨数、运输设备的容载量、动力厂锅炉的最高效能、住房、人的劳动力尤其是人的思想教育、启发、牺牲精神和忠诚。"

"也许是的，也许是的"，查贝尔斯基表示同意，"可是谁能够计算出来呢？就说我吧，除非他们用尽全力逼到我非做不可的时候，我才会去计算一下。在技术学院的时候我已经为计算呕过气。您知道吗，我就像一个启蒙小学生一样把数算错了。可是我们还想要什么学院讨论的花枪呢！我只想告诉您一件事：我今天碰到了一个人，他因为你们宝贝的米贡把他的工作兴趣彻底损害了。我碰到了他真是大运气！他可以一声不响地同样上布德里矿坑工作去，不是吗？"

"呐，我倒想知道他是谁！"

"他叫做克略格尔。我现在才重新想起来，他曾经有一次在下面的现场犯了规，我因此罚过他。可是却不应该为了随便一点小事就永远追究一个工人。"

"克略格尔吗？"勃尔佐查觉得很难受，凝神望着他杯子里面那晦暗的、黏滞的渣滓。"碰巧我非常熟悉他。他是懒虫头子之一。唔，他对您有什么要求？"

"您不必为这种事担心。我们还是言归正传吧。您来找我是为什么事？"查贝尔斯基嘟哝着。勃尔佐查的补充意见恼怒了他，因为他自己也知道他说错了。可是怎么也不能使他对他的客人承认错误，因此他就补充一句，表示催促的意思："呐？"

"说起克略格尔，我们有机会还得回到这个问题上来，"勃尔佐查做出好像顺便提起的样子。他再等候了一会然后向这位局长声明，说党的企业小组和职工代表会一起接受了组织一个共同委员会的建议，对所有矿工住所进行检查。根据这一次检查的结果就可以让那些居住条件困难的煤矿工人家庭迁入未被充分使用的住宅里去。

"吓，我非常怀疑，你们还可以在什么地方找到一个空的角落。我这里就有一份矿区全部宿舍的分配表，勃尔佐查先生。当时是由我亲手分配房屋的。"

"您说的话完全对"，书记证实一句，"这就是说在一定限度之内。我们根本就不算那些宿舍。不是的。正相反，我们最大的希望是那些比较高级的职员的住宅。"

查贝尔斯基耸起了眉毛。他整个额头都绷起弓形的皱纹。现在产生的长时间的沉默只有当某一条调车轨道上的列车缓冲器前后接驳的时候才暂时中断一下。一阵夹杂着煤烟的烈风吹过了敞开的窗户。窗台上黏牢了许多细小的黑色的灰尘。

"等一等！"查贝尔斯基说话时冲出来的音调并不表示有什么善意。"您究竟是如何想法。我们假定，你们在普罗斯提那座五开间或者六开间的别墅，发现只有两个人居住。在这样一种情况之下你们打算怎么办？"

"怎么办呢，局长？我们搬一家或者两家现在还住在鸡窝里或者地窖里的人进去……"

"我必须坦白对您说，我的想法是：那是不能想象的！工作条件、教育水平，不，这样说上一大串有什么意思。您是跑得太远了，先生！"

书记眼睛里面的表情急剧地变化。这个亲切的人物本来是随你开玩笑的，现在忽然沉下了灰色的脸。他一下子变得好像一只咬狗。他咬牙切齿，用拳头撑住写字台。"且慢！……"他气呼呼地警告说。

查贝尔斯基惊愕地说："书记先生，您出了什么事？"

他不舒服地想着：我们每一个人都必须履行他的义务。何必为了随便一个组织问题就立刻对别人表示愤恨呢？他觉得这样做有点下流。

"那不行吗？"勃尔佐查继续说。

"我告诉您：我们在意见上有了分歧，这是显然的。可是为什么我们不能够平心静气地谈呢？"

"平心静气？"书记叫了一声。"平心静气，在您拒绝我们的建议到了第10次的时候，您当然不知道，住在鸡窝里是什么意思！您从来用不着跟一个倒霉的父亲挤在一间屋子里。您从来没有住在地窖里碰到了倒流水！您也从来没有转过念头，亲自去察看一下，检查一下，管理局给矿工们的宿舍，或者不如说过夜的狗窝是怎样的情况。您不了解，您干脆是一切不了解。依照您的意见，总工长或者技师总应该有他们的六间屋子，因为'水平'要求这样做。您也草率地批准停止树林后面工人宿舍的建筑！唉，局长啊！据您看来，好像矿坑活跃起来还是您的功劳呢！不是的！矿工们一下子就感到了新的转变。他们看到，工人房屋管理处又开始工作了，我们有了辅导纵队了，还有克略格尔之流，您为他们伤脑筋的家伙，已经被我们管束住了！"

"呐，呐，我一切都知道，只要您不马上要我的命！"查贝尔斯基悔恨地求饶。"我愿意向您提出一点劝告，我已经是50到头的人了……您不要太过为这些公事麻烦您的神经！这样可以把一个人折磨掉，您知道！我们还是再喝一杯咖啡吧！"

"不，谢谢！您想想，局长，我们的党要求您的支持和在这个问题上的明确的立场！那些人必须立刻获得住所！计划的完成，除了其他条件之外，也寄托在这上面！这一次……我们决不让步！"

勃尔佐查走了之后，这位局长还在他的办公室里面来回走了不少时候，一面自言自语："唉，这一个狂徒啊！计划寄托在住宅上面！谁曾经听过这样的说法！"

6

特鲁德的门缝里有一封短信等着她，信的内容是如下的一些话："请女公民葛特鲁德·克略格尔即到'安娜·威罗尼卡'矿坑职工代表会，有要事急待商谈。——主席勃·雅塞列克。"

特鲁德在把钥匙插进锁头之前，把那张通知匆匆地瞥了一眼。她一辈子都是那么沉不住气和急躁的。她的决定总是在1秒钟的几分之几的时间内作出来的。爱和恨在她身上就好比汽油一样一点就着。特鲁德属于那一类女人，醒了之后决不能在被窝里面多暖一会；永远不能等候咖啡滚到一定的火候。好几年之前，当雷蒙德违反她的本意把她从死里救出来的时候，她就决定了永远跟他在一起。她生平最严肃的这一次决定是她同他喝第一杯茶的时候作出来的。虽然是这样匆忙的决定，虽然她从来没有说过结婚，并且把她的本姓亚当采夫斯卡改为克略格尔，她却对他保持忠实。

她根本没有考虑一下，可能是为了什么事情，她就把那张纸片搓成一团，把它扔在炉灶里去做引火材料。她带着均衡的动作破好了柴枝，把它扔在纸上，就划一根火柴把纸点起来。直到她为了要装一铲煤跑到箩筐那边去的时候，她才像浇上了冷水一样的一怔：那是为了雷蒙德的事情……

她是那么急促地把煤铲扔回箩筐里面去，以致那些黑色的碎屑都溅到墙上去了。像男子一样叉开腿站在那里，用她的小拳头撑在灶板上。她的下唇咂在牙齿中间：只是为了这件事……不然的话他们叫我去干吗……我本来就不属于"安娜·威罗尼卡"，他们能够打我什么主意？……

残火还在灶板的铁圈底下玩花样，由火产生的空气的波动又把烧化了的纸片吹到火炉底下去。

特鲁德给炉子浇了一点水，还在闪光的残余的柴枝嗤的一声熄灭了。

她慢慢地穿上大衣，扣紧腰带。她对于这样下午的散步是毫无兴趣的。8小时干菜厂的折磨已经够她的力气受用的了。那个小作坊瓦尔齐沃的老板简直不让他的手下人有喘息的时间。他对待那三个干活的女工就像是对待奴隶，他不理会社会法规的条文，开发工资的时候还要骗她们一手。当特鲁德从干菜厂出来的时候，差不多连站都站不起来。她非常清楚，怎么样才可以收拾这个苍白的、永远冒汗的吝啬鬼：那是要通过党、通过工会、通过劳动局长的。她当早班的时候，心里一直反复念着波兰统一工人党地委书记处的地址：史克拉那13号。那些人们就像矿工和工人自己一样从那里出发去进行反对剥削的斗争。可是一回到家里，看到雷蒙德半开半闭的眼皮和朝下面歪下去的嘴角就够她……

雷蒙德嗤的一下，是的，他是嗤的一下，你实在很难管它叫人的说话："他们把我踏在脚底下，他们要把我踩死，这些魔鬼！他们克扣了我的奖金，他们把我调到泥坑里去，他们还要处罚我！这些布尔什维克！你看吧，特鲁德，你看吧，我的手多么瘦弱。呐，瞧一瞧吧，看见了没有？我没有气力，他们要把我……磨死了才甘心！"

特鲁德叹一口气：她想道：要是我上史克拉那去，那我就跟他们一起——反对雷蒙德。她是愿意跟他们一起的。可是反对雷蒙德？又是气、又是恨，她去熨衬衫和手帕。她一面低着头，免得别人看见她脸上的红晕。她考虑着：一个女人必须忠实到这个地步吗？——雷蒙德打量他那双手。她望望他那弯曲的肩膀，又继续想："有什么办法呢，我是跟他一起生活的啊。——上史克拉那去还是太过分了。"

现在她又想起了职工代表会，她有一种奇怪的感觉。从前有过一次，好多年之前，他的父亲为这样的一个职工代表会斗争过。有一次他带着打坏的颚骨回家，当时要求有自己的、他们的工人代表会的人就得挨打。现在这个职工代表会却打算干掉她的雷蒙德。

她走出去了。她在半路上自言自语："我不答应他们。"

在那充满灰色烟云的厂棚里面有一大堆人挤来挤去。木箱背后有一个人对着电话听筒大声嚷道："我们已经背得出来了，可是我问的是胶靴的事情。岂有此理，那些人要害关节炎的啊！您不懂吗？"

"静一点!"一个矮个子随时提醒他,这个矮个子一只空袖子散漫地塞在短袄口袋里,正在和一个胡子剃得光光的年轻人商量一件事。另一个人继续说下去:"到明天吗?尊敬的市民,放弃您这种想法吧!我们造好清单,照一定的规矩,当然喽,可是要在四五天之内。我们在几个星期之前才正式开了头。您在卡陀维采也可以重复一次。就是没有其他办法,市民!……那是没有什么可说的!……呐,你们就要——那就后天吧!还是不要害我了吧。再见!再见!您莫非是在生气?您还是大量一点吧,老实说,我们的职工代表会一切都得从头来过。"

"雅塞列克先生在什么地方?"特鲁德尖锐地对他说。她喉咙痒痒的。这个矮个子拉长了面孔,在那浓密的、几乎是完全连接起来的眉毛底下望她一眼,他这一片眉毛就像是横在面孔上头的一把黑梳子。

"我就是。"

"您约我到这里来。您想怎么样?"

"啊,可是我怎么知道您贵姓呢?"

"葛特鲁德·亚当采夫斯卡。或者叫克略格尔,随您的便",她冷淡地作了自我介绍,打定主意不要当着这里一大伙人谈论雷蒙德的事情。

可是看雅塞列克的神气却毫不打算离开这个地方,而且谁知道,这个厂棚里面究竟还有没有第二间屋子。一阵越来越厉害的咳嗽发作了,使他的血液冲上了面孔,他气都快要喘不过来了,他开口说:"您是一个矿工的妻子,我们也就用不着说什么废话。您比我知道得还更清楚,是为了什么事情。"

"绝对不是。"

雅塞列克用手臂遮住嘴。还在不断咳嗽,两只脚左右乱蹬,好像一个孩子痛到再也忍受不住的样子。最后做一下轻松的手势边喘边说道:"克略格尔……一个矿工妻子……您说什么废话!"

接着他提起精神回到本题上来:"光是我们自己再没有办法对付您的这个无赖!我们不得不找您来商量,看事情应该怎么办。他又已经旷了10班工!这样下去是不行的!"

特鲁德用尖锐的眼光周围望了一下。那些人都不做声,只是朝这个驼子和她望过来。她蛮横地打断他的话:"等一会。要我们在这里谈吗?"

雅塞列克怔住了。所有接到职工代表会通知的女人都是伤透了心走来的,眼角的皱纹埋藏着她们的烦恼,充满了诉不完的苦楚。她们感谢职工代表会经过那么好多个月的停滞终于活跃起来,而且愿意帮她的忙。她们兴奋地商量,用什么方法才能够使那些懒虫、酒鬼、二流子来接受诚实的劳动。要是她们沉默了，那是由于惭愧。特鲁德·克略格尔的沉默却是由于愤怒。

"也许您不相信我的话吗？"雅塞列克怀疑地问。"勃鲁诺，把老特拉赫登堡的报告找出来吧。您可以自己得到证实，女公民！请看，是这样不是这样？10 天吗？对吗？"

"我的男人病了。"

"怎么病了？"

"呐，平常得很。就说您吧，雅塞列克，难道您就永远健康吗？"

这位主席耸耸肩膀。他们背后有某一个人笑了起来，而且哼出声来："他总是在同一天病倒的。"

另一个人又作了补充："替他把口袋的漏洞缝好吧，因为他常常丢失医生的药方。"

雅塞列克用他最后一点还能够用得出来的剩余的同情说："最可怜的人啊，干吗这么气愤！最吃他亏的还是你。他应该带 15000 回家的，结果只带得 5000……可是你却为你也为他在劳动。"

"不要拿调羹去搅别人的锅子！"

"说老实话，这的确是你们的事情。可是我们必须消灭缺勤现象。"

"半年来你们什么也不管！到了现在！春天来了，手开始发痒了！"

这位主席气起来了。这最后的话碰到了一个伤口。他的确是忍耐了好多个月，他的代表，那个华沙来的野心家柯辛斯基把他推开一边，因此他对员工的一切事情都变得生疏了。可是 3 月底情况有了根本的改变。在党的督促之下，柯辛斯基不得不让位给一个比他老实的人。就是职工代表会的其他成员过去由于领导的无能失去了共同工作的兴趣的，也逐渐重新负起了责任。1 年以来无人过问的事情又重见天日了。

"听着吧，太太。我们代表会过去办得很坏。一切都很坏。可是我们现在就终于要整顿一番。也要整像你丈夫一样的人！谁知道，也许我们 4 月份计划都完成得了呢？难道您不愿意'安娜·威罗尼卡'变为一个好矿坑吗？"

"我不大理会这一套"，她回答了，同时却觉得心头刺了一下。有一种思想流过她周身：我说了谎！

在她周围站着的人像成群飞起来的鸟队一样哄了起来。他们尽是些忠诚老实的、甘心拼命的人：一个锅炉房的技工，一个横巷的挖煤工人，一个涡轮机的师傅，一个泥瓦纵队的领班和几个老挖煤组长。他们中间有一个拉长了嗓子嚷道："要是那个家伙这样混下去的话！呐，我就给他一个嘴巴，叫他挨不到 3 天就完蛋。"

"你真是，我的女孩子，想的和说的一样吗？"一个在斜道上工作到老的矿工难过地说，他用一根拐棍撑住他的尖肚子。他比别人眼光来得锐敏些，长久地看着特鲁德的眼睛，看到她脸气得发红。她的眼睛在她黑色的睫毛底下像盯着一杯烧酒一样在闪亮。

她用恶狠狠的声音嚷道："他怎么得罪了你们？为什么你们要和他作对？你们想用手指把雷蒙德捏死，唉，你们……你们……"

她转身向门口走过去，可是雅塞列克扯住她大衣的腰带。他无情地说："你的丈夫是一个十分下贱的二流子，一个饭桶，一条软骨头的爬虫。他拿你的钱去大吃大喝，你的钱一定是辛辛苦苦才挣到手的。他真是一钱不值，不要替他辩护，这种做法只是闹笑话。"

"把那个二流子轰出去"，那个灰白头发的大声叫。同时一口烟就像一团浓云一样喷到她脸上。

"我认识这种生活，哦，我知道。"

那个穿连裤工作服的给她火辣辣的面孔轻轻地批了一下，一板正经地说："替我们告诉他，要是他再不改好，我们就把他撵出矿坑。他得头重脚轻地滚出去。"

特鲁德伸出舌头去舔她那又干又粗的嘴唇。她开始觉得那些男子的面孔模糊起来，好像坐在第一排看电影一样。她用尽她最后一点剩余的力量来试图动摇他们的信念，并且减轻他们的威胁，她认为这种威胁就是勒诈。

"唉！要轰走就轰走吧……我的上帝！那他就去布德里！今天矿工还不够用。他们会张开手臂迎接他！"

雅塞列克感觉到咳嗽又要发作了，他赶快插上一句："这个可走不通，我们在他的工作鉴定书上写上那么一段，他们最多是接他到地狱里去。"

到了她已经走到门口的时候，那个老头子还追问一句："女孩子，还有房屋呢？那个时候你又怎么办？"

她碰开了门。一阵短促的疾风冲进了室内，把烟气卷得一团乱。他们孤单地留下。那位主席咳嗽得喘不过气，一把倒在椅子上。他痛恨地低声说："倔强的野兽……你们相信，她会告诉他吗？"

某一个人，香烟衔在口里粗声大气地说："他把她笼络得好，那个巫师。"

7

乌尔苏拉把书库钥匙交给值班的姑娘，然后踮起脚趾尖离开了文化室。到了门口她再一次回转身，而且不放心地考虑，她可不可以把孩子们放下一会不用人管。课室里十分肃静。只有那些小家伙在准备他们明天的算术习题和波兰文，课桌上面响着钢笔的轻微的擦写的声音。挂在小桌子上头的小电灯的绿色的灯光正照在练习本上。乒乓球的低沉的拍打和棋子的碰撞的声音穿过隔壁虚掩的门传过来。

她通过过道朝办公室走去，办公室是在厂棚的另一头，是在这个时候又静又空的幼儿园里面。过道上向东开的窗户是错落地刷上了复盆子、樱桃、李子或者嫩梨子一样的颜色。在远的背后是特里津尼采炼铁厂和它的鼓风炉，鼓风炉的火光给黄昏染上了彩色。

她走过学校礼堂，礼堂四壁那些胡子长长的侏儒、亨塞尔和格莱特尔，撅着善良得出奇的嘴巴的狼群以及其他好些生物是用两三种颜色画成连环图画的，现在都朝她望着。成年的客人认为这是一些胡闹的涂抹，却完全不能欣赏这些幼稚的杰作。

可是乌尔苏拉，所有这些风景、画像和风俗画的诞生的见证人，却始终以同样愉快的心情来看它们。

在办公室里那个迟到了几个钟头的女同事，那个年老的、善良的"小祖母"美里马卡正在穿扎围裙，她的儿子和维克多一道去上早班。她用她的低音说："你该受表扬，柯可特卡，可不要因为老大娘迟到了就打她。上帝批准了我的大孙子闹一次可怕的拉肚子。怎样也止不住，卡尔力克只好去找大夫。"

"哦，后来怎么样？"

"大夫说，这个臭崽子吃得太饱了，他为他开了药方。因此我还得跑到药房去买药，还得给他灌到嘴里去。我们三个人才把这个小坏蛋擒住了，他力气就有那么大！"

老大娘抹平身上的围裙，扣好她那瘦得像小棒子一样的手腕上面的钮扣，然后看一看那些书："16本吗？"

"是的，刚刚……新来了一个第二班的，拉波克的孩子。父亲亲自带他来的。"

"不要说！他常常说，说我们这里是把孩子教成反基督教的。"

"可是拉波克结果还是亲自带着孩子来了，老祖母。他一切都看了一遍，骂了一通，结果却是满意地走了，因为我们的孩子们欣赏他的老鼠。他也喜欢，说一切都干净，每一个孩子都有他的电灯和他的墨水瓶。"

小祖母美里马卡对着书本检查饭菜。她从安着钢框子的眼镜片上望过去提出批评说："柯可特卡，你看不见吗，你把晚饭拖后了整整一刻钟。那怎么行！""呐，我得马上走，小祖母，孩子们单独在家里……晚安。"

提早的4月的黄昏是温暖的，从远处传来的劳动的吵闹像苏打水一样汹涌起来。天下细雨。看起来那些小雨点倒不像是落下来的，它像是从里戈塔及时点起来的黄色的煤气灯上慢慢地流下来的一样。

年纪大一些的男孩子成队走过那些街道，张开眼睛去看女孩子。有一个人用放低的、颤抖的声音讲笑话，那些男孩子都笑了。柯可特的老婆他们是不理会的。他们认识她那张长着红斑点和闪光鼻子的丑面孔。他们扭着腰，沿着教堂的方向一直朝市场走过去。

在园艺合作社前面有一条混凝土小桥跨过运河。桥底下已经暗了，好像夜色是从运河升起来的。柯可特坐在矮墙上面和一只挨饿的小狗聊天。

"你是怎样到这里来的？有什么不痛快的事情发生吗？"乌尔苏拉疑惑地问。维克多用手指指一指那只小狗："你看一看那双眼睛吧，那是多么聪明的畜生啊！它记得我在小摊上买了胡椒饼，把它放在左边口袋里。你看，它的眼睛一直不离开那个口袋！一只狡猾的东西！"

"一定是。可是现在还是说吧，你在这里干吗？"

"我训练这只狗。"

"这就是说，你对胡闹发生了兴趣。"

维克多轻轻地把她拖到他身边，抱起她又把她放在矮墙上。他用嘴唇吻她的耳朵，并且低声告诉她："我们的区段——完成了。"

"计划吗？"

柯可特笑了笑，而且证实了："计划。今天下午6点钟。要是顺利的话，整个矿坑可以在30号完成计划。你知道，五一快到了。这么多年以来我们逢到五一都没有搞出过什么名堂。当时可以气得你头发变白。这样的一个节日！可是现在，我以为，我们还可以为五一多挖上三几吨，你知道吗，老娘子？呐，我在那里简直再也忍不住了，你知道，我必得告诉你，乌丽奇卡。"

他拉过她的小手来，放在两片手掌中间，就像核桃壳包住核桃仁一样夹住它、捏紧它、握紧它。

乌尔苏拉说："喂，胡椒饼拿来吧，拿来喂狗，让它也高兴高兴，维克多列克。"

"胡椒饼是送给你的。啊,算了吧,就给狗吃吧。"

他们把饼劈开,给狗扔到嘴里去。小狗接了褐色的小片,尖起耳朵,眼睛闪闪发光。维克多大声说:"要是我知道它没有主人,我就要带它回我们的草舍作为第五名家庭成员。可是现在再也没有无主的狗了。听着,乌丽奇卡,我们9点钟上电影院去好吗?"

"啊,你简直疯了",妻子生气了。"孩子呢?他们怎么办?那么长时间孤孤单单的?"

"鲁特卡和他们在一起。他要学政治经济学。他答应我喂饱我们的宝贝,并且送他们上床睡觉。"

"不行,你知道,我们还是走吧。"

"上电影院去吗?"

"回家去。"

"不要任性吧,老娘子,我们上电影院去,不是吗?他们今天放映一张片子,我告诉你,了不起!一张苏联的体育片子。他们有很好的体育片子,我的消息灵通得很。"

他们去了。影片的名字叫做《球门》。维克多整段时间都是从他的座位上跳得高高的,别着嗓门叫:"用头顶,用头顶!"或者:"现在进去!"乌尔苏拉不动也不说话。即使是最轻微的动作,她也怕它会吓走她喉头的东西。她只是随时用她的指尖摸摸维克多的手,可是又总是立刻缩回来。

他们到了深夜才回家,因为到小里戈塔还有好一段路。风像溪水一样响着吹过去。有时他们还以为,风会拖住他们一道走。

于是维克多的手指就拉紧乌尔苏拉的肩膀。路边的乱树发出了苦味。天是玻璃一样清明和寒冷。乌尔苏拉说:"有一个时候,从前,我老是想着,矿坑会从我身上把你带走——矿坑、党、煤。现在我看到了,事实并不是这样。"

维克多笑了,可是笑声却听不到,因为刚一出口就被风拐走了。他大声叫喊,为了她一定可以听得见:"你可真蠢,非常蠢。矿坑和你,本来就是,你了解吧,一件事情。"

他发觉她在点头,不作声,啊,今天他再也用不着向她解释了,他们已经共同生活了那么多年,他们有那么多共通的思想。8年前,当他们结婚的时候,那些人对他们预言,说1年、至多2年之后就一切都要枯萎,像乌尔苏拉保存在一个小盒子里做纪念的花一样七零八落。可是年来年去,虽然他们各不相同,虽然有时候有过恐怖来袭击他们，震撼他们，也许呢，谁知道呢……可是他们内心却和那些花朵不一样。那是更强一些，始终生气勃勃。经过了8年之后却证明了，这一个人没有别一个就根本快乐不起来。

充实他们的、抹掉秋天的灰色的、使他们抚摸他们的手和脸的事物在他们心里并不萎缩，它在生长，越来越壮大。它是他们的面包和空气，同时他们却也像其他夫妇一样过日子，天天安排那溶化掉的钱钞，在厨房里吃饭，闻着肥皂的气味，永远同一个时候去睡觉，星期天分给他们的好处也完全和分给别人的一样。虽然这样，他们的爱情却一直是像光亮的纹银一样的清明和美丽，而且像8年前一样以对方的快乐为自己的快乐来充实他们的生活。而且谁也不能够说，他们费过什么特殊的心力来维持这一把盛大的、明亮的火焰，它是自然而然地燃烧的。

鲁特卡，低头对着沙甫的《经济学漫谈》，靠桌子坐着，喃喃自语。当他听见了门响的时候，他大加非难地摇头："你们真不是正经的夫妇，亲爱的，可惜不是。看一看表吧！"

8

月半的时候，米贡发出了一项规定，凡是还要住在小里戈塔的矿工上班均由卡车接送。因此柯可特和鲁特卡可以多睡半小时，而且免吃每天走3公里路的苦头。

4月30号大清早，朋友们都在和司机约好的停车站提早一刻钟碰了头。维克多还在啃他剩余的早点，已经从远处哽着喉咙说："哦，不错，半年以来我就在等候着这样的一天！"

"今天真是暖"，科秋什科矿场一个木匠证实一句，那顶戴残了的帽子的帽檐遮住了眼睛的一半。

"看你打破骨头，你这木匠"，鲁特卡大喝一声，这一声呼喝包含着他所能表示的极度的轻蔑，"送子仙鹤昨天夜里才把你送来的吗？"

"滚开，不然的话就吃我一拳"，那个木匠跳起来，可是同事们把他拖住了，而且想办法去平他的气。他不理他们的话，咆哮道："还有什么？"别人都笑了，他们中间有一个说："难道你不知道吗？我们已经超额完成计划了！"

维克多放声大笑，同时露开了全部牙齿。

"是的是的，小伙子，你一点都不知道吗？昨天夜里矿坑已经完成了4月份计划！我们今天整天的采掘都是超过了规定的采掘了！谁都没有告诉你吗？"

"五一的礼物，嘻?"那个木匠一肚气地说，可是别人觉察到，他是高兴多过生气的。掘土机正在他的脚底下吼了起来，它喷出来的那一团发臭的生油的浓烟几乎冲到他们站在那里的斜坡的边沿，从高处看下去它不比一只拳头大。它向黄色的沙壁爬过去，沙壁一层淡一层深的颜色就好比一块糕饼一样叠起来。这个庞大的接合斗咬进沙壁，随即卷起一阵尘土的云。整片峡谷有几百公尺宽，许多公里长，到处充满了喧闹。起重斗的滚带在铁梯上面伸开来。玩具火车头的烟旗在黄色沙床上投下了暗影。

"他们6点之前就已经开工了！他们害怕没有足够的沙来垒砌采空区废石墙!"维克多笑嘻嘻地说。

"你打什么算，他们偷了懒，他们还没有碰到过这么多矿坑一下子提前完成计划的事情，连我们也一样，他们完全落在尾巴后面了。"

"什么，五一就是五一啊!"

他们爬上了刚刚驶到停车站的汽车。汽车像箭一样飞过公路。树上那些鲜绿的叶子像飘扬的布片一样在他们眼前掠过。阿尔柏特·鲁特卡摘下了他的便帽，让风去翻乱他的头发，一面闭上了眼睛。柯可特撞一下他的腰部："你看，老头子，两个月之前你还说过了什么废话?"

"呐，什么话?"

"现在你说吧，我们两个人谁的话对!"

"剩下来要做的事情还多着呢!"

"不错。可是开了头……"

"不错。总会好的……"

"钱也下来了!"

"这可是一大笔财产！我告诉你，维克多，对我来说，主要的是那种耻辱，每当我上那边去消磨它一刻钟的时候，布德里每一个寒伧的酒鬼都可以对我贬贬眼：'呐，你们这些劣货，煤挖得怎样了，你看看我们。'"

"钱也有它的意义，好老头。对你、对我、对勃拉契克来说那是废话。可是对那么一个有了6条毛虫的皮尔卡来说就不然了。还有那个杜都力克！他总是那么钻钱眼。"

"正是这样，你们在书记处也没有考虑把他从矿场轰跑吗?"

"为什么呢?"

"这个小资产阶级，这个向上爬的人!"

"他还可以改变到你们认不出他来。"

"谁啊，这个'爷爷'？"

"是的，怪人总归是怪人。他只愿意谈论侯爷，可是做工却是顶事的。"

"我总有一天要打死这个大肚皮。他听无线电只听伦敦、汉堡、马德里，他开口只谈黄油、谈做囤积商人的兄弟，而且只靠扯淡过日子。"

"把你的气力省下来对付别的一些人吧。还有更坏的呢：克略格尔、阿洛伊斯·达勃罗夫斯基。也许还有更加坏透了的家伙咧！"

风就像河水一样从他们面前呼呼地刮过去，教他们的皮肤冷得起鸡皮皱。维克多粗声大气地说："你知道吗，我这样想：计划是顺利完成了。现在就不妨放大胆子开始更进一步的工作，例如：你不是也这样想吗，老兄，我们煤壁工作的分工不是够笨的吗？8个小组，每一个人都只管磨他自己那一块，别人的事管他的！"

"这是一向这样的……"

"他们在书记处说过，说这样不对头。在雅诺夫或者萧培尼采什么地方，他们就试验过别种办法。大家一起干。"

"瞎闹。"

"你看，你是怎样的一个人啊！你还不知道事情怎么办就骂起来了。"

"那你就说吧。"

"据说他们这样办，整个纵队像一个人在干活，钱呢，就平均分摊。"

"钱是废话！你还是说分工办法吧。"

"呐，呐，一样工作接一样工作。三个挖煤工人比别人先下井两三个钟头。他们挖煤，别人来到的时候就只管装煤。他们连5分钟都不牺牲。挣到的钱归一人管账，这样一来，就每一个人都照顾别的人、帮助能力差一些的人、指点他们，提高他们。"

"那是什么地方的童话！谁会同意这样办呢！"

"你呢，阿尔柏特哥哥？"

"不要扭翻我的脑袋吧！"

"无论如何你可以考虑考虑。"

"胡说，让我静下来吧！我脑袋里有更大的烦恼。我是在这个委员会，我必须为菲列克安排一所住宅，因为他们开除了那个老阿洛伊斯，他说不定就要吃菲列克的饭。空房间是有一些的，可是……在普罗斯提那边。我们只能让菲列克住到那边去。"

"胡说八道，住到矿长那边去？"

"你相信怎样就是怎样吧。"

"那好吧，好吧……可是，阿尔柏特，也想想这个问题啊。"

汽车正驶进那笼罩矿坑的鼠灰色的云雾里面去。在科秋什科矿场大门顶上闪耀着一行透明的大字："计划完成了！"在大门的铁丝花格子上面，不知是谁笨拙地插上了一束金盏花。

第五章　我们和他们

1

管子里面翻滚的泥浆的吼声窒息了人们的谈话。你只能看见矿坑灯和似乎沉默地靠拢站着的躯体的模糊的轮廓。到了相隔几步远的地方勃尔佐查才在他们中间认出了矿长普罗斯提，他正在指斥某个人的错误。"你懂得吗，你这蠢才？'独眼龙300号'① 受不住一小粒沙！要是再发生一次类似的事故，我就要请你到螃蟹过冬的地方去！"

"我可不是故意的……"另一个人笨拙地在申辩，在悔恨的面具之下隐藏着他的愤怒。

"哼，那就是偶然事件了？你说谎，狗崽子！每天早上他们都报告说：独眼龙的胶圈都烤得黏起来了。卸沙的时候要注意。我就要到米贡那里替你去保你的饭碗。"

这位书记，两脚的周围正受到水的飞溅，走近他们身边，照一照那两张气得走了样的面孔。那个纵队长查托尔斯基，他知道他是入迷的养鸽专家，阴沉地扭转他的面孔。普罗斯提在眨眼。勃尔佐查问清楚了原因之后，他支持工程师："您顶什么嘴呀，查托尔斯基？是您不对，很清楚。您让独眼龙淹在脏水里吗？是不是？在明天采掘工作恢复正常之前，头一班起码得损失两个钟头。"

"唉"，那个填泥的人嘀咕着说，同时伸开手掌去拍打那件把他高大的身材箍得紧紧的防水工作服。

---

① 推送活筐车的自动装置。

"这一声'唉'是什么意思,你这畜生!"普罗斯提咆哮一声,还举起钉锄来吓唬人。可是勃尔佐查拉住他的胳膊,打断了他的话,一面就面对查托尔斯基说:"您听着。您4月份得了奖金没有?"

"得到了。"

"5月份您还想再得一份吗?"

"为什么不想?"

"呐,那您就不要妨害矿坑的工作,注意依照规矩填塞泥浆。"

"话是不错。可是,活见鬼,干吗偏偏要我们来管这批独眼龙?还是派另外一些人来,把这些东西挪到干坑里去吧,我的先生们!"

"别来教训我们,"那位工程师嗤的一声说。可是这位书记这一次却对他瞄了一眼。

"您说得实在有道理,查托尔斯基。事实上您早就应该提出报告来。举例说吧,我不妨坦白声明,直到今天为止,我还不知道是怎样的采空。"

"哦,十足的采空。平常一处场地用石头垒砌起来还勉强可以应付。可是这里?"查托尔斯基热心地说,先前的委屈全都咽了下去了。他还指出了其他一些缺点,请求指示办法,看样子他是愿意执行的。

矿坑底下周围都像是奔涌着暴发的山洪。从后面、从前面、从上面、从侧面都冲激着从管子里穿过的滚沙。纷乱的小沟在空车中间沙拉作响,矿工们用拍打通风的白铁围板的传远的响声互通消息。各个小组随时从平窿的填塞的工地上出现。他们样子很像潜水夫。他们的头用帆布遮蔽起来。他们迈着不平衡的脚步向前挪动,接着又在上山坑道的黑暗中消失了。比较不常听到的是给煤砸住了的锯子拖拉的声音和锤子撞击的声音。夜班正在那里用沙泥去填塞采煤之后造成的采空区。水向滴漏房流下去,于是贴紧的、坚固的、干的沙就撑住那压在它上面的石穹顶的那份重量——好几百万吨。

"呐,言归正传吧,可是请快!"普罗斯提一看见他们离开了查托尔斯基就不耐烦地说。"您跟在我背后爬过来。您可是来找岔子……"

"我的确是希望在这里碰见您。"

"不必拘束,同志先生。呐,您在我身上找到了什么?前面两只钩,后面一盏灯!"

"您简直不让人说话。可是我反正只是想找您坦白地聊一次天。"

普罗斯提润一润那窄小的嘴唇就加快了脚步。他们刚好走过主要石门的一个岔口，岔口装着一个木板做成的灰色的十字架。在这样一个十字架背后表示坑井里有死亡的威胁，有时候是煤气，有时候是崩塌，比较少有的是封住的火源，它有时好几十年在烧穿那些堆积的生铁块。这位矿长目不转睛地盯住勃尔佐查，直到他发觉出来之后轻松地叫道：“您还是不要闹笑话吧，难道您相信我会把您捆起来扔进里面去吗？”

普罗斯提用沉默来对付这个意见。歇了一会他才说：“我没有聊天的要求，您了解吗？……我有什么可以效劳的吗？”

“这是不容易交代清楚的，工程师。有时候有这样的情况，对于某人有上千的意见，结果却弄不清楚应该从什么地方开始。事实上大家都在处理着一个同样的问题。……”

“毫无疑问是阶级斗争的……”普罗斯提带着讥讽的殷勤提示道。

“谁知道，也许是呢？”

“使您遗憾的是，我可以断言，我不是阶级敌人。我的爸爸在波德戈尔泽有一间汽水店。共产主义经典教科书对这样的事情是怎么看法的？”

勃尔佐查站住了。他解开那个胸前口袋，用手指去掏了一转。他扯出来一条大的浆过的手帕，边上看不到皱折，就用它抹那蒙着油汗的额头。接着就说：“‘安娜·威罗尼卡’矿工中间有一些人，他们恨您的程度就像我1935年罢工期间恨多罗提亚矿坑的监督那样深到没有底。您什么也不知道，可是却有那样一些人恨不得打断您的胳膊和脚腿。”

“什么？”这位矿长吃惊地低声说，不由得后退了一步。他的想象力给他映出一幅摔到深坑里去的身体的图画。他追问：“人名呢？”

“放心吧。他们不这样做。那不过是想得好做不出来的愿望。可是却值得考虑一下，为什么他们这样恨您。”

“那有什么——人是摸不到底的生物。他在他脑壳里是要藏些蠢念头的。”

“是的……是的……也许吧。因此我愿意把我们的估计对您说得清清楚楚。我们还不知道，您究竟仅仅是一个自高自大的，比别人更容易出错的人呢，还是……”

“阶级敌人，爽快说出来算了！”

“不要冷嘲热讽的。我们正是这样叫的。我们晓得您许多事情。您根本想象不出有多少。其中有一件是您学生时代强烈倾向波兰法西斯蒂青年团。那里面是法西斯分子盘踞着的。我们也知道有一个叫做巴威尔的，您的朋友，这个人……呐，其余的您自己知道。还有，秋天之前，您已经到了这里，在西里西亚，您常常被普什琴斯基侯爵，更详细点说是封驻拉提波尔公爵请去吃中饭。”

"请您不要忘记，我经常用棕榄香皂洗脸，这就证明是资产阶级的习惯。"

勃尔佐查蹑着鞋跟一前一后地摇摆。

他用那么轻的声音说下去，因此管子里面的冲激和水流的声音都可以吞没他的话。

"史切潘涅克，像查贝尔斯基平时称呼您的，一个人什么都应该想到。党知道，人是可以改变的，有些人是搞错了，糊里糊涂，离开了正当的道路。每个矿坑都有这样的人。成千的工程师和技师，从前不了解许多事情，今天却在诚实地、正派地——像通行的说法全心全意地——共同工作。可是您目前的做法起码是可疑的。如果由于愚蠢或者习惯和懒惰在您身上发生了这样的事情，呐，那就还不算太坏。只要您自己稍为考虑一下，进行一次小规模的彻底的良心检查，请注意，这就可以了，您就会停止胡闹了。"

"要不然……"

书记不作答复；因此工程师就替他下结论："那就是：矿长——滚蛋？nonsense①，你们还用得着我，你们太需要我了。你们轰我走，好。你们打算怎么办？那就只好去找另外一个工程师，那就难免麻烦、呕气。在这一段时间谁替你们计算，对不起，我不兜圈子说话，必需炸药量对岩石压力的关系的系数？也许你们宝贝的孩子头米贡，他也会计算山岩对 1 平方公分开掘的压力吗？你们碰到出水，那又怎么办？他替你们求得出这样一个小湖的体积吗？问他一下吧，万一你们碰到了流沙，你们打算怎么办？啊，谈这些东西真是浪费。这就算是一个大矿山的副局长，连 CH_2 是什么意思都不知道。做这种工作必须懂得化学、地质学、力学。今天要找一个工程师是不容易的。我也有……"

勃尔佐查迈着相同的脚步向前走。只是他的呼吸比平常急促了些，因为他肥胖的身体妨碍他跑比较长的路。他不再引起这个话题来讲了。他们沉默地看了一个区段又是一个区段。可是正是勃尔佐查这样的沉默使普罗斯提开始害怕起来。他头一次感到一点他描写不出来的恐惧，因为在这样的沉默里面隐藏着一种决定。只是这位工程师猜不透是什么。

2

八号煤壁的四个朋友找米贡找了许久，最后才从雅塞列克打听到了，原来这位

---

① 英文，"胡说"的意思。

副局长在"科秋什科"矿场。他们发现他弯身靠在装运站台的长桥栏杆上。他低低垂着头，观察着那几十条在他脚底下闪着银光的铁轨和铁轨上面活筐车的红索子。几绺灰色的头发被风吹得在他的眼睛上面抖动，可是米贡却不理会这些。

柯可特心里猜想，也许米贡什么也不看：仅仅是这么休息一阵子。他们站在他背后轻轻咳嗽了几次。

副局长撑着胳肘向他们回转身，并且依照矿工的方式点头招呼。他们不知道应该怎样开始，因此就先拍拍身上的口袋去找香烟和火柴，然后在兜成贝壳形的手掌里面点香烟。鲁特卡使个眼色替维克多打气，他这才终于开口了："我们这里尽是些党内人，副局长同志。"

"呐，听着，维克多！"米贡提醒他，同时指责地拉长了脸。柯可特立刻放下了那公务式的音调："算了吧，不要扭嘴了。你知道吗，我们有些烦恼。喂，有一件事情苦恼着我们……"

"仅仅是一件……？"

"你看，你胡扯得多么蠢？"叶德拉什科非难他，同时绝望地张开双手。勃拉契克站在他背后好比一只猛犸一样昂然高耸，他吃了一惊，因为大家都走上了岔路。他拿拳头在柯可特背上撞了一下，大声说："呐……？"

"听着吧，让涅克，你必得替我们出出主意。我们不能够拿这样的事情去找工长，他们搞不出什么名堂呀。他们有的会给我们提出错误的意见，只是对党开一次玩笑。你是我们的人，你本人就做了多年的矿工，我们只有找你……"

"对，对"，别人证实一句。

"他们在书记处曾经说过这样的，它叫做什么……集体纵队。雅诺夫已经有了这样的一个纵队。你看，让涅克，我们也想在我们的煤壁组织一个这样的集体。"

"哦嗬！"

"你熟悉这一套吗？"

"稍为懂得一点。"

"在雅诺夫的维采列克矿场上情况很不错。我们派鲁特卡上到那边去，他参观了，而且说，对头。"

一架火车头的汽笛响得那么厉害，把米贡弄到眼睛闭起来。煤的黑色长蛇阵由转运带驮着沿站台一直爬到卸运沟。煤在它的尽头劈里啪拉地倒到煤仓里，再从煤仓倒进活筐车。车顶上的半空中升起一片灰色的尘雾，太阳像一只黯淡的铜盘一样通过它照下来。

柯可特开始更详细一些的说明："我们有一片好的矿层，松脆的，容易采掘。我们能够比现在挖的还要多。自从谢尔贤在运输线的尽头造了那一条环线之后，运输是不成问题了。我们正在考虑组织这样的一个集体。总的工资平均分配，依班数计算。"

"谈工作吧！"阿尔柏特插口说。

"就谈。"柯可特兴奋到太阳穴的血管都胀起来了。他开始说明：在他们的煤壁是一个纵队在工作，纵队由 18 个矿工组成，分作 2 人一组来采掘。每一"拨"都根据矿工和他的助手的能力担任煤壁的一个或宽或窄的区段的工作，一个区段可以是 1 公尺半，另一段甚至于可以是 4 公尺。可是能够算得这么清楚吗？个别的小组不管其他小组，只是尽他们的能力挖得多少煤就是多少煤。这样一来，平均的工作进度就会经常受到妨碍。有时候一个小组耽误了钻孔的时间，爆炸的人必须等候他。此外又可能有比较迅速的小组，钻好了爆炸孔却不能爆炸，由于别人的拖拉损失掉他争取到的时间。我们必须依照煤壁的长度平均开采。我们不可能像赛跑一样单独拼命干。开采的前线必须与递送步骤一致地进行，不然的话，你就既不能准确地装运，也不能整齐地支撑顶板。这样的工作方法是一切矿坑都采用的。可是他们想把工作变一个样子：他们要凭自己的想法，停止这种采掘方法，另外采用一种专业化的工作方法。

维克多的提议预备分工如下：横巷负责爆炸的工人，维克多·柯可特，2 个采煤工人，也许是菲列克·达勃罗夫斯基和勃拉契克，12 个装运员，其中暂时只决定了叶德拉什科和鲁特卡，最后还有 2 个木工，由他们撑搭支柱。这就是说一共 17 个人，或者说八号煤壁除了克略格尔之外现有全体人员，包括几个挖煤工人去交换"铲煤能手"。

"我们三个早上 4 点钟就下井，你明白吗，让涅克？采煤工人钻整个区段的炸药孔，我就放炸药和爆破。到了其余的人来到现场，就立刻可以拿铁锹开始工作。我们又去钻孔，并且在第二区段安放沼气。接着就又是，吓！安装炸药。结果按人数的计算：你 1 公尺也许你 4 公尺半。我们抓起到手的东西送到溜槽上面去，当同事在跟挖下的煤拼命的时候，再没有人在打呵欠。可是这种做法是只有在实行共同的、平均的工资办法之下才是可能的。集体的工作成绩不容许你计算特殊的个人。现在你说吧，你对这件事情怎么个想法？"

米贡这种人是不能对什么事情都可以立刻定出完全的方案的。他从转运带上拿起一小粒煤，夹在手指中间搓成粉末。柯可特目不转睛地盯住他。勃拉契克一辈子只怕人家说他是什么事都不管的一个人，他的做法就刚好相反。他装成好像完全忙着别种事情的样子，拉长面孔靠近阿尔柏特的耳朵低声告诉他昨天里戈塔、布德里足球比赛的结果。他用小煤粒在他手背上指示当时比赛的情况，每逢球要进门的时候就吹起舌头响一响。

叶德拉什科保持着最不在乎的面部表情。他把手插在口袋里，拿舌头把香烟蒂从一边嘴角顶到另一边嘴角。在他意识上矿坑给推到第二位去了。捷弗力克和他老婆的事情咬着他的心。从他把他的朋友从家里撵出去那天晚上起，妒忌的火焰就在这深沉的人心里越烧越旺。半夜里他还要检查，叉起他的手指来夹住玛尔塔的喉咙，直到她喉咙哽住了，唾沫流到了枕头上。生产的烦恼他就让他的同事去担当了。

"我告诉你们这么一点"，米贡郑重其事地回答，同时高高举起他的手。"要是由我说，我就要加入你们一伙。"

"那就是说——开始！"柯可特证实一句。鲁特卡开心地在他肩膀上一拍。

"呐，难道你还不懂吗，你这狡猾家伙？米贡要求我们动手做！"

一片充满乌鸦叫声的愉快的云彩从他们顶上飞了过去。他们沉默了一会，因为，随你怎样想，这总是一个重要的决定。

"可是他们还会来打击我们！"维克多笑了。

"那一定！"

米贡证实说："他们都来打击你们，所有那些懒虫、二流子、流氓。所有的敌人。可是新事物的出现是从来不会没有斗争的。斗争产生一切。"

"也许还不至于那么坏"，勃拉契克羞怯地表示意见，同时又因为抢在别人前面先发言觉得难为情，因为别人比他聪明得多呢。于是他迅速地表示了他的希望："4月份计划我们都完成了。他们已经把一些坏蛋赶出了矿山……我们胜利了，不是吗？……"

别人点头。柯可特粗声大气地说："最卑劣的行为还在后头。他们感觉到他们的末路，他们什么都做得出来。你捉住老鼠的尾巴，它就直冲你的眼睛，你不知道吗？"

叶德拉什科忽然醒了过来，他用他连晚在党图书馆得到的知识支持柯可特："我们把他们打垮了，可是列宁却写道，这还不够，必须把他们消灭干净。还要斗争，不要高兴得太早。"

他们互相拍拍彼此的肩膀，随即五个人一道上选煤部去。无论如何他们觉得很舒服。

3

美里马卡冒着火烧一样的中午热气，带着黝黑的、流散在额头和面部的长条条回家去。他根本没有耐心在工作之后全身彻底地冲洗干净。可是他八号煤壁的伙伴们不管这个。归根结蒂这是他私人的事情。他要人家看他的脏相——由他去！矿坑的人关心的只是他的工作，在这一方面他们的赏识是难以言语形容的。

那个过去的懒虫增加了三倍的铲煤量。还在月初，装运员勃拉契克，这个矮胖的、来自索斯诺维采的普通的波兰人就坏了手。卡尔力克当时和勃拉契克合在一起。他们包下了比其他小拨宽到两倍半的煤壁。有些天他们还超过了菲列克和柯可特。

那些装运员当初开玩笑说："喂，斯塔哈诺夫工作者，当心折了骨头！"可是他们随即停止开玩笑。美里马卡不是自私自利的人。他有时一天好几次跑到一个比较弱的同事那边去，接着他们就用两把铁锹来铲煤。这种事情发生得最多的是对新加入纵队来的青年联盟的采布拉克，这种横巷工作还是他矿山工作的初次登台。很难相信，积极分子美里马卡和3月名单上的懒虫头子竟是同一个人。

"听着，老头子，你终于满意了吗？"每次下班之后他总是嘲笑地问勃拉契克。勃拉契克叹口气，抹干净他的双手，细看他的脚趾，然后羞怯地申明，他也不能做得更好。第二天他可是钻起孔来更加仔细，爆出量也更大了。吃过中饭之后，美里马卡挨个地跑到其他煤壁去，上那边去视察最好的装运员。每一天他们工作成绩都有好几个50或者几百公斤的提高。

"5月底我们一定可以达到300%！"卡尔力克终于预言了，他不能容忍反对的意见，这是有一天下午他们从潮湿的、发出霉味的门房拿到工作证走出来之后说的。"300%，要不然我就直到年底不喝酒！"

"多少？"那个摸不着头脑的挖煤工人问。

"300%！只要你爆够了，我就可以赶上。"

"唔，唔，那倒妙啊"，勃拉契克考虑着。卡尔力克背着他的军用干粮袋，袋里面还有咖啡瓶子，一边蹦着打转转，一边越说越兴奋："你想什么呀？岂有此理，'科秋什科'有一个装煤工人完成了290%。他的名字叫雅勃尔科夫斯基。"

"那好得很。"

"呐，一定，一定。可是卡尔力克·美里马卡不能容忍矿坑里有人比他装运得更多。美里马卡一定要做里戈塔最好的装煤工人。"

勃拉契克有声地吞下一口唾沫，他的喉头在他紧身衬衫的领子底下像李子一样在转动。可是他并不就这个话题多说一句话。一个星期之后，当他扯住卡尔力克的大衣袖子，打算和他开一次重要的"会议"的时候，他还是记着那一次谈话，他粗声大气地说："你上哪里去？回家吗？我陪你走！"

"那你得拐一大段路。我去看建筑工地。那边工作进行得坏透了。要是他们这样搞下去，我的房子就到圣诞节也完不了工！你想要什么？"

"哦，什么也不想"，这个大汉不认账，可是根据他那庄严的神色就可以断定他是说谎："不，不，什么也没有。就是这样走走。"

"要是你有兴趣去换一换空气，那就准备好吧。我们就出发。"

公路上一阵5月的和风掠过他们的脚腿，吹起一阵尘雾，还吹开了他们解开钮扣的短袄。那座老灰色的砖窑和它那好像是用马粪纸黏起来的破旧的泥屋都退到他们左边后面去了，他们沿着铁路一样的方向走过去，铁路边是干枕木在晒太阳。

右边是一个、两个、三个新的黏土坑发出闪亮的灯光，坑中间穿插着手推运料车、掘土机、叫嚷的人们和轻便铁道。勃拉契克还没有走到矮小的、灰色的松林前面就开始说："你是一个好汉，卡尔力克，我们大家都知道，嗨……"

美里马卡用手搔着胁下窝，惊奇地望着他的同志。他继续说："你一切都很合式，就是有一点点不对劲。"

"是什么呢？"

勃拉契克迟疑了。他是一个不想扫别人的兴致的人。因此他就尽可能说得婉转："你看，我们是这样的。柯可特看见我们的煤壁升到了第一位的时候，高兴得像小孩子一样。叶德拉什科，这个混蛋一心想在'论坛报'上得到一次表扬，鲁特卡呢，呐，你也是知道的，只要他完成到250%，他就要拿烧酒来庆祝……"

"你转弯抹角说些什么呀。像个人样说话吧。"

"呐……唔……我不喜欢你那种自我欣赏的'美里马卡不能容忍这个''美里马卡一定要做最好的'以及诸如此类的近乎废话的东西。"

勃拉契克沉重地抽一口气，暗地里原谅卡尔力克感觉迟钝。可是他又很快回到他的话题上来："你身上有一个糊涂人在守着，卡尔力克。我们也愿意，很清楚……可是想法不同。对我们来说，好家伙，主要的事情是采掘，是煤……"

"呐？"

"如果我能够挖上40车，我就要像麻雀一样飞起来。也有那么一点，你知道，是由于好胜心，恰好是我……可是最主要的却是因为有了那么多煤。了不起，我们还是把我们的工人国家建设起来了，呐……用得着我来饶舌吗，你也一定是了解的……"

他们走了一段路，彼此再没有讲话。一辆灰绿色的"马吉鲁斯牌"赶过了他们。灰尘和排出来的煤气暂时阻碍了他们的视线。广阔的天空中间咆哮着一架"罗特"线的双发动机的飞机。小树林用它稀疏的阴影遮蔽住他们。

勃拉契克做一个动作把卡尔力克夹在胳膊底下，这个动作算是请求原谅的表示："我们知道，我们挖煤是为了什么，你这傻瓜，说出这样的话来，好像你还不知道一样。"

"难道我是党的人吗？"

"唉，不要胡说！难道社会主义只是为了党的人的吗？莫非你相信，战争来了，你不会也受到你的一份吗？也许一个炸弹刚好打中你要在树林背后分到的房子。也许一个炸弹就炸断你的胳膊和脚腿。"

美里马卡受不住指责、教训、提示和批评。他的面孔沉了下来。他啐一口唾沫啐得远远的，一边走一边配合他的思想耸肩膀。他想起战前。当时工人们夸奖他罢工期间的献身精神和胆量。另外一次他们又笑他耳朵软，由于耳朵软他就在迫害狂或者社会民主党的鼓动之下倒下去了。同一个美里马卡，在 1935 年当共产党对法西斯蒂选举法进行斗争的时候，他充满了猛烈的愤怒参加罢工；当乌克兰工人被人运到贝雷查去的时候，他又拒绝和他们并肩战斗。当他看到了马德里的轰炸和阿拉巴马的私刑谋杀的消息的时候，他绝望得尽喝酒，可是同时却大声叫嚷："不上犹太商店买东西！"当他同共产党人一道为了响应布鲁塞尔和平大会张贴标语的时候，他大腿上吃了防御派特务的一颗子弹。过了一些年他在大会上大声疾呼："贝奈斯①滚蛋！进军，向奥尔萨河②彼岸进军！"

美里马卡缺乏那个指导柯可特、勃拉契克和其他许多人的可靠的罗盘。他不属于党。他不愿意看简明教程、宣言和问题，对于"谈论哲学"也有很深的厌恶。因此他就在各种互相反对的意见中间给人家抛来抛去。他同时是红色西班牙的热情的信徒和海达马克（乌克兰人）的敌人。社会民主党的政客就是在这一类坦白、不怕牺牲然而内心空虚的工人身上吃得胖胖的。这种在卡尔力克思想上继续存在的正是这一类人的达到不容忽视的程度的可悲的遗产。

"把这些教训留给采布拉克吧。我像一匹马一样卖力工作。够了吧？"

---

① 贝奈斯（1884—1948），曾任捷克斯洛伐克总统，1948 年 2 月事件后辞职。
② 奥尔萨河是波兰和捷克斯洛伐克交界的一条河。

"卡尔力克，卡尔力克！"勃拉契克回头解释："当然，当然，最重要的事情是工作。可是你却拿它当作不健康的娱乐。我看得出来，如果菲列克超过我们，你就会咬牙切齿的。"

"他不会达到这一步，这个蠢才！"

"一个人怎么可以这样谈论伙伴呀！"

"可是我必须取得第一名！"

"难道你工作的时候不要帮助他吗？碰到他手骨脱臼或者这样的时候，怎么办？……卡尔力克！"

美里马卡考虑着。

"也许我会帮助他。我根本是经常帮助同事。"

"呐，你看！"

"干吗要来折磨我？"美里马卡忽然大声说："你终于饶了我呢还是不饶？"

"如果……"

"呐？"

"我们，这就是说柯可特、鲁特卡、叶德拉什科和我……怎么样，如果我们告诉你……我们要在煤壁……大家一起……"

他向他解释。他们正在从公路跨过一条长满牛蒡的沟走到一片铺满石灰和砖瓦的田地上去。

"一个集体，你说？而且是大家一起？这样一来不是就再没有劳动竞赛了吗？哦嗬，为什么？"

"劳动竞赛得还要更好，纵队对纵队。"

"这样一来纪录创造者美里马卡不就完蛋了吗？"

"可是却有了纪录纵队。"

卡尔力克跳过大桶，向那些泥瓦匠招手，并且回头嚷道："不要拿这种蠢事来麻烦我吧！不！"

旁边有溶化的石灰咝咝作响。在那白色的蒸汽中有许多拿着大棍子的人在转动。沸腾的石灰的烟雾遮蔽了一切建筑物。只有最靠近的墙基，许多背脊弯到上面去的墙基才看得见。

美里马卡气愤地四边张望。

"一个星期之前完全是这个样子！吓，师傅，你的手是纸扎的吗？"

"拿石灰塞他的嘴巴！"一个红脸的老头子大喝一声，同时挥动他的泥镘。"你来找什么呀?"

"对像你一样的倒霉蛋只有一具棺材还用得着。"

泥瓦匠们沉默地继续工作。一个给石头担子压得喘呼呼的麻子骂他说:"滚开!你是耽搁我们工作来的吗?"

卡尔力克绝望地顿他的脚:"你看看吧,这些萝卜头是怎样工作的!他们到新年也完不了工。这样的一些吹牛东西、懒骨头、洋葱头、蠢才。在华沙他们完全是另外一种建筑法,无论如何总是三人一拨,集体的,唉,你们才真是活见鬼!"

"我向你提个议!搬到华沙去!"师傅讥笑道,他正穿着他的胶靴从红色围墙里爬出来。

"你们就不能快一点吗,像他们一样吗?真是活见鬼,那我就还得在鸡窠里再住它一年!"卡尔力克诉苦了。那个师傅嘲弄地笑起来,可是随即同情地说:"回家去吧,小伙子。我们赶圣诞节替你把房子盖好。说到新工作法那你用不着伤脑筋。有一个这样的指导员,或者叫做什么的,要到我们这里来,他会指点我们做……"

在公路上勃拉契克望着卡尔力克的眼睛。那个装煤工人没有把握地试图做微笑状。他眨眨眼睛,开玩笑说:"呐,干吗呀,干吗?你要扮暗探的角色吗?"

可是在他们重新回到那些热气腾腾地闪亮的黏土坑之前,他拍一拍勃拉契克的后颈说:"呐,握手为定。算了吧。我要快点得到我的房子,国家又需要更多的煤。那好吧,我这方面赞成集体!"

接着他又预防一着说:"你可不要到处说,说你把我说服了,你这个大猩猩!在这方面你是够傻的!"

4

完成计划的斗争对"安娜·威罗尼卡"来说有点像是摄影工作室所使用的显影剂。这支3000人的队伍到现在为止或多或少总使人觉得是用一个模子造出来的,在这种影响之下却开始在每班每组分化了,而且越来越显著。工人活动分子与酗酒的懒虫之间的差别每一天都在扩大。每多过一个星期就越发加深灰色的广大的非党群众的分化。

在矿井前厅的墙壁上出现了用粉笔涂写的像"尤什契克挖煤挖得坏,真是岂有此理!"一类的题字。在改善工作的建议箱里面,除了通常的香烟蒂之外,差不多每天都可以找到任何一样的建议:砂石的采掘采用注射器式的管子啦,钻孔机木制保护装置的构造图样啦，其他还有许多。

辅导纵队的矿工渐渐地成为他们同事的考虑周全的顾问。这样的辅导是与不断地肃清陈旧的习惯和排除成见结合起来的，它差不多变成他们的体育运动。他们从不松懈。顽固的保守分子的讥讽和嘲笑都不能够瓦解他们。他们总是在最困难的采掘地点承担起他们的工作，耐心地反复说明："为什么你照老一套的方式钻孔呀？从这个位置横钻过去！"

菲列克·达勃罗夫斯基庄严地答应他的同事们，不得他们的同意再不沾一滴酒精，由于不平常的纪录出了名：在一个美丽的 5 月天他和他的激起了热情的火焰的装煤工人达到了定额 300%。

美里马卡眼红起来，恨不得去上吊。

第二班的八号煤壁的小组长，叶尔齐·拉波克，强迫他的全体矿工去买自行车油壶，每钻五次孔就给他们的钻孔机擦油。地面高级工程师，那位说话含糊的老头子波克尔济夫斯基为他的气体压缩机的产量提高了 2000 立方公尺。平窿不时响出纠正错误的回声："把轨道钉捡起来，萝卜头，你糟蹋了 4 个兹罗提！"

可是米贡和勃尔佐查同时却也会碰到一些简直是充满了仇恨的眼光。那些从前的吹牛分子，本来只是在工作前面你推我挤的，现在有的变成正常的、勤勉的矿工，有的就拿小刀子去割断钻孔机用的气压管的橡皮喉。一天夜里有四个人，帽子扯到眼睛上面，在一条横巷里面拉住米贡，其中一个咕噜地问："您是米贡吗？"

他们抓住他的大衣反领。让用膝头对最靠近的一个小肚里撞进去，随即从暴徒手里摆脱了。

另外一次又有人向柯可特的窗子扔砖头，而且从黑暗中发出大声的叫喊："别太过努力工作，狗崽子，不然的话我就要拿刀子替你搔痒！"

财务科科长里姆启维茨似乎是故意拖延预支和工资的支付。每一笔奖金都得先走一段拖延时日的"证明"的道路，他的女书记又每一点小事情都随声附和。勃尔佐查记得，里姆启维茨是从瓦尔勃尔济赫调来的，他在那里担任过很高的职务。他从瓦尔勃尔济赫得到了证实，说里姆启维茨因为秘密散播反犹太的谣言受到了惩罚。

矿坑分成了两个互相斗争的阵营。在敌人阵营中你就会碰到"安娜·威罗尼卡"所有的克略格尔们和里姆启维茨们。

在"瓦琳斯基"矿场你可以看出最大的对立现象。也许是因为这个矿场比矿山的其他部分取得比较迅速的发展。这里曾经创造过最高的纪录，这里也最早开始消灭躲避工作的现象。另一方面这里散布的一口传一口的敌意的宣传却也最可恨。

当米贡有一次在坑底下电机车停车间前面碰到那个年轻的业务主任谢尔贤的时候，他真心地拍拍他的肩膀说：

"要是'科秋什科'赶上了你们，我真要扫兴！可是你们在带头！"

谢尔贤玩他的手指，一会合拢，一会散开，然后翘起鼻子说："呐，您知道，那些家伙尽在挖，这就是一切！"

米贡用钉锄在平窿地面上舂呀舂的，忽然问道："我早就想问……您听着，谢尔贤，您究竟是多大年纪，嘿？"

这个问题似乎不大合工程师的口味。"为什么呢，我做坏了什么事吗？"

"说哪里话，正是因为好呀！"

"呐，那就够了！"

"说吧，小伙子，不要那么敏感！"

"要是您非知道不可的话：25。"

让大吃一惊，差一点喘不过气来。

"您说谎！这么小的一个小娃娃？唉，谢尔贤，不要瞎扯！"

他气冲冲地喝那个司机："您拿您的小车拖拖拉拉的搞什么鬼啦，同志？我们有急事等着呢！"

那架很小的机车咆哮地驶出车房。一个长满胡子的、粗野的人弯身出来说："来了，来了，业务主任同志！"

司机座上只有两个位子。谢尔贤坐在电机车前面，紧靠着铁皮。他把头缩进肩膀中间，免得碰到高压电流导线。为了害怕撞上通风门的窄门，他翘起了膝头。由车灯反映出来的黑风呼呼地掠过他们头上。

司机把车把从七道移到八道上。他们沿着水平坑道飞驰，机器不歇发出它那嘶哑的警号。他们有一两次碰到了一些技工。他们贴紧平窿墙壁，他们的矿坑灯像火花一样掠过去。

那个司机做出老牛一样的姿势嚼他的烟草"梅子"，向米贡诉苦说："业务主任拆我的台，岂有此理……今年第一次！唉，那真糟，别人该要对我指手划脚了。"

"不要难过，司机，上级常常是大声吆喝的！"

大胡子不同意地摇头，咽下了那口苦水，差不多就要哭起来的样子眨眨他的眼皮："我们的业务主任不是这样……他对，是我自己拖拖拉拉的。岂有此理！"

让把一切都通过脑筋滤一遍：一个企业的好手，高度的工作成就，一大批改善办法，人们害怕他一两句指责的话，而业务主任本人凭他 25 岁的年龄和精明的眼睛，看起来却像是一个小把戏。

我没有正确认识这个臭崽子，他默认自己的过错，而且隔着小圆窗望着谢尔贤。他的狭窄的肩膀在那挨边掠过的灯光背后模糊起来了。

他们一道访问了第一区段和第二区段。从这位新任副局长第一次下里戈塔各矿井的时候起，有许多东西改变了。

今天依照祖传的糊涂方法，依照通常的"平行到底"的方式来钻炮眼的矿工是少得多了。矿工们不一定能够常常领会钻孔的正确方法，可是他们每一次钻孔都已经开动脑筋，他们讨论、提意见，请米贡指示办法。

"我已经看到过辅导员的指示。可是碰到这样的情况，要靠顶或者靠底，那我又应该怎么办呢？"？

推车手用弓形铁皮蒙住水平坑道上的煤车，免得煤块掉到路轨上，也就免得事后打扫，因为一打扫又要造成时间的损失。缺额班次回到了 10%~12%，这就是说减少了一半。米贡高兴地点头。

到了汗水也如同酒精一样开始烫热他们背脊的时候，他们全都就一堆矿坑支柱上面坐下来，深深地透一会气。谢尔贤伸开了他那长的、微弯的脚腿，拿脚撑住路轨，这样就好比坐在弹簧椅上一样舒服了。

米贡往来扯他的瓶子。

"咖啡，是吗？"

"唔。"

"也分点给我吗？"

他们啜呀啜的，啜到整个平窿都可以听见。那位工程师骂道："我就想吃点什么，见鬼。哦，那么一小块面包加上黄油和火腿！可是要肥的！"

米贡沉默地分他的面包：包在《论坛报》里面干巴巴的两片。他的老婆是个一向不照管丈夫的一类女人。晚上她总是瞌睡得太厉害了，不可能替他准备什么，早上呢，天下再没有一种势力能够使得她起床。可是让对这种情况并不了解，因为他脑壳里老是装满了更重要的事物，同这些事物比较起来，营养和口味都变成了次要的，不值得重视的了。

"同志，我对您有一点请求，您可以答应我吗？"

那个青年人玩着他矿坑灯的调节器。他没有答话，只是点一点头，抖动他那浓密的头发。

"您究竟是怎么搞的？25 岁已经做了工程师？而且为什么那些人都这样服您？那是怎么样造成的？"

"我怎么知道？他们服从，莫名其妙……也许他们喜欢我吧？"

"呐，对，对……可是这一张证书呢？"

谢尔贤挖鼻子。看他坐在那里的样子，你简直不妨拿头来打赌，说他是一个学生，正在为他教授留下的难做的习题吃苦头。他拿手指遮盖灯笼的玻璃，手指因此照出一片鲑鱼一样的红色的光。

"那可是一段长的故事。浪费时间是可惜的。"

"我不觉得可惜。"

"那就顺从您的意见吧。万一故事逗您打瞌睡，您可不要打鼾。我是从索斯诺维采来的。我的父亲是卡罗尔矿场的木工。那真是凄凉的年月。我的母亲害肺痨死了，我的姊姊也死了。我的老头子一个星期做两天、三天的工。您知道，当时是什么样子的。"

米贡正在试图把左手大拇指上的一条木刺拙出来。他点头，不说一句话。

"我 15 岁起就在矿坑底下做工，起初是做推车的，后来是做装煤的。我学的莫名其妙的多，可是最多的却是学会了恨那些狗东西，像普罗斯提就是其中之一！"

轻的脚步声和链条的叮当声从横坑道上传送过来。接着就驶过一辆拖着 50 节装卸车的电动火车头。他们把脚缩回木柱堆上面。米贡拿钉锄把一些装得马虎的煤块堆好了，免得在去矿井的路上掉下来。

接着谢尔贤又继续说下去："就我来说，是在德国人手下才正式开起玩笑来的。我的父亲是共产党的老党员，您知道，一开头就参加了'人民警卫军'。呐，我也是的，当然罗。第五守备区，煤业区域和西里西亚。1944 年他们把我的父亲枪杀了……他把炸药搬了出来。从那个时候起他们就在里戈塔认识我了。我把炸药材料送去给柯可特。我只记得 FN 和'瓦尔特'①。"

"啊哈，后来呢？……"

"顺便说一句——我是那么喜欢学习——我一个人在硬啃代数和牛顿定律诸如此类的东西。我在克拉科夫毕了业。"

"战争之后吗？"

---

① 手枪牌子的名字。

"呐，看着我吧！不，就在战争期间！预科。真是见他的鬼，副局长同志！战争期间！我必须每一个月或者每隔一个月便越过绿色的边境。后来就已经成为儿戏了。1945年4月青年战士联合会还把我送去上大学，而且已经……那些人吗？他们服从我，因为他们认识我，而且知道一些事情。在特尔津尼采的铁道进军是我们一道干的！1944年，约莫是在9月，有人狙击鲁特卡。他手上吃了一颗子弹，不得不长期地在柯可特家里调养。"

米贡用简短的一声"啊哈"结束了全篇故事。矿工是不作兴感伤那一套的，也不能容忍激昂的表演。

谢尔贤非常了解这一声嗥叫的意义，于是又补充道："毕业之后我来到了这里。凡是我能做的，我都努力去做了。可是那个畜生，那个普罗斯提……自从您来了之后，我简直像是长上了翅膀。从前我有时候也曾经怀疑过：莫非还是这个流氓对吗？——可是始终有一个问题苦恼着我：为什么我们这里，岂有此理，这样倒霉！在别的矿坑里矿长都是一个好同事，聪明的专家。我知道。我到过各处的巷道，而且亲眼看见过。可是这里的这个家伙呢？唉，最好就是把他关起来。这一类的家伙只有害处。他是一个公开的敌人，王八蛋！"

"目前还缺乏好的工程师。我们没有矿长就干不下去。而且，谁敢说，他就是最坏的呢？也许还会有别的，更沉默一些的呢？关起来是谈不到的。我们大不了是把他撵出去，这就完了。除非是……"

"除非怎样？"

"除非是怠工破坏。那就得立刻送公安部去。"

"唉，副局长，这里还有一大堆黑暗的故事。您再没有想起过克秋克了吗，那个憋气憋死了的？"

让眯起眼皮望着谢尔贤。

"哦，真的。局长有一次罚了他一笔低微的罚款。"

"一笔低微的罚款。"

"我们走吧，同志。这样子也扯不出什么名堂来的。"

半路上米贡忽然单刀直入地提议："我们两个都是工人，我们彼此用你来称呼吧。我的名字叫做让。"

"我叫做兹比歇克。"

5

齐阿普卡·米贡用这样一句话："要就滚开，要就给我打一顿！"把彼得赶出房门之后，就对着镜子打扮起来。她小心地，穿那双淡色的薄翼一样的玻璃丝袜，生怕指甲抓破了它。接着就尽量弯身到后面去，检查那条缝骨有没有穿歪了，而且，在她敞开了睡袍之后，就对着闪亮的镜面打量她自己。

她觉得委屈：这样的鞋子，真是讨厌。副局长的太太穿着这样古老的破衣服。耶稣·玛丽亚，简直要苦恼死了。让涅克做什么都有时间，就是没有空闲替他的老婆挣一双体面的鞋子。我的上帝，他永远没有时间来管这种事。

米贡尼奥娃是一个泼妇。她经常对自己诉苦，可怜她自己。她害上了自大狂。

从前她是一个矿坑的女工，摆脱了平常的工作以后，现在却以为，自己得扮演局长太太的角色，像她自己所想象的一样，要学会记忆中的电影上的维也纳女士的言谈举止。

她的丈夫请她在里戈塔任何一个地方做点事，参加工作。"到矿坑去。听着，我告诉你，我们这里有一个选煤部，不比你在查勃尔泽的那个差。合格的人力却很缺乏。他们准会高兴。"齐阿普卡拉长面孔做一个鬼脸说："呸！"这就是她的全部答复。她心底里却在暗笑：难道这个蠢才真是不了解，我一辈子做梦都在想着的就只是根本不干活吗？有一次乌尔苏拉，柯可特的妻子，访问她。她请她参加妇女联合会的工作。"我们的工作简直忙得不得开交。我们简直想不出办法。"

米贡的妻子的答复却是："还是请您原谅吧，我忙得很，因此帮不了什么忙，对不起。"在家里，在她和她的丈夫之间增长着一种嫌恶，一点抱怨的心情，一种隐藏的痛恨……

有人按门铃。齐阿普卡不耐烦地叫："门不是打开的吗？"

一面摇着身子，一面搔着头，谢尔贤当她面站着。他把帽子拿在手里，不知道应该怎样来完成他的任务。

"我的老头子又到哪里去了？您看见他吗？"

"让刚刚吩咐我……这就是说，他请我，呐，……说您不如同我一道去。他晚一点才能来。您知道……一个什么会。"

齐阿普卡搓着她的一双粗手。

"天啊，这是怎样的一个人呀，这是怎样的一个人呀，跟上这个让涅克简直是活受罪。他们那里一定是已经跳起舞来了，呐，一定，已经是晚上了！”

“正是因为这样”，谢尔贤试图打断她的话，可是她根本不理会他，尽在继续她的独白：“晚会8点开始，哟，早就过了8点了。让却没有来。他的老婆干他什么事，干这位威风的局长先生什么事！她只应该乖乖地呆在家里，缝缝补补、洗衣服、削土豆，哎哟，玛丽亚……”

简直是出乎意料之外地她呵叱谢尔贤：“干吗这样呆看？我们走！”

她叫小彼得，还乘着怒气拧他一轮耳朵，然后教训谢尔贤：“对女士是应该替她拿大衣的，什么，您不懂吗？您在大学里没有学会这一套，或许，谁知道，您上过大学没有。现在是这样的时代，只要在党里混混就行了，一切都完了。呐，我们还等什么？彼得，替你自己热好麦片，啊哈，没有煤吗，呐，那有什么关系！冷的不好吃吗？你也完全像爸爸一样是一位伯爵大人……”

兹比歇克，脸红了一阵又一阵，竭力对她尽自己份内的礼貌。他伸过胳膊去领她，一面喃喃低语：“5月可多美啊，是不是？您已经有了这样大的儿子了！”他反复安慰她和他自己。“让涅克马上就来，那仅仅是一个普通的、短时间的审查会。”

“矿工之家”随着爵士音乐的节拍沸腾起来。窗前紫丁香的花朵受到了鼓声的震动也簌簌作响。刚穿穿堂，会堂里面那些跳舞的、跟随音乐的节拍在跺脚的、热火朝天的人群的喧闹已经向他们涌过来。那些在平滑地板上来回流动的矿工们的缝上闪光钮扣的上衣就够你眼前发黑。闹声里面不时传出鲁特卡的哄动的声音，那就是他大声喝彩的时候。酒水间门口有一些胖子矿工轮流拍打他们的肩膀，就是这样来表示他们欢乐的心情。

“哦嗬，哟”，一个长着带有啤酒泡沫的白髭须的人笑嘻嘻地说：“我当时就对准他那双凸眼睛……”

齐阿普卡闭上了眼。晚会的热潮冲击着她就好比火卷壁炉似的。她焦躁地把大衣交给兹比歇克，然后用眼睛向左右两边扫过去。可是没有人要对她献点殷勤。——她是漂亮的，漂亮得很，可是她始终是一位局长太太，因此还是不如不去接触她。

谢尔贤领她到一张桌子，那边已经坐着叶德拉什科、柯可特同乌尔苏拉和业务处的几位同志。他笨拙地替她介绍，一心只想大家替他解围。他心里尽在害怕，怕齐阿普卡可能邀他去跳舞，因为他对这种玩意是一窍不通的。

他们在会场里的跳舞是依照西里西亚的跳舞规矩的：拿粉末洒在头上。那些黑色的羽毛饰物在他们顶上就像乌鸦翅膀一样在飘荡。5月的暴风从打开的窗户冲进了会场，同时送来了细砂和嫩草的气息。在窗口底下是小姑娘的絮语："放手，不要碰我。"

一个布德里的年轻的技师，据说是拿他的掘沟机创造了奇迹，完成任务500%或者差不了多少，现在就他们桌子坐下。比起那些差不多一辈子在地底下度过的矿工来，他有一张完全两样的面孔。他面颊的皮给太阳晒成了褐色。他是谢尔贤的同事。这位工程师松了一口长气，就让他来陪伴齐阿普卡。他也闪电似地定了一大瓶樱桃烧酒和一碟子加料面包。他好客地请大家受用，随手又把玻璃杯斟满，乌尔苏拉推辞了，他可难过。维克多微笑地向他解释："我的老婆从来是这样的，请您不要见怪。"

短时间之后，齐阿普卡已经搭着这位新相识的胳膊在光滑的地板上团团转，对着他眼睛笑，用她的每一种动作鼓励他去做更大胆的事，弄到柯可特决定趁跳舞的间歇时间把那个青年人叫到一边，以便对他提出警告："听着，小伙子，节制自己一点。她是我们同志的妻子。"

"结了婚的?"小伙子觉得很奇怪。

"好像你才猜中似的。那就注意吧，懂吗?"

最先他尽在生气和抗辩："那他得注意自己的老婆，干我什么事!"可是接着他就推一推柯可特，咕噜地问："谁的?"

"米贡的。"

那个布德里来的青年技师花了许多时间才在柯可特的香烟上点着了他自己的那一根，一句话也不说。最后他才拉长他的面孔说："呐，他可选中了一个好老婆，他妈的。她连戒指都摘下来了，为了可以玩个痛快。"他把他的怀疑秘密告诉谢尔贤："我简直不能相信，她是一个结了婚的妇女。你知道，跳舞的时候她这样……只有……只有……"于是溜进了酒水间。

6

当那个上唇长着男性小胡子的年老女教员叫着："米贡，你的家庭作业呢?"的时候，彼得呆了。他根本提不起那么一点精神来，说他没有完成他的任务。她随即用食指的一个动作把他叫到课堂的中心，然后得意地说："我们大家来耻笑米贡，一、二、三!"

有一部分学生为了讨好女教员就依照命令发出一阵幸灾乐祸的哄笑。彼得眼望着地板。他穿着他那用残旧的方格披肩改做的服装更使人大笑不已。为了忍住眼泪，他每次都进行了一场生死存亡的斗争，因为他知道，他一哭就意味着女教员的完完全全的胜利。

在家里他躲在柜橱的背后，发狂地、绝望地在本子上涂抹他的习题。他趴在地板上写，因为母亲禁止他在桌子上"鬼画符"。可是柜橱并不能使他躲过她那尖锐的眼睛。屋子里充满了她那沙声怪气的叫喊："你把白色去污粉放在哪里呀，小混蛋？去污粉在哪里？你没有听见那是我同你讲话吗？什么？去，上消费合作社！"

彼得从来不请求妈妈放宽时间的限制。似乎他知道反正是无效的。这个孩子由另外一些动机引导着。这是和他的荣誉有关的。

他的嘴唇颤抖着，却还是不说一句抗辩的话就走下楼梯。到了那边他才放胆做一个抗议的鬼脸。他在门口她看不见的地方对他母亲伸出舌头，敌意地反复说着："你看，我没有求你，你看！你看！"当然，这就是他唯一的安慰。

消费合作社老是挤满人，这个小孩子就给无情地挤在一边。"你有空，孩子，"因此买一次去污粉就得花上半小时或者更长的时间，米贡尼奥娃迎接儿子的是一个检察官的眼光。"呐，好，我的小儿子，好，你拿你的父亲做榜样。只要差你做点事，就够你去溜一个钟头。为了惩罚你，不许你去参加这个——像你说的——集会。不，不，玛丽亚永远也不能饶恕我，如果我放你上那里去的话。"

第二天，少年先锋队队长就不理这个靠不住的伙伴："虽然你是那样的一个小鬼，我们还是接受你入队，可是你却做出了什么事？"

彼得擤擤他的鼻子，低声说："事情可不是因为我……"

可是为了一种很难说得出理由的体面，他很难说明，是谁使他缺席的。

伙伴们离开了他，兴致勃勃地挥舞他们的胳膊。彼得从他们的眼睛里觉察到，他们是不屑再跟他谈话的。"他摆起局长少爷的架子来了。"

只有一次倒像是幸福有意对彼得微笑。那是当学校为了庆祝五一筹备演出一个独幕剧的时候。那位女校长发现了米贡朗诵的天才。他鼓起火热的面颊来朗诵诗歌，幼稚然而动人地刻画出每一行诗的形象。

他被指定上学院去试诵他的小篇章，在一群别的孩子中间，共同表演图维姆的诗《白屋》。

彼得再听不见课堂上讲些什么了。他整个钟头反复着："一百层楼的白屋……"墨水瓶里面对他映出那座神奇建筑的图画：它在太阳底下长起来，他，彼得，作为最优秀的坭工，盖好了屋脊上的最后一块瓦。再没有人向他说"这样的一个小鬼"，而是说"积极分子彼得·米贡"。这时他给撵出门口去，不得不与痰盂并排站在犄角里，在犄角里那个支着两条瘦瘪的小棒子一样的小腿的梦想家又回到他的幻象里。

当演出的那一天，母亲却把他的鞋子带到皮鞋匠那里去了，于是一切又以新的耻辱收场。

不管那许许多多的不幸（因为彼得对这些事故只提出这样一个不难为任何人的字眼），他仍然是一个逗人喜欢的、诚实的孩子。即使他知道他免不了挨打，他也勇敢地承认："是的，我把玻璃片打破了。"

他拿他的早点（顺便说一句，母亲给他那么一点也是够稀罕的），分给勃里吉达·皮尔卡，她是从来没有从家里得到一点吃的东西的。后来由于一个彼得并不认识的妇女乌尔苏拉的努力，开始在学校里发给免费早点的时候，他就想办法始终替他病弱的女朋友，领到不带壳的可可和厚厚地涂上黄油的面包片。

他也随时准备原谅每一个人的过错。可是他没有机会这样做，因为过失的当事人不管他对他们有什么想法总是毫不在乎的。他唯一的安慰是父亲，虽然事实的发展也常常不能如彼得所梦想的那么好。经过一定的时候之后，他发觉原因是在他的母亲方面。有她在场，他们彼此之间就永远不能像朋友一样谈话——父亲似乎要使彼得像一个要好的、忠实的朋友一样来了解他的烦恼和困难，但是他又怕对她当面出丑。这一点使他很痛苦。有一次他拿他完全幼稚的信赖来打赌，可是输了。那是初春某一天的事情。他趁吃晚饭的时候开始讲述一点事。可是母亲立刻命令他到厨房里去。小孩子脸红了，就问："爸爸，我可以继续讲下去吗？"

父亲却拿舌头润润嘴唇，斜眼瞄一下齐阿普卡，不答复一个字。

可是他从来不许打孩子。他窘迫地、不动声色地微笑着做做样子，可是无论如何——他不肯真下手。他总是要避开他的孩子，尽量使自己回家回得晚，晚到他儿子已经睡觉了，再不来问长问短。可是彼得却是那么热切地盼望跟他父亲谈谈话。他有时候就跑到管理局大厦前面去等候他，可是始终落了空。他哪里知道，米贡一通过窗口看见他，就迟迟不离开办公室呢。

小家伙原谅父亲的一切。小孩子常常是比大人所想象的聪明。他知道这一切误会都是由于父亲对母亲一种特殊的爱产生的。他明明感到不公平，可是他心里却把它记在母亲的账上。他当然不知道，他母亲是不愿意养孩子的，她对彼得的憎恶是从这里产生的。

5月底这个孩子头一次想到反抗。有一天他向他母亲提出请求："妈妈，你准许我去少年之家吗？"

"又搞什么鬼了，我一点不知道，这个家究竟是个什么家？"米贡尼奥娃嗤的一声说。"说那里有什么玩意，莫非你以为，我是全知的圣明吗？"

"是学校办的，妈妈……那里，幼儿园就在那里。别的孩子们也上那里去。他们在那里看书，他们有各种球，那么小小的刚好玩，一架收音机，可以在那里做作业……"

"你不要到什么家去，记住。他们在那里会把你教成像你父亲一样。不行，不行……我要把你造成一个正派的人，我教你生活的规矩，你了解我吗，小儿子？"

"妈妈……"

"洗餐具去，还呆在这里看什么？呐，去不去？还是要我给你一记耳光？"

彼得整晚在少年之家附近迷惘地走来走去。他像影子一样绕着栗树粗大的树干打转，在他头顶上是黄色的花簇在荡漾。他隔窗看见学习的儿童们桌子顶上绿色的小灯，还有一个穿着白色围裙的阿姨，正在把图书柜里的书拿出来分发。他们在这里用不着躲在柜橱背后地板上做作业。

这位阿姨有一次在厂棚的窗户下面碰见他。她直率地问他："你为什么不进来呀？就要吃晚饭了。你喜欢喝可可吗？"

"我……我不敢进来。"

"你叫什么名字？"

"米贡。可是……"

"父亲禁止你来吗？"

"啊不，不！不是的！说哪里话！"彼得生气了。他们面对面站着，再也不说一句话。这位阿姨抚摸他的头发，她的手势就和这个孩子摸那柔软的、温暖的马鼻子那么轻。忽然间他觉得自己很可怜，一转身就跑掉了。

这一下他可不再原谅他的母亲了。

7

"老头子在家吗？"克略格尔恭敬地问。杜都力克婆子那抖动的肚皮和高大的胸膛从门口缩回去，雷蒙德就从她身边挤到厨房里去。

"请坐，他就回来，他只是跑去买报纸。"

克略格尔还是头一次踏上杜都力克的"公馆"。他四面观察一下：一个有许多架子的厨房，架子里面有大大小小的各种盒子在闪亮，一个没有指针的钟，一些写着德文"油"字的罐子，画上风景画的碟子，还有一个"第朵牌"人造黄油的铁罐，那一定是杜都力克的饭盒。一条带着抽屉的蓝色长凳，长凳底下是一排旧的可是擦得发亮的皮鞋，这是放在一幅绣花的帘子背后的发亮的皮鞋。每一面墙的浆熨过的护墙布都有意义深长的格言。

雷蒙德想象中的这个老吝啬鬼的住宅就正是这样的，而不是另一个样子。他有点不安地推测着主人对他的提议的反应：呐，我的上帝，大不了是要求我滚蛋。他不会替米贡做情报。不，杜都力克和米贡，那是两个世界，虽然他们生活在一起，矿工的工作地点、溜槽和采掘把他们两个不可分地连结在一起。他最多是把我赶走。

杜都力克回家之后就把客人带进了饭厅，他点起那个银盖上刻着"威廉"的烟斗，沉默地、庄严地吸着。

"现在总是有温暖的晚上了，暖得美，不是吗？"克略格尔终于鼓起勇气来了，可是老头子继续保持沉默。

"健康情况又怎样？"雷蒙德坚定地对他说。同时他伸手去掏桌上的银果盆，可是他失望了：那些逗人口馋的苹果是蜡制的。杜都力克用手指摸他脖子上血红的筋肉，抹掉那被风吹到冒汗的皮上而且黏牢在上面的沙粒。嘴角上流出起泡的唾沫，流到烟斗的嘴子上就积聚成为水滴。

克略格尔理会到，这个老头子无意同这个受到全城的蔑视的二流子进行一次友谊的谈话。于是他神经质地在桌子底下一条腿搭在另一条上面，单刀直入地劈出来："见您的鬼，杜都力克，岂有此理！您拿我当狗看待，可不当我是客人。可是这没有关系，我们还是有着共同的利益。注意，您已经听说过柯可特的坏主意吗？"

"没有。"

"呐，您看！"

杜都力克无动于衷地沉默着。

"那就告诉您吧。他们要建立一个集体农庄。"

"我没有地。"

雷蒙德急躁地哼气。他的膝头越动越快，非常之激昂，一下摆右，一下摆左。

"啊哈！土地吗！……胡说！那可是矿坑里的集体农庄呀。"

"那是怎么一回事？"老头子轻蔑地板起他的面孔。他的每个动作，他眼眉间每次抽搐都包含着庄严。克略格尔感觉到，和他比较起来他就像一条毛虫，正好比他面对防御派的"包打听"一样，他每次送情报给他们，总要设法说服他们，说这是关系非常重大的有价值的材料，至少值得 50 兹罗提。

"您在矿坑生活却什么屁事都不知道，杜都力克！麻雀已经把这件事从屋顶上传开了！他们准备在我们的煤壁来一个集体农庄，对我们全体。"

现在这个装煤工人的小眼睛才开始有了生气："在八号煤壁吗？"

"正是！"

"啊……呐，说呀！"

"对不起，真是对不起！柯可特、勃拉契克、叶德拉什科和鲁特卡，呐，就是那批党的坏蛋，在布置一个阴谋。他把我们都赶进集体农庄。我们从此完蛋！进了集体农庄，我们什么都没有了！"

"不要乱叫，还是知道什么就说什么吧。"

"难道您不知道集体农庄是什么东西吗？我们劳动再也拿不到钱了。钱都归一个会计保管然后再分。他们套紧我们脖子去工作，挣到的钱呢——却留给党的人受用。谁注意管他们的事？他们为整个纵队定出一个定额，那当然是相当高的定额！我们只好磨死拉倒。"

"不要废话。把要说的话说清楚。"

雷蒙德一切都给他描写出来了。那是由两个采掘工人和一个挖煤组长组成的纵队，这个挖煤组长就把大家的壁面采掘工作包下来。这是榨取劳动力尤其是非党分子的巧妙的方法。在"互助"的借口之下那些党里人就要强迫别人去干超过他们能够支持的限度的工作。呐，如果他们不是看到这样做更容易赚钱，为什么偏偏是他们出来组织这样一个劳动组合的主意呢？清楚得很，不是这样，他们就不会干了。如果这个纵队成立了，那就等于说，采掘量也就跟着它的成立增加起来……为什么要采掘量增加起来呢？"

"为什么，见鬼，他们要搞这一套吗？"杜都力克微笑着。"为了钱？笑话。柯可特不是贪钱的。"

克略格尔怜惜地摇头。他深陷的眼眶里冒出了愤怒的火花："那简单得很！为了俄国，俄国需要煤，这些奴才为了榨出我们最后的一滴血汗，什么都做得出来。"

"煤是运到瑞典的，不是运到俄国，"杜都力克犹豫地回答。话是这样说，看样子他还是更加倾向克略格尔的见解的。

那个家伙笑着，没有任何一点愉快的样子："这样老的家伙却还是小孩子一样的傻！"

"俄国……"

"布尔什维克！"雷蒙德愤怒地逼紧一步："布尔什维克，瘟疫！什么都可以，就是不要这个！杜都力克，难道你愿意在这样的牢狱里生活吗？帮帮忙，救命！"

有些人是这样的，当他觉得某一个人可以成为他的盟友或者敌人，他不知道如何应付他的时候，大都是伸手去拿酒，希望酒使局势引向明朗的地步。主人于是喘呼呼地拐到酒食橱边上去，拿出一个盛着"茴香烧酒"的闪亮的大肚玻璃瓶。他摆好小玻璃杯，斟上酒，盖好栓塞，用手指一招："祝你健康。"

克略格尔带着胜利的感觉喝了。这位矿工的老贵族拿烧酒招待他！何况他开头根本不愿意开口。他们同意再来一杯，然后又是一杯，没有一点下酒的点心，像西里西亚通常的规矩一样。现在他们觉得活泼多了，而且彼此之间也更加友好地看望着了。

杜都力克继续施主一样地用第二人称同他讲话："不错，不错，连最后一件衬衫……我的兄弟，你知道。在米科洛夫有一间铺子……一间小小的零售商店。那里还有什么东西好卖的！为了造成更大的不幸，他们勒索了他 30 万兹罗提的罚款！"

"耶稣呀！"雷蒙德做惊讶状。

"不错……现在他们就拖他来回上各种局所和委员会，据说是因为他地窖里有400 磅走私白糖……投机商人！"

"啊哈！"

"呐，从前我们每个星期天都去吃饭……一只火鸡、一只鸭子或者一只野兔……嫂嫂还常常给我们口袋里塞进点什么……几个鸡蛋、黄油、一角羊肉……"

"那个时候倒是日子过得容易些呢，杜都力克，不是吗？"

"当然罗！现在就向兄弟讨那么 1 磅寒伧的黄油也不好意思了。"

"黄油又不够吃的。"

"呐，一定……他们要搞垮整个波兰。还有，那间铺子座落在这么一个好地点，在那里是可以赚钱的！……17 号共和国路！……再不要多少时候，根本就会什么东西也没有卖的了……"

"呐，您对集体农庄有什么想法，杜都力克？"

"那是一间很好的零售商店……"那个老装煤工人执拗地叹气。

"他们已经准备这个星期六开会了"，雷蒙德始终围绕着集体纵队的问题。杜都力克探手到他的口袋里去摸火柴。他睡眼蒙眬地咕噜着说："我不参加。如果他们愿意，那就撇开我由他们自己干吧。"

"真的？"

"他们要把事情搞垮的，不错，他们要把事情搞垮的。"那个老烟斗吸客心不在焉地嘀咕着。

"一定要找别人谈话。难道您不懂吗？见鬼！您是不同意这样做，可是皮尔卡或者菲列克都去参加呢。"

"你愿意找谁讲就找谁讲吧。"

"我，一切都是我！"茴香烧酒发作到了克略格尔的脸上，两边面颊像红萝卜一样发烧，连眼睛都闪出红光。"菲列克根本就不同我讲话！您不懂吗？因为我在他心目中是一个二流子！"

"呐，难道不是吗？这倒是对的。"

"您必得亲自主持这件事情。"

杜都力克不在乎地不以为然地摇头。

"您一定要！不然的话，他们就要把整个矿坑变为一个大苏维埃！于是就像管狗一样：趴下！住嘴！对柯可特……他们大家倒做得妙！"

他们再喝了一杯，连瓶里最后一滴酒也闹完了。杜都力克含含糊糊地说："我不参加！不！他们要把一切都搞垮……从前的人们日子过得不一样。那么一位封驻拉提博尔的公爵。大麦送进公爵的酿酒房……这样一位大老爷……这些布尔什维克！如果你愿意，你就去煽动矿工们吧。我可不帮你一手。你替自己去找更好的保护人吧……是的，要是那美好的过去的日子能够再回来的话！"

那张褪色的、从战前一份《神学报》上剪下来的庇护十一世用冰冷的眼睛从墙上向他们望下来。

8

皮尔卡过着艰难的生活。他是一个不善于占便宜的人，在比较大的火车站上他就不免挤呀挤的挤到上错了火车。他和他的情人住过几个月就违反他的意图和她结婚了，因为他没有办法对她说，他不爱她。接着就是养了一个又一个孩子。4月间第六个出世了，用别的孩子剩下来的残余尿布包扎着。皮尔卡根本不想要孩子，可是对所有孩子却仍然是真心照顾的。

他对钱很没有办法。在每一个犄角里都有同事扯住他，他欠上他们三几百兹罗提的债。每逢他向人借钱的时候，他总是犯原则上的错误，说三天之内负责清还，虽然他自己明明知道这样的诺言是没有意义的。

现在关于矿坑计议中的集体化的谣言开始像寒冷的暴雨一样对他头上淋下来了。

那些消息都是使人翻不过身来的。纵队要变成奴隶支队啦。那些"包打听"斩钉截铁地低声做情报："据说每短一天工就得扣 2000 兹罗提。"——"那还有多少钱剩下来啊?"皮尔卡直冒汗。他们耸耸肩膀:"难道你相信,任何一种工资的提高是给你白白送礼吗?"

在交灯处,在更衣室,在公共汽车上,在香烟摊旁边,他们都在严守秘密的约束之下讲说着:"注意,小伙子,我们劝你是好意!他们还要平均分配家庭补助费!"——"大家一样?"那个倒霉蛋担心地说。他有六个孩子,为了他们的生活,矿坑付给他相当可观的一笔款子。为什么要他分一部分给那没有孩子的叶德拉什科呢?——"你看!"谣言胜利了。"叶德拉什科是属于党的,你可不是。"

他的老婆在凄惨的家里等候着他。她分娩之后还一直躺在床上,在乱七八糟的一堆被窝枕头中间燃烧着她那发高热的、瘦削的面孔。她说话的声音是那么轻,他必得把身子弯到她床铺上头,免得刺激她,也免得把一场突然死亡的责任栽在自己身上。

"拿勃里吉达的健康来发誓,说你没有对那帮反基督派屈服吧!起誓吧!你不起誓吗?"

"你觉得怎样了?"

"起誓吧!牧师已经准备好了临终的膏油了,他威胁过,说上帝能够惩罚我们大家。唉,你对你孩子们就没有一点慈悲吗?"

"我很难相信,亲爱的,上帝会来多管'安娜·威罗尼卡'的事情。"

"走开,你犹大!唉,你上帝的罪人!耶稣·玛丽亚,我们要弄到什么地步啊!"

他的姊姊在厨房里,她是一个老处女,消费合作社的会计员,她拿她的工资补贴这一家人作为她居住和伙食的代价。她来势汹汹地问:"如果我没有猜错,就是你打算把我从家里撵走,我亲爱的弟弟!"

"这样的想法只有在你那老处女的脑袋里才会出现",皮尔卡作了辩护。

"呐,你可不能妄想,要我和一个集体农庄的、不相信上帝的人睡在一个屋顶下面吧?"

"干吗你老是跟我的虔诚找麻烦?"

"我一点也不找你虔诚的麻烦。我干脆收拾起我的随身家当,那就完了……没有我你们就要饿得挺直,在你们'集体'和'统一'的招牌下面。"

皮尔卡没有吃中饭就跑到矿皮石堆上去了。他高高地坐在城头上,在太阳光下晒他的脸和手。他左思右想……小石子和矿渣从他的鞋跟底下滚走了然后又沙沙地溜到山坡下面去。天空摆出了各种不同颜色的彩云，停在他头顶上。皮尔卡轻轻地抚摸他左手的伤疤，那是煤车砸坏之后留在小指上的。

从矿皮石堆的高处望开去，世界使人再也联想不起他那窒息的、塞满了六个孩子、一个害病的老婆和一个死硬的姊姊的住宅。世界在他面前是开阔的、非常美丽的。地平线上矗立着特尔津尼采钢铁厂的烟囱，就像盒子前面的彩色蜡笔一样。比较靠近石堆的低凹的盆地里面黏土坑在发亮，里戈塔在冒烟。布德里的屋顶在石堆附近排列着，看起来很像棋盘。

他疲倦地想：最好是找柯可特谈谈。可是怎样谈呢？他们都是正派的人。唉，愚蠢的扯淡只是奴隶的废话。要是每一个人都像柯可特一样就好了。勃尔佐查呢？他用汽车送我老婆进医院。叶德拉什科曾经送鞋子给我，现在我穿的就是这双结实的捷克鞋。这样的人是不肯骗人的。

他打定了主意回家去：大家都做的事情我也做。如果他们要建立集体纵队，我就加入。

可是一到家里，他却丧失掉他决断的力量和勇气。他老婆和姊姊的眼睛就像吸血鬼的吸血杯一样牢牢地吸住了他。她们从他身上吸干了所有的液汁，只给他留下一个没有意志的干瘪的皮囊。

"替小米哈力克买一件衬衫！……付煤气账！……房租在哪里？……捐献几个钱给玫瑰花环兄弟会！……替约亚斯买一条颈巾！……买厨房用的去污粉！……你没有钱吗？你到集体农庄去登记吧，他们会给你的！"

柯可特约皮尔卡上食堂去喝一杯啤酒是太晚了。他已经被谣言和诽谤、牧师的诅咒和妇女们的威胁弄到支离破碎了。当他答复柯可特的提议的时候，一阵可怕的痉挛把他的嘴巴和鼻子扭成一片："我们等等看吧，我们等等看吧。暂时是谈不到的。还是不如再来一杯黑啤酒吧，要是归我付账的话，"他耍尽了他所有耍得出来的狂妄的态度补充上一句。

9

在 5 月的最后几天，不仅是整个矿坑，就是整个小镇也陷入了剧烈的争论。不知是什么缘故，总之是一下子到处都出现了旧的采掘制度的辩护人。煤壁的集体纵队同化学洗衣房的老板娘有什么关系呢，她从来没有亲眼看到过这些纵队？可是她还是从她那晒着的洗得很糟的衣服当中伸过头去喊喊喳喳地说:"要提高产量,那当然罗,可是却不能走这一条路呀,您想想!"

那个跛脚的理发师查尔诺基一面响亮地抹他的剪刀,一面也发起攻击:"每一个人都要得到他应得的一份。你做得多少,就获得多少。要是我在我铺子里照这个办法来干活,那才好看咧。干多少活随你高兴,反正我们付给每人一样多的钱。我可以拿头来打赌,汉尼斯立刻就要向弗兰涅克身上推,弗兰涅克倚靠我,我又向汉尼斯身上推。"接着他就用一种只是表示轻蔑和怀疑的音调结束:"一样的,一样的,也许您也就是这些集体主义派的一员吧。"

憎恨的波浪继续在扩张。那个年老的物理学教师和那个"巴尔布尔卡"的迟钝的、沉默的酒鬼有什么瓜葛呢?那个修道院院长并不认识那个从前的罢工破坏者克略格尔。杜都力克从来没有和瓦尔齐沃商行那个矮小的、唯利是图的老板碰过头。教区修道院里那些呆板的、在给修行和冤苦僵化了的"姑娘们"根本就不知道什么叫做"煤壁",也不懂得"采掘"这个字有什么意义。可是她们一看见到修道院来的矿工老婆,就一律使出裁判的眼光来招呼她们。她们那几乎变白的嘴唇皮是翘着不动的,她们教训每一个女人说:"想着吧,我的女儿,人类是有不死的灵魂的。谁要把灵魂混在一群畜生中间,那个人就等着受罪。"

一天夜里,他们在叶德拉什科的门口把他打了一顿,扯破了他的耳朵,还打掉他几颗牙。同一天,普罗斯提同局长和里姆启维茨秘密商量之后,就起草了一份指令,他打算把它分发给各个部门。

碰巧米贡不敲门就踱进了办公室,瞥见了那份指令,就在普罗斯提背后看过去:"安娜·威罗尼卡矿务局通告各级检察处全体成员及全部员工,查本矿区流行各种谣言,所谓设立集体纵队者,均无任何根据,且此种革新亦非出自本局之计划。本局自不容许此类劳动集团之组织。签字……"

米贡一言不发,撕破了那张写着指令的纸头,就跑到查贝尔斯基那边去。那位局长极度紧张地在他室内踱来踱去。他自言自语地发出简短的、愤怒的语句:"这样的胡闹再闹它一个星期,我们就又要把计划推翻!矿工们再不干活了,他们只是在讨论!普罗斯提是不是已经把指令准备好了呢?"

"我把这张指令撕掉了!"

局长楞住了。

"您……把……我的指令撕掉了吗?"

"当然了。"

查贝尔斯基与其说是体面受到了损害，还不如说是感到了绝望。他声明，一个人是不可以拿棍子在蚂蚁窠里面乱翻乱掘的。矿坑刚刚达到了它正常的采掘量，这些共产主义的狂徒就开始找人家的麻烦了。一个人是不可以把人家吓倒的呀……

米贡干脆不客气地打断他的话头说："这种哭丧着脸的叫喊还是停止算了吧！您必须了解，没有集体纵队我们就永远达不到顿巴斯一样的采掘量。其次，我们并不强迫职工做什么事情。如果他们愿意有一个集体，那他们就应该组织起来！"

波兰统一工人党书记处看到发生了的一切事情。对集体纵队的攻击是在广阔的战线上开始的。里戈塔那些商店老板娘和矿坑的二流子的全套阴谋已经布置好了。一张巧妙地散发的煽惑传单争取到了工地的几个区段。连一些正派的、踏实工作的矿工，本来是衷心愿意完成3年计划的，也凑着耳朵低声说着一些可怕的事情："柯可特本人并不愿意这样做。可是你们知道，他不得不做，他们命令他这样做。我们要救这个家伙，不可以同意他的办法。只要他自己有了主意，集体纵队就从此完蛋。"

这种谣言在那些矿工的老婆中间一传开，就像一阵狂风在一群麻雀中间掠过一样。她们理直气壮地说话了："怎么样，要我的老头子替别人干活吗？"

还有另外一个问题烦恼着勃尔佐查。他有好几次把柯可特叫来，试图从他口里打听一下，究竟八号煤壁有多少人是坚决声明赞成组织集体纵队的。维克多保证说，差不多全体都这样做了。他的眼睛闪耀着乐观主义的光芒。他反对勃尔佐查组织一切区段自愿的混合纵队的原定计划。他在许多方面都是对的：一个原有的、已经在一片煤壁长期共同工作的纵队过渡到集体工作无论如何是会得到最好的结果的。

另一方面却必须同时估计到意外的危险。勃尔佐查天天都在磨着柯可特："要是事实表明了，这个杜都力克或者约汉齐克或者史密特克欺骗了你们呢，维克多？也许他们迷惑了你们呢？也许我们的敌人命令他们来一场骗局，逗我们召集大会，然后才从中捣乱呢？"

"那是不可能的。那必须有一个特别干这一行的才行。不，不可能的，书记同志。"

"万一是这样呢……"

"那就看吧！一共18个人，是吗？4个是党员，1个是青年联盟的人——采布拉克，此外还有美里马卡和菲列克·达勃罗夫斯基。这已经有7个人了。其他11个人中间有5个人是一定向我们靠拢的。我们有了12个人，我们就能够开始工作。"

"呐，柯可特，但愿我们不上乐观主义的当！例如那么一个菲列克·达勃罗夫斯基……您能够替他打赌吗？"

"我敢打赌。"

"我们就看看吧……"

这一段时间乌尔苏拉遭受了最多的委屈和攻击。许许多多的女人，被那耳语宣传无形的丝线笼络着的女人污辱了她的生活。在肉铺门口的长蛇阵里面有些人会说："你想要什么呀？你来这里为了什么呀？他们是从党里分肉给你的，从肉铺走开吧。"

乌尔苏拉向她的女邻居讨几块劈柴来生火，女邻居就用充满道歉的微笑拒绝她，说："我没有啦，柯可特奇卡，我没有啦。我也许又会得到一些，要是我丈夫加入集体农庄的话。可是他还没有去加入……"

青菜摊把最坏的洋葱头卖给她，卖菜妇女用手指去撤那个秤盘，假造重量，包洋葱头的时候也特别马虎，弄到那些金色的小圆球在回家的路上就漏掉了。有些母亲觉得集体这件东西和一个天主教徒的良心实在难于统一起来，于是把她们的小孩子从幼儿园接回来，因为幼儿园的主任是这样的……她害怕黑夜回家，因为她是一个弱小的女人，有些阔肩膀的、发出卷烟和鲱鱼的臭味的家伙曾经不止一次地揪住她，向她预言要打折她的手脚。

那个关心的、说话撞舌头的叶德拉什科有一次直截了当地对她说："这些混蛋居然气到这个地步，那集体纵队一定有它了不起的用处。不管他们怎样气破头，事情总要这样办。就像当时罢工一样。"

八号煤壁上早班的全体矿工定于星期六，5月28号开会。

10

他们挤成紧紧的一堆走进文化馆，大会是紧接在下班之后召集的，这样才使得谁也来不及溜到食堂里去。克略格尔在门坎上用胳肘撞一撞杜都力克，还用下巴对他做一个记号。这个装煤工人迟钝地把眉毛动一动，表示已经领教了。

矿工们四处找寻长凳的座位。他们散发出腋子和热皮肤的新鲜的气味。菲列克·达勃罗夫斯基走到了那间安着一张高的黄桌子的、为女图书管理员所用的房屋尽头的犄角。他四面张望一下，看是不是有人看见他，然后把椅子推到书橱和墙壁中间的犄角里去。

米贡沉默地站在一座放着列宁胸像的柱台前面，用舌头去舔湿一张"自卷纸烟"的纸片。捷弗力克把他两条腿从窗台上垂下来,一面尖起嗓子在唱歌。

紧张情绪充满了室内,从矿工们的面孔上可以看得出来,他们尽在搓那一双手,而且一支香烟接着一支抽下去。大会的召集人在主席桌子旁边轻声地交换意见。柯可特张开双手,暴烈地讲说着什么。叶德拉什科一只手兜着耳朵,向他们弯过身子去,像是在反对他们的意见。

"那边又出了什么事了,岂有此理,难道要我们在这里坐到半夜吗?你们管我们吃中饭吗?"有人在会堂的深处嚷起来了。

"就要开始,就要开始,我们只是在等候勃尔佐查同志,"鲁特卡安慰他们说。

"我用不着他,开始吧!"

党书记恰好就在这个时候开开咭嘎作响的门,向到会的人发出了微笑。有些人友善地向他点点头,另外一些人却无动于衷地望望他发红的面孔,好像他们是有生以来头一次看见他似的。

"好吧,敬爱的同事们……"柯可特一开口又噎住了。他说不下去。他中断了他的发言,向围绕着他的那些面孔张望。他再说下去,已经有点把握不定了:"我们在这里召集我们大家来开会,为了讨论一些问题,为了向我们提意见。"

"你们早就一切都商量好了,你们这帮坏蛋!"克略格尔嚷着,单刀直入地插上一句。可是他又打住了。他自己觉察到,时间还是太早。矿工们向他回过头来,在他们嘴唇边的微笑和眨起来的眼睛里面包含着一种轻蔑。

"我们要讨论的是一件重大的事情,同事们,到会的各位同事们……"维克多满头大汗,说话越来越凌乱。他认为他必须先通过一套陈旧的开会公式的丛林才行,而且到会的人似乎也抱有同样的意见,因此大家都静静地等候着,充满了严肃的心情,看要发生什么事。

"我们愿意向你们提出集体工作的建议。请注意,鲁特卡曾经到过雅诺夫。他们在那里干起活来啊,真是了不起,就像是 100 个妖怪一样。他会向你们做一次报告。鲁特卡同志,请您到台上来。"

外面开始下雨。一些微小的、零星的雨点打到窗上来,接着就是一阵带着尘土的气息的倾盆大雨像打鼓一样落在窗户的铁皮上面。天气一下子变凉了,天色也变黑暗了。捷弗力克为慎重起见就把窗户关起来。有人骂道:"由它去吧,你这混蛋,凉一凉是有好处的。"

阿尔柏特 · 鲁特卡指缝里夹看几张写得潦里潦草的小纸片,描写了一下维乔列克矿坑集体纵队的组织。他说得很清楚,用一些简短的容易懂的句子,说起来就很像一个工人对另外一个工人解释改进工作的一些技术细节的样子。有时候他讲不大清楚，他就在那由于骤雨的影响弄得闪烁不定的灯光底下下一点苦功，重新校正他错误的解释，举出数字来。

"它那里本来就不是坏的煤壁，不，从来都不是坏的。可是现在却更加好得多了。那个纵队有 17 个人。1 个采掘组长，负责爆破，2 个采煤工人，其余就是装煤工人和木工。3 个人炸下来、挖下来的尽够大家装，如果用旧的办法就需要 7 个挖煤工人。那面煤壁是 250 公尺长，实际上那是一班的两面煤壁，每一面 250 公尺。纵队的定额是 218 车，可是他们挖出来的却多得多。344 车到 400 车。还要节约材料，请注意。本来 1 吨要消耗 18 公斤的沼气，他们现在只用去 10 公斤。"

"还有收入呢？"后面有人提醒他，谁知道，他是不是那个开头要求不等勃尔佐查就开会的人呢。

鲁特卡从容地从他的小纸片里把数字找了出来，他点明说："那里的挖煤工人本来一班的收入是 624 兹罗提，现在增加到 1310、1375 兹罗提，甚至还要多。"

"多少？多少？"皮尔卡迅速的、窒息的声音插入了这一段说明。这个矮小的装煤工人挤过最前列的长凳那边去，不管杜都力克给他沉重的撞击，他要求说："再说一遍，多少？"

"1375 兹罗提。有时候还要多。"

"那是不真实的！"有一种声音从文化馆的深处发出来。

"谁说的，说我扯谎？"鲁特卡动火了。

那个说话的人并不出头。勃尔佐查用眼光找寻那个应负责任的人。那并不是克略格尔。书记对他那讨厌的嗓子认识得太清楚了。

结论拖长下去。鲁特卡把雅诺夫经验教训的细节连最不关重要的东西也记了下来，现在噜噜苏苏地说下去，听众们不免厌倦起来。他的话终于结束了。会场变得非常沉默。大家都感觉到，刚才发生的不过是前奏曲。真正的战斗还未开始。柯可特脉搏震动到他的耳根，抛开了装模作样的形式："我宣布开始讨论阿尔柏特·鲁特卡同事的报告。请大家发言。"

19 个人静听着窗子外面的雨声听了一段时间。云像洋灰袋一样挂在屋顶上。没有人举手。柯可特绝望地四面张望，用手指甲从他衣服上面扯下一根线。书记向他微笑一下给他打气：只有沉住气，没有理由着急。

当然他是可以发言的，米贡也同样可以。可是现在却应该由纵队的成员说话。

忽然间"爸爸"杜都力克从后面站起来，配备了一支装得饱满的烟斗，显得比平时更加傲慢。他不停止吸他苦辣的烟，他粗声大气地，又像是违反本意地劈过一些话去："我……并不替代任何人……我不考虑参加。"

他坐下，埋头去压他烟斗里面的红火头。

柯可特迅速地叫："清楚点，好吗？清楚点，怎么样？"

杜都力克半张嘴地笑，连眼也不抬起来。有人在重复着："清楚些！"另一个人又警告似地插嘴："不要着急啊，蜘蛛！"

柯可特拗他手指的骨节。他稍为带点绝望的口气声明："是吧，那是不免紧张的……可是，你们知道，这是什么意思：'我不考虑参加'？他应该说明一下！鲁特卡早就说过了，谁也不替别人工作，因此现在的问题并不在这一点上。问题是在共同的工作，是在分工，因此……"

"柯可特！"克略格尔伪装友善地说，事先并没有经过请求发言的程序。当他为了期待反对意见来中断他的说话的时候，克略格尔就大声地、慎重地提他的意见："扣好你的裤子。不然的话鸟子就要飞走了。"

会堂上爆发了笑声。鲁特卡试图通过捶一下桌子来安定到会人的情绪。他拉开嗓子压倒会上的吵闹，威胁着："再来一个这样胡闹的笑话，我们就把那个家伙撵到门外去！到了晚上我还要亲自动手打掉这样一个人的全副牙齿！"

"哈哈哈，"杜都力克笑得前仰后合，双手摸住他的肚皮，绿色的吊裤带从他解开的短袄底下爬了出来，带上的环舌吱吱作响。

会场又静下来了，矿工们很不好意思，他们竟然因为一个二流子的胡闹而沉不住气。

美里马卡，挥舞着他的长胳膊，那簇长年累月再没有剪过的头发因此也飞了起来，他开始对他们逼紧一步："那是一些什么面孔啊，什么面孔？一切都是够清楚的了！我们建立集体纵队！鲁特卡已经把一切都说得一清二楚了。收入是增加了，我们采掘量也增加了，还有什么需要多讨论的呢。我的建议：停止开玩笑，白纸黑字地写明：我们一致同意组织集体纵队，就够了！"

米贡意味深长地向勃尔佐查望过去。噢，糟了，一个热心过了头的人，倒霉！结果用不着你多等候。一个叫做史密特克的木工站了起来，郑重表明他的立场："一切都不是那么简单。举例说吧，就还有这样的一个畜生，雷蒙德·克略格尔。小伙子们，还是想想吧，他们想过把这个二流子撵出矿山，他们并没有把他赶走。他们说过，把他调到泥坑里去。他们把他调走了没有？"

"不行，不行"，好些愤怒的声音吵起来，"那个家伙懂得玩花样！他们没有把他调走。"

"现在这个混蛋也要混在集体里吗？是吗？他要像我拿一样多的钱吗？好家伙！什么名堂也搞不出来！"也有人这样说："我们不接受他进来，明天美里马卡或者采布拉克也像他一样开始缺勤。我们向矿务局提出请求：'把他调到别的地方去！'于是他们又要像对付克略格尔一样来对付他！半年以来都是这样！"

米贡咬他的嘴唇。他说得对。可是查贝尔斯基总不愿让克略格尔离开煤坑。他们一切都照顾得十分周到：不可以刺激局长。——现在就在最不利的时刻得到报应了。这次大会是一次威胁性的警告。事情会怎样了结呢？他们将要怎样决定呢？

"我请求发言！"波洛切克要求。一只手叉着他那条旧的佩刀皮带，看起来活像是经过一次火热的战役之后的老将。他是一个喜欢劳动又肯牺牲的矿工，可是他有一个大缺点：他过于听从琐碎事情的支配。

"你们说——克略格尔。还不止这一点。看看吧，一年之前菲列克·达勃罗夫斯基搞出了一件从炮眼里提取钻头上矽合金层的小工具。一年过去了，他因此领到的却是一个屁。菲列克，证明证明吧！"

"是的……"达勃罗夫斯基翘起无力的嘴唇细声地说。他像老鼠一样躲在书橱后面。他答应了柯可特，说他加入集体。现在呢？……

波洛切克被自己的精明弄得飘飘然，于是继续说下去："矿坑懂得把好事许下来，可是要它兑现呢，那就随你怎样请求也是得不到的。今天他们发誓说，他们平均支付，明天他们就改口说：这桩事还得先同中央联合部商量决定，一定是！你挖煤挖到了多少钱，你这个倒霉蛋？什么名堂也搞不出来的，暂行规程里并没有这一条。"

"我请求发言！"

柯可特尽可能快地点头表示同意，米贡回过头来对着波洛切克："遗憾的是您有许多地方都说对了，同事。不错，在达勃罗夫斯基身上发生了可恶的事情，可是这样的事再不可能出现了。这是里姆启维茨的错误，我已经命令他，马上办妥这桩事。"

"又来许愿了。我们要密切注视！"

杜都力克重新站起来说："我们……不……相信矿坑的话！"

"我不要替别人干活！"史密特克嚷道："那些懒虫将要逃工，你呢，蠢才，你就累死拉倒！我干到130%，那样的一个二流子连一半都不到。你们却想一切都平均分配吗？我是不会对这样不合理的事情表示同意的。菲列克，你同意吗？你就是蠢。你干到200％。怎么样，你把你那一份给皮尔卡吗？"

勃尔佐查现在放弃了他超然的地位，试图插手进去了："喂，大家可不要像疯子一样讲话啊！事情是谈不上人损害人的。你们总该看见，我们的党最反对的就是这个！二流子不许加入集体，那是当然的！新的工作方式因此至少要提高采掘量的一半，只要你们再不是分成一小拨一小拨的来采掘，而是组成一个纵队，这个纵队再不要等候一颠一拐落在后头的人，而是共同采掘和装运！难道你们不了解吗，同事们？要是一拨人里面有一个皮尔卡落在后头，他耽搁了半个钟头的时间，对大家来说就是损失了这样的一段时间。采掘量之所以提高，首先就因为工作时间得到更好的、更完善的使用。现在装煤工人到了工地之后，等上半个钟头有时甚至于等上一个钟头，才有煤给他们挖出来，并不是稀罕的事。在集体工作中他们一来就有煤摆在那里了。这些煤是由三个能干的挖煤工人替你们准备好的，他们在两个钟头之前先下井，早来就早下班两个钟头。还有第二件事情：你们想想看，每一个人都有一些天是累了，病了，或者，随便我们怎么说吧，喝醉了。这样一来，他就不免吃些亏，少拿几个钱。如果是有了集体呢，就有同事帮助他，第二天说不定这个同事也需要他来帮帮忙。你们有一些伙伴，他们还不会像别人一样干活。今天你们是不管他们会不会的。如果是有了集体呢，你们就会教他们找出窍门，于是他们就会像你们一样干活。如果事实表明了，某一个人在装蒜，那就开除他。这不是又合情合理、又简单、又有好处吗？我们愿意，你们煤壁的每一个人都可以挖到200％。这样的可能性是具备的！照这种组织工作的新方法去做，那是每个人都是200％的！"

"不来！不来！"克略格尔跺着脚站起来。"我们回家去吧。不来！不来！"

柯可特吃惊地觉察到，多数是反对这个提议的。一个月敌意的宣传应该还不致于弄到这样坏，如果没有那么多具体的论证供给敌人的话：克略格尔事件，这个家伙早就已经应该抱头鼠窜地从工作上滚他的蛋的了；菲列克事件，他始终还没有领到他应得的奖金。阿洛伊斯·达勃罗夫斯基，直到今天他还没有被撵出矿坑……如果矿务局面对这一切指责和名单还在容忍这样的脓疮继续存在，那么，又怎么能够确实证明，它会在工作集体化问题上表示更大的决心呢？说不定查贝尔斯基也在这里支持着那么一个寄生虫作为他的宠儿呢？

除此之外还有一种征兆，似乎有什么人在广泛的基础上布置了这一行动。杜都力克、史密特克和其他许多人本来都是事先声明加入集体的。今天这些人却一开头就表示了反对这个提议的态度。准是有一个能干的人准备好了这一下针对集体组织的打击。表决只是一个形式问题了。在那几乎是强力逼出来的最深的沉默中柯可特结结巴巴地说："赞成这个提议的……请……举手。"

四只手立刻飞得高高的：叶德拉什科的、勃拉契克的、鲁特卡的和美里马卡的。接着是迟疑地、羞怯地从众人头上举起了一只瘦小的、手指头在神经质地颤抖着的手。采布拉克，参加了青年联盟的，把手举了起来。

柯可特想起来了，他也应该有同样的动作。一种还在瑟缩地燃烧着的希望教他想道，其余的人是在等候他的榜样。他张开眼睛去找捷弗力克，可是他却把头回过去。他再找菲列克。他只看见他的肩膀，那在书橱背后伸出来的肩膀。肩膀在抽搐，似乎菲列克是在发抖或者哭泣。可是他不举手。

"谁是反对的？"

米贡、勃尔佐查和其他集体派伤心地数一数：10个人。

"谁是弃权的？"

3个。

勃尔佐查在大门口冒雨拖住柯可特，贴着耳朵对他说："现在你懂得阶级敌人在窥伺着这句话的意义了吧？"

第六章　集　体

1

"他疯了，或者，我知道他捣什么鬼，他不肯搬家！"鲁特卡从窗口里嚷着。他整个上身都弯到外面来，而且用手指在额头上画一个小圈圈。

柯可特停止抹他额上的汗，从马夫座上跳下来。他们从小里戈塔邻居那里借来的灰色的小马不安地竖起了耳朵，回头望着阿尔柏特，阿尔柏特正在从上面向下面叫："他连他的领带都没有从绳子上拿走！上来摸他一摸，也许他在发烧，我不懂这一套。"

维克多跑上一楼去的时候，他一步跨它两级。在菲列克和那个酒鬼阿洛伊斯已经一起呆上了许多年的屋子里好像刮过了一场狂风的样子。打翻了的椅子，从铁桶里倒了出来的水，一堆垃圾堆在炉灶旁边。阿尔柏特把菲列克的东西装在一个磨破了的皮箱里。他绝望地朝床上一指："给这个家伙想点什么办法吧！他躺在那里眼睛发白。一个呆子，或者他是喝醉了……或者病了？"菲列克的确没有起床，撑着胳肘，望着他的同事们，根本就不理会他们讲的是什么。维克多朝他身上弯下去，嗅了一嗅。不是的，菲列克一点酒也没有喝。

"你病了吗？你什么地方不舒服？"

他们两个小心地坐在那脏床单上面，不安地打量他们的朋友。他眼睛深陷，眼底下现出灰色的眼圈，一簇淡色的胡子遮住了他的面颊，他好久没有刮胡子了。

"头是冷的"，他们细声地商量道。"也许他心里有什么毛病吗？"

达勃罗夫斯基忽然坐起来说："你们走开，岂有此理，你们还没有弄清楚，不知道我是不离开这里的吗？我是什么都算不上的，可是你们还是让我安静安静吧。"

"呐，看吧，马已经等在门口了！天要黑了，菲列克，我们总不能够在这里坐到半夜吧。说吧，你觉得不舒服吗？"

"唉，捣什么鬼！"这个矿工叹口气，捏紧他的拳头。他心不在焉地呆望着。鲁特卡生气了，他嚷："现在说吧，你觉得怎么样。要不，我就打你一个嘴巴！"

柯可特经验较多，又很镇静，翘一下眉毛止住了他。他于是开始亲自同菲列克讲话："你莫非是不愿意搬走吗？"

"不愿意。"

"你舍不得离开父亲吗？"

菲列克抬起他那疲倦的、厌闷的眼睛向着他："那对你们不是完全无所谓的吗？我不上那边去，不搬进那所住宅去，完了。"

"可是你不是向委员会提出了申请吗，吓？"鲁特卡插口说，趁势给那放着搪瓷破脸盆的摇摇摆摆的板凳踩上一脚。屋子里充满了砰嘣的声音。"你提出过了吗？"

"是的。"

"那就还是抬起屁股来，告诉我们，哪些东西是你的，省得你的老头子去控告我们盗窃！"

在萨尔坎德巷吼起了一架重型的狄塞尔式发动机。窗玻璃因为发动机的震动也就响起来。已经西斜的太阳用它那泛滥的红光倾泻在室内的壁纸上面。菲列克让穿着破袜子的一只脚溜到地板上，眼睛并不向着他们两个人，粗声大气地说："你们是耐心的年轻小伙子，我却是……一个……十分卑劣的畜生。我配不上，一定。"

"你提出过申请没有？"

"唉，岂有此理……唉，我必得把压在我心头的话一股脑儿搬出来。你们一组织那个委员会，我就一连好几夜睡不着觉。老实说，我并不想多要，只要有一间自己的屋子，撇开了这个流氓！我尽在梦想着，收拾起我这份破破烂烂的家当……走开！你老王八再不能拿烧酒瓶塞到我鼻子里来了！我简直是迫不及待！一切都会是另外一个样子，没有这个父亲，没有……可是今天……不行了。"

"你懂得他的话是什么意思吗？"阿尔柏特撞柯可特一下。

柯可特点点头。"稍为懂一点。"

"奇怪，因为我完全摸不着头脑。"

他们望着菲列克的表示怨恨的嘴角和鼻翼连在一起的深陷的皱纹。这些皱纹简直深到像是用刀子切进去的一样。这是对那和阿洛伊斯一起熬过的时间的纪念。这样的皱纹一般是只有衰老的、对生活失望的人才有的。

"上帝做主，我是怎样常常想着这间新的住所啊！可是接着就来了讨论集体纵队的会议。你们知道，我是像一个无赖一样处理这件事情的。最先我是答应了的，可是后来……我却弃权了……我是一个……脓包。一堆废料……这样的一个畜生是不配住另外一所房子的。"

"菲列克！"阿尔柏特沉痛地叫。他用尽全力抓住他的胳膊。他的愤怒立刻转为感动。他抽动他的眉毛，接着就张开手掌拍一拍菲列克的后颈……"菲列克！"

"停止吧，你们不要扯扯拉拉了！"柯可特下命令。"鲁特卡，闭上嘴吧！你是房屋委员会的代表吗，是还是不是？"

"我是的。"

"那就给达勃罗夫斯基公民看房屋分配的通知吧。这张分配通知是有效还是无效？印着老鹰的？签了字的？菲列克，你眼睛歪到哪里去？看呀！"

"可是……可是我并没有举手赞成呀！"那个矿工绝望地抗拒。他肩膀在抽搐，膝头在发抖。阿尔柏特探身到窗子外面嚷道："吓，你们下面的这些小鬼，不要搞那匹马！你这小捣乱！看我下来！"他扭转身又说："也许你终于爬出你的狗窠来了吧，吓？"

"你需要房子，这件事和集体纵队是毫不相干的。你当时是依照你认为正确的想法处理问题的。你真是打算逗我们动火吗？鲁特卡的确是到了要揍你一顿的地步了！"

菲列克嘟哝着："呸，要是我……我就正是没有依照我自己认为正确的想法来办事。贱骨头！我害怕，他们把我吓倒了！你是不知道的，可是我却收到了一张卡片，我拿给你们看……我是一个十分卑劣的胆小鬼。"

卡片上面可以看见一些灰暗的、平匀的字母，那是由一只书写熟练的手拼凑起来的。字句上有一些错误，似乎是作者有意装作一个不通文墨的人的样子。

"如果你加入柯可特的集体农庄，那你就再也活不到冬天。

一个善意的顾问"

"这件事用不着多费唇舌，卡片由我带走，你就动手收拾行李"，柯可特作出决定。

菲列克用舌头顶他的牙齿。忽然间他依从了。

"随你的便，"为了他自己的安心他又补充说："你以为，像我这样的畜生……"

"这是你的柜橱吗？"阿尔柏特打断了他的话。一转身他就不见了。楼梯震动着，有一个婆娘尖声怪叫着："圣母玛利亚！"过了不一会鲁特卡又回来了。他使出船上起重机一样的速度来搬这间屋子。他拿着破布团和垫枕，肩膀上扛着一张椅子，头上套着一个马铃薯锅，跨过楼梯扶手跑下去。那只灰白马吓得叫了起来，表示要挣脱缰绳的样子。这个时候不得不请求街头的野孩子帮忙拉住它。不一会菲列克的孩子也从公园里跑过来了。那位房主在那半空的屋子里束手无策地四边张望一下，然后把那被柯可特和鲁特卡乱七八糟地扔在那里的零碎东西收集起来：刀片、咖啡瓶、旧的吊袜带、复写铅笔、《论坛报》的描写苏联最新的采煤机的剪报。柯可特跑到他前面去问他："你知道我们前面还有一场好戏吗？通知书拿在手里了，车子和新住宅也等在那里，可是现在的占有者却要咒骂了。"

"唔，普罗斯提并不是那么好商量的呢。"

"呐，怎么样？你又害怕起来了，愿意到天桥底下去过夜吗？"

"你们帮助我吗？"

"我们帮助你。"

天已经暗下来了，虽然天还像五一的一面旗子一样向窗子里面照进来。菲列克把所有口袋都塞满了。现在他在这所住宅里再没有什么可做的了。鲁特卡从下面叫道："你们还在等候什么呀？你们要等到明天才搬这个破家吗？"

柯可特了解菲列克。他拍拍他的肩膀："再不要想它，来吧。"

"你看，在这炉灶旁边我折断了我的肋骨。他拿靴子打我的脑瓜。我喝过酒精之后在这窗口第一次呕吐。那是魔鬼，却不是父亲。现在他一定又躺在某一个婆娘身边，醉得像一段木头一样。我恨不得打死他，只是他气力比我大。呐……然后呢……我始终是一个胆小鬼。"

他们慢慢地走出去。他们把钥匙交给楼下的一个女邻居。大街上已经点起了煤气灯笼。大伙儿围住那辆装着家具的马车和鲁特卡,他正在准备动身。年轻小伙子,结实的矿工替这个采煤工人尽量祝福。妇女们在他们背后叫着:"但愿上帝到那边赐福给你们!"

他们来到普罗斯提别墅门口的时候,天已经差不多黑了。花园门开着,那两间指定给达勃罗夫斯基的房间空在那里。这位矿长似乎一点都不愿意同这些"下等人"打交道。在他楼上的那些房间里面电灯开着,人们可以听到这个时候从布拉格电台播送的爵士音乐。他们似乎害怕这位工程师会打他们,会臭骂他们一顿,他们一面放低声音说着话,一面把那些板凳、脸盆、衣橱、柜橱和行军床搬进屋里来。

柯可特叹口气:"你真是一个穷光蛋,你得照分期付款的办法买几件家具。你知道吗,在特尔津尼采的木器总工厂?"

"那还用说!我现在就要像伯爵一样生活了!父亲再拿不走我一点东西。甚至于还有钱给孩子们买巧克力呢!"

鲁特卡踏上了那张他曾经踢它一脚的吱吱嘎嘎、摇摇摆摆的板凳,装上了一个电灯泡。达勃罗夫斯基的小女儿在厨房里准备晚饭。矿长的女管家在旁边用憎恨的眼光打量着她。忽然间花园路上响起了脚步声。

窗口里露出了一个人的头部。

"嗨,是你们呀,不是你们呀?"

"是我们啊,是我们,副局长同志!"阿尔柏特高兴地说。菲列克跑到门外去,拐着他那条长歪了的腿。米贡四边望望,深深地吸一吸那槐树的温暖的糖一样的香气,又咂响他的舌头。他低头看一看这个矮小的采煤工人而且微笑着。虽然在黑暗中看不见他的笑容,可是从他的声音里面却可以觉察到。

"一所讲究的住宅吧,吓?"

"哦,漂亮得很,副局长。您知道,我在梦里也不曾打过一次这样的主意。至于大战之前,我是呆在一座失业工人的肮脏的茅草棚里……"

"我呢,难道你们相信,我在大战之前是住在宫殿里面的吗?有一个时候是茅草棚,然后又是监牢。"忽然间他拍拍他的口袋。

"我带了半瓶酒来庆祝新居,我们喝它一杯好吗?四个人来是少一点。喝过了也就不至于头昏脑胀。"

他们进去了。

菲列克深深感动地向客人干杯。漂亮的房间，6月的种种香气都从院子里通过窗子送进来，三个好同志靠桌子望着，孩子们头一次睡下去用不着害怕祖父的胡闹！米贡一直在微笑，忽然间又说："达勃罗夫斯基，您上会计科去。前一次的奖金，不要忘了。我自己上联合部去过了。事情已经办妥了。"

菲列克跑到门外去了，好久没有回来。柯可特沉默地把那封给菲列克的恐吓信打开给米贡看。

2

消息像闪电一样在矿坑里传开了：他们决定把那些懒虫赶走！矿工们都在职工会所的扩音器前面集合起来，互相拍打他们的肩膀，大声表示他们的高兴。阿洛伊斯·达勃罗夫斯基，头一批被开除的一个，却像平常一样，是最后听到消息的一个。他并没有去上工，因此这件意外的消息是在酒馆里才赶上了他的。那个矮小得像莲雀一样的、头发灰白的酒馆主人不理会他大声的要求："满满的一杯黑啤酒，快点！"他装出钢铁似的平静把泛起泡沫的玻璃杯送到其他客人面前去。

"一杯黑啤酒，死尸！"达勃罗夫斯基重复说。他呕气了。挖煤组长齐伦，像玫瑰花一样美，把他那杯酒拿在面前，暂时不凑到口上去。矿工们都暂时停止喝那褐色的饮料，冷眼瞄一下那个老家伙。一切都沉默着。

"你臭屎塞住了耳朵吗？"阿洛伊斯吼了起来。酒馆主人扭开了啤酒龙头，雪花一样的泡沫流到酒杯里去。接着他就偷偷地微笑，终于容光焕发地说："酒馆是只为矿工服务的，公民。"

"你们看过这样的蠢才没有？难道你头一次看见我吗，是不是？拿啤酒来！"

酒台后面的那个人转动他那眼皮的小薄片，意味深长地眨紧他的眼睛说："我不拿，您不是矿工。"

阿洛伊斯觉察到，这并不是寻常的开玩笑，而是完全另外一回事。矿工们得意的眼色和沉默更加强了他的推测。他泄气地重复说："拿来。"

"不。"

"请你把意见簿给我，吓吓！等着瞧吧，你就得来一个梭鱼跳水式嘴巴着地滚出去，我就会办手续去！"

"呐，够了，谁告诉他？"

"我！"齐伦自告奋勇地说。他搔搔他的胳肘，通过他眨紧的眼皮的缝隙望着阿洛伊斯，他宣布："他们已经把你赶出来了，你不知道吗？为了使你的皮肤恢复原来的洁白，他们已经把你这老年的面疱捻穿了，把你的钱留下来买面包吧，你这疙瘩疮！"

"揪住他的头发，扔出去！"

"嗳，达勃罗夫斯基，走开吧，这里不是妓院，我们这里不需要拖车！"

"我听说，同事们，布德里正在征求运河挖泥工人。不要那么狠心，替不幸的、失业的老太爷达勃罗夫斯基去那边说说好话吧！"

"呐，阿洛伊斯，从这里滚出去吧！"

阿洛伊斯呼吸急促、心情紧张地一溜烟去找查贝尔斯基。他在楼梯边碰见他，叩头虫一样地拉住他的外衣的袖子。

"敬爱的局长先生，这是怎么回事？"

"怎么回事？"

"他们把我赶走了吗？"

"等等……您叫做达勃罗夫斯基吗？吓？达勃罗夫斯基吗？呐，是的，真的，管理局一号就开除您……呐，有什么办法，我帮不了您的忙。顺便说一句，又不是我决定的。我了解您的苦恼，达勃罗夫斯基，那是不愉快的。呐，事情可是改变不了……"

"局长先生，您可不能够挖掉矿坑的柱石呀！说得好，是不是？道德的支柱和卫士……"阿洛伊斯勉强地开着玩笑，同时驯顺地裂开他那没有牙齿的嘴巴做微笑状。一股冷气扑上了他的背脊。要是真的……完了蛋？

查贝尔斯基不看他。他张开双手，有一瞬间试图装出严厉的口气："您的工作……您自己知道……"他立刻又自己打断自己的话。——一个人不应该残酷。因此他把他的手放在老家伙那只现出发黑的小血管的、搁在楼梯扶手上发抖的手上，沉着嗓子说："呐，正是呀。"

米贡从楼梯过道上看完了全部的经过。他赶快抢前一步。达勃罗夫斯基一看见他就急忙告辞，转过楼梯就不见了。让在他背后严厉地告诉他："您再也用不着去想办法了。我告诉您，即使天塌下来，也是什么结果都不会有的。我们不需要像您这样的人！"

他针对局长的一个抚慰的手势又斩截地冲他一句："一个人怎么可以这样子不

认识人啊！"

接着他还叫住那沿着楼梯走下去的阿洛伊斯："你知道吗，唯一可惜的是你没有矿坑宿舍！有的话就刚好腾出来给美里马卡！"

3

白热的太阳光像令人窒息的、坚固的羊毛布片一样布满了矿山。在那刺眼的、白热的太阳光下就连点着的火柴的火焰也看不见了。人们在点香烟的时候是会烧着自己的手指的。那些晒在十分猛烈的太阳下、在装卸台上工作的工人用湿布包着头，同时咒骂那结在肩膀上的水疱。选煤部那些像平常一样穿着长裤来上工的妇女偷偷地在搔痒。汗水流到了她们的小腹，胳肢两边简直痒得发烧了。走起路来两边大腿都磨破了皮。年轻的妇女们在连裤工作服里面是不戴乳罩的，在她们工作的时候那松散的乳房就尽在摇晃。苍蝇在周围嗡嗡地飞着，像对待生肉一样叮着人身。你不得不一巴掌几十个的打死它们。从前这样的热浪是使工作陷于瘫痪的，现在再也不会了。事实也就是这样。"安娜·威罗尼卡"第二次完成了它的任务。它不仅是完成了，而且是超额2万吨！

火热的6月一开始就很好。没有一天给矿坑带来缺额。从第一分钟起矿工们就具有坚定的信心：第三次也会完成任务的。甚至于有人轻轻地谈论着，今年计划中第一季度造成的缺额就要逐渐地给补足。

现在天色朦朦亮的时候就可以看见矿工们向矿井赶着跑过去，一想到他们也许会迟到的时候，他们就咬紧牙龈。中午的时候有些纵队还是不肯离开煤壁。那些满身大汗的装煤工人回头向挖煤组长叫着"好了，好了！"一面就把最后的煤块扔到"铁甲车"里去。

"超额40车，了不起。"

区段工长茹施卡碰到了一件在他长期的矿坑工作经历中还不曾碰到过的事情：一个湿透了水的、满身沙泥的洗煤工人夜里跑到他家里来，要求这位工长马上到405煤层去。那里出了一点小毛病，为了这点小毛病明天的早班就非得耽搁2个到3个钟头的采掘不可。工长生气了："什么大事啊！这样事情并不是初次发生的。为了这样的小事情我从来没有下过井！在夜里！什么地方有这样的规矩？"

那个洗煤工人像泥鳅一样在那里打滚。他绝望了。他擤擤鼻子，又向工长央求说："去看看吧，劳驾。3个钟头啊！要损失多少煤啊。"

"什么，难道是你的煤吗？你是属洗煤部的。那干你什么事呀？"

"当然啰，工长先生，当然啰……您还是来吧，我求您。"

呐，茹施卡去了。

过了一些时候矿坑里有一次意外地流传一段新闻，里戈塔的妇女们为了这段新闻曾经又钦佩、又感动地哭了起来。挖煤工人勃拉契克在当班的时候得了胆囊急性病。他脸黄得像南瓜皮一样一摇一晃地支持着，可是他不听伙伴们的劝告，他不肯离开工地。他一直挖到下班，用他战抖的手去揩他额上的冷汗。工程师们不了解这样的事情。一个人怎么可以为那几个钱这样糟蹋自己呢？一班同事是了解他的。问题并不是为了那几个钱。当班的时候是没有人可以接替这个害病的挖煤工人的，他一走开，八号煤壁这一天就不免大大减少它的采掘量。

这片煤壁特别运气碰上了这样的一班人马。在勃拉契克意外事件几天之后，拉波克，第二班的挖煤组长又拔了尖子。他的工作虽然说不上是英雄事业，可是对"瓦林斯基"矿场却带来很大的好处。那个活泼的、机灵的矿工虽然同运煤工作没有什么关系，却提出了改善胶皮输送带的滚筒推动的安装办法。整个技术检查处对于这种改善办法都称赞不尽，因为它缩短了转运时间。由于现在煤一个钟头比一个钟头挖得多，缩短时间就是非常必要的。

两个矿场除此之外还由职工们在整个 4 月和 5 月里都贯彻了紧张的准备工作，生产成绩就越发引人注意了。各个区段都开辟了新的煤壁，给坑道打出丰富的、一直还没有开采过的煤层，钻开了新的煤柱。像 3 月的那种情况，由于两支煤柱的崩塌和一架烧毁的发动机的停止操作使整个生产计划陷于失败的情况，现在是再也不能想象的了。

可是事情并不是像查贝尔斯基所想的那样是自动发生的，自己到来的。矿坑里面不可能有自己发生的任何事情。每一次胜利都必须用流血的手指和坚持的努力展开不断的斗争才能够从矿山上取得的。

说起那个为了过问早班的利益半夜三更跑去找工长的洗煤工人，当初就需要先把所有曾经在他心里撒下仇恨和愤怒的种子的家伙收拾干净。还得向他证明，那个老奸巨猾达勃罗夫斯基这一辈子再也不敢嘲弄那些规定、同事们的工作、定额和计划。

在一个月内，"瓦琳斯基"矿场开除了 14 个懒虫，"科秋什科"矿场开除了 16 个。同时他们接到了迁出他们宿舍的命令。矿工们不像查贝尔斯基一样满怀同情地去拍打他们的肩膀。他们干脆认为这是一件合理的事情。他们带着满足的、不越过残酷的界限的心情在那些被开除的人们的背后叫着："你们这流氓，到沃列克去吧，那边缺少杂役呢！"

他们第一次心满意足地呼吸。现在他们再也不是比布德里的矿工差劲的矿工了。"我们也把我们的懒虫轰走了！"

米贡发出命令，把好几打懒惰的、坏的、粗心的矿工从煤坑调出去做比较低级的工作。他们于是就去锯木头、在泥泞中奔走或者把煤车从绞盘上摘下来。这一类工作的报酬是相应地减低一些的，因此这些家伙觉得这样的措施即使不认为是一种道德的屈辱，也总得认为是金钱的损失。懒虫克略格尔也依照这样的方式调到了洗煤部。

本来他是由党和职工代表会决定开除的。只是由于局长的关说才算是继续给留在"安娜·威罗尼卡"的职工名额之内。洗煤工人们不喜欢这个阴险的、高傲的工人。头一个星期克略格尔有好几次被人家"无心地"撞到泥潭里洗澡去了。

里戈塔闹得最厉害的是分配房屋给积极分子。由党、职工会和矿务局组成的房屋委员会把凡是关系到公用住宅的所有比较大的住宅全部控制起来。这就牵涉到那些工长和技师，他们占有八个到十个房间，而有许多矿工却带着他们一家人住在一个小厨房里面。总工长贝力基那所在里戈塔的宽敞的别墅住进了两个矿工的家庭，这个总工长有一天跑到米贡那里去，凑近他耳朵低声说："副局长，呐，副局长，干吗您要多树敌人呢，不是吗？哦，敌人，相信我的话！只要您收回这个，我们就可以取得协议了。"

"怎么样？"

"呐，您知道，事情总可以办得通的。我是一个庸人，我在美国住过，我早就知道，别人怎样处理这样的事情。"

"这样吗？"

"呐，难道不是吗，您靠您那一点点薪水是不够生活的，副局长，不言而喻……"

米贡伸一伸身子，周身关节都响起来，像是有人劈胡桃一样。他问："您喜欢什么，贝力基，要我把您送到同志审判会去好呢，还是我给您一个嘴巴好？"因为他得不到答复，他就自己选择了第二种办法。可是那个总工长有一点是说对了的。与矿坑的活跃同时也增长了敌人的数目。那些对抗性的人物从前是满足于散布一些伦敦广播电台的报导的，现在却感到他们存在的根本的威胁了。他们袒护每一个要从工作上除名的懒虫。他们窜改他们"娘舅"缺勤的数字，只是为了不要在党的对面显得更孤立。有过这样的事情，他们装作"不懂"米贡的规定，故意把它颠倒过来办。他们知道，"安娜·威罗尼卡"是他们这一类东西的最后的避难所。在布德里和特尔津尼采、在卡陀维采、格里维采、查勃尔泽、萧培尼采、米科洛夫或者里勃尼克已经再没有他们站脚的地方了。

那个靠两个鞋掌加高了身材的矮个子工程师普罗斯提、财务科长里姆启维茨、总工长贝力基和一些会计系统的颓唐的老家伙，这些就是对"新制度"展开战斗的司令部。他们梦想着，不透漏任何一句话："只要我们不完成一年的计划，米贡就会给调走。我们要干掉这个瘪三！"

因此只要他们做得到的事情，他们就什么都做，目的就是要计划完不成。

在这一段时间，菲列克·达勃罗夫斯基做了一些木花盆，把它装在窗子前面，撒下了花种；为了木器总工厂到期的付款又四处跑了一趟。一天下午，波兰木器总公司的运货车给他送来了几件发着新鲜的松木气味的家具。在别墅门口已经有这个矿工将近一打的朋友等在那里，为了一切都用自己的肩膀扛进去。"总工厂的那些家伙会给你把那些家具砸坏的！"在房间里面散布着壮盛的谷物的稻草的气味，这些谷物差不多挨近窗子了。柯可特指挥着家具的安排："长沙发靠墙！不是这样，枕头那一头挨近窗子，免得星期天太阳把孩子晒醒了。桌子搬到第二间屋子里去。那是给小孩子用的。他们要用这张桌子做功课。阿尔柏特，回来，食物橱不要摆在那边，这边才好。"

菲列克开始了新的生活。

4

白老鼠不肯缩在口袋里，它伸出它那气恼的小头来，而且吹哨子。拉波克不理会这个。把古巴，这只老鼠，放在肩膀上来开摩托车，那几乎是不可能的。他把口袋扣上了，把双手搭在车把上，右手管着瓦斯瓣杆，左手管着起动器。发动机就在他膝头中间像缝衣机一样嘎嘎作响。

现在我对于摩托车太疏忽了，他懊恼地想。现在距离波茨南的"锦标赛"再没有多少时候了。举行的日子快要到了。我呢？我差不多每四天才开它一次。矿坑，是的，正是这个，你必得整天在那里干重活！

院子充满了鲜明的清晨的太阳光。波洛切克正在木材堆栈前面踱方步，他发生事故之后一直还在养病。他恶意地叫："你，拉波克，帮帮我忙吧！我答应我的姊姊，给她带一架小车子上布德里去。你知道，给团团用的那么小的车子。套你上去吧!"

拉波克扭转他的髭须:"吓! 一拳打崩你的牙齿!"

"呐,说什么呀,我请你喝一杯啤酒,愿意吗?"

"不要说废话!"

波洛切克尽在想,看他还想得出什么话来。他是一个典型的矿工。他喜欢摩托车、汽车、赛跑。他衷心地羡慕拉波克那副机器。天啊,能够在大路上飞跑那才妙啊!

可是他不喜欢这个自高自大的乳臭少年。他相信,只要他能够掘出300%,他就可以对人家头上啐唾沫。只要他做得到,他就要吹牛:吹他那只能够支起两条腿走路的白老鼠,吹他漂亮的老婆,吹他的小髭须,吹他的合理化计划,吹他的摩托车。要是他没有那套自高自大和卖弄本事的脾气,说不定他还会喜欢这个年轻的积极分子,可是这样子……

开动的机关响了。气门里排出来一团灰色的、发臭的烟云。拉波克轻捷地溜过那块遮住大门通路上的水沟的薄板。他有一阵子在暗处简直看不见,接着他的背脊就在大门后面映着太阳光亮起来了。

他笔直地驶向斯威切夫斯基大街,拐一个斜弯避开了电车,就沿矿务局大厦驶过去。他扭一扭橡皮柄,上了瓦斯,就观察着速度表的细致的动作:60,70,75,80,85……细砂扑打着眼镜的软胶,耳朵周围呼啸着行驶的疾风。在他前头的一辆公共汽车的单调的灰点增大起来了。拉波克轻松愉快地驾驶这一部交通用具。树林、树林后面的房屋、科可什基、茹尔科维采。到了空荡荡的大路上他就开始考他的驾驶技术了。他把他的巴伐利亚发动机厂的出品开到100公里的速度,他大胆地把它在十分短的距离上东冲西撞,从发动机上榨出最高的响声来,在大路中心使出回旋的步法一蹦一拐地猛驶,可是忽然间又煞住了。"什么都不行了,岂有此理!"他来一下急促的拐弯,在直径两公尺之内作8字形的驾驶,汗水湿漉漉地从他脸上的皱纹和鼻子一直流到了嘴上。他气苦了:去年它还是一架机器! 发动机在他手底下歌唱! 现在呢,锦标的事是不能想象了! 还有那些赶上布德里的人呢!

拉波克不能忍受。他不去,任何别的一个摩托车手,甚至于说不定是布德里的伙伴就要得奖!

拉波克的全部生活就是独一无二的粗野的体育活动。他总要拔尖子,不管是什么部门。曲棍球吗? 吊膀子吗? 里勃尼克的运动会吗? 都一样。只要他干一件事,他就宁愿牺牲他的健康,也不肯让别人胜过他。这是不容怀疑的。如果他不像去年一样来留心他的机器、如果他不把那气化器、起踢器和其他一些已经用到损旧的重要的零件换一换，他就做梦也不要想得锦标了！

他从别一条路走过市场转回来。在礼拜堂附近把摩托车煞住了，在小摊上买香烟。忽然听见在他背后有熟悉的声音："赞美归于耶稣·基督，叶尔齐……我看见了，我的孩子，你又注意体育了。那很好，健全之精神寓于健全之身体，我的孩子。"

拉波克并不很亲热地向那个神甫回过头来。他做出和善的神色来开恶意的玩笑，因为他有这样那样的各种心事，他劈出了他的话："对不起，神甫先生，可是我对于摩托车恰好是注意不够，工作，时间不够……"

"嗳嗳，别扯谎，叶尔齐，为了摩托车你除了劳动竞赛之外总还可以腾得出 1 小时的时间，不是吗？"

这个天主教教长有一张双颊底下搭着两小包松弛的皮的苍白的面孔。他不时摸着他的下唇，他像是要在揭开一页书之前先润湿一下手指似的。他有本领站上那么 20 分钟甚至更长些不动一动脚，尽在打量人们的面孔。拉波克不喜欢这一套。他找寻一个适当的时机来吻一下神甫的袖口，随即蹬开他的起动器。那个教士觉察到这点。他放低声音说；"老实说吧，我的孩子，你不是早就想上教堂办事处来找我的吗？手扪着心说，你该是想来的吧？"

"神甫先生从哪里知道的呀？"这个矿工奇怪起来了。尤其使他觉得奇怪的，是因为他根本没有过这样的念头。正相反，他像躲避火一样躲避这个教长。

"你看，叶尔齐，呐，坦白告诉我，有什么东西压迫着你吧。"

教士眼睛下面有一颗小汗珠越结越大。清晨的太阳晒在黑色的法衣上面。炙热的布料发出霉臭的气味。教长顽固地回到他话题上来："有什么东西压迫着你，我的孩子？也许是这个文化馆吧，怎么样，叶尔齐，你的神甫猜中了吗？不是吗，神甫，那倒是一只灵鸟咧？"

"啊，文化馆！"

"正是，那好得很，叶尔齐，你担心你的孩子。聪明得很，你的小儿子。我可认识他。多好啊，他已经能够读书了！"

"当然罗！"拉波克伸他的懒腰。

"怎么你脑袋里会出了这样的主意，把他送到那里去的呀？唔？"

"里戈塔没有别的文化机关。"

"叶尔齐啊！"

拉波克撕开那包"壮士牌",找了许久才把一支香烟抽出来。他用极大的注意力来检查——看它是卷得太松了还是有烟叶漏出来。这种动作似乎引起了那个教士的不安,因为他忽然开始发出一阵奇怪的笑声,笑声里并不含有欢乐。他很愿意宽恕那种傲慢的态度、过分的野心、体育家的身材以及对工作的种种疏忽。可是现在却关系到完全另外一些事情!

"那好吧,怎么样,我的孩子?"

"你说什么呀,怎么样呀?"

"唔!就是说这个文化馆呀。你不替你的孩子担心吗?"

"吓!"

"也许你不大满意他们依照他们的意思来教育孩子吧。那边的孩子挨晚之前不祷告。他们在文化馆里不装十字架。"

"的确,说得对,神甫先生。那里没有十字架。我也不喜欢这一点。可是柯可特卡说过,每一个孩子吃饭之前都可以祈祷。他们不禁止任何人这样做。可是说到十字架——那是对的。"

教长发出了善意的、幼稚的、消除掉一切猜疑而且勉强装成愉快的微笑。一个人对于这样的微笑不能像对刚才说过的话一样表示拒绝。拉波克润一润香烟头然后把它装上烟嘴子。当他再抬起眼睛来的时候,眼睛里面所包含的迟钝的抗拒已经不见了。

"也许你答应你的老神甫向你提一个问题吗?可是你知道,要这样子,像我们彼此之间历来的说法一样:要就真心真意答复我,要就干脆不答复。同意吗?"

拉波克点点头。他朝侧面望过去,朝礼拜堂望过去,礼拜堂用它那阔大的阴影遮住了草地的绿色。从草地里,正如在西里西亚常常碰到的一样,藏在野丁香的树丛后面,映现出公共厕所的灰屋顶。礼拜堂和草地是由红砖房屋的狭窄圈子围绕着的。就连那些贫民窟也只有穿过那第一层楼横跨车路的斗拱底下的低矮的林荫通路才能够脱出这里的范围。那些驶过里戈塔的货车一定要特别注意它装货的高度。这是这样营房式的、丑恶的小镇,在资本主义时代和灾难时代的多数市镇都是弄成这样子的。

"叶尔齐,从新年起你就没有再来参加神圣的弥撒了。"

这个神甫装作擤他的鼻子,给这个挖煤工人留下考虑的时间。接着他就做一个温柔的、雄辩的动作把两只手指搁到那发烫的脸上去。拉波克垂下了眼皮。他说不出为什么发生这样的事情。事情并不牵涉到信仰问题,不是的,也许是因为这个好心的教长命令他的副手把美里马卡从教产房屋里搀了出来，逼得他只好搬到轨道后面的鸡窝里去。也许又因为别的什么事：这个教长把整个矿坑都认为耻辱的所有虔敬的二流子都迎接到教堂办事处里去。可是拉波克并不是一个脑筋敏锐的思想家。

他抽搐一下他的眉毛。

"这样的事再不会发生了吧，叶尔齐？我知道的，人类是年轻的又是愚昧的。因此不免有各种各样的疑虑。可是干吗你不直接跑来找我谈，敞开你的心腹呢，干吗呀？"

他们互相微笑着。神甫的话实在是说对了的。美里马卡干我什么事呢？我不久之前才认识他，至于那个神甫却是老相识，他替我的儿子举行过洗礼。

他们达到了最好的谅解才分手。拉波克开动发动机，这个教士从侧面望着，正如一个人打量一个驾驭他的木马的小孩子一样：善意地、友爱地带一点小心又带一点好奇。临分别的时候，他拉这个矿工略为挨近耳朵说："你参加赛跑吗？什么？又是里布尼克？"

"我想上波茨南去……"

"嗬嗬！呐，这样就已经好一点，与其忙着搞什么集体帮口的组织，还不如吃点混帐摩托车的苦头。你已经不沾手了，是不是？"

"事情已经过去了。柯可特费了一番心血，可是并没有成功。"

"是的，我知道，第一次他没有交到好运。不过他现在又企图第二次来和上帝斗气。"

"柯可特，他要组织新的集体吗？"

"他要搞。一只狡猾的狐狸，他开始得很巧妙。他把整个矿坑所有愿意参加的都集合起来。尽是那一类人，你懂吗？那些人现在比从前的看法又两样了。那位副局长先生用一两所住宅和作为奖金的钞票把他们收买了。"

"哦，这样吗？"

"那有什么，可是你，你可不至于给谁勾引上了吧？你总还有一个聪明的、清醒的头脑，叶尔齐。"

拉波克眉头一皱，吻一吻教士的袖口就开足马力笔直赶到矿务局。他冲进党的书记处，装出不客气的脸色在那个正在抄一些什么名单的女速记打字员的小桌子前面站住，嚷道："勃尔佐查先生在哪里？"

"下面。"

"真是……下面吗？他已经下去很久了吗？"

开门的响声。那位书记，沾满了尘土，胸前挂着灯，手上拿着那湿透了的护头盔，踱进了办公室。拉波克高兴了。他把小髭须翘上去，请求单独来一次简短的谈话。

勃尔佐查带他到第二间屋子。拉波克单刀直入地立刻说到正题："柯可特重新组织集体纵队吗？"

"是这样。"

"他会成功吗？"

"安静一下，拉波克！第一，我不是圣灵；第二，那和您又有什么关系呢？"

"我干脆告诉您，用不着转弯抹角：我来组织第二个。他不比我强。这只蜘蛛打什么主意！莫非他有心对倒霉的拉波克扭他的狗嘴？"

"等一等！我不知道我有没有听清楚。您打算建立一个第二集体纵队吗？"

"是的，而且要比柯可特快。您懂得吗？比你们的柯可特来得快！"

"来比赛吗？"

"那是无所谓的，那是我的事情！"

"好，可是对不起。当初，第一次，您是想都没有想到要组织一个集体的，哼？"

"我当时知道，那是什么名堂也搞不出来的。全城都哄起来了。现在却有点两样。勃尔佐查，您可要帮我点忙吗？"

"我？"

"呐，你们整个党。"

"为了您可以比柯可特来得快……我们不害纪录狂呢。"

"不，不是为了来得更快，而是根本为了可以办得通。我有一批矿工。我只是需要多加三两个。您帮忙吗？"

书记在室内来回走了几次。细木地板沾上了他那乌黑的脚印。在沉默中只听见选煤部的滤煤机发出急速的、猛烈的声响。墙上是那些聪明的、沉静的人物在注视着。对于这些人物，即使有神甫的劝诫，拉波克也充分懂得表示诚恳的尊敬。马克思，长着飘拂的、浓密的胡须；恩格斯；列宁，他那光秃的、聪明的突出的前额；斯大林，也许拉波克之所以对他衷心地感到特别亲近，是因为他的面相很像这个挖煤组长的父亲。

"您使我记起某一个人，拉波克，这就是说，至少是在他早年的时候。"

"而且是？"

558

"卡尔·美里马卡。在关系到他的荣誉心的时候，他有完全像您一样的神经病。他已经治好了。也许还没有完全治好，可是无论如何已经大有起色了。"

"空话，空话……集体的事情呢？"

"事情是会说到那上面去的。还是不要立刻像在热水里洗过澡一样吧，拉波克，因为您也害上了过分的自大狂呢。这是精神错乱的一种特殊现象。怎么样，您生我的气了吧？"

"那并没有什么意义。"

"集体可以帮助您改变您自己。一句话：我觉得没有理由，为什么我们不应该支持您。顺便说说——您是一个聪明的挖煤工人。您懂得布置工作。您有许多朋友。至于组织更多的集体那是只有好处的。您将有可能同柯可特的纵队进行一次劳动竞赛。他们的纵队就是在同一片煤壁。事情讲定了。您握住我的手。现在呢……上班去，怎么样？"

当波洛切克傍晚听见拉波克在院子里的声音的时候，他打窗口望出去。拉波克罩上了朦胧的彩色（太阳已经下去许久了）把他的摩托车推到屋里去。他朝波洛切克上面叫："喂，下来，我有话跟你说。"

"你有许多什么话跟我说？说你1小时办完了125件事吗？说吧，我这样也可以听见的。"

"不，下来吧。"

天色红通通的像一条火线的爆炸。血红的和淡紫的羽毛团像褐铁笔一样耀眼地在地平线上混和起来，太阳就在地平线后沉下去。

拉波克做一副他那过分聪明的嘴脸夸口说："我组织一个集体纵队。你有兴趣来一份吗？"

"你？……一个纵队？……而且，你不知道……第一次讨论的时候……"

"那是旧事了。不要理柯可特，你在我这里登记。我让你每个星期六骑摩托车。"

波洛切克搔他手腕上不久之前因为骑车失事戴过石膏绷带的那个地方。手腕还很软弱而且还在脱皮。

"唉，拉波克，柯可特又怎么样呢？"

"他建立他的纵队。"

"呐，我不做这样的坏蛋。要就跟他，要就根本不来，记住这个，你这小鬼。"

"你简直是蠢。"

"听着，这件事情可要占去你一大堆时间。你必得一连几个星期不歇手，还有你的摩托车呢……怎么样？以后你要赶上柯可特，要考虑种种办法，改善种种办法。你再也不得安心。"

"说什么，安心有什么好处！"

"那么……那么锦标呢？"

"明年吧，可以慢一步。"

5

7月的雾叫那三个早上4点钟到了矿场的挖煤工人吃了一惊：对寒冷毫不敏感的勃拉契克、柯可特和菲列克，他们轮流跺他们两只脚来取暖。升降机把他们送到500公尺深的地下，当时的地下还是一片最深沉的寂静。大伙要再过2小时之后才驶进这乌黑的地洞和走向横巷。

柯可特和菲列克走到那在石岩里凿成的炸药储藏室，拿到了一个沼气白铁匣和一束黑色导火线。在这同一时间内，勃拉契克在工具棚领到了钻孔机。他们又在用石灰粉刷过的石门里碰头了。空洞的、平滑的路轨反射出电灯的亮光。在深邃的平窿里面还听不见火车头的宏大的吼叫。在这样早的时刻要去横巷是得徒步走路的，这却是很可观的一段路。

菲列克·达勃罗夫斯基这一天老是那么喃喃低语："看着吧，各位老友，谁料得到我加入了你们的纵队！可是我现在却的确是沿着平窿走，扛着雷管和导火线，时间是4点钟，实在说起来我却觉得很舒服。"

"我早就知道，你是不会离开我们的，老家伙。"

"哦，我是并不那么坚决的。你们把我说服了。"

"我们吗？"

"你们，你、勃拉契克、叶德拉什科、鲁特卡、房屋委员会、米贡、党，通通在一起。我觉得，我比你们差得多，这样的一条爬虫。"

"不要说废话。"

"如果那是真话可又怎么说？"

"那对你和对我们来说都是一样的。"

勃拉契克插嘴说："自卑心理，人家不是这样说的吗？"

"对。"

"不。你们对这一切的爱总是那么十分深刻的。社会主义、计划、苏维埃……当然，我也关心，可是总不能像你们一样，拼了命干。"

"你还要学会的。"

他们走到了上山坑道，他们路程的最艰难的一段。现在他们再不能迈开轻松的、并排的脚步了。他们排成单行，一边碰，一边骂，爬过那些木支架的栅栏，这些栅栏有时几乎堵塞住上山坑道的狭窄的咽喉。在有些地方他们必须在溜槽底下跪着一步一步向前挪，如果地底忽然拱起来，他们就得爬上溜槽然后在铁皮的河床上面荡过去。

"要是这里烧起一把火，那该要变成什么样子啊……例如在‘毛虫’里面。万一输送带烧着了的话。"

"什么都完蛋。"

"我们只有马上跑开。"

"对呀，对呀。可是问题是我们来不来得及？"

"火烟的传播是缓慢的。它从一条上山坑道爬过来，我们就从另外一条爬出去。"

他们汗水湿透了才到达煤田。柯可特像孩子一样快乐地笑："其余的人在两小时之内来，那时候我们已经有了那么多的煤整天在这里响了。"

一点不假，到了矿坑灯的玫瑰花冠一摇一摆地上了上山坑道，矿工们一个接一个来到了煤壁前面的时候，那边已经耸起了一座挖下来的财富的大山了。只要拿过铁锹而且向溜槽一倒就行了！勃拉契克和菲列克身子弯到钻孔机上面，发动机嘎嘎的声响充满了煤田。他们已经结束了第三区段的钻孔工作。维克多·柯可特紧接在他们后面弯身带着沼气棒和背篮里面灰色的泥团子。

"都完了吗？没有事故吗？"他从地面上向高处叫，同时他用一根棍子把炸药塞进钻孔里去。

"一切都安排妥当了，顺利！"

到来的工人中间有六个矿工原来是在这片煤壁采掘的；迂腐地把工作罩衣搭在支柱上面的叶德拉什科、鲁特卡、美里马卡、采布拉克、皮尔卡（最后一刹那间他失掉重新拒绝柯可特的勇气）和波洛切克，他最后还是做出了决定，认为他实在没有理由脱离柯可特，甚至于像拉波克那样的机灵鬼要搞一个集体也拉他不动。

三个新矿工是补充进来的。其中之一是谁也不理也不跟任何人拉话的，一上来就抓起铁锹跳到煤山上面去。他是一个年轻的野牛，披着一头波浪式的、近乎红色的头发。他叫做雅勃尔科夫斯基，是"科秋什科"矿场最好的装煤工人。他拿巨大的成绩来代替杜都力克。第二个是以饲养纯种牧羊犬到处闻名的。他是一个有趣的老头子，名字叫做加威尔，去年才从地面工作调到坑底来。他是作为装煤工人加入纵队的。他的同事伍尔夫是青年联盟的采布拉克的同志。

第二次争取集体纵队的战斗是比较容易地得到胜利的。这一次不再拉那些还不够成熟的人来加入集体。被选上的只是那些不害怕打窗子里扔进来的石头也不害怕潜伏在大门口的袭击的人。里戈塔的地下的反动人物也不再像从前那样肆无忌惮了。开除了 30 条懒虫以后，许多在一两个月之前对柯可特吼破喉咙的人就都发生了畏惧。

依照这样的方式有两个纵队组织起来了，每一队都是 12 个矿工。他们一天又一天地从八号煤壁挖着煤。他们的成绩引起了惊奇。7 月 1 号，就在集体工作的开头，他们从他们的煤壁挖下来的货物已经等于前一天 17 个矿工的采掘量。540 车，一车也不少！第二天已经是 554 车。于是每一天都给他们带来更大的快乐。要是没有输送的中断，他们就可以达到 700 车。

那个在柯可特的人马后面下井的拉波克的集体纵队一步也没有落后。是的，有时候他们还超过另一纵队五车或者六车。工作赶上了前面，那才是无上的快乐！

"点着了！"勃拉契克在煤田的一头拉开嗓门叫，菲列克就在另一头像回声一样应一声。走空了人的煤壁在黑暗中和静默中等候着柯可特的爆破器发出点燃的火花。矿工们互相拍着肩膀，得意到咽一口唾沫："这可行啊！"

柯可特检查那箍紧铁丝的钢夹，猛力一下扭转那爆破器的曲柄。爆炸的威力震动了它。有一段时间还从顶上撒下小煤块。柯可特急切地把爆破器从铁丝上解开，然后朝煤田跑过去。在那猛烈的、带有战斗气味的烟云里面那些矿坑灯就像在一张幕布后面消失了。爆裂的煤劈拍作响。菲列克高兴地从区段的深处叫道："嗳，这一片烟啊！"

"是不是多了？"柯可特喘呼呼地说，同时恨不得马上得到确实的答复。立刻，还趁他自己没有来到爆破的现场。

"你不相信的！岂有此理，岂有此理！"

装煤工人们在柯可特后面摸索着。他们在灰尘和烟云里面佩服地赞叹着："呐，米贡把你们训练得真好啊，狗子。"

复杂的爆炸网完成了它的任务。货物像瀑布一样从煤壁上倾泻而下。柯可特手已经发痒了。快点继续进行，到第四区段去。勃拉契克和菲列克把身子搭在钻孔机上面，合力把它塞进煤壁里面去，让工作进行得更快，更有力量。

维克多这个时候是在折断那些沼气棒。那些和盐混合的火药散作微细的碎屑在乌鸦一般黑的地面上闪闪发光。装炮眼，这是一种多么舒服的感觉啊！现在他已经觉察到指尖里面那刚才发生的威力了。两支棒。这里是三支半再加一点点：四分之一支。现在是导火线，最后是灰色的蜡团子。

矿工们已经在清扫第三区段了。汗水沾湿了那些煤块，谁管它！只有叶德拉什科穿着一件稀松的、像是煮熟了的衬衫。那有什么关系，他就是这样一个害臊的怪物！其余的人都是脱光上身或者只穿游泳短裤干活的。他们一辈子从来没有像现在那么得意，采掘到这样的一大批煤！

铁锹立刻插到地面上，搁住煤炭，免得它翻到边上去，一甩——上了轰里轰隆的溜槽。只要煤层松得不那么厉害，只要稍为硬一点，我们就可以使用割煤机了！那才是一个音乐会啊！

肌肉吃力到绷起来，肩胛中间、弯曲的背脊的凹坑里面汗水汇成一条小溪——可是挖下来的货物的长河却向上山坑道奔涌。

那三个好挖手已经消失在煤田的尽头了。马上又要爆炸。只要快，我们事先还要装它两吨！整十车、整百车的煤像灰尘一样、像羽毛一样、像树叶一样从铁锹上面流过去！

鲁特卡回过头来望一望，他的牙齿从他沾满黑灰的面孔中间发出了白光："呐，怎么样，不是很妙吗？"

当早班结束前两小时拉波克同他的矿工到来的时候，柯可特的人马已经在煤壁的后半段装煤了。拉波克于是生气地翘起了他那短鼻子："呐，看样子倒像是又规规矩矩地挖了一场的呢。"

维克多轻轻弹一下他的鼻子："呐，小鬼，我们已经做完了我们的一份了。纵队结束了装运：670 车，多神气啊！"

"等着吧"，拉波克满肚冤气地别出来，"你明天就要看见，看我们挖得出多少。"

他们分别了。维克多同勃拉契克和菲列克在上山坑道里消失了。拉波克替他的矿工走上了煤壁，他们两点钟来接早班九个人的工作。

工作就是这样子一天过了又一天……柯可特那张扭起得意的怪相的嘴巴，那一声拉长嗓子的"点着了！"一甩上了溜槽的煤块，像一群黑色畜生那样连吓带赶，爆破的雷鸣，汗水，柯可特面部的抽搐，"点着了！"煤，在打雷！……

他们达到了他们的目标……组成了使整个里戈塔惊奇的第一批集体纵队。

6

沉默地，可是越来越常见地，这个头班的采掘三人团踏遍了煤田之后，就在工地上站住，一面咬他们的嘴唇。拉波克的纵队老是在一种恶劣情况之下离开煤壁。这一天也没有两样。

"看这里！"维克多低沉地说，他的话在昏暗的拱洞里面震荡着。说话过后的静寂就像回声一样把它低声地反复了好几次。

整个煤层沿它整个长度都给挖得乱七八糟了。挨着溜槽的不是一片平滑的、均齐的煤壁，而是弯弯曲曲的形成了无数洞穴和突角。

"他们只是随自己的高兴乱爆一气！"

"而且他们事后就连整理一下也没有，这些狗子！这些'体育家'认为这样做是太麻烦了的！"

"最好是一嘴巴打过去！"

勃拉契克这个时候在望着顶板。那盏装在他额头上的灯用它的光辉画出了一个阔大的半圆形。鲁特卡咳咳嗽，吐出的一口浓痰沾在最近的支柱上面。

"狗窝，脏相！"

钻孔是不能想象的了。顶板必须先用横梁认真地撑起来，用横梁来撑住山岩的，也就是累积得更高的煤层的重量。这一片架在一段太长距离上的顶板时时刻刻都威胁着要塌下来。每一个矿工都特别注意使他脑瓜避开"崩塌"的办法。拉波克的纵队就像一群土匪一样对煤壁进行破坏。他们冒着自己生命的危险把煤挖到顶板的排拒能力的边沿。他们把煤田的支撑和保障留给柯可特和他的同事们。情况一天天坏下去。可是今天却超过了一切"纪录"。

柯可特的三人团为了补救别人留给他们的缺陷损失了两个钟头。当其他同事到来的时候，维克多布置了一个 5 分钟的闪电讨论会。怎么办？上别一个煤壁去？报告矿务局？要求解散拉波克的纵队？

大家无法可想地耸耸肩膀。在他们面孔上反映出了他们的愤怒。拉波克对他们的做法是一种盗窃行为。可是他们不愿意把这件事张扬出去，因为这是与集体工作的威信有关的问题。

勃拉契克本来早就想好了一个现成的办法，却存在着一种天真的希望，要等候别人表示跟他同样的意见，因此一直等到最后。对每个人的发言的一贯反对不免显示出他的特点。最后他仍然下了决心。他咳咳嗽，用舌头抹抹他龟裂的嘴唇然后嗤一声说："我有了……"

"什么？"

"解决。"

"解决……？解散纵队？"

"吓！解决困难！"

"呐，呐！"

"合并！……"

"要是他不快说清楚一点，我就拿铁锹砸他的天灵盖，"阿尔柏特凑近采布拉克的耳朵低声说。

当然，勃拉契克认为，他的话是说得够清楚的。经过柯可特的劝告他才说明他的建议。

"两个纵队合并为一个纵队，一个集体。这样一来他就不可能再来盗窃我们了。反正一切都大伙有份。"

答复是沉默。这真是一个直截了当的革命建议。

一个月之前他们说不定还要笑他一个痛快。可是现在呢，因为他们已经走上了共同的道路，他们是一切都准备干的。他们只在等候着，看柯可特怎么说。他们知道，柯可特是他们中间最聪明的人。

维克多随便向身边望着地面。他睫毛的阴影落在面颊上，那张在颧骨上绷紧的脸皮在矿坑灯的反光中闪闪发亮。一条细小的、闪亮的脉管，像一根拆了开来的线一样，在他贴近太阳穴的护头盔的边沿抽搐着。大家知道，柯可特和拉波克彼此之间的憎恨有多么深。这种憎恨已经持续了好些年，现在还一点迅速消除的迹象都没有。

"这个办法究竟有什么意义没有呢？"他终于放低声音说。

"同这样一些小偷？"鲁特卡动气了。他生来嘴快，而且总认为自己的意见就是最后的判断，他嚷道："不行，勃拉契克，取消你的建议吧。"

波洛切克不大乐意地纠正他："过火了，纵队是没有错的。这是拉波克的做法。我相当了解他，我们住在一幢房子里。他并不在乎容易挣到的钱。"

"这个我们可看到了呀！"

"废话。他的问题是在于荣誉。他要他的纵队比我们的，比柯可特的好。"

维克多拉长了面孔，看样子倒像微笑。接着他就严肃地确定："说什么，问题一定要讨论讨论。"

"不行，各位，你们脑袋里总是装进什么蠢主意。我们刚好辛辛苦苦地把两个纵队建立起来，你们又已经在想新花样了。这样是不行的！"皮尔卡反对说。更进一步的改变的想象吓坏了他。"我们干吗要越俎代庖呢。这样子倒不如一开头就找拉波克和他的人马一道干！"

"你又有什么主意呀？找旷野上的风去讲吧！"

"波洛切克去牵他的鼻子，把他带到这里来。"

"什么时候呢？"

"事情可用不着那么忙，各位，上帝知道，一切还会有什么变化！"皮尔卡哭丧着脸地反对。可是别人已经决定了："星期天，是的，星期天下午。"

"又来了！下午每个人都想休息，上电影院或者散散步！"

"早上呢？"

"9点钟在会议室！"

"为什么偏偏要9点钟呢？"

"维克多，你同勃拉契克一道打那么一个小稿子好不好？吓，事情怎么办才好？你愿意做吗？"

事情决定了。他们带着不安的心情等候着约定的日期。在规定的时间之前24名的纵队队员已经全数集合到矿务局大厦的侧翼，职工会会议室的所在地来了。拉波克也带着他那睡在胳膊上的老鼠到会。他是神经质的、激动的，而且热衷于争吵。接待他们大家的却是一场意外，因为会议室的内部发出了各种乐器的最多样的声音。矿坑乐队在练习7月22日的演出节目。

鲁特卡立刻批评勃拉契克的疏忽："你早就应该料到这一点。不是吗？你总是这样的。一个笨头笨脑的、没有办法的家伙，却不是矿工！"

"够了！我们到另外一个地方去。"

"哪里去？"

"小鬼们，也许我们到黏土坑那边去吧。路一点不远，那边却很美。流水、青草……"

在路上拉波克放低声音对柯可特声明："我的人马永远不会同意这样做，我也不同意，一切都实在是空话。我们只是无谓地糟蹋时间！"

砖窑附近那些古老的、已经陷落一半的黏土坑都积上了半坑又灰又绿的水。水面上扯起了一层被微风吹成皱纹的薄幕。在那像绿漆一样闪亮的乱叶中间堆着随便扔掉的管子、混凝土梁柱、锈得发褐色的铁器的碎片。头顶上升起了附近轨道的煤烟，那边的火车正在放着汽，等候出发。这里很暖，香气在散布……

他们各依自己认为最舒服的位置坐下。

叶德拉什科垫上一条手帕，鲁特卡脱掉鞋子，把他那弯曲的脚趾泡在水里。青年联盟的两个人蹲在别人的背后，用以表示适应他们年龄的谦逊。

维克多生气地微笑，深深地吸一口香烟，又把烟喷出来之后就开口了："不要害怕，没有人存心来进行良心检查。我们不会因为你们偷了我们五六十车煤就来拷问你们。我们脑袋里还有更重要的事情。我从区委书记处带回来一些意见……"

"这干我们什么事"，拉波克嘀咕着说。

"……他们给了我一些明确的指示。如果你们愿意，我就说给你们听……"

"……一篇开心的故事。"

"不，当心鲁特卡打你一棍，要是你尽是这样胡说下去。"

拉波克的纵队里面有五个党员。他们围着拉波克，生气地向他点头："等着瞧吧，让柯可特说下去，这样是不行的。"

"伙伴们，我就是注定要来摆布你们头脑的……可是这是最后一次了，我向你们保证。现在注意吧。我们这里有的是好矿工，有的是集体工作者。我们已经共同工作了两个星期了，经过很好，是不是？"

"对呀。"

"一开头我们就采掘到了 200%！这样子还没有人听说过，整片煤壁挖下了 200%！可是我们头班的人要建议一件更好的事情：组织一个单一的、共同的集体！实际上不要我说你们已经知道这回事了。"

菲列克在这段时间内用一根小棒子挖出了一条蚯蚓，把它拖到太阳光底下来，再把它放在他手掌里。古巴，那只老鼠，抖响了它那条铜链子，在拉波克肩膀上跳来跳去，疑忌地斜眼望着那条蚯蚓。

柯可特说得又长又透彻；他那褐色的眼睛渐渐地变得粗野了，而且开始冒出火光来。他喘气，香烟点了一根又一根。

他对自己的方案兴趣十足。两班人马组成一个劳动集休，共同的账目，平均的收入分配……"优点呢？这个计划比原来的形式，划分的纵队有多得多的优点。首先就取消了这一班对抗别一班的工作，像午班到目前为止所干的那样。其次就不会计较谁在装煤，因为一切都算在一笔账上。此外还结合到另外一个优点。大家都可以依照这个方式把时间利用到最后一分钟。

"我们不是常常碰到这样的事情吗？将近下班的时候还有半个钟头的时间，本来还可以多挖它 10 吨的，可是我们不这样做，因为我们自己再也来不及把它甩到溜槽上面去，既然来不及，那我们又为谁辛苦呢？昨天，有人告诉我，说你们一班损失了 40 分钟，我们 15 分钟。合起来就差不多 1 个钟头了。

"还有修筑呢？拉波克采掘到最后 1 秒钟，随即回家去了。要别人来修筑横梁吗？那干他什么事？于是我们又一天一天都得为了修筑，为了你们这些坏蛋糟蹋半个钟头或者 1 个钟头的时间。依照新的工作方式就由每一个人照规矩修筑他自己那一份。再没有损失掉的时间，因为，像我已经说过的那样，不管是你们还是我们来安装那些支柱和横梁，都是完全无所谓的，不必计较的！"

他们都在静听着，动也不动，嚼着刺壳梅，掏他们的香烟，有时又会心地互相丢眼色。到了讨论开始的时候，皮尔卡第一个起来，带着一个神经质的人的音调声明："我知道，维克多列克，你是一个优秀的演说家，可是说这样的事情却是可惜了。你并没有说服我。不管你们用手枪指住我胸膛，我还是一概不参加，对不起。"

"住口！"

这一个由叶德拉什科嗤一下发出来的字眼就像抽一皮鞭那么响亮。叶德拉什科那张狭长的、苍白的面孔这一刹那间简直是使人望而生畏。皮尔卡像一只挨打的小狗一样沉默了。

柯可特因此生了气："什么话，见鬼，每一个人都有发言的权利！皮尔卡，如果你愿意的话，那就继续说吧！"

"呐，那还不如我替他说一点吧，他怕你们"，拉波克气势汹汹地说。"我要说出他想说的话。这完全是一般的煽惑政策。我的纵队比你们干得好，你们出丑了。你们对米贡和勃尔佐查出丑了。是的，事情就是这样！因为拉波克，无党无派的人，是更出色的人！你们想把我的东西拿走。不行！我是不让你们战胜的。"

拉波克纵队里面一个肥胖的、红光满面的矿工，斯孔涅奇尼，摇摇头："唔，不像是这样子。"

有三四个他的同事笑出声来了。这个矿工把手放在他纵队长的膝头上，善意地劝告他说："且不提赞同这些建议，你总得自己承认，你是扯得太远了。紧张起来的时候舌头扯的比头脑想的还要多。"

"对，对，对……"别人证实一下。

"究竟我们是不是更出色，是并不那么确定的。因为我们账目上多了几车吗？你自己明明知道，那是怎么搞的。实际上是我们把它从柯可特那边拿走的。呐……何必歪曲事实呢……事情不是这样吗，矿工们？"

"他头脑才清楚！"

"说得有理！斯孔涅奇尼，继续说下去！"

"拉波克，你是吹牛大王！"

斯孔涅奇尼愉快地嘟哝着，可是同时他又盯住纵队长的眼睛。还是不要得罪他好一些。

第二个矿工，勃里克萨，抬起他沉重的眼皮，摸着那张像皱叶菜一样又多折痕又多皱纹的面孔，然后哼着鼻子声明说："希望你们千万不要这样想，说我是赞成柯可特的。世界上什么东西也打不动我！可是你们认识那句谚语：光管铇吧，铇吧，小伙子，爸爸一来，他就用斧头来加工……"

"蠢才！"

"看他这种说法！"

皮尔卡不赞成地摇头，可是苍白的叶德拉什科坐在身边简直是剥夺了他每一次发言的要求。那个时候拉波克人马之一也已经说话了："前天我们去了，在矿井底下遇见了伍尔夫和加威尔。他们只是说：'顺利！'一句话也不多说。横巷那边却短少两根支柱和横梁。要是我们大家是属于一个集体的话，加威尔也许就会亲自去找我而且告诉我：带多少木料去吧，汉子，何必回头跑那么一段路呢。"

"我们不要这样的集体"，拉波克咆哮着说。实际上他的叫嚷已经成了空洞的示威。午班越来越多的人表示赞成柯可特的建议。凡是领略了集体工作的好处，而且抛弃了那些狭隘的、过时的形式的人都不再害怕什么新事物了。他们随时准备变更他们的工作方法，改善他们的工作方法。最后是卡尔力克·美里马卡站起来，对他的敌手说："我了解你，家伙，完全了解你。你是有野心的，像我一样。你不肯放弃胜利的吹牛。最好是在《论坛报》上登出来，说你把柯可特和所有西里西亚的所有其他矿工都打倒了。"

"照你的意思说这就是犯罪吗？"

"闭上鸟嘴，不然的话就会有苍蝇飞进去！我也是这样的一个人。何必还来多费唇舌呢，我今天还有点难过……可是这种做法应该停止了。我们还有更重要的事情，呐，怎么样，有呢还是没有？"

"我愿意领教……"

"不要装傻。列宁说过，我是听勃拉契克说的，没有更高的劳动生产力来谈社会主义就是空话。通过新的集体又会使生产力更加提高。"

"也更加合理!"

"我们表决吧!"

"我们表决! 立刻! 手举起来!"

结果只有两个人反对：拉波克和皮尔卡。经过表决之后拉波克才认识到，他是孤立的。他的人马威胁他，说他们要改选另外一个纵队长。"我们请米贡去替我们找一个来。"

拉波克整理好他的领带，凄凉地微笑而且声明同意："呐，有什么关系，如果你们大家都赞成，我也是赞成的。"

忽然间他觉得这件事完全不是那么可怕。一两个星期之后，也许他就已经会拿他的头来打赌，说促成两个纵队的合并的正是他自己……

在那越来越猛烈的太阳光底下他们回里戈塔去，用他们的笑声来充实那黄金般沉重的空气。叶德拉什科打量着那个在他们背后拖着迟缓的脚步的皮尔卡，粗声大气地说："这就是说，我们需要一个新的人。代替这个臭家伙……"

他们在斯威尔切夫斯基街分手。这里分开了他们个人的道路。柯可特，由于过量吸进肺部去的尼古丁弄得疲倦了，痛苦地合上眼皮，用胳肘撞一撞皮尔卡的瘦瘪的胸膛说："呐，怎么样，你上别的地方去吗?"

每当紧张的时刻就总要在回到皮尔卡身上来的神经性的抽搐，把这个装煤工人的面孔捏得很像一只柠檬。太阳光中的尘埃在灰白的太阳穴一边玩花样。

"不，有什么事?"

"你倒是投了反对票。"

"那没有关系。我可不是像某些狂热分子心目中那样的臭家伙。我还是跟你们一道。何况你还声明，工资可以因此提高些呢……再见!"

7

捷弗力克·霍尔巴拉经常在醉酒状态中碰见人。如果他来不及到最近的人家大门里躲起来，他就做一个蠢相，努力拿讲笑话和唱小调来避开每一段正经的谈话。他抖一抖袖子就可以抖出好些关于女人的奇闻，而且声明"像上帝创造鲱鱼一样"。

土色的皮肤和隐藏在下垂的嘴角中间的厌闷跟他那过度开心的叫喊和歪眼角显

得强烈地不相称。捷弗力克并没有参加集体。他调到"科秋什科"矿场一个中等的纵队里去了。在那一纵队里面简直没有一个对捷弗力克怀有好感的人。他在同事方面得不到道德的支持，大家都不理会他。于是再没有人阻止他上妓馆、醉后的猫叫或者胡闹地浪费时间。霍尔巴拉一直堕落下去，而且越来越深。

什么是他离开柯可特和他的同志们的原因呢？也许是阴郁的苦行的叶德拉什科坚定地把他陷到迷惘里去了。他的每一下眼光都使这个机灵鬼陷入自我的斗争。他用他的薄舌头舔一舔嘴唇，缩回来而且找一个借口，以便尽可能远地离开他从前的朋友。他知道得很清楚：要就是我有一天把一切事情通通告诉他，这样一来叶德拉什科就同玛尔塔离婚，而且要苦恼一辈子，要就是我瞒住我的罪过让自己慢慢地发疯。因此他走开。

不久他就找到了一个搭档，他帮助他把生活舒服地安排起来。这就是菲列克的父亲，从矿坑里赶出来的阿洛伊斯·达勃罗夫斯基。这个老骗子对周围每一家酒馆都非常熟悉，同所有安慰未婚矿工的姑娘都有极亲密的交情，而且懂得不要动手干活，只靠吃空气过日子。

阿洛伊斯的友谊对捷弗力克来说是极有价值的，因为他进行恋爱冒险的狩猎区是一星期比一星期缩小了。他恶劣的名声比他走得快，使得矿工们都对他关紧了大门。大家干脆禁止他去访问里戈塔的人家。矿工们的正派的老婆（即使是盼望着一场冒险）也都在怕羞，怕引起人家最轻微的怀疑，说她竟同"这样的一个人"来往；于是乎剩下来给他的就只有那些"姑娘"了。

有一天挨晚下大雨的时候，捷弗力克意外地碰到了阿尔柏特，他正在迈开急促的大步朝着矿务局跑。

"哦，我半世没有看见你了！我给你讲一个最新的笑话！听着吧！"霍尔巴拉毫不迟疑地叫起来，同时发觉肩胛上有一阵讨厌的蚂蚁爬行。鲁特卡那双在又湿又黑的头发底下发亮的眼睛没有预告出一点善意。"等着吧！"

"等一等！事情是发生在国民军那里的。他们问那边一个人：职业？烤面包的。结婚了吗？是的。孩子呢？有了。多少？十个。——听着吧，烤面包的，您究竟在什么时候烤你的面包呢？"

沉重的、温暖的雨点低沉地淋在石块路面上。电车路上蒸发出那被大雨打散的尘土。雨水在耳朵后面又沿着鼻子流到下巴流成了小沟。鲁特卡安静地等候笑话的结尾。到了捷弗力克让给期望中的放声大笑的停顿时间，他就抓住他的胸膛，摇着他说："现在我们彼此谈论谈论吧，你这流氓！"

"阿尔柏特!"

"闭你的狗嘴!"

"我忙着呢。我一定要去做晚祷,你听着,我身上背上了该死的罪过,我许下了一个愿!呐,再见!你,干吗你还是把我揪住呀?我们就要周身湿透了!蛤蟆都要跳进我们靴子里来了!"

鲁特卡手指就好比铁钳。他摇他一两次。捷弗力克发红的白色的眼珠子从眼眶里凸出来了。他嘟哝着:"耶稣·玛利亚,神圣的圣母圣母玛尔塔!呐……好吧,你究竟想怎样?"

"注意!虽然你是在'科秋什科'工作,我们却还是把你当作我们的同事看待。那就记住这一点吧,还有一点小事……我们要打掉你的牙齿,连最后的一颗!"

"包括智慧齿吗?"

"呐!"

"宽恕那胡闹的笑话吧,我始终是这样一个人。"

"这是最后的机会!同那个混蛋,那个阿洛伊斯断绝关系!你们两个还要一道上刑事法庭!再不要喝一杯烧酒!不要忘记,因为……!"

"阿尔柏特!"

"还有。星期天,7月17号,记在你的耳朵后面,我们整队人一道下乡,去拖拉机站。你同我们一道去。"

"去干吗呀?那些乡下婆对我并不……"

"你现在要经常同我们一道去,你将要看到我们给你的东西,还有……提防那些小偷!要不然,你就是我们的敌人!到了那时候你就会知道!"

"要不要我为我的品质发誓呢?"

"伸手来!"

"好,讲定了。只有一点,小鬼,讲恋爱,你们该不会禁止我吧,吓?没有这一点我就活不了,你们是了解我的。"

"算了!我们要替你结婚。"

"哎哟!"

阿尔柏特迈着毫不在乎的年轻的脚步走开了。他那黑色的橡皮大衣在周围散开生动的闪光。空荡荡的街道像沸腾的水一样在作响。

捷弗力克难过地自言自语:"7月17号。实际上他们是有理的。断绝关系。可是,今天倒是应该上'鹤嘴'饭店去的。阿洛伊斯一定已经等在那里了。我去好呢还是不去？唉，去这一次吧！我告诉他，说从此结束了。"

三个钟头之后，捷弗力克和其他五个相貌可怕的东西吼着一些下流的里戈塔小调，拿瓶子喝着"清酒"，拍拍阿洛伊斯的膝头，还用腌黄瓜的卤水。"内行"的特别厢房是设在老板的私人住宅里面的。那里发出了醉鬼的打嗝和叫喊。达勃罗夫斯基弯身凑近捷弗力克的耳朵呻吟着说："那简直是金子，可不是买卖。一条金子！只要拿！呐！你做一份吗？"

捷弗力克什么都看不清楚了。那个老家伙面颊上的须根好像一把他在理发铺里看到过的男人用的刷子。他擤擤鼻子。

"嘻嘻……"

"你做一份吗？"

"我不知道……那是偷窃……"

"吓，那是一个丑恶的字眼！简单得很。你当班的时候趁人家看不见就割下一段橡皮管。下一次就给输送带那么一刀，带一双鞋底出来。我们给你一把好的皮鞋刀……你干不干？买主是稳有的。这件事由我来办。"

"我怕。我怕呢，阿洛伊斯……我怕……"

"脓包！"

"阿洛伊斯……"

"呐，捷弗力克，你不肯叫你亲爱的同事们失望，是不是？同事们会生气，他们能够害你一下，戳穿你的腰子，打掉你的眼睛。我可有一点好东西给你：这样一个姑娘，你看了忍不住要眼泪直流。"

"哪里？"

"在特尔津尼采。我们马上就去。你愿意吗？我就可以付款。你拿不拿来？"

两个人深夜里摇摇摆摆地摆到特尔津尼采一个妓女那里去，她的住所是和一个同行共住的。他们都兴致勃勃地、吵闹地、撒村卖俏地、无耻地献出了各人的引人入胜的东西。

阿洛伊斯吹牛说："呐，我不是这样告诉你的吗？"……

有一天，中午前后，当捷弗力克的同事们在横巷那边吃力地对付那些沉重的煤块的时候，这个苍白的捷弗力克却在一面到处设法找掩蔽，一面拖着懒散的脚步跟着达勃罗夫斯基到他家里去"分脏"。当他走过窗口装饰着红布和鲜花的党书记处的时候，他听到了"安娜·威罗尼卡"的公报的一部分：

……他们履行的义务作为对波兰复兴节的献礼,在 7 月 21 号,完成了定额的 280% 。维克多·柯可特和拉波克的集体纵队依照这样的方式……

达勃罗夫斯基不耐烦地拖他跟着自己走,论气力他是并不缺乏的。捷弗力克在他那被酒精糟蹋过的头脑里面慢慢地清理一些事实,把它们凑合起来,而且试图回忆一点非常重要的事情……忽然间一切都清醒过来了……这些旗帜,这些青绿的树枝……原来昨天是 7 月 22 号!这就是说,这个星期天已经过去了……阿尔柏特怎样说过的?……最后的机会……我的话……

他感觉非常不舒服。太阳却发出它快乐的光辉。

8

他们在区委书记处对米贡表示满意。他们干脆地把话说出来,没有转弯抹角。正如在党内讲好讲坏总是那么个讲法一样。

米贡,在回去的路上不经意地把香烟灰撒满了那辆奥佩尔牌,开心地拗响他的手指。如果说这个阴郁的、深沉的人根本还是高兴得起来的话,那就是现在了。他心里反复想着:矿坑是动起来了。阶级敌人在第一回合就吃了败仗。我们对您表示满意,米贡同志。

接着他们还提醒他,说一个人不可以让胜利冲昏头脑,必须把胜利巩固起来,必须把敌人彻底消灭,因为你不消灭他,他就时时刻刻又要捣鬼。可是第一重要的却是,他没有使他们失望。他们交给他一个任务,一个艰巨的任务,他却恰如其分地把它完成了。

当他驶过布德里大街的时候,他决定回家去停留一会。他并没有对自己的行动作出说明,说是为了把一切都告诉齐阿普卡。他乘电车去卡陀维采或者请求查贝尔斯基准他使用汽车的时代也已经成为过去了。那个司机当初是讨厌他的。每逢他要开车送他的时候,他总要从车盘上面隔着玻璃瞪上几眼。他本来是跟查贝尔斯基、跟从前那种无忧无虑的生活方式、跟那些穿着皮大衣、呢帽和金丝眼镜的监督一道长成那副怪相的。可是现在他再也要不起来了。米贡把他也收拾好了……

家里是空荡荡的。甜蜜的太阳光穿过玻璃流到了家具上面,使得空洞和凌乱都有了甜味。许久以来米贡头一次考虑到这个问题,他的老婆在他经常不在家的时候究竟是做些什么事。她上哪里去呢?做什么呢?找谁呢?他想起了那些同他要好的矿工告诉过他的,就连勃尔佐查书记也已经提请他注意的那些话。难道齐阿普卡真的……? 他拉长他的面孔。瞎说……

他踱进第二间屋子,屋子里面发出香粉和积满尘埃的窗帘的气味。床上堆着乱七八糟扔在一起的日常衣服。一条围裙,一件麻布衣服,一些稍为穿脏的内衣裤衩。齐阿普卡临出门之前从头到脚都换穿过……

米贡洗过手,下楼去坐上汽车,几分钟之后就回到矿务局了。整段时间他没有说一句话。他在写字台上面发现了一张条子,这张条子的效果是,使他忘记了齐阿普卡,忘记了他的怀疑,而且根本忘记了一切私人事情。内容是:

让涅克,当你今天在卡陀维采的时候,矿长先生把我们的纵队分派到儿个不同的地方去了。你这样安排的吗? 管一管吧,我们全体请你这样办。

维克多·柯

查贝尔斯基局长坐在他办公室里,一条心正在盘算着一些拖延时间的数字。不错,他是一个勤劳的人。可是光是勤劳还不能尽合一个大企业的领导人所必须具备的优良品质的尺度。查贝尔斯基对他周围发生的事情一点都不了解。他忙着一些科员能够办得更好的琐碎事情,埋头在报告里面,为一件耽搁的表报而自怨自艾,因此他总是缺乏时间下矿井去,即使一个月能够下去一次也好。

他于是轻松地嚷:"和平归您,亲爱的米贡公民! 卡陀维采怎么样? 您半路上是不是大吸其尘土? 碰到这样的大热天,我的确不羡慕你这件事。"

米贡咬紧他的嘴唇,嘴唇因此发青。"您一点都不知道吗?"

"关于哪一方面的?"局长吃了一惊。"是不是有人病了?"

"呸,集体纵队啊!"

"哦,集体纵队",查贝尔斯基松了一口气。

他恨不得摆脱开米贡,可是他受过很好的教育,所以不会当面对他说出来。他恭敬地搭上接触到的话题。

"他们没有完成定额吗? 这些丑家伙!"

米贡拿他的拳头捶捶自己,张开他的嘴唇,用鞋头踢打写字台。

"呐,米贡,还是把可怕的新闻搬出来吧。这样是可以叫您轻松一些的!"

"我不了解您。您坐在矿务局里就好像干酪放在玻璃缸里面。人家打散您最好的小组,您却什么也不知道! 局长啊,这可真是,这可真是……"

"人家打散了我的什么? 一个小组?"

米贡挥一挥手。在这一瞬间他蔑视这个勤劳的、温柔的正派人,他就在最热的

7月天也不肯马虎一点，扣好衣领而且细致地打好领带来上办公厅。

也不先请求许可，他就打电话找谢尔贤。"瓦琳斯基"矿场的业务主任证实了：上班之前普罗斯提就到了矿场，亲自动手来"纠正"工作地点的配备。他把柯可特的集体拆散成好些小组，把他们分派到各个不同的区段去，而且安排好了，拉波克的纵队下午要得到同样的处理。矿工们又咒又骂，表示了极度的愤怒，问这是捣的什么鬼。有些人立刻离开职工会所回家去了。

"我驳回普罗斯提关于集体纵队的一切安排！从这一分钟起八号煤壁划归我亲自领导。在这个问题上不容许任何人来作决定，岂有此理！再见！"

"再见，让涅克"，听筒里大声响出来。

米贡把听筒甩到叉子上面，随手去拿一支香烟。查贝尔斯基现在是的确感到不安了，他对他说："如果我的耳朵不出错，我们的矿长今天是扭转了什么事。哦，这个史切潘涅克，这个傻瓜！"

"哈哈"，让笑了起来，吹熄了他的火柴，不拿它去孝敬局长。"傻瓜！……那是我们的敌人，不是傻瓜！"

"您一切都要把它塞进阶级斗争的模型里去。您还没有弄错过吗？"

"我弄错过的。"

"我十分恭敬地请求原谅，可是我请您不要嘲笑我！"

"可是这都不过是开玩笑罢了，局长，开玩笑！他犯了一次疏忽的错误！这个傻瓜！他，这个烟斗头，等候到我不在这里的时候，就在这一天他把集体纵队拆散了！这一个……岂有此理，简直是岂有此理！"

"呐，这又有什么大不了的事呢！明天就又可以恢复常态了，那就已经……"

"那就由您跟他们说去吧。我在这样的时刻就不愿意见这样的一个人，例如鲁特卡！"

"您关于积极分子的记忆力可了不起！鲁特卡？我想不起来……"

"我的上帝啊，莫非您除了克略格尔之外根本只想得起唯一的一个人吗？普罗斯提这一来是闹出了一件大糟特糟的事情。要我们付出极大的代价。您想想看：这些人尽了最大的努力才把事情办起来，全城人最先都讥笑他们，某一个不知名的流氓把叶德拉什科的牙齿打掉了一半，可是这样的一位'工程师先生'呢，他简单得很，劈里啪拉搞一通就把一切都勾销掉！"

"我必须彻底地帮他洗一次头，他总是给自己反复造成不愉快的事件。"

"您不用帮他去洗头。我们开除他。"

576

查贝尔斯基倒在一张软靠椅上，背带也因此吱吱作响。他那个大鼻子蒙上了一片凌乱的皱纹。

"嗬嗬，米贡先生，嗬嗬！"

"明天早上我上中央联合管理局去。让他们收留他吧。"

"您忽然害了神经瘫痪症吗？开除？普罗斯提？"

"这件事再没有商量的余地。"

"为了这一次错误？社会主义者是这样做的吗？那么对人的照顾又是指什么呢？也许可以问一问吗？"

"这是最后的一滴水。这个混蛋一开头就搞怠工。是的，请您不要害怕怠工这个字眼！"

查贝尔斯基说不出话。"怠工"这个字眼就像镣铐的碰响一样冲进了这个挂满图片和表格的房间。这并不是一个日常节目中出来的字眼，不是像"气候"或"生产"一样的字眼。局长点一点他的光头，用手指挖着鼻孔而且噜苏着一些听不清楚的话。

最后他结结巴巴地说："何必一定要立刻……上中央联合管理局呢？我们还是自己惩戒他一下吧。怎么样，不是可以这样办吗？"

他为这一个方案眉飞色舞："米贡，您去找一种严厉的惩罚……"

"不。"

"为了怠工把一个人从企业机关里赶出去。这可不是对待同事的……"

"必须了解，这里发生了什么事！"

"反正我们完得成计划……"

"唉！普罗斯提正好比轨道上的一块砖头！是的，我们开除他。要不然他就会在一个星期内给我们耍一些花招，叫我们摸不清门路。"

"您已经和党联系过没有？"

"还没有。"

"呐，您看！"

"我知道，我做的是什么。党早就有同样的想法了。"

查贝尔斯基迟钝地站起来，那双被生命磨到疲倦的眼睛的周围现出了痛苦的皱纹，说："您就永远不会难过吗？您毁掉一个人。如果中央的人们是温和的，他就在联合管理局得到一个无足轻重的职位。"

"这是什么都反对不了的。您写信吧。"

　　局长的叹息像暗影似的滑过了光亮的房间。"你们心肠真是硬得很,你们工人。"

　　"我们不硬不行,要不硬的话,他们就会用刀叉拿我们当菜吃。"

　　勃尔佐查坐在党书记处他的办公室窗台上,当米贡进来把消息告诉他的时候。他长时间地在嘴里来回噙着那小片薄荷糖,先不忙着说话。让阴郁地而且决心应付任何事变地站在他前面。"您办得对,米贡同志。本来在春天就应该这样办的了。"

　　"这样吗?"

　　"当然啰。"

　　米贡好像放下了负担似地抖抖他的头发。"明天我上卡陀维采去。希望他们同意这样做。"

　　"如果他们不愿意,就去找区委。"

　　他们沉默了一段长时间,吸着那朝窗口飘进来的、带着饱和的温暖的蒸气和成熟的谷物的气味的晚风。他们冒险采取重大的步骤,可是他们很平静。像普罗斯提一类的人是属于渐近灭亡的少数。接替他来的工程师将会正派地、老实地共同工作,像西里西亚的多数工程师一样。

　　有人敲门,而且羞怯地隔门叫道:"准许进来吗? 我不会打扰吗?"

　　波克尔济夫尼基,"安娜·威罗尼卡"的总工程师,穿着他的起床拖鞋和脱线的旧裤子踱进书记处。他那从松开钮扣的衬衫露出来的老大的身子造成了一个不舒服的印象。皮肤是蜡一样的、肥腻的、粗毛孔的。可是他的微笑却是吸引人的、可亲的。他把一本小册子放在桌子上,弯起手指敲着封面,喃喃地说:"一本非常浅显的小书,布尔什维克的全部历史。革命之前我在彼得堡,亲眼看见过那些事情。不错,这本书写得好。"

　　"您想看什么新的吗?"勃尔佐查已经去开书柜了。波克尔济夫尼基咕噜着说:"那还用说! 我恳切地请求您,书记先生。您没有关于经济学的书吗?"

　　"我们有。也许这本……马克思的《政治经济学批判》?"

　　"不如要一些一般性的吧,货币、资本、流通……"

　　"这个慢一步吧,您同意吗? 好好地按着次序来,怎么样? 您同意吗? 呐,这个很好。您的坐骨神经痛怎么样? 绞痛吗?"

　　"老是绞着痛",老头子沉下了声音证实一句,跟着就走出去了。米贡张着嘴在静听。

　　"波克尔济夫尼基? 了不起? 怎么搞的?"

"您已经亲眼看见了。"

"通过什么样的奇迹呢?"

"马克思主义者不应该相信奇迹。那是一种很普通的事情。他有时候到这里来,把关于坐骨神经痛的毛病告诉我,我们谈到计划,谈到矿坑,谈到您,米贡同志,谈到帝国主义,于是他开始看起书来,现在是越看越多。"

让摇摇头。"唔。"

"实际上这是一点也不怎么奇怪的。这个老头子有脑筋,虽然他头发已经灰白了。这一类的人还有许多。全部从前的知识分子现在像一张纸一样裂了开来,两种人照两个方向走。那些老实的、聪明些的到了我们这一边。"

"其余的呢?"

"不错,其余的……数目并不大。那是普罗斯提和里姆启维茨那一类。"

这一夜米贡在他床上翻来复去许久都睡不着。月亮正对着他窗口像磷火圈一样贴牢在天上。米贡等候着,看明天给他带来什么东西。他在那空虚的卧室里面想着普罗斯提和齐阿普卡,她还没有回家。他把她那微香的睡衣在手里捏成一团,然后满腔愤恨地把它撕破了。

9

当拉波克哗啦哗啦地提议,承担起严肃的义务来迎接越来越近的和平日的时候,柯可特一直保持着冷淡。他说:"和平日还远着呢,你所关心的不过是可以借此吹牛,说你是多么有本领的家伙。"

在这一种情况之下,维克多是猜错了。虽然拉波克是带着吹牛的法螺和高傲的微笑出场的,这一天他胃口却并不好,甚至于也不逗他的老鼠玩一玩。一个比柯可特更了解他的人,是可以从这一点得到很多的领会。

几天之后发生了另一件事情,使得柯可特和第二班这个年轻的纵队长有了更进一步的接近。

从星期一到星期二的半夜里采掘工人勃拉契克又害了严重的胆病。虽然他勉强才能够站得住脚,他还是打电话去矿务局。局里唯一还在办公的是米贡,情况是这样:勃拉契克起码得在家里待上一天。这个矿工像小孩子一样对着电话诉苦:"不得了啊,真是不得了,同志,纵队的事情怎么办?谁来替他们钻孔呢?帮忙啊,帮忙啊,现在已经是半夜了,大清早4点钟就要到矿场。怕再也找不到人了。"

"您躺到床上去，安心睡觉，勃拉契克。我会去把事情办妥当。"

"这样会闹出什么事情来咧？这样会闹出什么事情来啊？"

"勃拉契克同志！我请您马上去睡觉！"

这是一个下雨的、冷气逼人的夜。米贡把他的纸张抓做一堆，把它塞进他那古老的、用残了的公文袋，然后一溜烟去找拉波克。他朝他的窗子扔一块小石头，可是他在大门口候了相当长的时间，才终于发现床头台灯的苍白的灯光，而且听到了不很客气的叫喊：

"那是怎么样的一个混蛋？什么？"

"放我进来，拉波克。是我，米贡！"

"请您原谅那个丑恶的字眼"，拉波克赔个不是，随即开了大门。"可是我想不出有什么正当的理由。半夜里把人家从睡梦里拖起来。何况自由国家的一个自由人究竟是有权利和他的老婆不受妨害地睡他个通夜的。"

他拿他玫瑰色的浴衣裹紧一点，静候回答地在门口站住。米贡劈头就说："您已经扯完了您的废话了吗？"

"也许是，也许又不是。"

"希望您还是了解我的。我不会没有理由随便摆布别人的头脑。您不能想到是出了什么事故吗？勃拉契克病了。"

"这是难过的。"

"再没有别的事了吗？"

拉波克细致地用左手去理顺他乱莲蓬的头发，把发鬈拨到耳朵后面去，再抹掉双眼的睡意。

"一个纵队的成员是这样说的吗？我通知您，说第一班的采掘工人病倒了，你却拿'这是难过的'一句话回答我吗？"

"我不是医生，副局长先生，我和您打赌。"

"呐，我明白了，我是猜错了。夜安。"

当拖鞋的急促的拍打赶上了他的时候，他已经走完了胡同的一半，正在担心一切要落空。拉波克抓住他胳膊悲哀地求他，一面咽下那流过他面孔的雨水："只要一分钟，请您听着，只要一分钟。"

"不。"

"站住吧，米贡先生。活见鬼，上帝为证，我的话不是这个意思。"

让不动声色地微笑着，站住了，可是眼睛并不望着这个挖煤工人，他更多的是由于紧张却不是因为寒冷弄得牙齿格格作响，他陪不是说："我身上还始终留着一些旧日的东西，由于习惯，您知道，那么一点下流脾气，是的，下流脾气和利己主义。可是那不过是这样……我当然明天一早就去，当然啰……勃拉契克现在怎么样？"

"胆病。"

"他一定又是塞满了一顿猪排骨……我答应您，副局长先生，4点钟到矿场！要是我不履行我的诺言，我就要做路倒尸！"

米贡把面孔回过来对他说："呐，那又何必来这一整出戏呢？本来我要给你一个嘴巴。你还是一个鼻涕阿二。可是现在还是回家去吧，你快要湿透皮肤了。呐，走呀！"

"还有……还有我在门口说过的话呢？您忘掉它吗？"

"走呀，或者……"

第二天拉波克干了中间休息1小时的16小时的活，首先在柯可特小组做采掘工人，然后在他本组做爆破师傅。这个受过体育训练的年轻人没有特别的困难就熬过了这一份吃力的工作。只有晚上回到家里的时候，他在桌子上一倒头就睡着了，要别人把他抬到床上去。查贝尔斯基认为这是野蛮行为。

"让一天放弃这疯狂的200%，采掘它一次正常的100%，省得拿一个人这样来糟蹋，是不是更好呢？"

"您就是不知道，局长，荣誉对于集体有什么意义，"勃尔佐查微笑说："下一次他们会替他做更多的工作。说什么呀，您从来就不曾做过工人。"

柯可特对拉波克的轻蔑的意见现在是完全孤立的了。当他坚持他的看法，认为他整天工作只是为了赛过纵队的时候，矿工们怀疑地摇头，他们有另一种看法。

"对的，不错，他的目的也是为了出风头，可是你对他所下的判断却是错误的。他已经是我们中间的一个！"

8月中旬，当人们在卡陀维采开始多谈论"安娜·威罗尼卡"的时候，《论坛报》的一个记者出现在矿坑里面。他打听各种事情：为什么矿长9月1号要跑开，现在的采掘量怎么样，哪一个积极分子提出了最好的建议，米贡在这里觉得舒服不舒服，集体纵队的工作如何开展。因为这件事是在早上发生的，不可能领客人去找柯可特，因此勃尔佐查冒一次和拉波克会谈的危险，叫人把他找来。

这个矿工长期以来一直怀着这样秘密的希望：在《论坛报》的专栏里面出现。他多少年来都在梦想着，怎样装出自信的、像是谦虚的面孔，可是实际上却用这样的一种形式把事情说出来，教那个新闻记者目瞪口呆，兴辞而出。可是一切发展却完全是另一个样子。拉波克觉察到，记者的记事本里面只记下了两个积极分子的名字，下文是：每组11个人。

他气愤地眯上眼睛。他叫："拿出铅笔来，您写吧！"

他强迫他全部24个名字依照字母的顺序记下来，然后慢慢地搓着他那小髭须的尖端，补充了几句："他们大家像一个人一样工作着。谁也不能把他们中间的某一个特别提出来，否则我们就要去信更正。可是您还得记上，说我们7月22那一天达到了200％。您写吧：200％！"

当他要同那位新闻记者分手的时候，他十分难过地补充道："他们中间的一个人……他们中间的一个人是一个非同小可的记录人物。可是我不告诉您，哪一个……"

文章是在8月15号，也就是发放7月份工资的那一天出世。八号煤壁的矿工真是说不尽的惊奇。是我们的拉波克发布的消息吗？拉波克，了不起，那是多么漂亮的伙伴呀！特别使他们感动的是这一天他们取得了他们集体工作的第一批物质的果实。

就是皮尔卡，直到现在为止他计算他的工资数目总是算得十分准确的，这一次计算他吃亏的数目却算错了。这一个凄凉的、灰苍苍的下午，他们从局长室跑出来，高高兴兴的散开："连借支的算在一起，他们付了52000兹罗提给我。只要事后不证明是算错数，那么，我今年就头一次可以全部还清我的债，"皮尔卡感动地结结巴巴地说。"谢谢天老爷，这一套是人家把我说服的。现在就用棍子也没有办法把我从集体里赶出来了！"

在美里马卡心里这一切都转变为好胜的感情："杂种，谁找得出一个装煤工人来，他一个月可以挣到那么一笔钱！哈哈哈！"

维克多·柯可特对于收到的钱和报上的文章的反应比起其他一切人都大不相同。他首先就带他的老婆和孩子上电影院，然后去糖果店，天快黑了，他躲到不知什么地方去。这是从来不曾发生过的事情。当拉波克10点过了几分钟，在洗澡间里洗干净了之后，正要离开"瓦琳斯基"矿场的时候，却发现在门房不远的地方有一个矮小的、阔大的身躯，正在一动不动地等候着。

"呐，柯可特，你在这里等谁呀？"

"等你啰，拉波克。"

"哼？"

"你啊，我们可以去喝它一刻钟的酒吗？怎样？"

"我们？你和我？"这个年轻小伙子真是说不出的惊奇。

柯可特证明道："当然啰。你来吗？我有话跟你说。"

喝过了第一杯啤酒和两杯烧酒，话还是谈不起来。两个人对面望过去，望着那个像鸟儿一样小的小酒馆老板，望着那些一道唱着好听的歌曲的矿工们的变红的面孔，望着一个电车工人，他正在这里买晚餐面包，因为从各方面看起来他都像是白天忘记了这桩事似的。酒馆里闹哄哄的，耳朵边好像放了一片贝壳。

维克多大声说："我们俩叫一条鲱鱼来吃怎么样？你怎么想法？"

"我们叫两条。"

他们把黄色的鱼肉啃下来，长久地举杯祝福，而且开始亲爱地眨眼睛。拉波克把他的老鼠放在桌子上，还为了共同的快乐拿一小杯烧酒给它喝。他那件灰色紧身衬衣的领子扭歪了，一只角正叉住喉咙。在平时拉波克会从口袋里掏出小镜子来，细心地把它收拾好。可是今天他不觉得不舒服。他出其不意地、无缘无故地、气冲冲地嚷起来："你有道理，维克多。我是一个自高自大的家伙……而且喜欢弄狡猾……一只自高自大的猴子……只要他们注意我，佩服我。一个自高自大的家伙，相信我的话。还要多说什么废话，你们一抓就抓住了我的嘴巴！"

"抓住了嘴巴？谁？"柯可特生气了。"我们是不作兴强迫的，别这样说！"

"我说的是对的，抓住了嘴巴！正因为这样，没有强迫。谁也不能强迫拉波克做什么！什么也不行！可是你们，你们却抓住了我的荣誉！你们戳穿了我的牛皮。脏东西漏出来了！"

"别说！"柯可特充满了同情去制止他。"不是的，拉波克，我对你不好，不好……"

"你有道理，对付我是要这样才行的。我再也不会……"

"你再也不会怎么样？"

"那种样子……维克多，你可以相信我，可是我因此睡不安稳。你们是那么漂亮的家伙，我算是什么呀？我也要像你一样好！我还做不到，唔，我暂时就还做不到！"

"好家伙！"

"维克多！"

当勃尔佐查夜里骑着自行车从特尔津维采回来的时候——区委会的会议一直开到了夜里——，他碰见他们两个在公园附近兄弟一样地拥抱过后，一面唱着"体育进行曲"，一面在走他们的路。

他在一棵山梨树的阴影底下站住，那棵树用它那成熟了的果子的浓香向他倾泻。

一开头他以为他们是大喝了一场的。可是他们唱的歌声是那么干净，他们的脚步在道路的石子里面又走得那么平均，他们唱完歌之后开始的谈话有些片段传到了他那边。

"……别的煤壁呢？"

"岂有此理！"

"呐，什么？我们开始做宣传工作吗？集体的攻势，然后……"

后面还接上几个大声的字眼："400％吗？嗨！……"

他们把他的毛病治好了，勃尔佐查满意地想着。一个新的拉波克出世了。非同小可！

10

普罗斯提的迁移，不由他做主，搞出了一阵大排场。那些最恨他的人都不放过他这番凯旋。"瓦琳斯基"矿场的好几十个人，"集体"的某一些人，一些特别吃过矿长的亏的矿工的妻子，这一大堆人齐集在工程师别墅的前面，当他的家具装上一辆大福特的时候。普罗斯提装作不知道那讽刺的微笑和撞胳肘的样子。他比平时脸色更苍白，可是越发穿得讲究，指挥着搬那只桃花心木的书橱，那些弹簧椅子，装那些杂志，箱柜和衣服包。他神经紧张地一只脚踩着另一只脚，拉长他那尖嗓子指挥："注意，注意呀，见鬼！"一边就粗暴地把里戈塔的孩子们推开。

到了那辆灰色的车子已经装到高出围板的时候，米贡在街心出现。他迈开了快步。他的长靴一踩进水潭，污水就向四面八方飞溅。

"普罗斯提工程师！来一会！"

"对不起，我没有时间！"

米贡拖住他的胳膊拖到一边去。

"您没有把'5号'的准备工作的参考资料移交给我。"

"我已经把我所有的一切全交清给您了，最亲爱的劳动英雄和市民米贡。"普罗斯提想从让身边溜走，可是他却那么猛烈地把他拉回来，差一点没有摔到汽车的挡泥板上。大家笑得很响亮。他们一条心在羡慕米贡。他们是多么愿意摔死这个自高自大的家伙啊。

"我就去我的兜儿里找找看。也许它跟别的东西混在一起了。这里没有，这里也没有，也许这里？也没有……"

"我劝您把它找出来。"

"间谍，嘻嘻！米贡，您好比每一个成年受洗礼的基督教徒一样可笑。这里是您的纸片片。它压坏了一点，可是我相信，您的美学头脑不至于觉得不舒服。"

他们沉默地对面站了一会，普罗斯提想起在查贝尔斯基家里的头一次谈话和3月里在生产讨论会上头一次的沉默的冲突。当时他是山岩一样坚实地相信，这个工人是要在他这局长职位上扭折他的脖子的。可是事情却完全向相反的方面发展。他，史切潘·普罗斯提，是作为一个输了的人从这里滚蛋，不能希望有使他完全满意的报复。他点上一支香烟，勉强地打个呵欠，拍一拍米贡的肩膀："是的，亲爱的同志先生，我们要彼此分手了。您还有什么愿望吗？也许有关工作计划的，对照表的，装配的，描画的？没有吗？也许您愿意赶快多学一点东西吗？那我就请您把问题再提出来。不然的话就要来不及了，您就要一辈子都是一个十足的门外汉。连问题都没有吗？那就再会……"

米贡正在张开眼睛去找美里马卡。他翘翘下巴叫他到他这边来："卡尔力克，搬进去。"

"我——吗？"

"你暂时先住进厨房旁边那个房间和那个带露台的绿色房间。新来的矿长目前只要顶楼就够了。他的家眷要晚一些才来。而且他也不是那样的伯爵！"

发动机吼起来了。虽然这样，普罗斯提还应该是听到了这些话的。福特牌汽车用它后面的挡泥板撞翻了花园门的一支木桩，慢慢地爬出了花园。到了查贝尔斯基到达预定地点的时候，那辆卡车已经跑远了。正在像蜜蜂一样嗡嗡地在天桥前面拐一个弯越过铁轨。

"史切潘已经走了吗？"局长喘呼呼地说，用手背抹他额上的汗水。

米贡一句话也不说，手指看那辆在灰黄天空中越驶越小的汽车。

"那真是可惜得很。我还想给他带一瓶李子烧酒上车呢，那是从岳父家里拿来的，您还记得吧，同事，我们在您到来的那一天曾经喝过。可惜，他一定要因为我没有露面觉得难过。当然，这是没有办法可想的了。给我们两个酒杯吧，先生们，来一块黄瓜，我们把这瓶喝干。"

米贡粗暴地打断他的话："那是怎样一出关于罚金的喜剧啊！局长？"

查贝尔斯基思想上还惦记着普罗斯提："是的，他总得离开这里。归根结蒂他却是一个能干的家伙。他就是不懂得待人接物那一套。"

"见鬼，您没有听见吗？您是怎样处理罚金的问题的？"

"等一等，什么罚金？您真是一分钟也不能离开那捞什子吗？好吧，您说什么？"

由浓厚的汗水黏起来的灰土贴紧在查贝尔斯基的鼻子上。他做出一个过路的老人一样的平常的、合乎习惯的动作拣那打翻的门桩坐下。他拿香烟去招待矿工们，把他们点上火。随便一个邮差、木匠、技工处在他的地位都会这样做。他在太阳光底下吊儿郎当地伸他的手脚，说："米贡，不要为我打断您的话来生气。呐，究竟您说的罚金是怎么回事？我们可以当他们的面谈吗？我们不会把他们带坏吗？"

"当他们的面什么都可以谈。明天会计科要发上期工资。我看过了那张名单。您没有注意到罚金，局长！要不然就对在矿坑底下携带火柴的人罚他那么可笑的200兹罗提。我是要求罚他2000的！"

"我必须承认，我减低了罚金的数目。唔。他们引起了我的怜悯。米贡啊，难道您根本没有同情的激动吗？"

"您在扯什么废话？"

矿工们中间有一个人从口袋里拿出一个烟丝盒子，他们大家都弯身向着烟盒子。他们用唾沫黏牢他们的"自卷烟"。他们给米贡粗暴的态度搞糊涂了，虽然他们承认他骂得合理。局长在辩护："敲一个人一下子2000兹罗提罚金，总不免是难为情的。2000啊！拿这笔钱他可以在我们食堂里包一个月的中午伙食了！"

米贡心不在焉地摘下一朵大的、湿的芍药花，闻了闻，然后又气愤地在拳头里把它捏碎了。

"局长，您从第一天起就扮演了好心的角色。您再这样搞下去吧，他们不久就要停止保证他们工作场地的安全，吹散煤气，检查横梁或者爆破石头的时候不戴面具。这样就不免要发生不幸事故。好吧，您再这样搞下去吧！"

他走进了花园的深处，在荆棘和醋栗树中间大踏步走来走去。查贝尔斯基在围绕着他的矿工中间望来望去，希望从他们得到谅解。可是他们一声不响地跑开了。他因此低声叹气，抬起头，回家去，一手捏紧那只因为酒瓶拱起来的口袋。

卡尔力克·美里马卡跑去拦住米贡的路，请他原谅："难道我……难道我真的要搬到这里来吗？这样，像您说过的那样吗，副局长？"

"是的。"

"立刻吗？"

"您总是要这样来折磨人吗？"

"唉，不是，不是。"

"当他们到圣诞节把树林背后的宿舍盖起来的时候，您就搬到那边去。暂时搬到这里来。新的矿长是我们的人，一个老党员，你们大家都会有地方住。只有一件事，美里马卡老祖母不要要求他喝菩提花茶，我向您讨饶，卡尔力克！"

"我还可以……还许可我提个问题吗？"

"呐，说吧。"

"您真的相信，普罗斯提是间谍吗？"

"哪里来的话！要做间谍他还太蠢。他不过是那么个暗害分子，例如一只臭虫。我们已经把臭虫捏死了。它们再不能暗中咬人了。要做一个间谍或者做地下活动的一分子，他是一个太过暴躁的混球。那一类的家伙是静静地坐着的。顺便说一句，你们不必为这种事伤你们的脑筋。"

他同矿工们招手，慢慢地走开了。

第七章　青年联盟的人

1

"不，谢尔贤同志，我永远不会在这个问题上同您取得一致的意见！"勃尔佐查坚决地说。"事实上还有一些您了解得不够充分的东西。您还是太年轻了。"

"唉，我是年轻，这不错。可是我十分坦白地告诉您，您那一番申斥使我受到了极度的刺激。"

"呐……?"米贡站起来，踱到这个青年前面去。"茨比歇克！"

"好吧，好吧，不要拖住我，我知道，我说的是什么话。"

"我是经常和矿工们在一起的，谢尔贤同志，并不比您差一些。我也知道，我说的是什么话：对于一切问题都应该更严厉些。您知道，同志，更严厉些！"

"这就是说，那一个傻瓜没有及时换掉横梁，因此造成横梁破裂的事故，我们就要罚他 1000 兹罗提，是吗？你们可以相信我，我不会为这样的事到这里伸出手来！"

"闭嘴！"米贡嚷道。"你还是一个少不更事的小子！"

"等一等！不要打断他的话。每一个人都可以发表他的意见，纪律并不是束缚。那么好吧，谢尔贤同志，您有反对我们的建议的意见。我要听。"

那个青年工程师激动地扭他那条连裤工作服的腰带。他那张搽上一层薄油脂的面孔改变了表情。他终于开口说："问题不在于我有什么意见。问题根本就和我没有关系，书记同志。我相信，您对我已经有了足够的认识。"

"什么都不用顾虑。请您说到本题上来吧！"

"呐，你们听着吧。你们依照党的路线，现在要求尽可能加强战斗力量，是吗？可是事实难道应该是这样，难道我们要为每一件错误处罚别人，弄到破片满天飞吗？"

"您重复说明我们的意见非常之不准确。"

"怎么样？"

"我们关心的并不是什么轻微的疏忽和错误，这是每一个矿工，连您在内，都会发生的。我们只要给那些马马虎虎处理工作因而扩大事故的危险的人一下强有力的打击，这就是说：我们必须用锐敏的警觉性把那些可疑地经常发生'非故意的'错误的家伙找出来。然后，谢尔贤，施以打击，听着，要打到他们再也站不起来！要凭借罚金，调到更坏职位上去的调动工作，开除出矿坑甚至于把案件转到公安机关去办理。"

"唔，唔。"工程师摇摇头。他每次动作都引起工作服左胸口袋里面的平面钥匙的碰击。

"呐，您现在信服了吗？"

"不！"

"我愿意领教。"

谢尔贤用手爬梳他那凌乱的亚麻色淡黄头发。

"矿工们在咒骂，他们害怕我们。"

"这个用不着您来告诉我。您究竟是相信什么呀，见鬼？我也同人们谈话。我知道，在每一个工地上说些什么话。我对于情况的了解，起码，您明白，同志，起码像您一样清楚。"

"那怎么样？难道他们不骂吗？"

"有一部分骂。因此对于问题就必须有更加严厉的处理。"

"那已经是更高级的哲学了。"

"您看见过这样的幼稚脑袋没有？"米贡发作起来了。可是勃尔佐查做了一个手势，好像吩咐某人停止一架发动机的样子，于是米贡沉默了。

"谢尔贤才25岁，因此他很糊涂。当我们已经搞罢工，同那些防御派互相扭打，黄色人物从四面八方向我们围剿的时候，谢尔贤还在土堆上玩他的橡皮弹弓。因此我请您集中注意力，工程师同志。"

他们等候火车头放完它那尖锐的汽笛声。

"矿工们的咒骂并不是因为我们严厉了，而是因为有人重新煽起了小广播的火焰。这是完全可以理解的。我们两个，副局长和我，都在留意着。只要普罗斯提一天还盘踞着他那矿长的职位，我们的敌人是感到相当安全的，同时我并不认为普罗斯提和这些分子之间有一种固定的接触。我也不相信，这个蠢才属于任何一个阴谋机关。我也不怀疑这里有一定的破坏组织在进行工作。不，我相信这种东西正在完蛋。"

"啊哈。"

"当然这里隐藏着某些人的利益。普罗斯提偏维护这些垂死的家伙，这就是那整帮坏蛋在那里放心乱钻乱撞的原因。现在我们把普罗斯提撵走了，我们预料着立刻就有谣言攻势，生产障碍、怠工行为开始。您得明白，这些人丧失掉他们的靠山，普罗斯提。您现在必须更加注意。"

"您还是不如马上告诉他在'科秋什科'矿场发生的那些故事，这就会给他说明一切，"米贡提议。

"什么故事？"谢尔贤的耳朵马上灵起来。他抬高头，在椅子上坐好，他眼睛里闪出了一阵强烈的、短促的光辉。

"噢，已经把他撩起来了。"

"那才是开始啊，同志。三天的时间我们经历了25次的生产障碍，有些是非常、非常……"

"那是什么性质的？"

"老样子。主要是发动机上的停电，此外还有输送带的'破裂'以及诸如此类的其他许多事情。您对于这种事是了解得非常清楚的。轮子从车上脱落，锯齿断了，橡皮管'擦穿'了。可是这些都不是主要的。有些地方我们竟发现橡皮管上有刀子的痕迹。总而言之，再也不能认为单是生产障碍了。"

"老天爷啊，要是我能够把这样的一个坏蛋抓到手的话！"谢尔贤叹口气说。"我将会把他扔到坑里去。简单得很——我推他一把，完事。"

"我的话还没有说完。这样，第一是暗害分子的进攻。被踩中的蛇是要咬人的。"

"要是我踩中了，那它在我矿坑里就不会再有咬人的兴致！"

"第二件事是局长查贝尔斯基对这些事故的影响。"

"他是到处闻名的。"

"对，他是到处闻名的。这位可亲的、老年的爸爸是用包容一切的、无阶级的同情装扮起来的，奇怪的是总是工人阶级吃亏。这位查贝尔斯基一片真心地为任何一件事难过，不管是给车撞伤的、真正值得同情的推车工人，还是在欺骗这种'好局长'的本领上已经锻炼得炉火纯青的老油子懒虫，他都一视同仁。他降低罚款，忽视我们的建议和要求，而且甚至于削弱那些正当的、正派的矿工的警惕性。长期搞下去只能有一种结局：闹出大乱子。"

"克秋克。"

"什么，克秋克？"米贡嘀咕着，他讨厌这一类含糊的字眼，因为他不能够立刻了解它的意义。

"是的，克秋克。关于横梁的弯拱原谅了他那么多次，直到他最后因此窒息而死。"

谢尔贤做出一个动物的动作伸伸他的筋骨。他还有一个青年的窄小的胸膛。他胳膊的肌肉在粗麻布底下却像链环一样印出来。

"呐，工程师同志，立刻，立刻！"勃尔佐查提醒他。"我还没有得到您关于我们讨论会提出的原则性的问题的答复：您现在信服了吗？"

"啊，是的。"

"那我现在还要谈一点关于我的生活的事情。1922年党派我去'巴托利'矿场。当时那里发生了不少坏事情。在拿德国马克兑换波兰币的时候，他们只肯给矿工交付辅币。结果是：罢工事件风起云涌！我当时认为，只要我恭敬地把职工的请求向矿务局读出来并说明相应的理由就够了。我很快就觉察到，恭敬地同这种人说话是什么意思。如果您能够看一看，看那个局长柯勒波恩怎样接待我们就好了！他手上拿着一条灌满铅的猎鞭。他们煽动警察来打我们。我们抵抗。他们就叫军队来。四位同志被打死，一大批受了伤。当时在场的一个医生名叫奇外恩无论如何不肯救治那些受伤的同志。可是当时我对应该如何同他'讲话'的问题已经不再怀疑了！工人们威胁着要敲破他的脑瓜，他立刻拿起小药箱，对受伤同志进行救护……呐！茨比歇克，对付某一些人只有一种办法：揍他！你懂吗，揍他！"

2

在克略格尔一家人的生活里面产生了特别的变化。首先是雷蒙德没有发觉到，特鲁德也没有发觉到，眼里看到的也好像一切都是老样子。雷蒙德晚上弯着腰，嘴里嘀咕着回家，像从前一样坐到那张铺着蓝青漆布的桌子旁边，咒东骂西的发一通脾气。特鲁德给他安排晚餐，听他发议论，照她的习惯不作声或者平静地望着他。黑夜，由于特尔津尼采炼钢厂的火炉发出来的火焰映得通红，一夜又一夜地在他们窗口溜过去。有时候碰到下雨，特鲁德就跪在桌子上面，关那上头的一层窗子。于是克略格尔捏她的小腿肚，善意地笑着。

可是就在这样的时候已经开始了那将来长成大树的萌芽，而且给他们目前的生活蒙上了浓厚的暗影。当特鲁德第一次注意到这种转变的时候，她觉得奇怪。没有一件发生的事能够促成这种转变。而且也说不出它是怎么样，什么时候开了头的。没有日期也没有特别的、意义重大的事故可以说出一番理由来。有一天她干脆把她丈夫的手推开，说："别胡闹。"

他们的眼光碰在一起。在克略格尔的眼里消失掉那戏弄的微笑。他那像玻璃纤维一样闪光的额头添上了皱纹。特鲁德当时想着：我什么也不能够再责怪他。我什么也不知道。可是他的爪子却必须挪开。

克略格尔不懂这个。他好几天都是讥讽地冷笑着。有一次他带回一瓶头等的烧酒，而且和解地说："曾经有什么东西把你刺了。可是跟你们婆娘们还有什么好搞的呢？人们从来就摸不清你们的底。拿一碗香菇出来吧，我给你带回了一点好东西。也许可以希望你喝一杯吧，是吗？"

"好吧。"

"你拿香菇出来吗？"

"是的。"

"你又来嘲笑你那个老牌懒虫了吗？"

"你真傻啊。"

当他们喝过几杯之后，克略格尔忘记了他老婆的恶劣的情绪。他解开衬衣胸前的扣子，胳肘撑在桌子上，像发高烧地细声细气地说："你不知道吗，在我们矿坑里简直是熬不住了。党什么事都要干预。今天因为一个通风门，你知道，那么一个安全门，闹得天翻地覆。那个倒霉的米斯科几乎说不出话。他们都向他提出指责，好像他是强盗一样。"

特鲁德拿着一个小酒杯玩。她问，并没有抬头看："通风门是防止煤气的，是吗？"

"防止煤气也防火。"

"啊哈，"这个女人说一声，皱起了眉毛。

克略格尔继续说下去："有时候我祈祷慈悲的上帝，求他把灾难降到那么一个家伙例如勃尔佐查的头上，或者让他瞎了眼睛也好。难道底下没有一个人能够把他干掉吗？"

"我认识那样的一个人。他笑起来也是这样，你知道吗？"特鲁德喃喃地说。"他的脸也是圆圆的，红红的，逗人喜欢。他的名字叫做，我记得是马齐阿克或者也叫做穆西阿克。"

"呐，还有呢？"克略格尔生气了，他不能容忍他的话头被别人打断。只要他说点什么，就应该所有注意力都集中在他身上。

"还有什么吗？什么也没有。他死了。他们把他烧死了。"

"啊哈，在营房里。"

"在集中营里。那是一个汉子。像他这样的一个人我还没有再看见过，他像是在病院里工作，实际上他把共产主义者集合在他的周围，而且在准备着某一些工作……"

雷蒙德站起来。他嚷道："你怎么样啦？你喝醉了吗？什么？你喝醉了，特鲁德！睡觉去吧！"

她终于抬起眼睛说："等着，现在好好的听着。就说这个马齐阿克……你听见了吗？我从来没有对这个马齐阿克存过一点坏心事。你知道，假如有人要对他……我可以把那个人的眼睛挖掉。对于这样的人是只有流氓坏蛋才能够打坏主意的。"

"呐？"

"现在，再没有什么了。"

雷蒙德这天夜里感觉到左胸口作痛。每隔几秒钟就像锤打针刺一样痛得非常厉害。他汗水直流，久久不能入睡，看见墙上闪动着一些电光。街灯反映在石印油画的玻璃里面。他反复想着：特鲁德搞什么名堂？他身边那张新换床单的卧床在她那平匀的呼吸之下吱吱作响……

三个星期之后他打听出来了，原来特鲁德去找过史克拉那的波兰统一工人党的书记处。第二天立刻开始对瓦尔齐沃工厂的老板进行了搜查。当时他请求特鲁德："特鲁德，告诉我，你不再爱我了吗？"

他从他的问话得到的唯一的答复是一下懒洋洋的挥手。他等候了几分钟，同时痉挛地一开一阖地动他的手指。最后他畏缩地把问题甩出去："莫非你在书记处那里把麻烦找来了？"

"那干你什么事？"

他猛烈地咽口水，"特鲁德……你跟他们走吗？"

"你真蠢啊。"

他开始叫起来了："你也是这样的一个人吗？什么？你莫非要找好日子过了？你的丈夫害你丢脸！当然啰？一个二流子嘛！你相信了他们的话。是的，一定。你相信这些畜生的话，说我什么也不顶用！"

特鲁德站在他面前，注视着他的不安的表示。这个小人在一刹那间引起了她的怜惜。在她想象中泛起了那被迫害的、受欺骗的矿工的形象，党的牺牲。在很短的一瞬间她觉得，他的嘴角的歪斜的确是一种痛恨的表示。不管这一切——他的生活看起来总像是坏的。可是她控制住自己。

"这里是你的干净的袜子。可是先洗干净你的脚。不要嚷得这样子……别人都跑拢来了。"

接着事情果然发生了。乌尔苏拉，柯可特的妻子，来了。她进门的时候，特鲁德站在灶面前，正在摇一个泥罐子，里面黏住了潮湿的盐。她们无言地伸手表示问候，彼此沉闷了一段长时间。乌尔苏拉开始说话："我不想拐弯子讲话。我来是为了一件公事。从前，还在一个月之前，我还不会来找您。"

"那为什么现在一下子来了？"

乌尔苏拉把她的面孔朝着窗口。她轻轻地回答："人家在书记处告诉我……"

这位主妇紧张起来了。她皱起那漂亮的、浓密的眉毛。"书记处同你有什么关系！你们疯了吗？关于他的事情已经完结了。特别委员会……鬼迷了他！工厂打上了印。那还有什么事呢？"

"关于矿坑的事。"

"这样吗？"

柯可特卡从桌子那边把椅子拉过来，不等别人请她就坐了下去，把她膝上的衣裳拉服贴。

"打开天窗讲亮话：矿场完不成计划。"

"也许是的。"

"帮帮忙呀。"

"我吗？"

乌尔苏拉忽然间转到"你"字称呼上面去。她说得那么柔软，那么温暖，只有妇女在对孩子讲话的时候才能做到的那样："你本来是领到了师傅证书的，你本来是技工师傅。我认识一个从比托姆来的名叫弗莱塞的人。你们曾经一起工作过，还在战争之前。特鲁德奇卡，他曾经和我谈过你很多的事情……"

"他说什么?"

"他能够告诉我什么,你自己知道最清楚。"

灶头上大锅里的水烧得大开起来,不一会又炸开那么一小块煤。特鲁德不从灶头回转身。她的肩膀是不动的。她那双像男子一样张开的脚站牢在地板上。虽然这样,特鲁德实在是受到了太深的激动,乌尔苏拉知道这点。她继续说下去:"在矿场里有两个师傅病了,病得很重。其中一个害了肺结核。矿场应该从哪里去招请师傅呢?"

特鲁德的答复可出人意外:"我知道这回事。有时候……有时候我问过那些人。"

"关于矿场的事情吗?"

静默。过了一会:"是的。"

她望着那从锅里喷出来的水蒸汽。那些白色的微云化作不平衡的波浪升起来,越来越快,越来越猛。特鲁德说:"我预感到了,事情一定要发生。我还是常常想起,人们有一天会同其他的……雷蒙德和其他全体……因为他总算是……我可怜他。"

"你上矿场去吗?"

特鲁德望着灶头顶上那个壁架上面放着的那个空瓶子。玻璃沾上水蒸汽变得浑浊了。乌尔苏拉催她:"同意了吗?"

瓶子里面是一些咖啡点子。特鲁德想起了:我还得把它洗干净。然后她又盘算:谁来替他煮咖啡呢,要是我……?她生硬地答复乌尔苏拉:"呐,今天话总算扯够了。我们下一次再谈吧。我要到消费合作社买咖啡去。"

这一天夜里和以后几个夜里她狂热地吻雷蒙德,失去理智似的,不时反复耳语:"雷蒙德,雷蒙德……"最后一个夜里她忽然停止了她的爱抚。她的声音沙哑了,当她绝望地说这句话的时候:"什么名堂都再也搞不出来的了。"

雷蒙德,本来是仰卧着的,轻轻地转动一下。他懒散地笑道:"什么名堂呀,特鲁德奇卡?"

她用疲倦的声音向他说明:"我们再不能够共同生活下去了。那是困难的。一切……都是一场误解。"

3

在那砌上砖的平窿里面,特拉赫登堡的脚步声就像是空洞的咳嗽。他沿着小车的长长的行列走,车里面已经坐着整个区段的职工,等候开车去上班。那些夹在矿工膝头中间的矿坑灯只照着他们那些破烂的裤子和黑皮鞋。

挖煤组长齐伦一颠一拐地跟在工长背后，他注意保持一定的位置，既不至于赶过他的头，又不至于落在后面。特拉赫登堡每到一节车就停下来，照亮矿工的面孔，拿那些人名同他的名单做比较，于是想起来："你还是像在绞盘那边一样地工作。你在斜道的上面，你在下面，你知道吗？那个拉绳的哪里去了？"

"那边，在另一节车里！"齐伦恭敬地说明。

"我们推车工人太少了，岂有此理！只有八个吗？"

"有一个病了，工长先生。"

"齐伦，检查一下坑顶的安装工作，你已经知道，我前天说过的地方。在硐室那边！那边的工作总不能开展！同他们一道到斜道那边去。不要放松。我上煤壁那边去，去找柯可特。"

当火车头发出了开车的信号放声吼叫的时候，特拉赫登堡还再补充一句："哦，检查一下七号那边的那些车台①，齐伦，听见了吗？"

"听见了，工长先生。"

那些小巧的、像玩具一样的车子抖起来了，转动了。特拉赫登堡把脚搭在最近的那辆车的门坎上，喘呼呼地嘟哝着："帮帮我忙，喂！"

他们把他拉进车子的内部，外面已经有行车的疾风刮进来。下面的空气发出搀水的木头和老年的臭水一样的气味。车里面坐着两个装煤工人，鲁特卡和叶德拉什科，两个都沉着脸，不说话。他们啃着面包皮，不抬头看一看。从前工长是不会想到去问一问他们生气的原因的。一个提升为工头的矿工常常会变成一个硬心肠、不易接近的煤矿中的贵族。这是传统。可是最近几个月以来"安娜·威罗尼卡"改变得很多。特拉赫登堡扯起他那带红色的小胡子的尖端穿过他的牙齿，嘟哝着说："你们怎么样啦？"

"谢谢，健康"，叶德拉什科回答。

"你始终是这样的，没有关系。可是这一个黑家伙……鲁特卡！先不要大吃，我有话同你讲！"

"反正我可以听见！"

"你喝了酒闹头痛吗？"

阿尔柏特迟疑了一会，然后才证实一句："我头在痛。"

---

① 指那敞运车自动推进的设备。

"干吗喝那么多?"

"我没有听柯可特的话……现在是脑瓜要爆炸的样子!"

"你看。"

特拉赫登堡同他们一道去八号煤壁。那里正在轰雷闪电的闹着,他们只好在上山坑道里等候。黑色的灰尘打到他们面上来。那由于爆炸压缩起来的空气逼到了他们的耳朵。柯可特向他们迎面跑来,为了表示欢迎他们。他面孔上堆满了一片笑容。

"了不起,四条平巷都爆开了!嗨,不过是这样飞散。菲列克今天钻起孔来真像是风驰电掣!"

煤田因为爆破差不多给填塞满了。特拉赫登堡现在再没有那种鄙夷不屑的神气,也不再说:"勉强凑合还可以,虽然我还可以做得更好。"他们的劳动热情使他惊奇、使他迷惑,对于那些向他们学习新的钻孔技术甚至于安装炸药的人们还没有找到适当的共同语言。他迈开小脚步走到工作的现场,勃拉契克和菲列克正在那里充满了欣欣鼓舞的心情喘呼呼地用钻孔机去攻打矿层。

据他看起来,好像他们把炮眼打得距离太远似的,至少是远了两倍到三倍。这就不能给他们挖出足够的煤。可是他不敢表示他对这一工作的意见,只好等着瞧新的爆破。他暗地里吞下了他的失望,一种基本上是愉快的失望,因为那些货品像一座街道防御工事一样从地面堆到顶板。柯可特眨眨他的眼皮,把他拉到一边说:"菲列克那个家伙炮眼打得好吧,不是吗,工长先生?"

"是的",特拉赫登堡说,他现在不再表示,例如"……假如你考虑到……"之类的反对的话了。

"您也知道是什么缘故吗?"

"我不知道。"

"因为他在闹恋爱。"

特拉赫登堡吞下了一口痰,正如全世界所有吸烟斗的人一样痰也在他的喉咙里积起来,他恼怒地说:

"达勃罗夫斯基可是一个鳏夫。他有过一个老婆,他有孩子。他应该害羞。"

"您说的是什么啊?那已经是过了五年的事了。他现在是孤零丁一个人。"

"这是怎样的一个女人,这一个,这一个……"

"她叫做克略格尔,或者叫做阿当采夫斯卡,或者类似的名字。她现在同我们住在一起,让她的汉子滚蛋。您认得他吧。"

"克略格尔?像脖子里的脓疮!这样的混蛋是不那么容易忘掉的。他现在下午下井。"

"是的。而她和我们住在一起。她总是发怒似的，不说一句话。她整天都在场地里。菲列克那个家伙呢，您知道，他眼睛里流出了泪水，同情她，在她周围做包打听。他反复地告诉我们，说什么全世界没有一个女人有像她那样的眼睛。"

"呐，废话已经说够了"，工长做了决定，虽然他多听一些对他来说已经是属于长远的过去的事情是很舒服的。他看一下表，开口说："柯可特，我对你们有一个请求……"随即又打住了。维克多以为一定是关于钱的问题。什么话，他们集体的人挣的钱比一个工长多两倍。

"假如……无论如何我喜欢随时准备好。"

"呐……那就……"

"说出来吧，不必有一点拘束，工长先生。"

煤的长河，不断流到溜槽上去的煤的长河，妨碍了他们的谈话。勃拉契克已经从远处叫唤柯可特。特拉赫登堡摆出他的最庄严的神色。他挺起胸膛，拿他那严厉的眼光盯住维克多，为了加深他说话的印象，于是他这样说："我请求你们，今天晚上三个人一起穿起你们的节日衣服，帽子插上羽毛的装饰物，唔，凡是应该有的——俱全。跑去找第二班的工长查克尔采夫斯基，告诉他，说……说特拉赫登堡工长向他提出业务竞赛的挑战。这样，业务竞赛。"

他说完之后想立刻走开，可是又想起了一些重要的事情。他又一次回转身："啊哈，还告诉他，要他为更好的那个人，胜利者想出一件奖品来……我……唔，我对这种事是太蠢了。"

他随即飞走，像风里的一片羽毛，飞入上山坑道，柯可特摇头摇了很久。

一年之前他还不伸手给我……可是人们觉察到，他是一个好人。不过是查贝尔斯基和其他一些人把他的头扭歪了。

他冲到他的炮眼那边去，当他折断他第一支沼气棒的时候，他听见菲列克的声音，他隔着钻孔机对准勃拉契克的耳朵嚷道："……这样的眼睛，像是秋天的天空。我恨不得整天反复对她说：'特鲁德，特鲁德奇卡……!'"

4

查贝尔斯基现在觉得在矿坑那里是出奇的不舒服。不止一次地他在办公时间未完之前就溜回家去。自从史切潘走了之后，矿务局给他一个太不友好的印象。现在再没有人对一篇关于落后的部门的报告漠不关心地一摆手解决了它或者评论米贡说："傻瓜，的确……"党的人现在掌握了矿务局，对他们来说，每一吨煤差不多就是一宗刑事案件。新的矿长连喝一杯下午咖啡的时间都没有。现在出现了为劳动竞赛和社会事业的年轻的、坚毅的评论员。他们没有幽默的理解。那一位佩着从卢布林到德累斯顿的路上获得的勋章的绶带的青年拿矿坑和前线作比较。第二位又为临时宿舍的床单进行顽强的斗争，他坚决主张这也是关系到完成计划的、同局长的意见对比一下，那么，顺便说一句，这两位是有道理的。

那用黄色葡萄叶缠绕起来的别墅，花园，长着丝绸似的针叶的喜马拉雅松和栗树的硬节变种的花园；阴沉的楼板，凉快的餐厅，这就是查贝尔斯基的世界。这一个青绿的和奢侈的安乐窝是多年以前吉舍康采恩的代表布置起来的，他有时住在这里，以便就近控制矿务局。在这安乐窝的周围响动着里戈塔。褐色和黑色的煤烟在天空中交织着。矿工们急忙地穿过大街去上班。汽车司机日夜开着他们的载重汽车风驰电掣地驶过。

查贝尔斯基随手关上花园门，微笑地说："这样，现在你又回到你家里来了，查贝尔斯基，只是你一个人，一切都再也不干你的事了。"

他像一只大粪甲虫一样在小树丛中间穿来穿去，吸着香烟，望着那些鹡鸰鸟，它们已经有几个星期想飞到南方去避寒了。有时候他望到大街上去，愉快地问候一个在他的小屋子里面看《论坛报》的残废军人，而且等候罗济奇卡从卡沃维采回来。4点左右这个姑娘在市场站下了公共汽车，迈着昏睡的脚步回家去。她把书包扔在露台的阶砌上，漠不关心地嘀咕着："感谢上帝，最后一年，然后还有毕业考试，代数是已经够受了"，或者："我还是得加入波兰青年联盟，不然的话学习是没有意义的，我相信。"

查贝尔斯基微笑地眨紧两边的眼角。

"大不了你就去登记……虽然你在那里也会像你爸爸一样几乎谈不到通过共同工作来出头。我们属于那垂死的古代人，另外又有了新的人种，社会人……"

这一天他告诉她，说里姆启维茨科长要来吃晚饭，请她吩咐那个女管家，准备"一些可以欣赏的"东西。客人在太阳西沉的时候到来，不停地转动他的下巴，用他的手绢抹他的夹鼻眼镜。他不愿意留在花园里，因为晚风损害他的肺。他在饭厅里捉住查贝尔斯基的胳肘好几次。

"哦，哦，这才是家具，唔，正像我从前夸奖它的一样。古老的丹泽家具。它使我记起我的童年。"

"不方便……要把尘灰从卷花里面抹掉就很困难，"罗济奇卡怀疑地表示意见。她拿起一本书放在膝头上，装模作样地一页又一页地看下去，根本不理会那个老头子。虽然他穿得很讲究，她也什么都不了解他，她看见他就想作呕。里姆启维茨是矿坑里面最静默的又是最不眩眼的人物之一。当他来找她的父亲，一连好几个钟头噜里噜苏说个不停的时候，她是很不愿看见他的。

查贝尔斯基低声笑她。里姆启维茨扯淡地说："圈椅那里坐着一个美人，唔，那是谁呀？"

吃晚饭的时候比较容易聊天。那一只带着穗子的电灯发出来的光圈把他们像巧克力糖放在糖果盒里面一样围起来。那个干瘪的、给风湿痛弯了腰的客人具有一种特点，不让他的视线越出他夹鼻眼镜的范围之外。只要他眼光一向着安奇拉猫，它就要害怕。他下巴的深凹好像是一道剑砍的伤疤。他用尖刻的语调纠正每一段谈话或者提出补充的意见。第一个纵队是从第八普鲁士骠骑兵联队起源的。女孩子到了罗济奇卡的年龄应该提防胡椒黄瓜，因为它会过早地唤醒"上帝的意志"。说起这种劳动竞赛，那是骗局。他看透了这一套。据说他在瓦尔勃尔济赫已经看见过。至于勃尔佐查呢？呐，说什么，那本来就是一个刑事犯。

"怎么说是一个刑事犯？"罗济奇卡放低声音问。"一个刑事犯吗？"

"他坐过6年牢，在科罗诺沃和武隆基"，里姆启维茨解释说，每一个字都加重了语气。他给他的声音染上这样的颜色，似乎他要向人家示意，6年的时间还是太少了的。

"您夸大了，同事"，查贝尔斯基笑了。"对于一个因为政治上的原因坐牢的人是根本不能够管他叫刑事犯的。勃尔佐查是因为政治事件坐牢的。"

"呐，当然，当然，我同局长先生的意见一样。可是无论如何在这位勃尔佐查身上却留下了一点什么，某种程度的恶意，局长先生一定也会觉察到。"

"我认识那位勃尔佐查先生吗，爸爸？"

"不，你只认识米贡。勃尔佐查还没有到我们家里来过……可是他身上是不是真有什么恶意呢？我不知道。他是一位有趣的家伙。我对有趣的人们总有一点软弱。虽然勃尔佐查也具有一点无情的东西。是的，他身上还有别的什么。有时候我相信是了解他，有时候又不是。"

里姆启维茨用调羹去取生番茄片。听到查贝尔斯基的末一句话他楞住了。他的神气就好比一个江湖演员。他慢慢地把他那闪光的夹鼻眼镜从生菜盆转移到他主人的脸上，这位主人又不得不从他心底里承认，这一场戏不仅是一幕喜剧：这场戏约莫像是烂浆，像是泥泞，腐烂的树叶……同时使人感到内心的战栗。

"这些人，哼，不知道同情，对任何人都一样。您不要让他们骗过了。对您也一样。"

罗济奇卡的思想像受了惊吓的鸟儿一样乱做一团：这根本就是昏话，我既不是在请神会上也不是在沙尔柯医生的工作室里。他根本是一个十分平凡的老糊涂，一个讨厌的糊涂虫。

"您不要把黄油拿近一点吗，这样很不方便呢，同事。"

"不要紧。我们两个人一天比一天受到更大的不愉快的刺激，不是吗，局长？"

"您立刻就要去送 100 次丧吗！这一切都并不是那么糟。不错，现在在矿务局正好比在北极，连找一个人来一道喝咖啡也再找不到了。"

"说得更正确一点：像在西伯利亚一样。"

"就是这样说也可以。"

"再不会要很长久，局长，再不会要很长久。每一棵白桦树都有一天要落掉叶子。"

"啊，里姆乔，里姆乔，我告诉您：对我来说，那根本上无所谓。这个人或者那个人也许还有倾向旧时代的要求，在他心目中过去似乎是一个天堂，带着'美国制'的商标的天堂。我是一个老人，您知道，里姆乔，我再也不能学会捕捉黑人或者贩卖可口可乐。美利坚和我有什么相干。对我来说这就完全像饭厅里玩花的意义一样。"查贝尔斯基嘴唇怨恨地下垂，耳朵发红。他像是自言自语一样粗声大气地说："里姆乔，您知道，我们坐在一列火车里面，火车却没有行驶计划。我们知道在某个地方总得出岔子。呐……于是乎……砰！……我们永远完蛋。因此，谁来驾驶我们的火车头，岂不是完全不关重要的吗？把列车驶进虚无乡……我们还是不如喝喝茶，这还是给我们留了下来的。茶、书、桌子上的电灯……呐，怎么样，我们喝吗？"

"等一等"，里姆启维茨冷淡地回答。他重新中止了吃饭，像俾斯麦一样朝前面呆望着。"我刚才正在谈到勃尔佐查。顺便说一句，他是一个有趣的人。他知道一大堆好听的笑话。他是一个体胖力强型的人。对于体胖力强型的人比对任何别的人都好信任，唔。"

一只误了时间的大灯蛾在围着桌子坐着的几个面孔之间来回翻飞，在减弱的灯光底下它很像一小块抹布。人们有这样的印象，似乎它从它的翅膀抖黑灰。里姆启维茨又把话头接上。

"有一个问题，局长。"

"怎样的？"

"您知道谁是黑教皇吗？也许您知道吧，罗济亚小姐？您没有学到过吗？"

"请您饶了我吧，我不知道。"

"他们这样称呼那个耶稣教团团长。黑教皇。他在某一个时候比真正的教皇还有更多的发言权。黑教皇。勃尔佐查就是我们矿坑里的这样一个黑教皇。他比您还有更多的发言权。"

"我们是开玩笑的吧，里姆乔，不是吗？"

"我们不是开玩笑。您捉住那只灯娥吧，罗济亚小姐。呐，请。现在，请您拿一张纸餐巾去捏死它吧，您还在等待什么呀？"

"可是，可是！为什么应该由她去捏死那只灯蛾呢，里姆乔？"

他们等待着。罗济奇卡紧张地呼吸着，最后说："我不捏！我不愿意捏死它，我不捏死它！"

"还是您吧。您去捏死它。这样……现在我可以请您斟一杯茶吗？怎么样？"

罗济亚捏死了那只灯蛾之后，饭厅里的情调是尴尬的、窘迫的。有相当时间，可以听到那在酒食桌底下玩着的猫的声音和那现在加倍讨厌的里姆启维茨的音调："勃尔佐查是一个十分可亲的家伙，像您亲爱的局长所正确地指出的一样。虽然他是体胖力强型的人，他还是一个坏人。坏的人们领导着'安娜·威罗尼卡'，坏的人们！没有心肝！一切事情都以工人的名义弄出来，同是工人，有的却因为口袋里有一个火柴盒受到了可怕的惩罚。"

"我已经把惩罚减轻了"，查贝尔斯基插嘴说。他一条心只在盼望客人快点走。我再也不请他了，他打定了主意。

"一切都得罚，不是吗？为了一两天不上工，为了一条霉烂的偶然和别的混在一起的支柱，不是吗？为了车轮上的一点点煤灰，怎么样？难道不对吗？"

"您从哪里知道这许多？"

"2000 兹罗提啊，亲爱的局长，为了车轮上一点点煤灰，如果我没有记错的话。"

"不错，可是在矿务局规则里面还没有这样规定吧？"

"好像是米贡自己对我说的。"

"我也觉得这是太过严厉了一点。这个克略格尔偏偏是总有运气，碰上了米贡。那还有什么办法？首先他根本就想把他撵走，后来他调他去洗煤部，以便把这个家伙骨头扭坏，反正他目前已经害着风湿病，这个克略格尔。我听从您的建议，由我负责任把这个倒霉蛋从洗煤部调出来，再把他调去管理输送带。可是您看，里姆乔：第一个星期之后，米贡又已经找到他，罚了他一次。这个矿工真是一个倒霉蛋。"

"一个倒霉蛋，的确"，里姆启维茨讽刺地模仿他。

"真的，一个倒霉蛋。"

"可笑。"

"里姆乔，您说话的时候不要老是猜谜语似的……"

"好吧。那您就听着：党在迫害着某几个人……"

局长糊涂了。是的，对头，某几个人……普罗斯提，唯一合情合理的人，你可以同他谈论煮咖啡，谈论一部交响乐或者乳石。"我必得照顾这个克略格尔。顺便说一句，他们已经第二次或者第三次把他转到我这边来了……"

"注意"，里姆启维茨打断了他的话。"罗济亚小姐，请您不要因此难为情，请您原谅，我连那和我不相干的事情也干预起来。可是您那件漂亮的衬衫已经从您的毛线衣底下伸到外面来了……"

到他终于走了之后，他们俩，爸爸和女儿，感到了精神疲惫不堪。

"一个使人恶心的家伙"，罗济奇卡嘀咕着。"我宁可让我的猫在我的周围，我那些神妙的猫，它们的眼睛和它们的小鼻子。"

5

克略格尔拼命叫苦和叹气，可是骨子里他是满意的。输送带的工作不像洗煤部那样叫他吃那么多苦头。在那边他必须在泥泞里钻来钻去，搭起高的板壁，以便防阻洗煤部的泛滥，必须把沉重的梁木从一个地方扛到另一个地方去，必须无间断地听从纵队长查贝尔斯基咒骂的洪水从他头上流过去。

管理输送带比较简单也比较不使人疲倦，尤其是对一个并不关心设备的真正的照顾和保养的没有良心的人是这样。那条盛载煤流的橡皮带随时都会裂开。于是那个矮胖的师傅就带着两个助手赶到出事地点来缝补胶带。一只大平钩把那些破裂的部分合上口。经过一小时的工作之后，他们用螺旋钥敲打管子，就有一个无形的人物在这些道路交错的迷宫的某处接上了电流。输送带又继续动起来，转下去……到它下一次再破裂。这类的间断对克略格尔是非常合适的。他还不会缝补，因此他总是紧张地转来转去，造成一个公务繁忙的人物的印象。他的主要任务是保持输送设备尤其是辊筒的清洁。这些橡皮带在成百成千的辊筒上面移动，这些辊筒使人想起综合技术学院大学生保存他们图样的纸板筒。每隔几步的距离就闪烁着这样一个绕着轴心迅速地、持续地旋转的辊筒。煤块像平静海面上的船一样在它上面滑过去。可是有时候会有一块煤撞到了支柱因此掉在地面上。如果真是引起了注意，是不会有任何事故发生的。

克略格尔曾经听到了清楚而明白的嘱咐："你的无可推诿的义务和责任就是保持辊筒的清洁。你不许听任辊筒附近积聚起煤灰。懂吗？煤灰，那就是火！"

克略格尔严肃地点头："我可不是这样的蠢才！这又是什么意思！每个人都知道，辊筒上面是不许有一点煤灰的。"

过后他就踱进石门的暗处，用他那装在头盔上的灯去照亮石门。表面上似乎是在检查输送的设备。实际上却完全是另外一回事。他寻找一个发出石墨气味的凹壁，坐下去打一会瞌睡或者偷偷地抽一支香烟。他最大的快乐就是在区段的尽头徘徊观望，因为要从这里把他叫去干点什么活是很不容易的。

实际上他心里很害怕。那里包围着他的沉寂使他感到了恐怖。可是他宁可忍受这样的恐怖，也不愿去清扫旋转舞台旁边堆积的煤。有时候他也抹抹一两个辊筒的煤灰。特别是在师傅经常检查范围之内的那一些。至于远一些的地段就马虎得多了。

特别受人欢迎的休息地点是石门——不知是根据什么原因——人家都管它叫"毛虫"。他用他的灯，自动开关灯，擦灰的刷子和一盒"大力牌"装备好了，就沿着输送带走去，对着向他流过来的煤吐口水。推煤车的叫喊和列车的碰击的声音逐渐地在他背后消失了。他安静地从一个辊筒走过另一个辊筒，在嘲笑师傅的规定。汽缸的铁皮烫得冒烟。摩擦，连续不断的、尖锐的摩擦像火一样把辊筒烤热了。克略格尔的唾沫碰巧吐中了一个辊筒，就会听见一下短促的苏苏的声音。辊筒在支架里旋转，支架上积牢了灰尘，这些灰尘受到了高热总是轻微地颤动看。雷蒙德知道，这些灰尘的一小片就能够烧坏手指。这个并不怎样感动他。虽然他受过几次的检查，而且每一次都受到严厉的警告，可是一切都没有用。没有一次处罚使他的口袋轻了一些，恐吓是没有意义的，因为局长虽然常常对他有恐吓的表示，却并不真的使用他的职权。呐，干吗多卖力气呢，见他的鬼！

输送带从第八号上山坑道的黑洞穴开始。输送带在铁鼓下面伸出来，装上了那从上山坑道的溜槽滚出来的煤——那简直是石块的黑色瀑布。

末一段溜槽的床像舌头一样从上山坑道的颈部伸出来，整吨整吨地把煤吐出去。煤从眼睛望不透的黑色那里流出。300公尺的溜槽好像发着猛烈的痉挛，把煤甩进输送带。

谁照一下这条咆哮的道地的深处，他面前就出现一幅图画，好像看一条凶野的溪水在春天显它的本领。一条硬块的紧密凑合的长河。掘出的货品的黑色的结晶迸发出冰冷的火花。它们你压我挤的，互相冲击，从溜槽冲出去又发散开。

在这条溪水的源头，有不少人们在工作，从这里是看不见也听不到的。跨过第八号上山坑道你可以达到一个煤壁，这个时候正是拉波克纵队在这个地方采掘。1小时出煤 60 吨！这不是小事情。集体队员把它从矿层挖出来，把它装到溜槽上，这条溜槽沿着矿场来回飞动。它越过溜槽继续溜下了上山坑道，直到它几分钟之后在克略格尔面前倾泻到输送带上面去。

雷蒙德正在竭力嘲笑那后面的人们：他想道：我是少有的狡猾头！他们在那边做到双手酸软，我站在这里却双手插在口袋里，什么也不干，干脆就什么也不干。全部的煤什么也不干我的事，辊筒，输送带，工作，什么也不干我的事。要做到这一步就必须是天生的雷蒙德·克略格尔，我的先生们！

然后他又自得其乐地想道：现在呢，雷蒙德·克略格尔，来一支香烟吧。这里没有煤气爆炸。全部煤气都是查贝尔斯基局长的捏造，可是要克略格尔相信这一点，我可是太狡猾了。

他把工具放在坑道墙边，慢吞吞地蹀进了"毛虫"。转送带、鼓轮、上山坑道的出口和煤炭瀑布全给扔在背后了。他更深地走进石门，在调运站退后几步就有一个通风门标志着石门的尽头。从前这个门曾经是一个像样的、牢固的门，它可以说是整个区段的保障。它有什么用是想象得到的，再简单不过的。起火的时候应该在这个门口把烟团和毒煤气堵住。他后面"毛虫"的区段就能够免于烟气的袭击。现在它却只有象征的价值。虽然米贡闹过了，它还是没有修理，虽然没有比这个更简单的事情。

这个通风门在矿坑计划里面被认为对烟团和煤气的通行的不可克服的障碍。实际上却给提供了一个悲惨的景象。工地安全评论员，米斯科举手一挥：这种情况必须改变。——可是他并不改变。在这个安全门，实际上大可以称为不安全门的后面，就是雷蒙德的"吸烟室"。他先周围望一遍，看"毛虫"的黑喉咙里面看不看见一盏矿坑灯的灯光，然后他就安心地溜到板壁的后面。这里可以逍遥自在地吸烟。当然最妥当的办法是连灯也给熄掉。一个人没有灯在矿坑里就要变成鬼。他在别人心目中已经不再存在了。只要他站在一条隙缝里，好几百打从前面经过的矿工就完全觉察不到他们的同事。

灯的熄灭意味着行动的开始。他自己是不会被人看见的，可以秘密地观察别人，偷听别人讲话，自己却隐藏起来去盯别人的梢。

雷蒙德来试它一次。他扭熄了灯。立刻感到了恐怖。他摸他的手。他看不见。即使他感觉到它的存在，那又有什么用处呢。他又开了灯，抹去额头上圆溜溜的害怕的汗珠。不，要做这样的事他还是一个太过分的胆小鬼。

吸着那支沾上了唾沫的香烟，他在"毛虫"里踱方步。他知道，如果他继续向前走，他首先就要走过九号上山坑道，"瓦琳斯基"矿场的地平线伸展到这里就是尽头。在上山坑道后面"毛虫"渐渐变窄，通过岩石成为一个低的裂口。在这个裂口后面，在一公里的地方，是"科秋什科"矿场一个采掘段的热闹地带。可是这引不起克略格尔的兴趣。他根本没有一次走完最后一处的上山坑道。他走到半路就站住了，回头走了。

他旁边有约莫300公尺的沙。这是那用泥填塞起来的、已经采掘完了的地段。纵队的人一天比一天更向前进。他们咬住矿层不肯放，挖开它，爆开它，在广阔的战线上继续向前进，同时也和"毛虫"离远了。他们向前推进而且把上山坑道的两边岩壁这样铲下去，所达到的速度是里戈塔从来没有见过的。半年之后他们将要前进300公尺，一年之后就要前进600公尺了。雷蒙德也正因此不喜欢他们。

这样，香烟是抽完了，现在再来一杯咖啡，然后我们就回师傅那边去。师傅一定会为那迂腐地，的确，为那迂腐地完成的工作夸奖我们一番。

当他背后一阵急促的亮光强迫他回转身的时候，他正在要到充满闹声的石门去的半路上。那阵亮光异常强烈，蜥蜴从辊筒跳上输送带，又在输送带上面跟在雷蒙德后面走上来。他用尽平生气力用螺旋钥敲那空气输送管，嚷着，打闹着。过了一会有人关上了发动机，输送带停止了。起初，输送带不过烧着了一小片和那盛在上面的煤。本来他还来得及用他的工作罩衫或者附近安全间里的石粉扑灭火的苗头。可是克略格尔却什么都不做。他站在那里，张着嘴巴愣着看。颚骨一抽一颤的。他感觉到尿泡里割了一刀。他的呼吸像一个游泳家比赛过后一样的急促。

输送带里面流出了树脂和油。那在进行中受到阻碍的输送货品继续不断地、旺盛地烧着。忽然间火焰向一根带脂的支柱伸出了它鲜红的小舌头，支柱上那干的皮丝引上了火种。

火焰围绕着树干正好比红色的葡萄藤蔓。现在火跳上了横梁，在横梁上摇摇晃晃，像一只松鼠一样，再也不下来。穿过"毛虫"的过道已经被火堵住了。

6

那只老鼠从午饭时候起已经不安静了，现在开始吹起了哨子，咬它的小链子，把拉波克吓了一跳。他把那灰色的"小团子"放在架子上，然后看一看周围的人们。他们还一点没有预感到要发生什么不幸的事情。溜槽的呼吼，像是迅速的锤打，压倒了古巴的哨子。只有矿工斯孔涅奇尼和勃里克萨向拉波克回过头来。

"古巴，你害怕什么呀？"

老鼠忽然伸出了小尾巴，翻身跳到地面上。颈链把它拖牢了。古巴在链子上摇来摆去，像一个被处绞刑的人一样。拉波克把它拿在手上，这个小畜生的颤抖叫他自己也好像有一阵冷痉扑上了他的背脊。

"也许它……也许它需要溺尿去吗？"斯孔涅奇尼考虑说。"让它下去吧。它应该放松一下。"

在这一瞬间溜槽停止了。

勃里克萨想道："有什么东西不对头。好耶稣呀，我完全不喜欢这样。"

拉波克不知道，他应该做什么好。一开头他莽撞地下命令："不要开玩笑！快点，看你们快点把裂口弄好！勃里克萨，继续挖下去！"可是没有一个人动。在寂静中古巴强烈地要求释放。

"呐，小伙子们，那边会发生什么大事情吗？山崩吗？那我们应该会听见。那一定不过是普通的生产故障。"

他们中间年纪最大的那个两颊丰满的矿工斯孔涅奇尼提议："派一个人下去，看是什么事。"

那个长着歪鼻子的木工一手拿住灯就消失在平窿的黑暗中。他们等候着。勃里克萨怀表的滴答的声音在这静寂中好像内燃发动机那么响。矿坑里面的人们有时会受到一种恐怖的袭击，理由呢，他们也说不清楚。他们恨不得把工作和工具一把抛开，上去，跑掉。

他们忽然听见在上山坑道里面有一声拉长的、由于距离的关系减弱了的叫喊。

"他在叫！拉波克，他叫出了一些什么话！"

他们在煤壁的进口附近汇合成一堆。他们后面的反射镜在工作地点上面发出强烈的火光。在斜道之间装起来的铁丝的绝缘设备发出绿色的光。一切都保持寂静。

"烟！"叫声从上山坑道那边向他们传上来。

"烟!"

"烟!"

"神经的玛丽亚！快跑！"

"呐，好玩得很！现在可抓住了我们了！"

拉波克同他自己的害怕做斗争。他觉得，他怎样做才会发生很大，也许非常大的影响。他把他的头发朝后面拨过去，把那些在喉咙里卡住他、妨碍他说话的一切东西都咽下去。他叫道："安静！"

"你自己先静下来吧，小鬼！"矿工们大声嚷着。他们已经把衣服和工具收拾好了。有一些向正相反的方向跑去。

"安静，同事们……"

在他周围已经空了。剩下来的只有年纪大些的，勃里克萨、斯孔涅奇尼和那个他们派他去打听消息的小伙子。他们四面张望，无法可想。

话又说回来，如果某一个地方真的烧起来了，实在也不需要造成恐慌的气氛。那个小伙子说，烟是慢慢地移动的。当他发觉到他透不过气，而且在矿坑灯的灯光中觉察到烟雾的手的时候，他就跑回来而且跑过烟的头。到现在为止烟团还没有推进到这里来。

勃里克萨的卷心菜式的头红起来了。他转着舌头，他那像湿水布片一样下垂的面颊颤抖着。他已经在矿山里干了 40 年，他考虑着：如果烟移动得那么慢，那就……可是他不让他的思想走到尽头。

拉波克想重新把指挥工作担当起来。他的嗓子比先前还要发不出声音。他们根本不理会他，只是在互相出主意，他们终于决定了："我们跟别人穿过第九号上山坑道走，然后从'毛虫'里面向右边拐过一段路，再穿过那个裂口走到'科秋什科'矿场。"

那个木工不断地舔他的嘴唇，像孩子一样地点头表示同意，同时他又是紧张、又是害怕地连眼睛都突出眼眶了。

"呐，那就走吧！"拉波克镇静地说。挖煤工人们把他拖住。

"安静要紧，我的小伙子！要就是一切都对头，要不然我们根本用不着赶。把反射镜拿着。这是一件值钱的东西，这是不许丢掉的。"

"怎么说……要是一切都对头？"

"我们告诉他吗，怎么样？注意听着，拉波克。烟移动得慢，这就是说，要就是它很少，呐，根本就是好情况……或者……它找了另外一条路。"

"另外一条路吗?"

"是的。"

"到区段去吗?"

"别那么蠢了。烟总是向上移动的。我们的煤壁和凿孔的位置比区段高。你现在明白了吗?"

他们穿过第九号上山坑道走他们的路,自然而然地加快了他们的脚步。最后他们像疯子一样跳过梁木,弯着腰在长锈的通风管底下爬,在潮湿的泥泞上溜出去。在第200公尺的地方他们听见了咒骂。比他们先离开现场的伙伴们站在那里。

"耶稣·玛丽亚,斯孔涅奇尼,原来烟在那边。烟从'毛虫'那里出来。"

拉波克吼起来:"你们说谎,你们说谎!这是胡说!烟是不可能从'毛虫'那里穿出来的。那里是有门的呀!"

烟团已经开始熏迷眼睛了。它从前面和后面把他们捉入它的势力范围。在那越来越浓的黑暗中有一个人嚷道:"你们想在这里像兔子一样送死吗?走吧,向缺口那边走!"

他们双脚踩着扔掉的袋袋,挤过上山坑道的窄路。有几个人只能够到达"毛虫",别的人用四肢在地面上爬,一边呕吐,一边爬过缺口。

拉波克听见他背后有一阵可怕的喘气。这是那只年轻的狗子,那个木工……他从低的平窿一步一步挨过去,过后就放慢了脚步。好像是他心里有了什么觉醒似的。他回到那个年轻人那里去。已经不再看见他,只是还可以用他僵硬的手指摸到他。

"唉——"他口里发出这一长声。

拉波克扯下了衬衫的下半段,撕成破片而且用剩下来的一点咖啡渗到破片上去。他用这样的一条破片包扎木工的面孔。

"贴紧你的嘴巴!贴紧嘴巴!低低地在地面上爬过去!"他对他那小的、塞满灰土的耳朵吼。他重重地打醒他,把他四肢扳到地面上。然后他扭断那条小链子,放开那只差不多昏迷了的老鼠:"最少让它救回一条命吧!"他自己却更深地回到上山坑道里面去。他自己并不清楚他为什么这样做,他只是觉得救活自己这件事应该排在最后面。他不知道他还能够不能够帮上什么人的忙。烟熏破了他的肺。眼睛好像泡在油水里面。他拼命地然而无望地找寻其他垂死的人们,他觉得他绝不能让他们单独死去。

因为拉波克已经是新的拉波克,集体的一员。

7

当火灾报到米贡那里的时候，他带同勃尔佐查赶到局长办公室去。米贡非常平静地说："您长久以来要求证实的事情现在是实现了。您已经知道了吗？第三区段起了火。"

查贝尔斯基一会收拢、一会又张开了他的手，他的鼻子布满了红色的小脉管，他的眼光在一切物件上面迷惑不定。米贡把电话推到他前面："您不要担心，一切事情都会办理清楚，现在我只请求您做一件事：立刻拨电话通知业务主任、救护队和劳动保护部，向他们宣布，说您把全部措施的领导工作已经移交给我。"

"还有什么？"查贝尔斯基站了起来，可是米贡已经拨了第一个号码，通知对方："局长有话亲自同您讲。"

查贝尔斯基把听筒拿在手里几秒钟，他似乎不知道应该如何开口。勃尔佐查轻轻地对他说："您愿意把责任负起来吗，局长？"

查贝尔斯基低着头。"不……"于是依照米贡的愿望行事。

接着他揪住米贡的外衣袖子，沙哑地说："您负起一切责任。立刻用淤泥堵起来。整个煤壁放满水。"

"还不这样做。"

"这是什么意思，还不做？那底下燃烧着成千成万吨最好的煤！您还是马上让淤泥放进去吧！"

米贡愁苦地答复他："局长，那底下不单是有煤，那里也有人。"

头一刻钟比较平静地过去了，米贡已经把救护队动员起来，可是在火车站上又把他们叫回来。现在还不知道他们应该用到什么地方去。他们等候着，氧气管佩好了，随时可以动身。据电话报告暂时还不会引起忧虑。目前约莫是烧着平窿 8 公尺。沼气爆炸还未见报告。沃尔夫灯在区段的这一部分连 1% 的煤气的残余部分都没有发出信号。

谢尔贤和劳动保护部在着火地点前面 10 公里的地方筑了一座保护墙。这座墙的作用是防阻火势沿矿场的方向继续蔓延。

矿山管理处、民兵、联合管理部和公安处已经接到了报告。这些机关的代表必须每分钟碰头。唯一引起不安的是拉波克纵队的命运，他们在八号煤壁给截断了。

可是米贡知道，这个纵队在 5 分钟，最多 10 分钟之内就要在第二矿场范围内的

"佩拉基亚"矿层出现。那些矿工们一定觉察到煤田上的烟气，于是赶上九号上山坑道，穿过缺口，从那受威胁的地区跑到安全的所在。

米贡下命令："拉波克一在'佩拉基亚'出现，立刻就打电话给我，我们立刻塞淤泥，以便把火堵熄。"

他现在同勃尔佐查和查贝尔斯基在办公室的沉静空气中坐着。下午的太阳泻下了光辉的温暖。黄色电车像平时一样在大街上响着铃铛。

查贝尔斯基在这一刻钟的运行中显然变衰老了。他的眼皮像铅一样沉重，左边的嘴角挂下来，把他的面孔拉扯成一副怪相。他一支又一支地划断了火柴，始终点不上一支香烟。

电话响："米贡。"

"第二矿场，'佩拉基亚'。不得了，副局长同志！拉波克还没有出来！我已经在我们这一边派一个人守住通风门的缺口的尽头。正是从那边滚动着烟……"

"什么叫做烟？"

"烟，烟团，我们不得不把门关紧。我不知道，岂有此理，可是我觉得，他们在那边已经……他们已经……"

"您把您的意见保留起来吧。把门关上。可是密切注意。只要听到最轻微的声音，立刻开门。拉波克随时都可以出现。"

米贡救护队的电话："全体到'科秋什科'矿场！你们坐上局长的奥佩尔牌汽车，汽车停在门口。随身带着人工呼吸电动机，氧气，吸入器！"

在电线的另一头懊恼地发问："拉波克呢？"

"不要说那么多，快！"

16点35分。从起火到现在已经过了20分钟。查贝尔斯基拖着沉重的身体在室内踱来踱去，踱来踱去。他们继续等候着。"佩拉基亚"没有报告来。16点40分米贡沉重地站起来，像一个背着沉重的负担背了一整天的人一样。他望着勃尔佐查的眼睛。一句话也不说。书记十分干脆地说："我下井去。"

米贡勉强笑了一笑。查贝尔斯基不能了解这个。他嚷道："那下面烧死人啊。你们心爱的集体窒息死了，您呢，米贡同事，却打定主意要坐在写字台边打电话吗？我不了解您，不了解！一个人起码应该有一点人心。"

米贡回答："好吧，我们不妨假定，我下井去。要到达目的地是不会容易的。您敢拿脑袋来打赌，说不会另外出些事故吗？矿坑不能够没有首脑。至于那边，那边已经有人，他们知道，他们应该做什么。"

他拨门房的电话："那里有空卡车吗?"

"天晓得，不，我们没有。所有车子都开走了。"

"好吧，一看见有大卡车在路上驶过就把第一辆车拉住。叫一个工地警察坐上去，用车子把他送到布德里，请那边矿坑的救护队来帮忙!"

"我懂了，副局长先生!"

查贝尔斯基继续嚷："我在您身上认错了人，米贡! 说起来真是遗憾。我在您身上认错了人。您对人连一点点同情心都没有。"

他静下去了。米贡不理会他的叫嚷。他一个又一个地拿起电话筒，一个又一个地发命令。第一个接到的电话是从佩拉基亚打来的。

"第一个死人已经救出来。"

那把镍制的裁纸刀在米贡手里拗断了。查贝尔斯基现在才了解，他的副局长并不是像外表那样漠不关心的。

8

在"科秋什科"矿场这一边堵住了缺口的出口的通风门附近有一批人在急促地跑来跑去。那里发出一种醚的气味。一个穿着白罩衫的男子正斜身在一个躺在地面的、灰暗的、认不清楚的物体上面。勃尔佐查从远处已经听到在工作中的人工呼吸电动机。他迈开大步向人堆中走去，跳过那放在地面上的氧气瓶。

平窿泛滥着在架子上装牢的反射镜的眩眼的白光。首先在无情的光芒中出现在勃尔佐查面前的是米斯科，劳动保护评论员的弯曲的躯体。他的瞳孔好像是用颠茄碱放大了的样子。他弯身凑近勃尔佐查的耳朵低声说："头四个。"

"他们还活着吗?"

没有人回答这句问话。那个穿着的围裙像一片树叶子一样的医师努力去弄器械。四个矿工互相紧靠着躺在床单上。糟糕的是"安娜·威罗尼卡"只有一个呼吸器。那个小的、黑的面具给蒙在那个长着歪鼻子的小伙子面孔上，他眼角里凝结着浓厚的、黄色的眼泪。人工呼吸电动机的转向器规则地、机械地、冷静地把氧气打入他的嘴里，喉咙里，肺里，然后又把它吸出来。医师向救护员示意："石炭酸!"

贮藏器安上去。石炭酸要使中毒的肺部恢复它的活动。可是这个小伙子的脉搏仍然感觉不到。那张得大大的眼皮只显示出变红的眼珠子。

其他三个人都在做人工呼吸。救护员满头大汗、充满了献身精神、毫不疲倦地一前一后做那种平均的动作。米斯科摇他那须发蓬松的脑袋："再不会有一点用处。他们全完了。"

平窿里面看不见一个救护队的人。勃尔佐查望着那沉重的铁门，它堵住了前面的去路。铆钉头上面颤动着电灯的反光。

"他们已经到了很久了吗？"

"10分钟。可是够你熬的。他们在距离这里还有一段路的地方，比半公里多点，找到了这四个人。"接着米斯科就开始咳嗽。忽然间他用疲乏的、迟钝的声音对勃尔佐查说："您以为怎么样？他们会怎么样整我啊？"

"什么？"

"呐，算算年头啊……要坐几年牢？说起来主要是我的过失！"他盯着那一千瓦的反光灯像是看着一支蜡烛。他眼睛里闪烁着清浅的泪水。"您明白。我忽略了'毛虫'里那个门的修理，呐，而且……似乎还是应该由我来负一切的责任。"

一班技工正在以高热的速度修理平窿的压缩空气管，其中一个秘密地啐了一口，勃尔佐查懂得，他要表示的是什么意思，于是严厉地说："您现在没有别的什么顾虑吗，米斯科？救护队在火里坐着，您却想着您的后路吗？"沉寂，白色的灯光，人工呼吸电动机的细语，救护员在把中毒的人的肩膀抬高又放低的时候发出来的迅速的、短促的呼吸，压榨空气的习惯的、平时的嗞嗞的声音。

忽然间铁门颤动着。沉滞的敲门声响了起来。那些贴紧耳朵等候着的人把门闩扯开，技工在一些活瓣旁边打转。

在那开开门的洞口里出现了几个带着面具的妖怪。有些烟冲进平窿里面来。烟并不多，因为通风门有一道双重门，毒烟的大部分都留在前段。救护队两人一排地走进平窿。他们扛着一些面孔瘀黑的人，他们的手下垂着，躺在担架上。另外一个人计算着……三……四……在最后一张担架上躺着两个遭难的人，他们给皮带扣紧了。医生和救护员围着进来的人们。勃尔佐查站在一边等候着。

"五个"，一个沙哑的声音说。

另一个人嘟哝着："一共九个。还有三个人留在那里。"

"拉波克也在那里吗？"

"被单拿来！快点！"

"注射器！二乙醚！快点！"

"帮他们脱衣服！混蛋，那可够慢的！"

"拉波克不在那里吗？你们没有找到他吗？"

那个领导救护队的头发蓬松的家伙已经把面具扯了下来，向米斯科做报告："这五个人在'毛虫'里。没有多一个。至于上山坑道那里……那我不知道。没有人进里面去过。"

"为什么？"

救护队长抹他那流满汗水的额头。

"没有人进里面去……'毛虫'里的火距离犄角只不过还有15、20步远。如果你爬进上山坑道，只要你爬上100公尺，火就不再让你走出来。没有人进里面去。脱衣服！"

"等一等！"勃尔佐查打断了他的话。"你们让拉波兑留在火里吗？"

救护队中间有几个人拿下了他们的面具，自言自语地嘀咕些什么。那个头发蓬松的队长负气地说："你干吗也来管一份，干你什么事！根本进不去！我们看得清楚。可怕的热！上山坑道的路真不好走。谁进里面去，就没有人能够看见他再出来。"

人们在点头。有一个人说，看样子是对他的同事，可是你却会觉察到，实际上是针对勃尔佐查的："火可快呢。"

"可是无论如何不应该干脆放开了他们不管。也许他们中间还有一个人活着呢。"

"废话"，米斯科冷笑地说。"要是他们的确是做到了，把那三个人找出来，那又有什么用？那也不过是三具尸首罢了。"

"像这里的！"

"看吧，书记，黑色的、弯起来的尸首。"

"虽然这样我们还是应该努力把他们找出来。我们必须得到证实，他们的确再也活不了。"

救护队长解开了用具的扣子。

"他们不去。"

勃尔佐查大声回答："救护队中间有青年联盟的同志。同志们，你们同我一道来吗？"

一个瘦削的、样子很厉害的家伙，他的面孔因为麻点的关系已经变了样，他跳起来，气得两脸绯红："勃尔佐查先生，无党无派的就不能够一道来吗？"

他做出愤怒的动作又把工具扣起来，理了理他的护身服。勃尔佐查抓过了氧气筒的、一套后备用具的支架搭在背上，把它扣紧，他对那些在他面前集合的人发出迅速的、简短的命令："头三个人在我后面，第二组由斯拉奇卡率领，第三组由雅尼克率领。每一小组带一个担架和两个灭火器。小组的距离——10步。最后的小组保证上山坑道的出口。开动！"

人们中间有一个人看一下勃尔佐查气筒容量表的数字。他摆一摆手：够用！——书记把面具的橡皮贴在面孔上，他头一个走，其他各人跟在他后面。

救护队长由于他自己的荣誉不容许他收回先前说过的话，他只好叹一口气："我是怎样的一个蠢才啊！我给自己找到苦头吃了。"

缺口是朝石门那边斜下去的。那里面给蒸汽、烟气和尘土塞满了，几乎是漆黑一团。胸前的灯要冲破这重浓厚的烟雾也只能照到几步路。在某一个地方勃尔佐查的脚踢到了一点小的、软的东西。他照见了一只死的小动物：拉波克那只拖着挣断的小链子的老鼠。此外只还有他们周围的刺眼的火舌的飞舞，同红色火焰的斗争，面具玻璃上面的血色的蒸汽和崩塌的梁木的轰响。为了要从火焰里救出三个同志，一切都是可以忍受的，虽然这些人中间也许再没有一个人活着。

<h2 style="text-align:center">9</h2>

救护队、医师和器械都从周围各矿坑赶来，矿务局的专门人才和保安处的工作人员也已经来到。整个里戈塔陷入了明显的紧张状态中。

救得了他们吗？救不了他们吗？

"安娜·威罗尼卡"的播音站在短距离的几个地方给它的听众播放最后的消息："16点5分，贝鲁特矿坑的救护队碰到了勃尔佐查同志的回头队伍。这位矿山小组的书记受到了重伤。更详细的消息还没有。"

"喂！喂！注意！注意！我们刚从电话上接到关于九号上山坑道搜索结果的确实消息。勃尔佐查同志的小组已经全部找到了叶尔齐·拉波克集体的三位同志。他们躺在上山坑道的半高的地方。他们的情况无疑是没有希望的。"

19点钟扩音器宣布了报表的消息："在'佩拉基亚'矿层工作的医疗工委会确定了八位矿工的死亡。死亡是由于煤炭氧化气的中毒。我们各位在完成他们矿工的任务中离开我们的同事的名字是：积极分子叶尔齐·拉波克……"接着就是一个名字又一个名字念下去。最后是："八号煤壁有四位矿工显示了活的迹象。"这些人扎着湿的、裹着面孔的布条给找到了。医生断定说，这四个人可能有救活的希望的。

泥泞通过大管倒入焚烧的平窿。火已经被局限在一定的地方了，遭难的人们也已经运到矿坑外面。卫生服务处的白色车像大甲虫一样呼啸驶过矿坑的场地。大门口沉默地站着矿工、妇女和小孩的灰色的人群。只有集体的遭难人员的家属才给放进矿坑辖区去。其余的人听着扩音器的报告。

米贡在矿场上正迎接上了最后的报告。一个在电话机边服务的职员朝他走过来。他弯身凑近米贡的耳朵。米贡转身对矿山管理机关的代表和查贝尔斯基局长说："我们坐车上'瓦琳斯基'矿场去。事故的主要罪犯已经抓到了。走，上车。"

在大门后面他叫车子停下来。他打量着一个高大的、气愤的妇女，确认她是"克略格尔太太"。

"又是又不是。"

"您坐到我身边来吧。您的丈夫已经被捕了。"

在"瓦琳斯基"矿场他们还得等候几分钟。克略格尔还没有到矿坑外面来。保安处的工作人员站在电梯门口。这个罪犯是在一个空的洗煤房里被矿工们找到的。从灾祸发生的时候起他就躲了起来。

升降机终于升到露天地点上面来了。

特鲁德一言不发地攀住一座平台的栏杆，这座平台划分了输送塔和选煤部。在她背后煤块正在铁格板上面喧闹着。晚风从斜坡上冲过来，在她头发里翻滚，在她衣服上拉扯。当雷蒙德由穿着绿衣服的人们陪着，离开电梯的时候，他发现她在选煤部玻璃窗的背景前面的剪影，他哭丧着脸说："您准许我同我的老婆告别吗？希望这还是容许的吧！"

那位军官点点头表示同意。雷蒙德最后一次狂妄地翘起他那光滑的、没有胡须的下巴，嘟哝着："呐，伸手给我吧，特鲁德。他们把我带走。你看不见吗，什么，你看不见吗？"

机器在工作，煤像是不断的长河落在筛子和格板上面。特鲁德嘴唇在发抖，似乎是在说一个字。可是她不放松那个栏杆。米贡本来站在她旁边，他看见她的双手怎样紧张到变成蓝色。她用一种笨拙的声音，像是小孩子学大人讲话一样，请求那位军官说："请您们各位先生做做好事，把他带走吧。"

夜里保安处又抓住了另外一些人。米斯科、克略格尔、里姆启维茨和别的一些人碰在一处了，这样的地方他们早就应该来的。有几个人在最后的刹那间逃走了，其中有阿洛伊斯·达勃罗夫斯基。整个里戈塔相信，他们迟早会落在正义的手掌里。现在大家能够自由呼吸而且全心全意地进行工作了。

查贝尔斯基事件暂时还在未定之数，调查工作开始了。中央管理部把他从领导的局长职位上调开。矿坑的领导工作由那个半年以来已经成为它的心脏的人担任。这两个人中间的最后一次谈话短得很。

查贝尔斯基告别的时候痛苦地说："呐，米贡切克，生命是一盆大彩票。可惜其中也有黑号码。没有人知道他抽到的是什么。我从来没有料到，连我也会……"

米贡一转身背向着他。

第八章　十　月

1

矿坑工作人员规定的完成全年计划的期限逐渐临近了。云像深色浆果的液汁一样越来越频繁地流过矿井，风也拉起了雨的弦线。10月正迈着大步走过来，同它一道要来的就是伟大的十月社会主义革命纪念日。

在"毛虫"的悲剧事故发生后的第三天宣布了当事人应负的责任。那些在半暗的会场集合的矿工们受到了最深的震动。他们在郁闷的沉默中听米贡的和矿山小组书记处同志们的自我批评。米贡的面孔是阴郁的、憔悴的，他说得很吃力，好像是领带或者衬衫领在抽紧他的脖子似的。他下句不接上句地说出了一些破碎支离的词句。他费尽气力地注视着每个到会的人的眼睛，为了想确实知道，这些人有没有听懂他的话，看他们现在是不是要提高警惕，比他自己的警惕性还要高，比所有同事的警惕性都要高。他冒汗。他的话说得很笨拙。"谋杀，他从我们手上把他们谋杀了。我们却没有保护他们，我们没有做到这一步。这里，在我们旁边毒疮在长大，我们呢……什么也不管。我们呢，同志们……什么也不管。我们把第一个，第二个，第十个都轰出去了，可是我们却没有用炙火把创口治好。我们犯了错误。是的，同志们，我们错了。我们一定要从这件事……吸取教训。我们一定要记住这件事。敌人是……也许就在这里吗？也许就在这会场里吗？同志们，同志们，矿坑！保护这一切……你们懂吗？"

员工们以在考验和斗争中的工人阶级的答复方式提出了答复。

地面工作的人和坑底工作的人按次序说话。强硬，没有花言巧语，他们说：我们不松气。我们要擦亮眼睛，张开耳朵，再不像从前一样，我们永远不忘记这一场灾难。因此我们对一切提出答复——用煤。

那个年老的、面孔上带着深的皱纹的普萧拉用尖细的、深入人心的声音叫道：

"现在，最亲爱的人们，现在我们经验到了，对这些杀人犯，这些……这些里姆启维茨之流给我们送来的灾难最好的回答是什么！我们知道，我们一定要挖煤，挖呀挖的，见他的鬼，这样挖，挖到世界上整个资本主义都挨上沉重的打击。我告诉你们：在我的支柱那边我们明天就要组织一个集体！我们将不止挖它 100%，而是200%。如果上帝许可的话；就还要多挖！"

请求发言的条子雪片飞来。这次集会上产生了 12 个纵队，这些平窿、硐室和煤壁的纵队都要比目前的生产提高两倍或者三倍。

当米贡向矿工们提出通过 11 月底完成计划的建议的时候，矿工们自动请求扭紧螺丝钉。挖煤组长齐伦的面颊红得像维斯杜拉的樱桃，恭敬地打断了局长的话，他请求："您不要要求我们，同志，通过这个决议。不，不要命令我们这个，我们这样想过，到 11 月 7 号，到纪念日那一天就完成计划，同志！现在采掘才像打雷一样的开始！"

"什么主意啊！谁也没有命令你们做什么！"米贡反对说，他的颚骨十分特别地震动着。"说哪里话啊！你们怎样想，就怎样决定！伙伴们，同事们，我可是，我可是同你们一道的啊，我可是……"

他们做出了决议，全年计划到伟大的工人的节日那一天完成——至于 3 年计划，去年没有完成的甚至 1947 年某些地方也没有完成的那部分，到斯大林生日的时候就要全部完成。柯可特，像一个扫烟囱的人，还带着矿坑灯和面包袋，就像他刚从矿坑出来的样子，在会场的尽头爬上一张长凳，等候到一个说话的空隙，嚷道："我们八号煤壁，向普萧拉提出竞赛。我们在一个区段采掘，我们将会看到，谁是更好的纵队！"

这一次没有人吵闹了，像从前，半年前，就会有人嚷什么"逼人工作"等类的话。

现在开始了同时间的赛跑、距离预定的限期只有七个星期。七个星期，按照定额约莫还有 150，000 吨，现在却要多挖三分之一，这就是说要挖上 203，000 吨。

这就是说，每一个平窿挖煤工人比较从前的每天前进 5 公尺挖到每天 7 公尺。每一个车工从前同样的时间推 30 车，现在就要推上 40 车。电机车的机工现在也得特别注意他们的机器，使得修理工作减少 30%……诸如此类，从最普通的柱墩的开掘开始，到局长办公室为止。

凡是在这一场斗争中对工作人员有利的一切因素都动起来了。其中最重要的因素之一是辅导纵队。

当 3 月间头一次向里戈塔的矿工们介绍这些新方法的时候，他们都采取怀疑的态度，像对那些为了害人的目的想出来的事物一样。柯可特，现在是"安娜·威罗尼卡"最好的矿工，但是当米贡笑他那过时的钻孔方法的时候，他却以为是受了侮辱。后来大家逐渐习惯了辅导纵队和他们的指示及建议。可是到了秋天，那些辅导员才觉察到矿工们求知欲的意义。人们差不多不让他们睡觉，给他们从床上拖起来，而且总有不知道多少地方同时提出了要求。那些白了头发的、在横巷那里咬崩牙齿的挖煤工人是最卖力气的工人。碰到这样的一个人你就要给活活缠死。他逐字学熟每一个手的动作，方式，钻孔的办法，煤的破裂程度和断层的计算。到了一切都清楚了，他又重新开始："这个还做给我看看，还有这个！怎样才能够知道某种煤的自动燃烧的温度？快乐牌装煤机是怎样的？你们已经看过快乐牌装煤机没有？"……那个累坏了的、颧骨已经差不多穿破脸皮的辅导员，极度绝望地张开双手："算了吧，普萧拉，我怎么会知道这些呢？"

"你一定知道，不过你不愿意给我解释！你认为我已经太老了，同我讲是白费的，嘿！"

那个辅导员实际上不过是米贡训练出来的积极分子之一，他所知道的专门文献也不外是《发明公报》之类，他痉挛地从他记忆中搜索一番，终于达到这样的结论："要是我说谎，我当场就让暴雷打死。我不知道，要知道这个就必须是技师或者工长，你们到科学院去登记吧，普萧拉。"

有一次发生了这样的事情，有人半夜里打电话找米贡，请求他告诉他，在哪一本杂志可以找到关于搅摇转运槽的 MED2 型发动机的比较详细的报导。那位睡意朦胧的局长嘀咕着说："嘿，现在你反正不能去图书馆，谁也不会放你进去。"可是那个人却不肯放松，直到米贡最后认输，打开抽屉，找了又找，然后告诉他："在那里，1947 年 12 月第 11 号……"

接着他咒骂一通，可是这种咒骂的腔调，确切地说，却是非常善意的。

当中央供应站给第一批比较大的运输站送来矿坑用具的时候，里戈塔四分之三的人都集合到矿务局门口。那些工程师为了解释连舌头都说肿了。每个矿工都感觉到本身的责任，自己确信，他也会替他那个区段得到"一件齐爱辛出产的新的小发动机"。米贡必须通过扩音器把供应品的内容，一件一件地，说明牌号、种类和数量，然后集合起来的矿工的人堆才逐渐散开。

只有一次在矿山那里发生了较大规模的争论。正当吃中饭的时候，米贡得到报告，说修理厂的一个师傅挨了一个矿工狠狠的一顿打。刚一接到消息的时候，在场的有一个人说出了他的揣测："啊哈，又重新开头了！"两个人都给带来了：一个挨了痛打的师傅和一个年轻的、死一般严肃地瞪着眼的矿工。问到他为什么要对那个熟悉本行业务的旋工使用暴力的时候，那个小伙子轻声地回答，难为情地抓他那簇头发："我干脆就再也忍不住，他妨碍了工作的进行……"

事实的真相原来是，在由大螺丝线改为比较小的螺旋线的时候，不仅是要换螺旋线，也要换钉头才行。而这位师傅却不管人家反复的请求，仍然不注意。

那个做坏事的在第五区段作为管理发动机器的助手的人并不表示悔改。

"既然他弄脏了我的那些输送带，为什么我不应该揍他？我必得用锤头把这样的螺丝钉打进去，带子随即飞下来。那是一定要掉的，因为那是松的。"他威胁着说："下一次我要打碎这个骗子的牙齿，局长先生。"

那应该怎么办才好呢，只好说服双方，彼此言归于好，因为一个年轻的同事因为别人的大意生了气，怎么可以因此处罚他呢？

那些人已经认不出来了。一年前他们中间大多数都不过是沉默的、漠不关心的打零工的人，不管矿坑里发生什么事，他们只是一个不在乎。今天呢，天晓得，千万不要在别人面前把一枚掉在平窿地面上的铁钉不小心地踢在一边。你如果这样干，立刻会有人大发脾气："一枚铁钉值四个兹罗提。你是这样的大老爷吗？别人口袋里出来的东西你乐得慷慨，什么？你这个臭东西！马上把它捡起来，要不就让我踢穿你屁股！"

10 月间"安娜·威罗尼卡"已经可以夸口说它有了 16 个集体纵队和 300 个积极分子，他们都属于全部联合管理局的最优秀的工作者。里戈塔在提高一班成绩的竞赛中站上了尖端。在节约竞赛中也没有人能够超过"安娜·威罗尼卡"。这里经常出现煤壁的和支柱的纪录。最好的文化室墙报的悬赏给这矿坑带来了全区奖。《论坛报》不断地找这个特别矿坑打交道，这个矿坑在 2 月间还是粗心大意和堕落的显著的典型，现在却走上工作的轨道了。

成绩在增长着。工地播音也相应地发出得意的声音。有一天全部员工完全出其不意地得到一个新消息。一架小型的、平板印刷机和一位同志同时从卡陀维采来了。这个人一身兼任记者、编辑部秘书、主笔和排字工人的职务，第二天两边矿场已经在分发一张小型的印刷的报纸，它十分谦虚地题名为《我们的声音》。那些还发出新鲜的油墨的气息的文字，报导了柯可特纵队的昨天的胜利，第五区段的突进，这个区段在矿坑工作上依然保持第一位，此外还有一系列其他的事情。这位编辑不知疲倦地穿过平窿和裂口——不管是被请来还是不请自来——到处把鼻子塞进去。可是短时间之后大家就都很欢喜他。他熟悉了一切矿坑的事情，对半吊子表示了无情的态度。《我们的声音》打进了矿坑的最边远的角落，变成了企业内表示意见的一个强有力的工具。

有一次总工长贝里兹奇冲进了米贡的办公室。他的面部表现了最深的愤激，刚一跨在门坎上他就叫了出来："我希望，局长先生，您这一次会同意我的看法。这个矮子显然是越过了礼貌的界线。"

"怎样的一个矮子？"让冷静地表示惊异，连眼也不从他的报告上抬起来。

"难道您今天还没有看到那张报屁股吗？呐，这的确是太过分了！请您看看：企业报纸《我们的声音》编辑部胆敢发表一首短小的讽刺诗，它写出'安娜·威罗尼卡'矿坑矿工中间大家熟悉的一件事情……就来，就来……这个不是，啊，在下一版：

> 整个 BL 区段传开了沉静的谣言：
> 总工长少了两杯烧酒就不行，
> 可是原因是他对着斟满的酒杯
> 也捍卫着民族的旗帜，
> 他在'白色'中间泛起了酒糟鼻。"

"妙极了！"

"怎么是妙极了？"

"呐，什么别的也没有，妙极了，已经够了！他们可把您观察得够到家的！"

"我要求处罚！"

"亲爱的总工长贝里兹奇！"米贡严厉地说。"第一：您不是不可触犯的人，这种人是没有的，第二：您早就应该挨这一下，因为我自己就可以拿头来打赌，我好几次都看见您在工作时间醉醺醺的。"

还有另外一种重要的因素帮助矿坑的工作，而且是一种新的，在里戈塔从来还不认识的劳动纪律，一种矿坑纪律的越来越拉得紧的网。这是"安娜·威罗尼卡"的工人群众自己定下来的纪律。从前只是由组长、值班工长、区段工长、总工长、业务主任、矿长和局长去监督，批评一下，警告一下，有时也称赞一下。现在却从这种纪律产生一种新的力量，它和那些监督并行不悖，常常得到更好、更快的效果。

他们的工作是采取一种由党和工会小组，那种最小的环节，使工人彼此联系起来的环节构成的网来进行的：你迟到了吗？党小组的组织者就把你拖到一边，一片真心地骂你一通，那么道地的西里西亚式，从头骂到脚。然后各小组的同事们把你申斥一番："要我们为这样的一个螃蟹来丢脸吗？等着瞧，要是再一次这样的话！……"

各个集体把矿工彼此之间联系得极为密切。"我的"这个概念的范围越来越扩大。人们会碰到灰白头发的、已经比较老的矿工，他们由于自己的要求跑来修补环绕"科秋什科"矿场的残破的铁丝篱笆。当他们因此受到别人盘问的时候，他们就不知所措地，揩揩双手，粗声大气地说："呐，您知道，要是有人来参观的时候，篱笆上面的百孔千疮可真不好看呀，呐，您知道，岂有此理，这可算是丢脸的事啊！"

最大的热心灌注了波兰青年联盟的盟员。他们有他们自己的两班集体纵队，他们在"瓦琳斯基"矿场把一切力量都使出来，要在采掘工作上赶过柯可特。他们中间有一个年纪还轻，但是的确很有经验的矿工。他在比利时住过几年，从那里带回了对帝国主义的不可遏止的仇恨。那个压气锤在他手下就像机关枪一样在吼叫。说起柯可特达到了 300% 以上，这种妒忌使他最难受。他经常反复跑到八号煤壁去，从那里学习："啊哈，原来是这样做的！Très bien①！我可以试试看。现在再指点我，你们是怎样安装溜槽的，这样一来也许我们还是会打垮你们！"

在矿务局大楼墙上装上了一幅 12 公尺高的图表，每天都用救火长梯爬上去，登记相应的数字，采掘量像闪电一样快地增长着。图表中间的红线表示工业局对矿坑规定的每天定额：3510 吨，长梯用不着放在这一条红色警告线下面。生产曲线跳跃式地升上去：3630，3542，3765，4007……

妇女们每逢走过矿务局大楼，就抬高了头：哦，这么高了，我几乎认不出来了，又前进了一大段……

工地广播叫道："企业的生产情况每一天都有改善，只有工长茹施卡受到了警告，在他的区段内对缺勤现象重视不够。今天缺勤的数字达到 40%。这使人回想起数月前这个区段的不够光彩的时期。我们要把工长茹施卡的马虎态度公布出来，一直到他决心改变为止。"

可是如果有谁以为这种转变是不经过努力完成的，他就错了，重大的改变要求艰巨的工作。"安娜·威罗尼卡"的矿工们像魔鬼一样地劳动，是经过很多困难的。过去他们对于任何计划和矿坑的命运总是漠不关心，乐得自由自在，现在有时他们也还有这样的想念。可是这样的想念对他们的侵袭是越来越少了。

---

① 法语，"好极了！"。比利时是通行法语的，所以这个工人有时就说这么一句。

对事业的热爱，像一棵高大的、茂盛的树向上长一样，遮盖了一切。矿工们在他们思想中再也分不开他们自己的事情和矿坑的事情了。那少数的几个标记员像癫病人一样被隔离开了。每一个人都为某一件给"安娜·威罗尼卡"带来快乐的事情而高兴，而且分担了它的忧虑。这是好多个月的辛苦，员工中最进步、最有牺牲精神的那一部分人为了使矿坑得到新生命而担当起来的辛苦的果实。

2

书记开玩笑地用手指戳一下谢尔贤的肚皮。"呐，我很高兴，小家伙，你居然愿意找'科秋什科'去。我们将会看到事情的一定结果，因为谈到你的活动他们具有同样的意图。"

谢尔贤不回答。他望着勃尔佐查的右手，它像是一个特别的、素不相识的东西。它像人的每一只手一样灵活和有趣，可是又和别的手不相同。它只有两只手指。勃尔佐查跟从他的眼光，又微笑了一次。

"工程师同志，您现在现出了像医院里时时刻刻替我难过的护士一样的感伤的神色。带着这样脆弱的灵魂要打算去和'科秋什科'来一场劳动竞赛是不行的。"

外面，窗户前面，不停地下着密雨。随时倾泻下一条水浪，像湿水的镰刀一样从土沥青上面擦过去。那鼹鼠似的灰色的云团吞没了光明。天色几乎全暗了。

谢尔贤说："您还能够再写字吗，书记同志？见他的鬼，用两只手指来写字可不容易呢？"

"我就必得学写。"

米贡的声音很干枯："说起来嘛是没有意义的。"

"什么？"

"这一种'英雄主义'！毁掉三只手指；住一个月医院，面孔上结上伤疤——，这样做是划不来的。"

勃尔佐查回答："对，那三个人已经闷死了，拉波克和其他两个人。我再也救不活他们。不错。可是啊，米贡切克，手扪住心口说，难道您不也会像我一样跑去吗？"

"这样做缺乏任何意义！"局长生气了。他依照他那滑稽的方式把香烟夹在大拇指和食指之间，细小的冒火的眼睛转到了手掌的内部。"我是一定也会跑去的。可是也同样的没有什么意义。"

"可是它有一种意义。里戈塔也许永远不会饶恕我们，在每一条横巷前面他们将会窃窃私语：他们没有去救拉波克，他却一定是还在呼吸。——这是一，呐，还有第二点：怎么可以让矿工的身体摆在上山坑道里而且让泥沼淹没了？那个人是作为英雄死去的，您不要拉长面孔，米贡。在他那个时候是必须使用'英雄'这个字眼的。他转身回去，救了三个人的性命。他扯破他的衬衫，把那渗透咖啡的布片给他们，用布片蒙住了嘴巴，命令他们，在地面上继续向前面爬过去。于是乎这三个人就得救了。八个人是当场死掉的，第九个死在医院里，那里是他们都躺过的地方。这样说来也就有它的意义了。"

雨点打着窗户的铁片，好像是冬天乞讨面包屑的麻雀。勃尔佐查变得非常严肃："你们看，同志们，那里发生的一切都有我们的过失的份儿。"

"呐！"谢尔贤轻轻地说了一个字。

"不是'呐'！即使现在一切都已经改变了样子，我们都站了起来，我们还不能不说，只要发生了事故，我们也就是犯了错误。"

"我们也犯了一份错误"，从米贡的最深的内心发出来这句话。他把烟灰抖在地板上，吞掉一团烟。"我们是犯了错误，我知道。坦白地说，例如我上了普罗斯提的当。他那傲慢的派头给我遮蔽了别的坏的东西。"

"普罗斯提非给撵出去不可，不然的话我真会干掉他"，那个年轻的工程师气起来了。可是米贡根本不听他说。

"实际上我自己就不得不告诉我自己，只要有这样的一个坏蛋就可以闹出这一件大事来，人们却没有注意到这个坏蛋。完全像里姆启维茨一样。"

"茨比歇克说得对，普罗斯提应该调走"，勃尔佐查参加意见说。"他不是破坏分子也不是间谍，可是只要他一天还在矿坑底下，这一伙人就能够躲在他背后。不过这在当时并不算是最重要的问题。其余的一些是危险得多。假如警觉性这个字对你们来说不仅仅是一个报纸概念，而是一点生动的东西，那么，我只可以指出这一点：我们是太不够警惕了。有两伙人甚至于钻到我们脚底下。里姆启维茨和他的克略格尔之流，他们是有意识的、奸险的敌人。另外一伙，以阿洛伊斯·达勃罗夫斯基为首，是一个卑鄙的、下贱的盗窃集团。我想知道的是，他们有没有互相取得谅解来工作。我将要为一条关于阿洛伊斯的今后命运的消息付出很大的代价。他们抓他还是不抓他？"

"给我一支香烟，让涅克。"

"我们居然容许这样的一个克略格尔继续在矿坑里工作，实际上早就应该把他倒转身子轰出去"，勃尔佐查继续说。"我们良心上很有一些这一类的罪过。我们对待那些马马虎虎的人总还是那么宽宏大量，不管我们已经收到过怎样可怕的警告。比如关于挖煤工人克秋克的不幸事故。查贝尔斯基为顶板的恶劣构筑罚了几个铜子。您还记得吧，局长同志，在克秋克事故发生之后我给您的那张纸条子？"

"怎么样的一张纸条子？"谢尔贤问。

雨越下越密。倾泻的小河遮蔽了那些窗玻璃。

"一张小小的条子，条子上面写着我在会计科记下来的查贝尔斯基决定付给克秋克的赔偿金额。"

"150 兹罗提"，米贡做了补充。

"是的。"

"这就是开头第一件。我们曾经想到过。我们甚至于谈论过两三次。结果却还是这样。我们不懂得怎样去防止矿坑继续发生不幸的事故。查贝尔斯基给这类整个悲剧更大规模的重演提供了可能性。现在他们在那边审讯他，继续进行调查，也许会判他徒刑，也许又不会。这一切反正是无所谓的，事实总是事实。那些人再也救不活了。我因此也必须对党表明责任。我不知道，我能不能够替自己申辩明白。我犯了错误，我自己知道。党组织的书记为每一个个别的人都应该像为他自己的良心一样做出保证。"

房间里面长时间保持的静默给秋天暴风雨的猛烈的攻击打断了。勃尔佐查时时发出一句没有关联的话，证明他的思想始终还是在矿坑上面："呐，可是最重要的一步是做到了。我们达到了应该达到的采掘量……矿坑的病是治好了……当然，如果有人相信，以为全部工作的成绩只是由于再也没有敌人和窃贼的暗害，那就是可笑的。胡说！最重要的是全体职员的内心的转变。在一个好的矿坑里面——就是今天的'安娜·威罗尼卡'——一个里姆启维茨、普罗斯提、克略格尔和阿洛伊斯是再也找不到的了。"

一辆沉重的活篷轿车在轨道上面滑过。在它车轮底下雨水像银色喷泉一样飞溅起来。

一群矿工从"瓦琳斯基"矿场流了出来。虽然有倾泻的大雨，这些人还是像小孩子一样的顽皮和高兴，分别的时候友好地敲打脖子或者欢笑地给别人砸上一条腿。他们的笑声甚至于穿过了紧闭的窗户。它比暴风骤雨的声音还要猛。

624

3

米贡现在有非常多的工作。像"安娜·威罗尼卡"这样大的企业的领导，不独需要善良的意志，也需要有知识。因此让通宵都在咬紧牙龈地学习，一点不放松自己。他拼命硬啃那代数、几何、三角、物理学、化学、机械学。他从克拉科夫和比托姆订阅好些专门刊物和书籍。他的知识一星期比一星期丰富，他对矿坑的了解也就越来越透彻。

可是他的白天也是排满了日常工作的。米贡清早就已经到了横巷，亲自指导他的规划的贯彻。过后他迅速地洗个澡，坐在他写字台后面那张巨大的靠椅里，他坐在那里几乎像是没有人的样子。这里等着他的已经有数以十计的书信和指令，申请书和报告，签字卷宗和各种报纸。这一切他都得核阅一遍，得做出决定，得用红铅笔做上记号。"人事调整科"。整个时间都有电话在响。矿场打电话来，其他各科也打电话来。工程师波克尔济夫尼基急迫地要求发给某一个五金工人的奖金。联合管理局通知在卡陀维采的一次会议的时间。朝日历瞥一眼。对，今天是星期二了！参加师傅讲习班的人要起程。要打电话给谢尔贤，问他关于木圆盘的建议是不是已经做好，要是不——那就开足马力，兄弟！缺勤班的公布。米贡结束了那套旧规矩，当初的规矩容许工长自己宽恕那些没有上班的矿工。现在每一个缺勤的都得报告米贡。碰到不清楚的情况就得把有关的矿工传上来进行一次调查。

首先矿工们觉得很奇怪："为了600兹罗提来这么一场吵闹？"

过后他们开始习惯了。有些人明白了：问题根本不在于600兹罗提，而是和原则有关。没有理由谁也不许荒废工作。米贡说得很严厉："你怎么知道，计划的完成不是依靠这一班呢？"

对某些不大相信地微笑的人，他又补充道："而且假如发生这样的情况，计划的完成恰好就还短少5车呢？那时候你将会怎么办，嘻？别的矿工们将会有权利这样说：因为这个拆烂污的家伙，我们完不成本来答应在革命纪念日完成的计划。那时候你又将作何感想？"

现在矿坑积极分子会议每周依期举行。会议是采取闪电的速度进行的，一个钟头，顶多是一个半钟头，时间决不会更长。工长和积极分子都已经学会了，带着想好的建议来开会。他们用简短的字句来做报告。全部积极分子做出了决议。成百次都好像会为某一点小事情出岔子，可是积极分子会议总是及时地把这些危险消灭掉。

米贡对全部技术队伍阐明说，良好的工作意味着集体的工作。

有时候也还显示出一些困难。在某一区段运输不灵了，在另外一个区段钻孔机一个又一个地不见了。米贡微笑道："你们容忍这个吗，同事们？要是我处在你们的地位就要召集工会小组做一次短时间的讨论。小组应该提出对付这种行为的办法。"各小组于是想出了办法。——"钻孔机之所以不见了，因为你们工作之后把它藏在工地上。到了夜晚那些泥鳅就来了，一搬，钻孔机就完了，在泥沼里喝掉了。——要改善运输工作，就得先在23号上山坑道那边修好一条转接轨道。"

在一次短暂的休息时间谢尔贤对米贡说："你知道吗，让涅克，矿坑一切都上轨道了，可是……"

"可是什么？"

"我不知道……我不知道……"那位年轻的工程师话头乱了。拼命抓他的耳后根。"呐，你是不是也敢打赌，认为在你家里一切都是规规矩矩的呢？如果我可以这样说，依照和谐的原则？"

"不要为这样的事教你头痛吧。"

"我的头并不痛，让涅克。可是我必须以同志对同志的态度对你说……有什么事不对头。也许你自己已经知道，不是吗？你的老婆……鲁特卡告诉我，说他有时候晚上碰见她……而且不是一个人，我并不想武断，认为马上就要出漏子。可是你是不是一切都知道呢？也许勃尔佐查也已经同你谈过这个问题，可是你不理会他的话……"

米贡用冰一样的冷淡装上了铁甲。"我们转到你经营的事情上面去吧。到中午会采掘到多少？"

谢尔贤顽强地坚持他的意见。他不放弃对这一问题的谈论，在他心目中这个问题似乎是米贡生活的核心。

"好吧，我们也还会谈到经营上面去。让涅克，你不要生气，我必须对你说。我已经看过好几次，看见你的小儿子，他叫什么名字呀……彼得，对不对？……像一只迷路的小狗一样在街头打转。柯可特卡告诉我——她的话尽可以相信，你也认识她——，彼得什么也不想，只是梦想着少年之家……"

"他应该去登记。那么多少吨？"

"不，不，还不谈多少吨的事情。干吗你要板起这么讨厌的面孔来吓唬我呢？那个小家伙曾经对柯可特卡招供出来，说他的母亲不许他进少年之家。他是一个太乖的孩子，他不会忘记对他父母要听话。可是……"

"我不愿意卷入漩涡。家事是妇女的事。齐阿普卡不妨随她喜欢过日子。我不会跟着混进去。我们还是终于谈生产问题吧。与你无关的事情还是请你不要管的好。"

他在家里总是读书，绝不再注意他的老婆。当他看见她有意出门的时候，他根本也不再问她上哪里去。他用拳头堵住耳朵，然后半大声地，越来越大声地，终于差不多吼叫一样地复习那些公式和三角的定义。当他又发现齐阿普卡呆坐在睡椅的犄角，玩那个指甲锉的时候，他就布好阵势地说："明天不要拿钱的问题来折磨我。要三天后才发薪。也许你以为他们已经给我在家里装上了电话，你就可以每隔一刻钟贴到我耳朵上来。"

齐阿普卡并不看他一眼。可是当她回答的时候，在她的声音里面却飘扬着憎恨的音调："主妇有权利问到钱，对吧？她有权利还是没有权利，让涅克？"

米贡的眉毛合成一条尖锐的线条。他下定决心，根本不答复她，他的眼光集中在打开的书本上。彼得每次看见他父亲的面部表情发生变化的时候就在那里发抖。他感觉到，这是发生了一些他还不能了解的事情。可是他用他幼稚的眼睛看到了在他父母之间存在的鸿沟。他害怕，就好比那些动物对逐渐临近的大风暴的害怕一样。要使齐阿普卡沉默下去，那是很难的。她有本事一连说上好几个钟头。

"啊哈，不错，头一件当然是它了，你又拿那个家伙骂到我头上来了，我指的无疑是那架电话机。当然你拿它来骂我了。我们有了它不过三个星期，可是我听你同样的话已经说到第1千次了。我这最倒楣的人说什么呀，1千次吗？2千次，3千次，1万次！"

"100万次！"米贡补足一句。

对齐阿普卡来说这是不会有一点最微小的印象的。她和衣躺在床上，两只脚翘得高高的，从寝室出发一直说下去："你尽管骂我吧，尽管骂吧，让涅克。世界上没有什么权力能够禁止你这样做。一定，你是局长，党员，积极分子，没有人能够把你挤出去，没有人封住你的嘴。可是说到那个电话机，我亲爱的让涅克呀，那可的确是太过分了。我可以拿我最神圣的誓言做担保，这的确是太过分了。问题并不在于你的咒骂，说哪里话，不，我不是这样的一个人，要因此来怪你。可是说起来可奇怪，让涅克，你是一个大人物，却继续坐在两个房间和一个厨房里面，举例说吧，就像一个普通的矿工达勃罗夫斯基一样。你自己不是也觉得奇怪吗，好丈夫？"

由于答复没有提出来，她又从头来过："不，你是一切都无所谓的，你整天都坐在办公室里。是的，在办公室。局长是必须整天坐在办公室里的。这一点没有疑问！你坐在皮软椅里面，你的老婆呢……她得削马铃薯皮。你坐在皮软椅里面只管吆喝罚款，他罚1000，他罚2000，好像你就是上帝，打到净罪界去的上帝。你的老婆却没有权利打电话，问她是不是可以拿到买马铃薯的钱。不，这权利不能让给我。不许这样办，好丈夫忙得很呀！"

有一天正当一场这样的片面辩论的时候来了两个拜访米贡的工人，他们从里勃尼克一直驶到里戈塔，为了再和他们的老同志见见面。他们来不及在矿务局碰见让，因为别人把米贡的住址告诉了他们，就直接上他家里去。

米贡茫然地站起来，用拳头撑住桌子，努力要摆出一张真心微笑的面孔。可是他不成功。微笑变成了嘴角的惨苦的歪扭。那两位尴尬地、迷惘地站在门坎里。米贡跟着他们的眼光望过去，发现齐阿普卡衣裳不整地对着镜子蹦蹦跳。

他请他的客人到厨房里去。他愿意同他们披肝沥胆地也就是说全心全意地说话。他们本来就有那么多共同的经历，曾经一道参加过那么多次的罢工，曾经分吃一块用新闻纸包着的干面包，曾经在某些困难的情况中互相支援。可是本来应该同他们谈这一切事情的，他却只是点点头了事……现在我就是这样子，岂有此理。

里勃尼克客人之一拍拍他的肩膀，"来，我们走吧，我们上别的地方去谈。"他们上文化室去，到了这里米贡才开始微笑地透一口气。他从前的活泼回来了，他又恢复了老矿工、好矿工的本色。

有一天晚上勃尔佐查来敲米贡的门。

"您的太太不在家，米贡同志，是不是"，他用那么肯定的音调说，他似乎有了不容争辩的证据，证明齐阿普卡是在城中某一个地方。让轻轻地证实一句："她不在这里。"

"这样也好一点。我们要谈的事情是不能容忍证人的。"

让站住了，用肩膀靠住门框，在屋门里站了一会。他呆望着那干燥的、有点踩滑了的门坎，不作答复。他甚至于没有请勃尔佐查进门来。可是过后还是站在一边，说："呐，您进来吧。我已经知道您要同我谈的是什么事。"

书记坐在窗台上，背向着那黯淡的、灯光不好的街道。

"在您房子前面有好些大水潭，同志。差一点我掉进里面去洗澡啦。我走着，忽然间……扑通一声！要不是有一个小孩子在那里放纸船，及时地把我叫住了，我就不免要陷到水潭里去让水泡到我膝头。他坐在水潭的边沿，玩着纸船，他的名字叫彼得·米贡。"

"呐，单刀直入的说吧，书记。干吗要先绕一个大弯？"

"单刀直入吗?"

"单刀直入。"

"好吧。首先您靠近一点,这里来,到我这边来,请您把鼻子贴在玻璃片上……您看见吗,那里,左边?"

在街道的黑暗中有一个短小的影子在灰色闪光的水潭上头转动。

"是的。"

"那么,您现在就听着吧。我们已经就这些事情谈过一次,说起来已经是许久以前的事了,在'矿工之家'的谈话之后。当时您简直不愿意听我把话说完。今天是不是愿意呢?"

这一段引子教米贡焦躁起来。因此他默不作声。

勃尔佐查十分平静地说:"这样子再不能继续下去。"

窗子前面展开了那片光秃秃的、有些地是铺满了砂砾、小煤块以及那从矿坑搬到废石堆去的石头的田野。废石堆的位置有点偏在一边,要不是它山腰上面的火光反复闪耀的话,它在黑暗中是不可能认得出来的。

勃尔佐查问他:"从前一直是这样的吗……你们之间的关系?"

"不是这样。可是总是坏的。"

他们沉默了。米贡点上了一支香烟,勃尔佐查就放在窗台上的糖缸里面找到一块白糖,于是开始来回咀嚼。

让又把谈话接上去:"不错,事情是不对头。她是一个懒婆娘。她常常是缺勤的。从前在晚上她也曾经跑掉好几次。可是您知道,战前的情况是怎样的,饥饿,破烂的鞋子,你必得随时注意找工作,而且还得求他们雇用你。那个时候她充不起上等太太,充起来了我们也就只好饿死了。我当时已经是共产党员……不容易找到工做。"

"啊哈。"

"现在才变成这样的糟糕,自从我当了副局长,后来又升了局长之后。对我来说那是很简单的调换了一种新工作。党发出了命令,我接受了,上班了事。要是他们告诉我,说我应该劈柴,我就劈柴。如果他们派我到兽栏里去……完全一样。我是工人,而且永远是工人。"

废石堆上火花熄灭了又闪起了火光。

米贡附耳低语道:"可是她……不这样想。就我能够记忆的来说,她一直是贪钱的。当时我想,这是因为她过去太穷的缘故。可是不对,这已经在她身上长牢了,脱不掉的了。现在我才明白一切,在战争期间,在罢工期间我们要为社会主义奋斗。要使我们这里像苏联一样。可是她却想道:那么我就跑到普什琴斯基侯爵的宫殿里去,把他老婆的皮大衣拿来,自己变成一个高贵的太太,点心当饭吃,穿着制服的跟班跑来跑去,坐汽车……这就是她,同志。现在她相信时间来到了,她可以偷懒享福,可以狐皮满身披了……"

勃尔佐查打断他的话:"那么事情应该如何了结呢?"

米贡耸一耸肩膀:"我不知道。"

"您真的不知道吗?"

"不知道。"

"那我就告诉您吧。您听着。我们曾经想过办法来帮助您。我们请求乌尔苏拉。她应该吸引您的老婆去参加工作,可是不成功。我自己曾经同您老婆谈过话。一点用处也没有。我们曾经请她在矿务局里担任一种职务。既然她不愿意回矿坑去,那就坐在写字台背后吧。我们愿意教会她一套本领。可是她只是笑。每过几天我们就看见她换上另外一个人,说到这些您自己是知道的了……"

"那好吧。"

"您以为……"他打住了,他似乎现在才去找合适的字眼。"您在家里必须像在矿坑里一样处理问题。米贡同志,您的家庭没有上轨道。您的老婆是您的敌人。对对,您必须明白这一点。"

香烟的火花暗下去了,最后是完全熄灭了。看样子吸烟的人好像把它忘记了。

他终于回答道:"我这就变得完全孤独……"

"这是不确实的。"

"我变得完全孤独……"米贡坚持他的话。

勃尔佐查拿他的手放在米贡的手上:"这是不确实的,同志……只有这样,一切使您同矿坑疏远的,使您的生活遭到破坏的,使您孤独的,使您的儿子东跑西走的,使您的老朋友碰壁的东西才会消失掉……"

他在屋子里来回踱了一会,然后他按亮了电灯。米贡的眼光跟着他转,他想道:勃尔佐查现在要看到那张乱七八糟的卧床,肮脏的床单,齐阿普卡的挂在椅子靠背上面的袜子,锅子里面发了霉的残余的豌豆汤……勃尔佐查一切都会看见。那边放着齐阿普卡的衣服……她出门的时候,换穿了另外一件,蓝色的……

勃尔佐查轻轻地问道:"呐?"最初他得不到回答。过后他才听到了同样轻轻的一声:"是的。"

他再等了一会，然后用完全改变了的声音对米贡说："穿衣服吧。快！您还等什么呀？我们俩同彼得一道上'少年之家'去。找乌尔苏拉去。我们正好赶上晚饭的时间。彼得一定喜欢喝可可。"

4

柯可特纵队有一个人似乎完全感觉不到矿坑当前的转变。在工作期间叶德拉什科的眼睛始终是迟钝的、恶意的。他想着另外一些事情，不答复任何问题，有时候又用他的铲子在地面上扒来扒去，却不理会采掘的财富。下班之后，叶德拉什科刚一交还工作牌，立刻大踏步从门房那里冲出去。他不向任何人告别，差不多像跑步一样跑回家去。上了楼梯之后才放慢他的脚步。

叶德拉什科走过地层住宅，走过中层楼房的水槽，走过公共厕所，然后在他自己住宅的蓝色门前面站住。他先把他的耳朵贴在门板的裂缝上面静听一会。可是除了锅子的碰击和肉磨的压榨之外什么声音他也听不到。"科秋什科"矿场压缩机的呼呼的声音好像是带着响声的蜘蛛网卷住了一切的杂声。

有一次玛尔塔不在家。叶德拉什科穿着大衣等候她，就像他刚下班回来一样。他用他那冰冷的眼光差一点把她戳死了："你到哪里去？"

"在楼下查姆图拉家里讨点大葱来做汤。"

"20 分钟？"

"我可不能够像借火一样立刻就跑掉呀，孩子。查姆图拉太太讲了一些事情，问了一点事情，又给我尝尝她腌菜的味道。"

叶德拉什科把湿的大衣摔在她胳膊上。"中饭！"

吃饭的时候他一言不发。他今天又想再扮一次调查法官的角色。他那平的、像用三合板切出来的面孔呆望着，从齿缝里发出声音说："在查姆图拉那里呆上了 20 分钟……这样吗？20 分钟！"

玛尔塔默默无言地用她低垂的眼睛做证明。

"我却在楼梯上看见了查姆图拉。"

"我知道，小孩子，你说得对。查姆图拉是去打水的。"

"你却坐在她家里等到她再回来吗？可是也许你是在另外一个地方。你是一只母狗，玛尔塔，一只母狗。也许你跑去追一只公狗去了。"

接着他头脑里就唤醒了捷弗力克·霍尔巴拉寄住在他们家里那段时间的一切回

忆。那个画得很美的、亲切的厨房转化为一个拷刑室。叶德拉什科坐在桌子背后的椅子上不动，用那骨头坚硬的中指敲打桌面的蜡布。接着又用平静的、几乎是亲切的声音继续说上几小时："你说是在查姆图拉那里吗？也许你在那里同你的姘头见面，他又像那个蠢才，那个小丑一样摸你的大腿？当时你也是一个可爱的好老婆。你总是给我带奶皮的咖啡。你早上总是对我说：'去吧，我的孩子，平安无事地回到我身边来。'你给我煎好鞑靼式牛排：'你喜欢吃这个，你看，我多么关心啊。'当我看不到的时候，你做出了什么事来啊，玛尔塔？……你做出了什么事来啊？"

他的老婆已经再不像一只敏捷的小耗子一样在房子里一蹦一跳的跑来跑去了，她再不像从前那么尽情欢笑了。她变得沉静而且显得比从前矮小。她把她那柔软的肩膀弯到炉灶的铁板的头，带着谦卑的沉默把去污粉倒在抹布上面，毫无乐趣地揩抹那黑色的铁板，与其说是由于需要还不如说是由于习惯。叶德拉什科继续用威胁的音调审问她："呐，你不回答吗？你当时做出了什么来，你这婊子？"

"什么也没有，我的孩子……"

"你同他睡过觉，还是把真话说出来吧，玛尔塔！说真话！你同他睡过觉，我坚决相信，玛尔塔！"

那些小黄铜壶子、镀镍的盐盅和铝锅子的行列一个星期比一个星期减少了光彩，越来越黯淡。玛尔塔的举动变成了一个梦游病式的、厌世者的举动，她只不过是懒洋洋地在那漆上红棕色的地板上面拖那把扫帚，她再也不用丝带子搁腰把那窗帘扎起来了。何必呢，叶德拉什科反正是不再理会这一套的了。头几个月她还想办法防御一下。她努力用她那爱得发阴暗色的眼睛对他声明："我的孩子，我的孩子，要不是我爱你爱得那么厉害，我早就跑掉拉倒了。一个普通人简直是受不了的。还是放下那件事算了吧。那是没有什么了不起的。难道你没有看见，我是多么爱你吗，孩子……"

她作了一些尝试，夜里挨近他，哭，用面颊抚摸他的肩膀。可是他只是恶意地笑："干什么，你又有兴趣了吗？"

他一个人睡，怒气冲冲的，不容调解的，禁欲式的。

叶德拉什科太太暗地里怕得发抖，怕永远没有办法言归于好。难道永远是这个样子吗？要是她现在能够把捷弗力克弄到手，她会挖得出他的眼睛，她会用滚烫的水浇他。为了几个风流的夜晚——换得这样一个地狱？

有一次，当她站在椅子上往大橱上面拿熨斗的时候，叶德拉什科意外地站到她背后去。玛尔塔身上起了冷痉。马的皮挨到昆虫的叮咬的时候就是这样颤抖的。她想着，也许……可是她的丈夫只是说："哦，当时他就是这样地捏住你。这个地方，这个地方，你这母狗！"

他用手指像铁钳一样扭紧她，她大声叫喊。她的叫喊引得他一阵开心。

她渐渐地停止上邻居去访问。她宁愿拿她的绣花和玻璃纸灯罩来打发住宅里的空虚，不去聊一时半刻的闲天，聊一次天必须付出事后几小时的审问的代价。

叶德拉什科完全有系统地在办事。他查问她当天工作进行的每一分钟就像他从前在她身体的每一公分搜索过错的痕迹一样彻底。他同他的下午班同事们约好，由他们换上早班。他当天色朦朦亮的时候就出门，在秋天的路上转他一个钟头，然后出其不意地回家去。玛尔塔，突然地、狠狠地从睡梦中给叫醒了，心跳得几乎透不过气。

有时候他也试用另一种方式。他告诉她，说他要到党书记处去开会。过后他就站在房子对面那些围绕着矿场的机器房的树影底下目不转睛地盯住他住宅的窗口。他也到处询问他的熟人，问他们是不是偶然看到过他的老婆；他上他的邻舍那边去借一把斧头，顺便问一句："玛尔塔来过吗？什么时候到什么时候？"

人们已经在笑他。有人说他们是：精神受伤的婚姻。

接着他又来了一阵愤怒的发作，拗他老婆的双手，打她，叉她的喉咙。

玛尔塔的全部小资产阶级的幻想，用香粉糕饼和蜜饯李子来对付他的炉忌的幻想，全都不顶事。

最近这段时间叶德拉什科变得越发不安心。他觉得空中有一件秘密。有什么瞒过了他的事情发生了。他说不出发生了的是什么。当他又一次出其不意地回家的时候，一道轻微的红晕掠过他老婆的面孔，她激动地张开双手，她显然是糊涂了。她对着他冰冷的眼光脸红得更加厉害，她很尴尬，从她围裙上抽一根散脱的纱线，含糊地自言自语。除此之外，她又变得愉快些。从她那失色的眼睛上面消掉那层阴翳。有时候她微小的声音能够沿楼梯传到他那边去。她虽然唱不准却在唱一支小曲。叶德拉什科找皮尔卡讨主意，在他心目中皮尔卡是同事中间对这一类事情最有见识的人物。

皮尔卡给他提出如下的建议："走出你的破房子，你这猴子，一个钟头之后再回去，按电铃。不要用你的钥匙去开门，因为她听得见。要是她做什么坏事，她总还来得及收拾好。也许她收到她姘头的信，反复看那些信来安慰自己。也许，你知道吗，也许她有她姘头的一张照片，拿那张照片来消遣。你对这一切是太傻了，玛尔塔比你狡猾得多。那么，别忘了，按电铃，像邮差一样按，不要用自己钥匙去开门。”

叶德拉什科依照皮尔卡的建议去做。他按住那个电铃的活钮，停止了呼吸，等在那里。在他的长靴底下那块木板像蟋蟀一样吱吱作响。厨房里发出了不平均的脚步声，好像是什么人踮着脚走路。一看见她的丈夫，玛尔塔猛然发抖。深红的火光从她的脸上一直发展到太阳穴。她细声说：“啊玛丽亚……”接着她就不加什么套语地哭着说：“孩子啊，千万不要打我，不要打我，我，我，……”

叶德拉什科站在厨房到卧房的门口，大拇指插在大衣口袋里，只是说：“呐？”

“我十分小心注意，孩子，我一张也没有撕破，也没有用肥腻的手指去摸，说哪里话！上帝在上！孩子，原谅我，我再不敢了……”

叶德拉什科对她说的话一概不懂。可是他感觉到，全部事情在下 1 分钟就要揭晓。

他等候着，用恶毒的眼光在室内四面张望。忽然间他了解了。

床头台灯照亮了他的书架。在灯光底下闪耀着那抽了出来的书本的背脊。一本薄薄的、只够念 5 分钟的、直接在台灯底下闲散地打开的小册子向人闪动着洁白的纸张，这些纸张正在慢慢地一页一页地自动翻过去。

玛尔塔含着眼泪在求他：“不要为这件事情打我，孩子！不错，我碰了你的东西，我该打，哦，你，我神圣的小耶稣！……你曾经禁止过我这样做……我也不过是……苦到难熬的时候……那双手总是洗得十分干净的。”

他不答复一句话，也不动一下。最后他要求：“咖啡端上来，我要吃饭。”

晚上他回头嘟哝地说：“你念些什么书，你这蠢才……？”

“一切都念了，”她呜咽地说。“一切！”

“怎么说的，一切？那里有各种各样的东西，这样的，那样的。”

“一切”，他的老婆英勇地供认。同时她的心跳得那么厉害，虽然是在围裙里还是看得出来。

“是的，我的孩子，一切。《黄金的诱人的呼唤》《塔杜须先生》《列宁主义问题》亚历山大·贝克的《沃洛卡拉姆斯克的公路》《新与旧》《发明公报》和其他一切。有些还念了两遍。”

约莫 10 点钟叶德拉什科从屋子走进厨房，厨房里有泼水声音，还有人用手搓裸露的身体。

玛尔塔轻轻地叫：“走开，我正在洗身。”

叶德拉什科不回答，他静默着。他站在那里看。他的老婆想，这又将是新的苦难的开始。她再不试图进行防御了。她把身子弯到脸盆上，干擦布围住腰身，继续洗下去，同时吞下了卑屈的眼泪。在她弯下去的身体的中部形成了柔软的细致的折纹。她头脑里呼啸着：多可怕啊，多可怕啊。他站在那里，只是等候着来揍我。只要他起码肯这样想一想，我长得漂亮。偏偏他……什么也不想……可是她还有胆量向他提出这样的请求："现在走开吧，我要继续洗，走开吧！"

当她还带着水和摩擦的热气站在门口的时候，叶德拉什科已经躺在床上了。他向她招手，表示她应该到他们结婚的双人床上他的身边来。她蹑着小的、没有把握的脚步走近来，然后充满期望地凝视着。叶德拉什科拖她在他的身边躺下，用被裹住她，对她嘀咕地说："明天立刻同我一道上图书馆去。我们把你的名字在那边登记起来。那个时候你想念什么就可以念什么。可是，听着，你这蠢才……先问清楚，你应该拿什么看！不可能乱七八糟的什么都混在一起，又是诗又是《列宁主义问题》！"

"啊，那可真有趣得很呢，那些问题。"

"你蠢才。这不是婆娘看的。等着，我还要从勃尔佐查那里带几本这一类的东西给你看。勃尔佐查又从医院里出来了，他自己会出些好主意。你不能像野人一样，手上抓到什么就看什么！"

夜深的时候她的嘴唇贴近他的耳朵："你活像是那个人，我刚念过的那一个人——硬绷绷的，使人相信是没有心肝，可是又……他名字叫，就说，等着，保尔赞·莫美士·乌利……"

5

整个里戈塔抱着愉快的激动心情等待看计划的最后一辆车。工地广播的报告员已经在"瓦琳斯基"矿场的转运塔上面度过了半天的时间，他一清早就在那里摆好了话筒，发出了现况的报告。

他不让他的眼睛离开那块黑色的牌牌，牌牌上面越来越布满了密密层层的数字。他向那个黑色的小箱子叫："现在我可以向我们的听众播送最新的生产报告。要完成今年计划规定的采掘工作只不过还差 53 吨。不，我说什么！业务主任谢尔贤刚刚写上了一个新的数字。等一等……我看不清这个数码，业务主任手在发抖。主任先生，不要这样子望着我，这不是可以害羞的理由。我自己也一样激动呀！好吧，只差 41 吨，计划就要完成了！"

他那通过所有扩音器泛滥开去的声音送到了职工会所、办公室、饭厅、学校和好几十幢接上的"安娜·威罗尼卡"矿坑的无线电设备的私人住宅。不论什么地方，不管什么人，或是在烤马铃薯煎饼、或是在管纪录驶往 B 站的火车的任务、或是在敲着打字机，只要他的声音一响，就一切都停顿了。里戈塔发高热地在问：已经没有问题了吗？……报告员嚷着，咳呛打断了他那沙哑的声音："米贡局长在矿场上。他一支香烟接一支香烟点起来。您为什么还不放心呢，局长先生，只要那么少少的几分钟，一切都依照最良好的秩序进行！哦，这个时刻出现了矿山小组的书记勃尔佐查，请每一个人吃薄荷糖。今天是怎样的一天啊！大家都得抽上一口烟，噙上一块糖，扯扯衣服，把任何东西从一只手上交到另一只手上。今天转运塔给人的印象正好比我们体育场的讲台在我们等候'环游波兰'的第一批参加者会师的时候一样。……注意，注意！只还要 17 吨！转运篮一篮半！我求您，先生们，那可是闻所未闻的！差不多所有的煤车都带上八号煤壁的符号！什么，见鬼，这不是弄错了吗？不错吗？米贡局长否定地摇了摇头，那就不是弄错了。维克多·柯可特集体今天打破了全部联合管理局的纪录，我说什么……联合管理局吗……全部采煤工业的纪录！先生们！只差 5 吨了，这就是说，我们在几分钟之内就要面对着那一辆装运 1949 年计划范围之内最后采掘出来的煤炭的车子了。我已经听见那个上升的转运篮的声音了……它马上就要露出地面……已经来了……在那里……正是它在那里！那辆车装上了花环，先生们，像是新娘的花束，青绿的，五光十色的！他们在矿坑底下哪里弄到那么多的花呀？真是不易使人相信！这辆车也同样带着八号煤壁的符号！对不起，先生们，请原谅我。我再不能说了，我必须停止了。他们在这里嚷成一团！天啊……那边有一个选煤女工高兴得哭起来了，一点不假，像我爱我母亲一样的千真万确。我停止我的广播了。我们大家再来高呼一次吧：万岁！今年的计划由'安娜·威罗尼卡'矿坑在 11 月 5 号完成了！"

接着人们从那扩音器只听见一片像汹涌的海洋一样的声音。

不久之后那些喜气洋洋的人们，从他们的黑嘴唇的框子里闪耀着牙齿的光辉的人们，开始从矿场上来了。一个扭着腰身的、短小的、矮胖的黑人跳到米贡那边去，带着一股粗野的热情拥抱他，吻他。可是在一切欢呼之上的是选煤机的轰鸣，它现在已经提出第一批煤块去补足去年的缺额了。

谢尔贤终于在电梯的配电器一览表后面找到了卡尔力克·美里马卡，他正在和一个操纵洗煤机的姑娘闲荡。他气愤地打断了他们欢会的时间，说："听着，你这公牛，跑到电话机那边去。美里马卡老大娘从三刻钟以来就已经不让我们安静了。

她有一些顶重要的话跟你说，可是她不会为世界上所有的珍宝把我们出卖。"

卡尔力克从业务主任的装了玻璃的小房间叫了邮政局的电话，美里马卡老大娘就等在那里。那些在职工会所集合的同事，只要是站在附近的，都可以看见他那脏面孔愣住了，接着他就疯了一样地晃动他的拳头。卡尔力克也不放下他的听筒，推开了玻璃活窗，拉大嗓门嚷道："喂，你们呀，岂有此理，真真岂有此理！我的老娘告诉我，树林后面……树林后面……"

"打那个家伙一下"，鲁特卡动了气。"还是说清楚吧。树林后面有什么名堂呀？"

"那边的泥瓦匠和其他职工……他们也有劳动竞赛……呐，我的房子用不着等到圣诞节……明天就可以搬进去了！"

一大堆矿工交过了工作证之后在大街上碰头。寒冷的、又带有太阳光的深秋的风吹进了他们的耳朵。火车头悠长地、愉快地在天桥底下响起了汽笛。

矿工们愉快得激动起来，大家乱做一团地谈论今天的班上工作："呐，那该是出色的一班吧！天啦！"

卡尔力克三番两次地打断他们的谈话："明天，伙伴们，我叫一辆车子去搬家！晚上呢……请到我家里去。我们喝一点'提神的东西'。说起来真是没有一个例外！整个纵队，没有一个人拆烂污！"

"可是得在打过足球之后。明天我守门，当然，事先不许喝酒"，勃拉契克插上一句。

"看，家伙，那个捷弗力克！你们看他，在停车站那里！"皮尔卡叫着，没有人答复他，没有人朝那个方向望过去。凡是因为盗窃或者欺骗以致被逐出矿坑的人都受到了别人的轻蔑，即使是对过去的朋友也是这样。

捷弗力克也并不要求同他们见面。他背向着他们。风吹拂着他那边沿残破的夏天大衣。一些枯槁的枫叶在那靠他脚跟搁着的用旧的小皮箱前面堆积起来。

皮尔卡还是望霍尔巴拉那边跑过去，给他奉上一支香烟。"你上哪里去？"

"是的"，捷弗力克证实一句。"我应该上矿业动力部去接受新的职务，年薪100万兹罗提。"

"我们假定，我相信你的话。"

"愉快得很。"

捷弗力克的皮肤是灰色的。他的眼睛疲倦而且空虚。他那双小拳头藏在他外套的口袋里面，像那些冷得很又饿得很的人惯做的那个样子。皮尔卡拿他这件破家伙和他自己上星期六才在国营商店买回来的那件漂亮的秋大衣做比较。他感到一种替捷弗力克难过的同情，可是也不免夹杂一些幸灾乐祸的思想。

"我们讲正经话吧。看你的样子，真值得替你哭一场。你现在打什么主意？"

"我找我姑母去。"

"也许……也许你需要点钱吧。我可以借一点给你，捷弗力克。"

霍尔巴拉笑了："我发现，好像你有生以来第一次要从一个欠债的人转变为一个放债的人。我不让你得到这样的快乐。还是把你的钱为姑娘留下吧。你总不会想跟你的老婆睡觉睡到死。"

电车一边响铃一边驶过来。捷弗力克把他的箱子推进车里去，从踏板上给皮尔卡伸出手来。

皮尔卡给那些矿工们复述了那段谈话，矿工们尽在摇头。

"他根本没有姑母。他完全是孤单一个人。"

"那他究竟要上哪里去？"

他们耸耸肩膀。他们觉得有点难过。只有叶德拉什科尖刻地说："他还算运气，这个坏蛋！他们实在应该把他关起来，不止开除！米贡是在他某一次捣鬼的时候抓住他的。"

"唔。"

"一个骗子吗？"

"是的，一个骗子。"

"我可以拿头来打赌，他一定属于某一个匪帮。我就会从这个废料身上把那套秘密搜出来，他就会唱个明白！呐，要是你们还想再胡扯的话，我可要走了。我得为我们的窗户削一支旗杆。后天就是节日了呀。玛尔塔再也不放松我。她已经为做旗子买了一块新布，而且按照规格把它缝好了。她已经一直缠住我，说现在是紧急关头了呢。"

当他迈开大步赶路回家的时候，他和对面走来的杜都力克撞过满怀。那个老装煤工人的面孔经过休假期间的风吹日晒，已经变成栗褐色，现在正在发出光亮。他那条牛脖子显然是瘦了些，他的眼光也不再有从前那样的讥讽的阴影。他恭敬地问候矿工们，不等候别人要求就开始谈他休假的经历："我告诉你们，好家伙，他们给我一个宫殿里的房间，从前察尔托瑞斯基侯爵住过的。意想不到！杜都力克有生以来第一次睡上了大老爷们睡觉的地方。"

"呐，还有呢？"鲁特卡冷淡地问。"虽然这样，还是没有皇冠在你脑壳上面长起来。"

"呐，那座宫殿，说起那座宫殿啊，给侯爷去住是糟蹋了的。用作休假的地方是好些，虽然我不是社会主义者。"柯可特用他那广阔的、友好的微笑对着他笑起来，杜都力克因此才有提出请求的勇气，本来就是为了这个他才找他们来的。

"你们知道吗，好家伙，我要向你们提出一个请求……"

"可是我们没有向你提啊，老头子"，阿尔柏特想把话岔开。

"可是杜都力克不上你的当。我也曾经说过那么多种多样的关于你们的废话，可是那是从前的事了。现在我有了另外一样的想法。"

"关于什么的?"

"关于，你们怎么说的……关于那个集体……好家伙，你们会吸收我来参加吗?你们当然知道，我能够像魔鬼一样干活。你们认识我。"

大家等候柯可特表示意见。他却用鞋尖在那堆干叶子上面扒来扒去，许久许久之后才望着杜都力克。

"您知道吗，老头子，我们非常高兴，你比起从前来有了另外一样的想法。我们的确是非常高兴。您可以相信我们。"

"我也真的相信。"

"如果你有兴趣参加的话，我可以去问问那个老头子普萧拉或者别人。他们一定很高兴吸收您去参加他们的集体。您是一个良好的装煤工人。可是加入我们这里……不。在我们这里啊，老头子，一个人必须全身心地是一个集体主义者。也许半年之后我们自己拉您来。今天还不行。"

鲁特卡，他是不喜欢杜都力克的，鼓起了双颊。可是柯可特看出他的主意。他伸开他的手:"您不会因此生气吧，老头子?"

老头子考虑了一阵子。他眼睛底下的小包包清楚地凸出来。最后他笑了:"不。"

"呐，我们显然得到了证明，一切都会上轨道。至于你，阿尔柏特，不要扭歪你的嘴巴吧，那是不合适的。你明天应该上鼓动员训练班去。一个人如果他的鼻子还不能伸长到超过一种个人的憎恨，那还算得什么鼓动员呢?给你们伸出手来!已经好了!"

等那个老头子已经走开了一段路之后，柯可特用胳肘撞一撞鲁特卡:"我们走吧，乌尔苏拉等着吃饭了!节日大餐，知道吗!岂有此理!据说还有鹅呢。呐，为了计划，你当然也会了解……"

他们向别人说出了"再会",像每天一样,手牵着手,齐步回家里去。在他们脚底下响着那干枯的秋叶。传达室门口已经空了。勃拉契克上了向特尔津尼采去的电车。伍尔夫和采布拉克开了他们"索科尔斯牌"的发动机,他们放工之后就坐在车上四处跑一个痛快。那个干瘪的木匠加威尔和那个淡黄头发的雅勃尔科夫斯基同波洛切克和美里马卡一道消失在食堂门背后。皮尔卡推正了一下他那顶新的天鹅绒帽,穿上了皮手套,站在对面的停车站旁边去等候公共汽车。

菲列克·达勃罗夫斯基拐着他那只短一些的左脚,朝着勃尔佐查和米贡跑,他们正在矿务局大厦前面聊天。他比较靠边地站住,让那一下招呼的手势才给他增加了勇气。

"我,局长先生……"

"呐,有什么好消息,说出来吧,同我是不妨随便讲的。"

"我做了一件事,很想请求……"

勃尔佐查和善地笑。

"准是他弄坏了一副钻孔机,一定是,就像是我亲眼看见过的一样。"

"说哪里话",菲列克活泼地回答。忽然间他脸红了起来,一股脑儿把话搬出来:"局长先生,我和人家订了婚,我们想不久就结婚。因此……您愿意……做证婚人吗?在户籍局。第二位是柯可特。"

"我喜欢这样做",米贡的面孔充满了光彩。

"那好吧,可是这位入选的是谁呢?我们认识她吗?"

"您认得她",菲列克证实一句。他朝后拨他那浅色的、还是梳得不齐不整的头发。"可是实际上您又不认得她,因为现在她完全变成另外一个人。一个出色的妇女,局长先生!她是我们工地的积极分子。她一分钟转 380 公尺。啊,那是多么体面的一个妇女啊!"

"等一等……这使我想起一件事。"

"她的名字叫特鲁德·克略格尔。实际上不叫克略格尔而是叫做亚当采夫斯卡,她仅仅是为了忠实和信任同那个混蛋过了一段共同的生活。啊,那是怎样的一个妇女啊!"

"那好吧,菲列克,做证婚人的问题,当然不成问题了。"

当他走了之后,勃尔佐查微笑地说:"这个家伙相当紧张,太多的事情忽然间一齐堆在他头上。昨天订了婚,今天我们开会讨论他的入党问题。这也教他安心不下。我个人是赞成的。当然他有一个时期做了候补懒虫,可是应该负责的是矿务局和他的父亲阿洛伊斯。今天他是模范矿工之一……米贡……您根本没有听清我说的是什么!"

"这在我是头一次发生的事情",让带着负疚的表情向他道歉。"我是那么四处张望,同时引起我对各种各样事情的回忆。"

"什么事情?"

"啊,这样的一些……当我3月间到来的时候,我们两个人在这同一个地方,甚至于在这同一棵树底下互相谈着。我当时各处张望,看进口在什么地方,而且有一点怯场的紧张感觉……"

风像洗纸牌一样玩弄天上的秋云。矿务局大厦的红墙上闪耀着那已经低沉的太阳的反照。那块经过雨水冲洗的写着"安娜·威罗尼卡矿务管理局"的牌子轻轻地在风前作响。

米贡轻轻地撞一撞他的同志:"可是那个牌子仍然是老牌子!这倒奇怪!"

译后记

译完了这本书，我也像波兰的矿工一样，感到一种胜利的喜悦。小说叙述"安娜·威罗尼卡"矿坑的工人克服落后现象和消灭破坏行为，终于完成了社会主义生产任务的经过。历史背景是 1949 年美、英帝国主义代理人米柯拉契夫逃走之后，也就是波兰统一工人党建立之后，旧社会的各种渣滓还在进行绝望挣扎的时候。当时工人中的党员和积极分子希望凭借新来的副局长米贡的支持，就可以打破留用人员的阻碍，来完成他们的采煤计划。新来的副局长也以为只要有了先进的爆破技术和加班加点的劳动热情就会有办法，对党的劝告也认为是无关重要的，结果却遇到了种种挫折。最后还是去找党书记，在工人群众的帮助之下，那些懒虫和破坏分子的罪行陆续被揭露，工人的生活和工作条件也显然有了改善，大家这才认识到新社会和旧社会的不同，才明白自己是煤矿的主人，于是团结在党的周围组织了集体纵队，推广了先进工作法，从而完成了作为十月革命献礼的生产计划，同时也涌现了大批的积极分子，连本来是支持自己那个懒虫丈夫的特鲁德也终于跑了过来，宣布了邪恶势力的死亡。"安娜·威罗尼卡"的矿工胜利了，这一场胜利和取得胜利的经验，在今天还有它的现实意义。

作者亚历山大·席包尔·里尔斯基写这本书的时候只有 22 岁。他是在波兰抵抗运动中长大的，在大学的语言学系毕业之后，他做了新闻记者，而且就驻在"安娜·威罗尼卡"矿坑。实际生活的丰富经验帮助他写出了这一部波兰矿工的史诗。1951 年他因这部小说荣获波兰国家奖金。在这以前他只写过两三篇短篇小说。

为了翻译的时候少出错，我看了一些有关采煤的书刊。但是外行到底是外行，我衷心期待着读者的指正。

1956 年 11 月 29 日

短篇与诗歌

日內瓦湖上插曲

日內瓦湖畔，瑞士小城維龍女侍附近，一
一八年的一個夏夜，有某漁夫向湖心撐出他
漁船，在湖心發現了一件奇異的東西，近旁

受了這樣的新聞的吸引
上那個負責任，知廉恥的
于有些敎命以及成時的

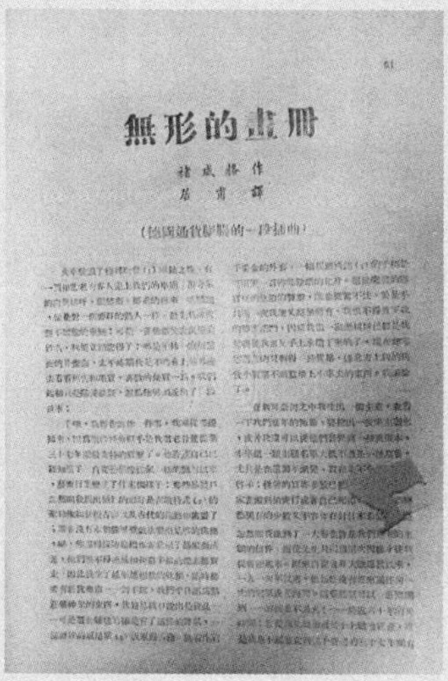

61

無形的畫冊

日内瓦湖上插曲

施蒂凡·褚威格[①]

日内瓦湖畔，瑞士小城维龙女符附近，1918 年的一个夏夜，有某渔夫向湖心撑出他的渔船，在湖心发现了一件奇异的东西，近前一看，认出是柱子编成的木筏，筏上面一个赤身的男子，动作很笨拙，拿木板当桨地划着。渔夫暗自奇怪，便划船过去，帮这个快要断气的人到自己船上来，勉强用渔网盖好他的身体，然后逗这个发抖的、躲在船犄角的陌生人讲话，可是他说的那口外国话没有一个字眼跟他的一样，不一会这位仁翁便放弃任何更进一步的努力，收起渔网，箭一样的朝岸上驶去。

到了在晨光中湖岸的轮廓渐渐清楚的时候，这个裸体男子的面目也开始显明了：从他阔嘴巴的乱胡须剥出一层天真的微笑，抬起手来朝对面一指，不停地追问，似乎已经有了一半把握，结巴巴地说出一个字，发音很像是罗西亚。船越近岸，他也就越快活，呀的一声，渔船划上了沙滩；渔夫的女眷正在等候湿水的捕获品，一看见渔网底下那个赤条条的汉子，不觉大叫一声，活像瑙西卡亚的姑娘们一样，分头走散；慢慢的，渐渐的，村里面的诸色人等受了这样的新闻的吸引才聚集起来，跟着又添上那个负责任，知廉耻的警卫当地的军士。由于有些教会以及战时的丰富经验，他立刻断定，这是一个逃兵；从法国那边凫水过来的。他本来打算打起正式报告来，可是这啰嗦的企图马上丧失了体面和价值，因为事实摆在眼前，这个赤条条的汉（逐渐有些本地人给他扔过一件短褂和一条粗布裤）不管人家问他什么，他总是越来越害怕，越糊涂，口口声声只在重复那个探问的字眼："罗西亚？罗西亚？"军士失败了，有点生气，于是做出不容误会的手势，喝他跟在他后面走。这个湿水的赤脚大仙也就穿着吊儿郎当的裤子和短褂在逐渐集中的一群小伙子的呼啸中间到

① 今译斯蒂凡·茨威格

了司令部，暂行看管。他不反抗，不讲话，只有那双明亮的眼睛因为失望变得阴暗了，他的高肩膀像是受了可怕的打击一般抽抖着。

这段网鱼不到网到人的新闻，逐渐传布到附近旅馆里去了。一天的单调于是来了一段轻松的插曲。好些女士和先生们都跑来参观这野人。有一位女士送他糖果，他却像猴子一样，疑神疑鬼的碰也不碰它一下；有一位先生照了一张相，大家都在他周围开玩笑，直到一家大客店的经理跑来了，事情才有了转机。他长时间住在外国，通晓多种语言，向这位吓呆了的轮流说出德国话、意大利话、英国话，终于是俄国话。这个吓呆了的一听见他家乡话的第一个字音，便惊奇起来，宽广的笑容从这边耳朵到那边耳朵分开了他的善良的面孔，忽然间满有把握的，毫无拘束的讲述了他的全篇故事，这篇故事十分长又十分乱，他的特殊报道也不见得能够教这个临时舌人完全了解，总之，这个人的遭遇大概如下：

他在俄国打仗时，后来有一天同旁的成千伙伴装上车，走了不知多少路，然后再上船，在船上的时间更长久，经过的有些地方热的十分厉害，如他所描写，连肉里面的骨头都烤软了，临末，他们又在某一个地方上了岸，装上车，忽然有命令要他们攻打一座山岗。这件事结果如何，他不知道，因为一开头他的大腿便吃了一颗子弹，群众听过了舌人一问一答的翻译之后，立刻明白了这个逃兵是属于那派到法国的俄国师团，走过了半个地球，经过西比利亚和海参威，派到法国前线来的。听的人都有相当的同情，同时也引起了好奇心，究竟为什么他要来一次这么稀罕的逃亡，这个俄国人发出半是良善，半是狡猾的微笑，高兴的讲个明白，他的创伤才复原，他便问护士，俄国在那一边，他们给他指一指那个方向，他便从太阳，和星星的部位得到模糊的景象，于是乎他便开小差，黑夜赶路，白天却为了避开谍查的耳目，躲在草堆里面，吃的是水果和讨来的面包，经过 10 天的时间他终于走到这个湖边，现在他的叙述比较凌乱了。好像他是住在贝加尔湖附近，天黑了，朦里朦胧的，他望见对岸浮荡的线条，便以为那准是俄罗斯。总之，他从一所茅屋偷了两条柱子，躺在上面，靠着一块木板当划桨，便一直驶出湖心，后来便被渔夫发现了。他提出来的问题是跟他那糊涂的解释连结的。他问，他明天可不可以回到老家去，这句话一译过来，立刻引起了大声的嘻笑，他太没有教育了，可是笑声立刻又变成感动的同情，人人都朝这糊里糊涂，东张西望的生客身上放下一些银钱或者钞票。

这时候一个较高级的警官已经接到电话，从蒙特古赶来，用尽平生本事才得到这宗案件的一份记录，因为不独这位临时舌人证明不够工夫，就是这个生客的，西方人绝对不能想象的无知无识也立刻明白了，他的知识几乎不会超过他的本名波里斯，关于他的家乡也只能说出极其凌乱的状况，大概他是眉采尔斯侯爵的农奴（他说是农奴，虽然一世纪之前这个制度已经取消了），他住家距离大湖50俄里，有女人和3个孩子，现在开始了他命运的讨论：一派主张把他送去拍尔恩的俄国公使馆，另外一派担心这样一来难免再送回法国去；警官指出这个问题的全部困难是在当他是逃兵呢还是没有护照的外国人；本地乡公所书记一开头便要打消这种可能，偏偏要他们来供养而且收留这个陌生的食客。一个法国人着急到抖了起来，大家不应该跟这寒伧的逃兵说那么多废话。他应该做工或者遣送回去；两个女人则在大开辩论，他这样狼狈自己是没有过错的，把人从乡下拖到陌生的地方去才是罪过呀。看样子，这一场偶发事件很可能发展成政治的论争，幸亏突然有一位丹麦老绅士，挺身出来，坚决申明负担这个人的8天伙食开支，当地官厅应该在这8天之内同公使馆商量出一个办法来，这一个意想不到的解决方法，使公家方面，私人方面都一样感觉满意了。

趁这一场辩论热烈进行的机会，这个难民渐渐的抬起眼睛，盯住经理的嘴唇，他知道这一场骚乱的范围内他是唯一能够听懂他的命运的人物。他沉重地觉察到这一阵由他的出现搅起来的漩涡，现在吵闹平静了！他忘其所以的向他恳切地举起双手，像是女人朝着一幅圣像，这一动作使得任何一个人都不得不大受感动，经理真心实意地跑到他面前，安慰他，教他不用害怕，他住在这里不会有人来麻烦，最近期内旅店已经有人照料了。这个俄国人要吻他的手，可是他向后一退便避开了，接着他还指点他邻近那所房子，一家小客店，他可以住在那里，吃在那里，又对他说了一篇安慰的好话，然后走上那条回他旅店的道路，同时还来一次亲热的招手。

这个难民呆望着他，这个唯一懂他说话的人一离开，他那已经开朗的面孔又重新沉了下去，他失神地目送他走上那高地的旅店。别人在奇怪而且嘲笑他那稀奇的举止，他一点也不理会他们，到了有人可怜他，摸摸他，指点他那家客店的时候，他那沉重的肩膀立刻缩做一团，低头跨过了门槛，伙计替他开了房门，他一倒倒在桌子旁边，桌子上面已经有丫头端来一杯接风的烧酒，他凝着双眼，动也不动的望了一个上午，那些乡下孩子一个个挤上来。从窗口死命窥探，对他笑，又同他叽咕一些什么——他总不抬头，进门来了，好奇地望着他，他望着，眼盯住桌子，背弯下去，羞惭而且胆怯，到了中午，开饭时间，一大群人嘻嘻哈哈的塞满一所，千言万语在他周围传开去，他呢，意识到他可怕的陌生，聋子一样，哑子一样，来在这热闹场中，他的手抖到几乎拿不起勺子来喝汤，一大颗泪珠突然从他脸上流下来，沉重地落在桌子上面，他畏蕙地四面看一看，别人看到了，立刻静下来，他难过得很：他那沉重的，乱发蓬松的脑袋，越发向木板上一直低下去。

他这样望着，坐到黄昏，别人来来去去，他不觉得，人家也不觉得：一块黑影。他坐在火炉影里，双手在桌子上面撑紧。大家忘记了他，也没有人觉察到，天黑了他突然站起来。使起一股野兽般的蛮劲，一直朝那家旅店走上去，一点钟又两点钟他站在大门口，恭而且敬的，帽子拿在手上，谁也不看他一眼：这副稀奇的形状，笔直而且黑黝黝像是一条树干在光辉灿烂的旅店门口生了根，终于惹起了一个跑堂的注意，他把经理叫出来。一听到他的家乡话，这张枯槁的面孔又闪出一点光亮来了。

"你要什么，波里斯？"经理好声好气的问。

"对不起"，这个难民支支吾吾的，说了出来"我只想知道，……我可不可以回家。"

"当然，波里斯。你可以回家去。"那个被问的微微一笑。

"明天就可以了吗？"

这一来另一位也不得不认真起来，微笑从他面上溜走了，那些话是说得那么恳切。

"不，波里斯，……现在还不可以，要等到战事结束呢。"

"那要等到什么时候？战事要到什么时候才结束？"

"上帝知道吧，我们人类是不知道的。"

"早一点怎么样？我不能够早一点走吗？"

"不，波里斯。"

"那条路很远吗？"

"是的。"

"还要好多天吗？"

"好多天。"

"我总得走，先生！我身体好，我从不会疲乏的。"

"可是你不能够，波里斯，中间还有一条国界呢。"

"一条国界？"他摸不着头脑，这个字对他是陌生的，接着他又使出他那股特别的傻劲："我要凫水去。"

经理几乎笑出来，可是他的心也痛了，他温和地解释："不，波里斯，这不行，一条国界过去就是外国了，他们是不放你过去的。"

"可是我决不伤害他们！我已经把我的枪扔掉了。为什么他们不应该放我回去看我的女人呢，假如我请他们看基督面上？"

经理越来越严肃，他冒起了一点火。

"不"，他说，"他们不会放你过去，波里斯，现在的人再不听信什么基督的话了呀。"

"可是教我做什么好呢，先生？我在这里如何活得下去呢！他们不懂我的话，我也不了解他们。"

"你可以学呀，波里斯！"

"不，先生"，这个俄国人深深一鞠躬。"我什么也学不成功，我只晓得在田上做活，除此之外什么也不懂。我在这里有什么好做？我要回家。指点那条路给我看看！"

"现在没有路，波里斯。"

"可是，先生，他们总不能够禁止我回家去看我的女人和我的孩子！我已经不是兵士了呀！"

"他们可以这样做，波里斯。"

"还有沙皇呢？"他忽然一问，期望和敬畏教他抖起来。

"现在再没有沙皇了，波里斯。有人把他推翻了。"

"再没有沙皇了吗？"他呆望着对方。他的眼睛失掉最后一丝的光芒，接着他十分疲乏的说："我就不能够回家了吗？"

"现在还不能够，你还得等，波里斯。"

"长久吗？"

"我不知道。"

那张面孔在昏黑中越来越枯槁。"我已经等了这么长久了！我再也不能够等下去。指上那条路给我吧，我要试试看！"

"没有路啊，波里斯。在国界上他们会把你抓起来。留在这里，我们会替你找点事情做？"

"这里的人不懂得我，我也不懂得他们。"他固执地再说一遍。"我这里活不下去，帮帮我忙吧，先生！"

"我不能够，波里斯。"

"看基督面上帮帮我忙吧，先生！帮帮我忙吧，我再也过不下去了！"

"没有办法，波里斯。现在谁也帮不了别人的忙呢。"

他们对面站着，静了一会，波里斯在手上转他的帽子。"他们为什么要把我从家里拖出来呢？他们说，我得保卫俄国和沙皇，可是俄国距离这里是那么远，而且你说，他们已经把沙皇……你怎样讲的？"

"推翻了。"

"推翻了。"他莫名其妙的说了又说，"我现在做些什么好，先生？我得回家去。我的孩子嚷着要看我呢，我在这里活不下去。帮帮我忙吧，先生，帮帮我忙吧！"

"我没有办法，波里斯。"

"那就没有人能够帮我一点忙了吗？"

"现在没有。"

这个俄国人的头一直低下去，接着忽然加重语气说："我谢谢你，先生。"他转身去了。

他一步一步的慢慢走下去，经理一直看着他走，同时还在奇怪，他不回客店却沿着石阶走向湖边。他长叹一声，便走进旅店去继续办理他的事务。

事情凑巧的很，到了明天，又是那个渔夫发现到这个裸体的浮尸，别人送给他的袴子，帽子和短褂都小心地放在岸上，赤身来也赤身去。因为没有人晓得这个陌生人的姓氏，他的坟头便只好插起了一个便宜的十字架，这一类小型十字架说出了无名的命运，我们欧洲正是从这边到那边一直插到尽头的。

注：瑶西卡亚（Nausikaa）是菲亚肯的公主，曾经在海滩收留奥德赛。见荷马史诗。

附记：褚威格是奥国现代优秀的作家，1933 年亡命美国，这篇小说作于 1918年，是短篇集《时代小册》里面的一篇。

署名"居甫"译
原载《新建设杂志》第三卷 1942 年

安唐妮与克里斯朵夫的邂逅

罗曼·罗兰

奥里维耶落第了。

他像是给打中了轰雷，安唐妮强作笑容，装作没有一点严重的事件——可是她的口唇却在打颤，她安慰她的弟弟，告诉他，这是一宗很容易补救的厄运，到得明年他便一定可以考上而且会得到更高的绩分。她并不提起，她过的这一年是她怎样千辛万苦才挨过了的，她身体上精神上是感觉到怎样的枯竭，她自己又是怎样的担心，再要挨过这样的一个年头，然而却只有这样，假如她竟在奥里维耶考取以前送了性命，那么，他一个人是永远提不起勇气来继续搏斗的；他会淹没在生活的洪流里面。

这样她便掩藏起她的疲乏，她加倍支撑她的劳瘁，她输出她最后的一滴血，为了使他假期内可以多得一些消遣，希望到了开学之后他能够多点气力来应付学习的工作，可是到了开学的时候，有一件事却揭晓了：她的小小的储蓄已经干了；而且祸不单行，连她倚靠最大的教课也失掉了。

还有一年！……这两个孩子为了结业考试紧张到快要爆炸了，现在第一个问题就是要活下去，找寻新的收入。内屯夫人介绍她到德国去当教师，这就是她最后一件自由决定的事。可是目前她没有别的机会，她不允许再犹豫了。6 年以来她没有离开过她的弟弟，一天也不曾有过，现在呢，她不敢设想了，她将会看不见也听不到她的奥里维耶，她还活得下去吗？就是奥里维耶一想到这点，也忍不住寒心，可是他不敢开口，这场霉头都是他不好，要是他考上了，她便用不着遇到要干这一套，他现在没有权利表示异议，连带说出他自己的苦恼！她总得单独决定。

最后共同的几天是在沉默的痛苦中度过的，似乎他们中间要死掉一个；他们的苦恼是太大了，他们总是互相遮掩，安唐妮向奥里维耶的眼睛找寻劝告，只要他说一声："别去了吧！"她便不会起程，不管这是如何的迫切，直到最后一分钟，她坐上马车，要朝车站开动了，还几乎要放弃她的决定：她感觉到再没有气力来完成，只要他一句话，一句话！……可是他不讲，他也像她一样结做一团，——她接受他的允诺，给她天天写信，一点不瞒她而且一有挺小的事情便叫她回来。

她于是起程，当奥里维耶满心纠结，回去学校宿舍，从此寄宿包饭的时候，火车便驮着这位充满痛苦的、畏缩的安唐妮离去了。两个人都感觉到，他们是每过一分钟便彼此距离远一点，他们的眼睛向黑夜探望的时候，两边都在细声的呼唤。

安唐妮走进一个新世界，这新世界向她注入恐惧，她在过去6年的时间变化得太利害了，从前本来是那么敢作敢为，毫不畏葸的，现在却习惯了静默与孤独，要疏远它她是难过的，从幸福的时代出来的善笑，健谈而且轻快的安唐妮是跟幸福一齐逝去了，不幸使她变成羞涩，无疑的也是由于她与奥里维耶的共同生活终于从他沾染到那股情劲了，要她讲话就是一件难事，除了跟她的兄弟，一切都可以吓倒她，她害怕任何一次访问，现在她想到要活在陌生人的家里，跟她们谈天，经常站在那里做展览，她更加怕得发急了，不单是这样，这个可怜的女孩子像她的弟弟一样，不是生来教书的：她处理她的工作一点不苟且，可是她没有信心，也没有实感支持她，使她相信她的工作是有真实价值的工作，她生下来是讲眷爱的，不是教学的，然而他的眷爱却没有人理会。

再没有一处地方比居留德国这份职业更少活用的机会了，格仑涅鲍姆这一家呢，虽然他们的孩子是跟她学习法文的，可是没有表示一点极微小的关心，他们是高傲的可是没有忌惮；冷淡的同时又缠夹；他们的修金是颇厚的，正因为这样，他们认为谁受了他们的钱，就是他们的债户。于是一切都放肆起来，他们对待安唐妮就好比一种上等的丫头，几乎不让她有一点自由，她甚至于没有一个自己的房间。她睡的是一个小厢房，靠近孩子卧室，那扉门整夜开着，她永远没有单独的时候，谁也不承认她的需要，有时一个人吟味一下自己的生活——每一个生物基于内在的寂寞的神圣的权利。她的全部幸福建立在精神上跟她的兄弟在一起，跟他诉说一切，她利用自由的每一瞬间，可是就是这样也还免不了捣乱，只要她一写字便有人在她身边踱来踱去，问她写些什么，一到她看一封信，便有人来打听，信里面说些什么，用一种俏皮的亲热询问她的"小兄弟"。她只得躲起来，有时说起你都不能不脸红，她有时是怎样逼到没有办法，缩进小犄角里面去，为了可以逃开别人的眼睛，看完奥里维耶的来信。假如她在房里放下一封信，那是总会有人偷看的，又因为除了衣箱之外没有一样家具可以上锁，她只得把凡是不愿意别人看到的纸张随身带着，总之随时随地都有人侦察她的行为，她的心事。他们用尽一切力量，拼命要深入她内心生活的秘密，并不是因为格仑涅鲍姆关心她，不过是因为他们给了她一份薪水，她就属于他们的，而且又并没有什么恶意，不知进退的好奇心对于他们就是血肉相连的习惯；他们自己一伙也不会两样的。

最使安唐妮难受的无过于这种侦察，这种性灵的羞耻心的缺乏，从早到晚不让她有一段时间逃开这种逼人的眼光，她对格仑涅鲍姆所表示的近乎傲慢的检束使他们感到侮辱，当然他们找到了高度道德的理由来作他们鄙陋的好奇心的辩解而且对安唐妮的逃避发出责难。他们认为他们的责任是要认识一个少女的内心生活的，她住在他们家里，属于他们一家，而且他们是把他们儿子的教育付托给她的呀，于是乎他们便认为是责无旁贷（这也是为什么这么多的主妇说到她们的婢女的口头禅，她们的"责任"不会发展到减轻一点点过度的驱使或者一次的麻烦，却只限于禁止他们任何一种的娱乐）。因为安唐妮不承认这种良心的责任，他们便感觉到（而且断定了）并不是没有一点蹊跷，一个体面的少女是无所用其遮掩的。

这样安唐妮便不时感到是被人钉住尾，她也就是经常的进行防卫，于是乎她就比平常显得更加冷静和深沉。

她的兄弟天天写给她12张纸的长信，就是她也做到了天天写给他，即使只有两三行也好，奥里维耶努力做出一个小好汉的样子，不让他的苦闷太过泄露出来，可是他已经思念到快要断气了，他的生活本来是离不开他姐姐的生活的，现在硬把他拖开了，他看起来便活像丧失了他存在的一半，他再也不知道，出去散步，弹钢琴，工作，偷闲做梦——那是关于她的，从朝到晚他坐在他书本后面，可是他做不出一点聪明事，他的思想是到别处去了；他是不幸的或者想着她，想着最近一封信，眼睛望着钟，等候着今天的一封，收到了，他的手指便一边拆封，一边发抖，是高兴——也是害怕，从来没有情人的书信会叫这情人的双手造出过这不安定的柔情相同的战栗，像安唐妮一样，他也是躲起来看信的，所有的信都带在身边，夜里便把末一封信放在枕头底下，在那悠长的失眠的时间，他梦想着他小姊姊的时间，他不时伸手摸过去，为的要确实知道那封信还在那里，她距离他是多远啊！他特别受不住的便是因为邮局的迟滞，要到发信后两天才收到安唐妮的来信的时候，他们中间过了两天又两夜了啊！因为他不曾旅行过，他对于时间和距离便更加有过火的计算，他的幻想在工作哩——天啊，要是她病了，信还未到之前，她可以死掉呢……为什么她前天只给他写几行呢……要是她病了？……是的，她病了……他的心闷住了——还有更常想到的，苦了他的是那种阴森的恐怖，离开她远远的死掉孤独的，在冷淡的一群人中间，在那讨厌的学校，在那愁闷的巴黎，只要他一想到，他便要害病……写信给她叫她回来好不好？……可是他的怯懦教他脸红，而且——到了他要写信了，他眼前又是幸福的，可以跟他谈心，暂时忘却自己的苦恼，他就像是在看见她，当面同她讲话：他一切都告诉她；他从来没有这样亲热，这样热情的同她讲话，自从他们相依为命的生活以来；他叫她："我宝贝的，我勇敢的，我亲爱的，善良的，十分依恋的小姊姊——是我爱得那么厉害的。"那简直就是情书。

这些书信的温柔教安唐妮浸在里面，这就是她日里唯一可以松一松心胸的空气，要是书信每天早上不依照等候的时送到，她便要难受，偶然有过两三次，格仑涅鲍姆由于疏忽或者（谁知道）由于一种恶意的玩笑把它拖延到晚上才转过来——有一次甚至于迟到到明天早上；她简直发热了——元旦那一天这对孩子，事先并未约定，发生了同样的主意，两方面都准备了一场意外戏，同一个时间分头送到一封长途快马信（这是一件重价的玩意）——奥里维耶方面照常从安唐妮方面得到关于工作和疑问的解答，安唐妮做他的顾问，支持他，给他呼进他的力量。

可是她自己却没有太多的力量，栖迟异国她已经一肚闷气，她没有相识，没有人关心到她，除了一个高等教习的太太，她们初到贵境，同样有一种无家之感，这位好太太是天生的母性，对于这一对孩子互相依恋同时又互相分隔的痛苦尤有同感（她曾经逗出了安唐妮生命史的一部分）；可是她是太粗率，太平凡。她过于缺乏节奏的谨慎的性格，安唐妮这贵族性的幼小的灵魂只得回到自己的寂寞，她认为已经没有人可以寄托，便把一切忧愁全堆到自己身上，沉重的负担啊，她自己有时不免想到，有一天会得连人倒下去；可是她咬紧牙根，迈开脚步，她的健康已经受了损害；她瘦削得很厉害，她兄弟的书信越来越没有勇气，一受到一场打击，他写过："回来吧，回来，回来吧……。"可是这封信才发出，他便觉得惭愧，他又写一封信，要求安唐妮把头一封撕掉，再不要想到这上面去，他甚至于装成得意的面貌，做出不需要他姊姊的样子，他那容易受伤的自负有时若不过来，怕人家认为他没有本领离得开他的姊姊。

安唐妮不让他瞒得过去，她看透了他的一切思想，可是她不知道她怎样做才好，有一天，她差一点起程回去，她上车站去，问明了巴黎列车的确实时间，可是接着她又说，这样做是疯狂；她在这里挣到的钱是付奥里维耶的膳宿费的，能够支持一天便应该支持一天，她再没有大气力来作决定了，早上她的胆量从新发作，可是越近黄昏，她的气力便越衰弱，她恨不得逃走了，她有了乡愁，——她渴念着一种语言，她兄弟说的是这种话，她用来向她兄弟说出自己的眷爱的也是这种话。

刚好在这时候有一队法国剧团经过这德国的小城，安唐妮本来很少到戏院里面去（她没有时间也没有兴致）这一次却拗不过她迫切的要求，听一听她的家乡话，借法兰西的灵魂做她的遁逃薮，戏院已经满座了，她碰到一个少年音乐家：约翰·克里斯朵夫。她并不认识他，可是他认清了她的失望却向她提议，为他留下的包厢可以分给她一个座位。半痴半醉的她接受了，她跟克里斯朵夫并肩行走的事实引起这小城市吱吱喳喳的评论，这些恶意的谣言终于传到了格仑涅鲍姆的耳朵；这一批是无所谓的，凡是关于这个法国少女的下流的怀疑他们都愿意附和；——于是他们蛮不讲理的辞退了安唐妮。

这个贞洁的羞涩的灵魂，彻头彻尾封裹着姊姊的爱，更由这种眷爱护卫着不许沾有任何思想的污点的。一到她明白了别人中伤的原因，惭愧到简直无地自容，她并没有一点怨恨克里斯朵夫的意思，她知道，他是跟她一样的无邪，他给她带来的灾难，是为了努力想为她做点好事，她因此还得感谢他，她全不知道他的生平，只知道他是音乐家，人家说他很多的坏话，可是不管她怎样不懂人情世故，她却占有一种自由的、由于穷苦更加精细的对于灵魂的测度，他也对她在这缺乏良好的教育，有点呆气的戏院男伴身上揭露出跟她血缘相近的温柔，一种男性的良善，使她在回忆中仍然感到温暖。外间说他的坏话，一点不能动摇克里斯朵夫传给她的信任。她自己诚然是做了牺牲，而且并不怀疑，他也同她一样是牺牲，而且这一群人的刻薄给她带来了绝望，他却比她更加长久的忍受这群人的刻薄。——还有，他已经习惯了，借记念别人，忘却自己。现在，她设想克里斯朵夫所苦的苦头，因此稍为开解了一些她自己的愁闷。

毫无企图的她偶然也会想过，再次看见他或者给他写信，羞怯和骄傲的感觉把她拖住了。她自己开解，他一点也不知道，为了她竟然触了这样的霉头，而且她一片好心，只愿他永远不会知道有这一回事。

她动身了，凑巧得很，她在车中坐过了一个钟头，对面驶到了另一列车，克里斯朵夫刚好坐那里面，他在邻县过了一天，这次火车就载他回家去。

这两列火车边靠边的停了几分钟，他们在夜色沉静中对面望着，不交一语，他们除了常套之外又有什么好讲呢？他们心里各个蕴蓄着互相怜悯以及神秘的倾慕，除了心照的确切之外是毫无根据的，说了定不是亵渎了吗？在那最后一秒钟，他们素昧生平两个人对望着，这看法是他们周围任何人都不会这样看过的，一切语言，亲吻，亲暱的拥抱的回忆都会消逝，只有心灵的结合经过一次接触，从虚幻的形式的堆砌中认识了之后，是永远不会停止的，安唐妮这样终身怀抱着它，在她最秘密的心底——在她充满了忧患的心底，从心的深处却有一道掩映的光辉在微笑着，像要柔和地照临大地，这是温存的惨绿的光辉，正好比是格绿克的天国的阴影。

署名"居甫"译
原载《新建设杂志》第四卷 3、4 期 1943 年

悲斯律区，违反本意的诗人

R. 傅赫司

    1937 年 9 月 17 日是捷克诗人彼得·悲斯律区[①]（Pitr Beziuc）的 70 寿辰，捷克报纸将会高昂而且隆重的吹起他们的号角；悲斯律区的诗已经译成了德文而且部分的也有其他语言的翻译，所以祝寿的消息，是会从他的寿宴走遍世界的，因为悲斯律区是占有崇高的，稀罕的品味的诗人，他的名字已经写上了时代的前头了，照惯例，说到一位诗人类似的情形，总不免列举出版的作品，上演的次数，在各种场合举行的意义深长的演讲，深入的影响等等，总而言之：一切内容丰富的数量的代表都得算起来，为了确实证明，荣誉应该归于那一位，它自己是最明白的，可是彼得·悲斯律区的作品呢？唯一的一本，《西里西亚的歌》（*Slezske Pisme*），1903 年只包含 31 首诗，经过了 30 年才陆续增补到 80 首，除了别的随便的或者即席应酬的诗篇属于另外一种特殊的印造，不入《西里西亚的歌》的范围之外，这就是悲斯律区的作品。至于他本人呢，法兰慈·卫非尔替我的《西里西亚的歌》德译本初版写过一篇序文，开头便说："彼得·悲斯律区是并没有的"。——彼得·悲斯律区是一个假名，假名的主人则是一个违反本意的诗人。同时又是古往今来反抗社会的和民族的压迫的第一流叛徒诗人之一。那么，也就可以说不能沾染诺贝尔奖金的诗人。

    1899 年有一个全不知名的，自称被得·悲斯律区，给捷克日报 Cas（马萨力克教授做后台，马氏后任捷克开国总统）的编辑仁·赫尔本从权手送上两首诗请求发表，不是为了出风头，不过是由于良心的督促，看不过西里西亚捷克人，他的兄弟也在内，所受的苦难与剥削，像是向他呼唤："去吧，替我们作证！"这就好比巨人跨上了讲坛，两首诗立刻被没收，它是不顾一切的不经修饰，算是多年以来政治方

---

    ① 今译贝兹鲁奇。

面取诗的形式反抗西里西亚大大小小的灾星最强烈说出来，写出来，叫喊出来的说话，后来（1902年）彼得·悲斯律区连续发表的诗作在 Cas 已经引起了越来越大的注意，于是有人为没收案在维也纳国会向司法部长提出质问。（因为西里西亚一次大战以前属奥匈帝国，捷克共和国是根据凡尔赛条约才成立起来的，所以当时最高的统治是在维也纳。）这篇质问的末段说："因为这番没将直接显露出国家立法的偏见——不免要揭出问题来：部长先生是不是有意来一次补救呢？"可是质问的人事实上也肚里明白，假如这两首诗放过了，国家立法也似乎是不够警觉的审查了，总之经过维也纳国会的质问之后，那两首诗依据当时的法律得到了隔离的保障。

生活和诗作

悲斯律区的传记？读《西里西亚的歌》的个别的诗篇，你便可以认识诗人的真正生活，为了你永远不忘却，光是计算他从13岁，他父亲逝世的那一年，到70岁，他寂寞的避寿的这一连串的年月日有什么意义呢？他在布吕恩进文科中学：回到西里西亚的故乡消遣他的假期，于是，还是一个小孩子，已经开始沉痛的领会到故乡，父亲死后遗落的故乡，正在衰败下去，连他的近房亲戚也一步一步的对日耳曼化（别的地方又是波兰化）的压迫屈服，对于他这就是——我们现在是跟彼得·悲斯律区打交道——无穷愁苦的少年经历，他逐渐了解到，一个有生活能力与生活意志的人民组织，他的人民，他最爱的人民的组织，不免走向逐步的毁灭。土地是富饶的，正如今天一样，而且证明，自从铁匠刻弥狄卡1770年在波兰奥斯特劳首次发现黑石以来，物产是越来越丰富，1885年这个年轻的弗拉第米尔·华色克（他的法名）跑到普拉格进了大学，特别是跟马萨力克教授研究哲学史和心理学，届时他听葛保耳和克劳斯教授的语文学以及毛列克的德意志文学讲座，3年之后他打断了他的研究，最可靠的是由于物质的原因，可是也可以有其他内心的理由连带的决定，也许是普拉格的空气使他不舒服，也许他愿意亲近他的家庭，他多么爱他的母亲和他的兄弟姊妹，尤其是他的姊妹海伦和兄弟安东，有他1936年发表的墓铭作证，也许他以为与其等到大学研究结业之后，还不如以简单的身份接近亲爱的受压榨的西里西亚或者至少是故乡美仑，总之，他到布吕恩市政府做了公务员，1891年他受任为西里西亚米斯铁克的邮政局书记，自此做到1893年，这几个年头是彼得·悲斯律区名副其实的学习时期，他的漫游时期则自此一直持续，因为这些地方，孕育他不朽的诗篇的场所——所谓不朽者是因为人不单是歌唱到它，传述到它，也是因为人本身是在歌唱，在传述，只要写诗的语言一天还活着——过去是，现在也仍然是这位老人的漫游站。煤矿坑的苦难，奥斯特劳·卡尔文工业区的货堆的苦难，森林的，贝斯奇登山的荒野的苦难都给他深刻的感应，眼前显现出灵魂的蠢动，他收到申诉的付托，说出在他以前没有谁提到过的灾殃。

1893 年弗拉第米尔·华色克自愿调到布吕恩邮局，还没有一个人知道他诗人的使命，而且也长久没有觉察到，当时弗拉第米尔·华色克是一个非常认真和负责的布吕恩邮务官；当时在精神上他却始终寄托在古希诗学和哲学的世界，那是他的先生马萨力克引路的；当时他虽然身在布吕恩，却少见有人这样一条心记挂着西里西亚他的故乡；当然他属于寂寞的一类人，夜间开放出鲜红的血花；当时他是一个奥斯特劳的矿工，坚决的走在兄弟的前头，混入一个非常的骚乱，驱除而且消灭那些外来的压迫者；当时 Chamsin 的风吹透了他的灵魂；当时在他心上却也燃烧起对贝斯奇登被处决的人民的悲惨，这些在他看来活像是将近灭种的居民，他自己就是七十万台申区人民中间的一个，他们作为一族人民，只剩下一条等待的死路，"让别人宰牛似的来屠杀"；当时也像平时一样他经验到失败的，被出卖的失望的恋爱；当时他遭遇到绝无仅有的，永不忘记的震撼的命运，构成了他的简单的，同时又是纪念碑性的命运；当时他跟安德列斯兄弟来往，那个强暴的然而又是那么亲昵的贝斯奇登的山神，当时他已经是

> 我悲斯律区，台申来的，悲斯律区，
> 流氓，迷乱，吹风笙的，
> 疯狂的叛徒也是沉醉的歌人，
> 报信的鸥鹣飞上了台申的塔顶……

当时他就是这样的，没有人认识到，没有人预料到，单独为了他的诗作，可是就所说过的一切看来，却又并不是单独的，他，自愿调到布吕恩的邮务官弗拉第米尔·华色克，隐居于布吕恩车站邮局的"惩罚站"。

无名小卒

王朝推翻之后，只要悲斯律区愿意接受尊敬，捷克斯洛伐克共和国是愿意礼遇悲斯律区的，可是除了他的诗作的活动地盘之外，也就是市民生活范围之内，悲斯

律区是不愿意叫做悲斯律区的，除开这一点不说，现在还是像从前，他认为他宝贵的西里西亚省，他生身故乡的一部分，由捷克斯洛伐克割让给波兰，这是多余的牺牲和损失，引起了他的怨恨，他照旧保留布吕恩车站邮局的原来职位，推广部，而且只有在他的级职方面，趁他退休之前，为了所受的无理待遇的改善取了或者算是迅速的步骤，除此之外，彼得·悲斯律区冬天住在布吕恩城郊，夏天来往于炎热的物产丰富的南美仑和家乡风味的贝斯奇登，永远是一个伟大的无名小卒，布吕恩国民学校以及市立学校的仪器管理员，虽然差一点没有接近校役的身份，在布吕恩却总比这位表面上可以想象到的极顶平凡的大诗人是更够格的名流，做到这一步也是一种艺术，他老是死硬的永不改变。

特　点

现在说到特点，彼得·悲斯律区跟他同代的而且不限于捷克的诗人有什么独立的地方呢？他不是文学家，却是诗人，我们平时区分这两个称谓似乎是很随便的，用在这里却一点不容含糊，文学当然已经归化了他的作品，而且对他还要增加归化的程度，可是悲斯律区本人却从来不感到喜悦，反转实心实意的提防，他连做一个诗人都是违反本意的。

> 也许严厉的天神割定了范围，
> 用音响的外壳范围我的心，
> 受尽痛苦的压榨，醇酒的陶醉，
> 我绷起了我的诗琴。

他那里做得成一个文学家！

各人都说得有理：有些人说他是"暗淡的，崩解的冰期岩石"。"他因为一场偶然的机缘转入了完全相反的环境，由于他巨大的重量沉入了异样的地方，而且在他的陷洞里面还可以觉察到遥远的风雨与雷电"（A. 卫色里）。又有些人在他身上看出一个"说明的现代的诗人"（M. 海色克）他跟 90 年代（象征派）的捷克诗坛很有关系（F. X. 沙尔达曾经发表了这一血缘的更深一层的了解的极有兴趣的材料）J. V. 薛德拉克也说得有理，他在他研究悲斯律区的那篇出色的论文里面提出了警告，过高的估计这一些影响，说到悲斯律区作诗经历的品类那他是独具一格的，一种特别独立的自成家派的人格。V. 马提涅克说的对，他从悲斯律区看出了西里西亚的土地及其命运的化身，法兰慈·卫非尔在那篇开头引述的《西里西亚的歌》序文里面用他的表现方式说过："诗人是处理过本身任务的，他是放逐的权利乐器，怨恨的，久已打败的，原始的天神的选手，他们在大风暴中间再来一次集合，支撑起最后的痛楚向倒败的宗亲的头上发出了绝叫。"

还有 A. 贺力澈尔说的有理，说他是普罗的自由诗人，而且是今天在此的最优秀的一个，"我听了很高兴"，他在他的论文里面记下了，"悲斯律区还在此"，还有一些人也有道理，他们把这位民族诗人跟其他民族的其他不容模仿的诗坛人物排在一起。

正如任何一个诗人，悲斯律区所有的创见和特点也有他的先驱，捷克文学史说到这重关系曾经提起 90 年代的代表诗人的一系列名字，如索华，布列齐那，赫拉华塞克等等，可是这并不是指文学的流派，更多的是指适应时代的生活环境的共通点，从此又转入共通的诗的表现，诗的体制，由于他那诗作的（近似的）简单和深刻，由于接近民众的血肉相连的元素，也有人把他的诗歌算作人民的诗篇，可是悲斯律区已经不只是人民诗人，也纯粹是乐器，凭这乐器向全世界唱出西里西亚捷克人在工厂，在矿坑，在瘦瘠的农田的生活和死亡，在贝斯奇登的鸡谷上面永远荡漾着控诉的音响，却是一个完全有意识的或者不如说除此之外还是一个完全有意识的，艺术精练的音响和思想的大师，一个智慧的诗行的建筑师，一个西里西亚语言效果的内行知己，他是一个出类拔萃的感印和强力的诗人，从同代人割开了广阔的分界，这种力量从什么地方生出来：有感情又有知识的构合了诗行、时代和生活，要探究这一点，并不是我们的事情，正如不是任何人的事情一样。

会不会再来一个悲斯律区？

世界上有政治诗人，我们知道，他们不会接近悲斯律区，可是他们也是政治人物，因此之故，他们看得清也指得出走向社会的和民族的解放的路线，这是现世纪的诗人。过去的世纪，还深入我们的时代的世纪，拿诗人造成怀疑派和孤独者，他们的孤独并不是过错，这是一份遗产。

在这新的，反抗一切恐怖再不是绝望的时代会不会再来一个悲斯律区呢？决不，可是别一种诗人会要来，悲斯律区替他们扫清了道路，他，预告了目标同时却怀疑走路的方向。就是这一类诗人也会认识到孤独，证人的孤独，却从孤独剔除了悲剧性。

附注：这是傅赫司（R. Fuchs）的《西里西亚的歌》德译本的序文，旧译本是在德国莱比锡出版的，1937 年再次在捷克刊印悲斯律区 70 诞辰纪念本，卷首就是这篇文章，本来关于悲斯律区的研究还有犹太女诗人 K. 布龙的更深刻更精到的论文，可惜我们找不到，贺力澈尔听说悲斯律区还在世心里很高兴，现在过了 6 年，这位身经三次亡国之痛（第一次属奥匈帝国，第二次明兴会议后台申区割让给波兰，第三次一股脑亡给第三帝国）的老诗人，不知道是不是依然健在？如果容许我谬托知己，我倒愿意祝他活过 80 岁，再见捷克光荣的复国。

署名"居甫"译
原载《新建设杂志》第四卷 6 期 1943 年

矿 工

贝斯律区①

我开矿，在地底下开矿，
我凿穿矿石，矿石飞出火星像是龙鳞，
我开矿，在波兰奥斯特劳地底下。

灯光昏暗了，我额上
乱发蓬松，臭汗黏结着，
酸醋和胆汁腌损我眼睛，
脉管在跃动，顶上冒起了蒸气，
我开矿，在地底下开矿。

我在隧道里面挥动阔大的铁锤，
在矿山沙莫住慈我开矿，
在吕希林我开矿，在蒲耶林我开矿。

我的女人躲在家里打哆嗦，绝望似的
抱着哭叫着啊！肚饿的孩子，
我开矿，在地底下开矿。

火星从隧道飞迸，从眼睛飞迸，
我开矿在东布劳，我开矿在奥尔劳
在坡廉巴也在辣齐。

---

① 贝斯律区（Petr Bezruc）。

头顶上响动马蹄的奔跑，
伯爵在出游，伯爵夫人娇滴滴的
鞭一鞭骏马，玫瑰颊泛起微笑，
我开矿，我掀起铁锹，
我的女人苍白的踱到了宫殿门口
为了面包她乞求，因为断了奶。

好心是我们的主人，
用黄石砌成了宫殿，
下面是奥斯特拉维查在咆哮，在变化，
一双狼狗气汹汹的把守住大门。

向宫殿有什么好求，有什么好讨？
封邑的谷麦难道是长出来供养矿工婆？
在米哈尔柯维支我开矿，在赫鲁绍我开矿。

万一我僵挺着身子给从隧道里面拖出来，
那些男孩子，女孩子该会变成什么个样子？
男孩子还得接手凿下去。
将在克拉文凿下去。
女孩子呢——矿工女孩子谈得上什么？

怎么样，假如我在隧道里面一把摔破昏沉的灯盏，
高高的伸长奴役的颈项，
捏紧左拳头，从地面
打个半圆向天上迈开脚步，
轮起铁锤，努起眼睛
正对天神的太阳？

署名"居甫"译

原载《新建设杂志》第四卷第 6 期 1943 年

贝夏尔①诗抄

凡是只要是关联到体魄的锻炼

那边，在足球场，前锋一顶头，

球便直射球门，那边在游泳池，

一声"注意！开动！"游泳选手

便应声动作，张开胳膊，

直向目标，矫捷的搅水，

浪花四溅，沿着限界；

那边，冬天的山头，筑好了

据点：一跳，不，一飞，

看他，那位师傅，怎样轻飘飘的。

穿着雪鞋，从高处降落，立定；

那边，动力单车疯狂的角逐，

高度的拐弯，怎样榨出了

机械的怪叫；那边，飞机师

朝火轮般的太阳起飞，

大胆计算到任何的方向，

然后又一条直线般上青天；

那边，拳师蹦呀跳的躲过了，

泰山压顶，乌龙扫地，跟着就

---

① 今译贝希尔，原东德文化部长。

跳出掩蔽，挥拳进攻，不松一口气；
那边，岩石中间，穿过一线天
他还不罢休，抓紧最后的峭壁
爬呀爬的，爬上处女的峰顶；
那边，在江水上，受到了
喝彩的驱使，赶过快艇的前头；
还有那边，在接力跑的终点
前拱的胸膛剪断了横带——
还有那边，越野赛跑，障碍赛跑——
那边，只要是谈到速率，谈到角斗，
只要是标明起点和终点，
跑道围满了
千千万万人，扩声筒播告出
时刻还指出姓名：冠军——
凡是只要是关联到体魄的锻炼，
以及一张一弛的筋力的运动，
那边便也有我新诗的锻炼，
久矣夫它已经离开了废墟，
空淡的绿洲，咖啡馆……
不会在长久下去了，充满了衰颓的预感的
那些诗行，流连宇宙的昏迷，
忧郁的中毒，酸辛的发泄
一律得排除；一场狂暴
又迷了方向，失落了自己——
重新来过吧，依照严格的节拍
支使观念和感情，重新分配
空间和时间，诗
也有自己的一份：支离破碎的人事
得结成不可分割的整体——
现在是这样的时代，大力的脚步
量度那还未揭晓的度数。

666

现在是这样的时代，属于报捷者和制胜者。
现在是这样的时代，属于钢筋铁骨的诗篇。
现在是这样的时代，属于崇高的颂歌，它
要来，要来满足新诗的咏叹。

和　谐
——图宾思即景

但愿我的诗才够得上这周遭
聪明的搭配，一切都各得其所。
阴暗不会太多，明亮也不过火。
古堡、桥梁以及绵延的古道

引上古堡：掩蔽的并不过分
可又不是全露面，就是尼喀河
的波浪也有准绳：它的流转
已经是海的气象，却又瞒不过

河水的源头，这一切的铺排
说是简单吗明明是缤纷的糅杂，
永恒的絮语，声音的往来

从不失落，有唱和，有酬答，
古堡向桥梁，桥梁向河流
说话，光与暗又另外一套话头。

署名"居甫"译
原载《朝报月刊》1943 年

辽远的音响

F. C. 外斯阁夫[①]

一

　　这个乡村叫做塞诺霍罗窝，意思就是黑头的，也许它的得名是因为它的房屋，从高原望过去，就好比那些黑头的香菇，姑娘们夏天收集起来，带到伏洛伏耶去，带给伊凡·加尔果，那个铁匠。他拿着医治咳嗽的马匹或者为害怕邪魔的孕妇制成药水，也许呢，黑头的起源是由于那一带的松林，松林环绕着田地和村庄像是长河环绕着小岛，由于那些松林，松林的树梢常常是一连几天抓紧云团——你几乎相信，它们要把天空扯下来。

　　有又一说，这个名字是多得那许多夭折的儿童，因为他们顶着沉重的，不成形的脑壳——水头脑，那里面，据说，老是昏昏沉沉的？可是，这一说如果成立，那么，便所有乡村一直到高原背后的边缘都应该叫做塞诺霍罗窝了。

　　那些房屋全是一式一样的，屋顶停着同样的灰白的，从潮湿的，难着火的树枝烧出来的浓烟，屋子里面积集起同样的沉闷的气味，人身上的，山羊的，干煎的马豆和旱烟的，从麻仁饼和焙菌煮出来的汤汁的气味。

　　就是乡民的习惯也是大家一样的，日子转过去，这一天像前一天，灰暗而且单调，只有复活节，圣诞节和赶集的日子才跟平时显出一些异样。

　　赶集总是在月底，定例是一个星期五，那时候西门赦·拉宾诺维慈，酒店老板和杂货商人，怀抱着出息日到临的期待，已经摆足派头，偶然还会除开全月的新闻之外，斟起二两烧酒来应酬一下成交的货物，这些货物是不会马上付现的，半年为期，一到期便决不拖欠，秋天大家都为了这个目的给西门赦带猪来，他们养猪就是

---

　　① 今译魏斯柯夫。

为了他和税务局，春天呢，大家又靠砍柴来清偿另一个半年的欠债。

假如有客人来到乡村，那就是一个特别的日子，可是这种事情发生的很少而且没有一定，有时在访问和访问之间会度过了一年以上的时间，特别谈得长久的是关于一些远游归来的男子的故事，比方有一个人在波希米亚和摩拉维亚联队服务，或者在斯洛伐克造铁路或者带着捕鼠笼和竹篓到处流浪，如果又在露面的时候，那便是谈论的好材料，至于谈到波尔加努克的访问呢？那简直就是十足的神话，他的父亲在大战之前二三十年跑到美国去，他自己在 20 和 21 年回到老家来，是一位满口金牙的绅士带着一位褐发的太太，她抽香烟，又戴起金丝眼镜，从此之后，在塞诺霍罗窝一有什么特别稀罕的不易相信的事情，大家便用一句话表示他们的惊叹："这位看起来就好比那个金山客波尔加努克！"

当然此外也有旁的一些访问，他们一提起便要讨厌而且充满憎恨的，老实说，关于那些收税官又有什么好讲呢，他们突然下乡，只是为了要刮出点欠租来，至于那些玄博仑伯爵的森林管理，那不是三翻四覆搜查偷走的树枝就是追问私藏起来的野味。

反之，如果法息尔·法息尔楚克久违之后，忽然又当众出现的时候，却没有什么张扬，他来了，人家不理，也的确找不出值得注意的理由，跟法息尔·法息尔楚克又干什么出来呢？他有一个水脑袋，他的舌头比他那拐腿的右脚还要难受，如果他要说什么，他的眼睛先得眨一通，像是一只临产的母山羊，一阵呻吟才讲得出一个字，差不多没有一个人听他讲到尾，谁不知道呢；他结巴巴讲出来的，不是要讨一口烟就是关于山魈的糊涂的故事，据他说那是他爬山抓岭时碰到的——他替巴尔弟阿夫的药剂师采集草树根。

人家都叫他山魈，一半是因为这些故事，一半是因为他的拐腿，那些老太爷拿他来吓唬小孩子，可是就是小孙子也很快就明白了，法息尔是一个并不危险的魔鬼，他一在乡村出现，他们便跟着那些年纪大一点的兄弟姊妹们边赶边叫的盯住他，拿臭料和石头扔他，可是他既不理会这些小捣乱，也不理会大人的拒绝。他讨一两口食物和羊棚里的一个铺位——到了明天或者后天又人不知鬼不觉的消失了，正同他来时一样，才一消失，他又已经被忘却，只有孩子们偶然会记得他，还有老太婆在讲到山魈的故事的时候。

二

这一次也没有两样。

法息尔·法息尔楚克跟着夏末秋初的游丝一起飘进了乡村,可是还等不到秋天开头的风景他便又卷去了,直到春天或者夏天他再度出头,塞诺霍罗窝没有一个人会再想起他,除非他有另外特别的因缘唤起他们的记忆。

10月初旬,大家正在整理畜棚过冬的时候,乡村里出现了伏洛伏耶警备司令的助手,一个年轻的,捷克的班长,他召集所有成年人来到乡公所,开始逐个问话,查问两个在斯洛伐克做工的男子:让哥·伏罗提尔和尼哥位·克里伏苏卜。

他打听不出什么,谁肯给一个外人泄露消息呢,何况还是一个宪兵,可是实际上这两个青年在塞诺霍罗窝也并不出名,让哥·伏罗提尔虽然有一个末婚妻住在乡下,奥列娜·波德纳尔,可是只晓得(或者只愿意晓得)让哥是在马捷康铁路建筑上面讨生活,每星期省下两个克罗尼,等到积蓄得可以了,便讨奥列娜回来,他不写信,有信呢,奥列娜得上神父那边去请他念出来,念一次神父要需索三个鸡蛋甚至一只鸡,奥列娜付不出那么多,就算是付得出吧,她也不愿意,一张横七竖八的字纸有什么用处呀,只有神父才可以变出几句说话来?还是不如把鸡拿去给西门赦·拉宾诺维慈换一个铁镬或者将来管家用得着的别的什么东西回来比较好一点。

这一番话奥列娜东拉西扯的搅做一团,十分快而且说得一口乌克兰话,这位宪兵打起精神赶上去,可是只抓得到第二个或者第三个字,他气不过,不要再听下去,这是一项什么任务啊!混在这批老百姓里面!他向奥列娜一喝:好了好了——确切一点说是坏了——他再也用不着她,她还是滚蛋好,可是奥列娜愣住了而且哭了出来,她要弄清楚,让哥是出了什么乱子;班长大人得看上帝面上告诉她,这件事不弄清楚,她决不走开一步。

宪兵气得涨红了脸,轰她走,她有几个同情她的啼哭的女朋友,于是所有的婆娘们都从房里给一起轰走了。男人们则在听他全副乌克兰和斯洛伐克的咒骂的家当,中间还夹上一些捷克的,过后他切实吩咐他们,这一次问话绝对不许传出去,如果他们一听到关于让哥·伏罗提尔和尼哥拉·克里伏苏卜的消息便得立刻全部报告警备司令部,还有,如果法息尔·法息尔楚克一出现,也得把他送部,据说那个山魈在西内维尔和赫瑞霍维色到处讲述这两个小汉子的故事……

过后再补上一阵恐赫的咒骂,这位班长便肩上他的马枪,转身要走,却有一个姓伏罗提尔的叫住他,问他的宗亲让哥是不是真的犯了罪要烦劳宪兵来搜查,于是他肋骨挨了一下打,这是什么新规矩,查问官厅?只有官厅有权查问人,懂不懂?

门砰的一声关上了。

第二天乡村还像是一个山蜂窠,刚刚受过黑熊的访问。

尤其是奥列娜，她不放过任何人——她从一家跑到第二家，鼓动那些男子去找法息尔·法息尔楚克。

"这是没有用处的，奥列娜，你要朝森林里面去找那个老家伙吗？一个人落在森林里就好比一只虫子躲进了羊皮。"

"你们从来没有提到过一只虱子吗？"

"好吧，奥列娜，也许我们找得到他，可是找到了又算什么呢？难道他那一派胡说会弄出一点头绪来吗？他满脑烟雾，却没有理性！"

可是任你用十根皮带靠十根木桩捆紧了一个女人的心愿——它也可以挣脱的。

奥列娜贯彻了她的主张，男人们动身去找寻山魈。

他们真的搜出了这个老家伙，至于他说到让哥·伏罗提尔和尼哥拉·克里伏苏卜的消息，又弄下怎样糊涂……可是从他的故事里弄不出一个头绪，那两个人听说是起来，跑掉，不是的，人家没有开除他们，也没有罢工，他们是自己跑走的。

"他们又上那里去了呢，法息尔？"

"远得很，到了外国，七重国界以外的某一处。"

"你缠夹，瞎扯什么呀，法息尔？难道是真的吗！"

"当然，事实是这样，他们到了外国，在七重国界之外。"

"可是他们跑到那边去打什么主意呢，法息尔，为了什么事？"

对于这个问题法息尔·法息尔楚克最先并没有提出答复，可是奥列娜不肯放松他，反复说着"那讲吧，为什么呢，法息尔"。他于是眹眹眼珠转得只剩下一片白色，他咽一口气：

"因为……也许又打起仗来了，小鸽子！"

"可是法息尔！你说的是什么梦话啊！打仗？那才胡闹哩！"只有这个老头子依然维持他的意见，临末是奥列娜也不再逼他讲下去了，可是他又附合那些男人的意见，他们郑重声明，现在又看到一次了，究竟是谁有道理；听到法息尔的说话是谁也缠不清的，最摸不着头脑的就是他自己，他所说的关于那两个小汉子的一切都是骗人的。奥列娜却总觉得这一篇故事牵连到一个陌生的国家甚至于还说到打仗，里面一定有一点道理，只要有人能够找出来，究竟是什么。

她避开男人的耳目，他们是准会笑她的，她开始找看山羊的和守树林的孩子们，甚至于可以说，凡是从外面集拢来的她都要打听，问他们有没有听到过在七重国界之外的一块地方，或者听到过打仗，或者两个在马捷康铁路的两个小汉子的神密的旅行。

她要知道的事情，没有谁能够告诉她，可是她从一个阿克那·斯拉提那的流民口里听说到，他那边也有一处有三个男子不见了，静悄悄的，不知去向，他们也受过宪兵的查问，正如让哥和尼哥拉。

这就是一点指引！事情只要跟阿克那·斯拉提那的失踪男子联合起来办，而且还有更好的方法吗，除了上伏洛伏耶去找西门赦·拉宾诺维慈，他招引新闻正好比粪缸招苍蝇，他懂得看报纸，晓得从绝路找到出路，不论任何情形都可以找出办法来。

最先，奥列娜本来打算等待下一个赶集的日子，可是她一下子，又转出另一个念头来，她知道赶集那一天她要是跟西门赦谈起来，是不会没有塞诺霍罗窝人在旁边听到的，而且那一天也太过忙乱；西门赦要给这一个客人看货色，给另一个客人解释什么，又要向大家报导世界新闻，那里抽得出工夫来跟奥列娜作长谈呢？还有，奥列娜也静不下心再等下去，于是乎第二天大清早她便已经穿上长靴——她阵亡的父亲唯一的遗产——拿一块玉黍糕塞在她披肩的饰带里面——又是她早年逝世的母亲的遗产——告诉她的祖母，她要到新洼地去，看那边有没有野蜜糖，要挨晚才能够回来。

"可是那就得带好殉道使徒的圣像，奥列娜，或者别的什么护身的东西！"

"是，是，我会带一点东西。"

她提起一只鸡，塞进提篮里面去，然后走下山坡。穿过大森林，朝伏洛伏耶走去。

三

西门赦·拉宾诺维慈站在店堂后部，铁器旁边，正在应酬两个农夫，一老一少，他们要买粗齿的锯片。

他看见奥列娜进门，耸一耸右眼的眉毛，他不让别人更进一步的麻烦他，谁可以过七日节立刻搭便拜年呢？一宗事有一宗事的时候呀，现在这一宗交易跟那两个农夫的已经上路了，他们才出到 16 克罗尼 50 分，西门赦还咬住他的讨价 24，大概是双方是要在 20 上面成交的，可是这两边的一上一下还得经过一个钟头以外的时间，坚韧的搏斗的一个钟头是紧张的，然而宝贵的钟头，西门赦是无论如何不肯吃亏的，如果没有自己的以及顾客的机智的较量，还算得上是生意经吗，没有讨价还价，没有狡猾和诡计，没有玩笑和埋怨，没有决裂和再开谈判，还算得上是做买卖吗？"一般冻品没有莺油！"西门赦这样答复，"一场婚礼没有新娘，一个安息日没有休假！"

西门赦·拉宾诺维慈没有想到，只因为从塞诺霍罗窝来了一个姑娘便半路打断一宗最好的交易——虽然这样突如其来，已经大大引起他的好奇心，现在，她已经来了，总不致又会跑掉，他一面想，一面便继续应酬他的两位顾客。

"你也太不够圆活了"，老农夫一边说，一边敲一下他面前摆着的铁片，"听吧，它的声音，哑浊的，"西门赦做出不屑的样子，耸耸肩膀，他的声音因为痛恨和讥讽快要反盘了。

"声音不好？谁听见过？从什么时候起锯片变成钟，要银铃一样的响亮？它们是用来锯东西的，我的货色比剃刀还要锐利，可是如果你们不高兴要……"

他不做声，做出一个动作，像是准备重新要把锯条收拾起，可是结果他不过是更朝他们推进了一点。

老农搔头皮，不开口，年轻的替他回答了：

"我们要是想要的，可是我们能不能够做到呢，24克罗尼啊。做一辈子也挣不回来呀，你得减一点，西门赦，听到没有？"

可是西门赦正在应付一个小姑娘，她先一会已经进来了，要买一斤半的火油，他满规矩的把液体灌进一个满身伤痕的铁罐子，小姑娘付过钱，走了，那个青年农夫的说话好像到现在才传到了西门赦的耳朵，他再朝他们两个回转身，"减价，老是减价！我靠什么过活的？这样年头！可是好吧，你们应该认识西门赦，好吧，你们自己讲愿意出多少！"

年轻张开嘴唇，可是那个老头子一手封闭了他的嘴巴，"17"，他赶快讲，"多一点也不行，还是极顶的了，17。"

"嘘！"西门赦一撇嘴，满不在乎望着那条百货蛇，它正挂在老头子的头顶上。

这条粗壮的百货蛇有过一个时候，是涂上颜色的，头尾涂上了青色和绿色，中间是黄色和橙黄色，可是现在只可以看见颜色的残迹了，可是奥列娜没有觉察到，在她看来，这条百货蛇挂着的灯心，鞭索子，皮带，鞋带以及玻璃珠都是神妙的，正如全间的西门赦商店，大商店啊！奥列娜已经来过许多次，可是总是在赶集的日子，因为忙迫，吵闹和拥挤，她从来不会认真看一遍，今天就不同了，多好啊，西门赦刚好跟两个农夫打交道！，奥列娜就有了参观和赞叹的工夫，这里什么没有啊，这一家阔大的，半明半暗的商店，充满了青梅汁，火油，鱼汁以及种种色色的神话一般的莫名其妙的香味！

沿墙上去，柜面背后，货架一直爬至天花板，前面，靠近大门，明亮的地方，摆起花布和竹布的疋头，姑娘用的绸缎，男子们用的软帽和领带，稍后一点是五光十色的碟子，铜锅，浅兰色的珐琅饭提以及褐色的蒸锅。这些东西的头上，最后一层，安着那座神秘的匣子，这是西门赦的大少爷弄来了，仰凯尔，他家里呆不住，赌气走了，因为他不愿意做商人也不愿意做走方郎中，一开动这个匣子，可以从半天空掏出声音来，听见人讲话，不知在多远的远方，或者是普拉格和布达佩斯的音乐，这些话是司如尔·齐佩尔那个车夫说的，他有时赶车赶到塞诺霍罗窝，而且仰凯尔是在乌兹霍洛德学人配制机器，也是听他讲出来才知道的……，除了瓷盆铁镂之外，糖和盐，面粉和豆子，炒米和各种香料都在逗引你，食物旁边是镰刀和锯条，斧头、水管，铁箍，铁皮和焊铁箱——这一批装备够供应两打以上的补锅匠，全村的人家的食用，奥列娜不得不回想起小时听到的那篇开心的故事魔术园。

魔术园里面也摆满了意想不到的人人喜欢的东西，而且——比这里还要好咧——要什么便可以拿什么，当然，难题是在你找不到魔术园的入路，它藏在悬崖背后，乱山里面，你没有钥匙，便永远不要妄想——一朵对月开放的迷香花，从墓场上摘下来，半夜里，在一次春天大雷雨之后……

奥列娜吃了一惊，像从沉睡中醒过来，有人按她的肩膀。

那是司如尔·齐佩尔，他进来，她不晓得。

司如尔已经有一个时候没有去赶车子了，那部汽车碾坏了他右脚的大脚趾，因此赔偿跟欠的官司一天没有结果，他便要做出个样子，汽车的大意把他碾到不能工作了，他无所事事的到处闲逛，帮那些杂货商人吹一通货色的牛皮。

奥列娜来伏洛伏耶做什么，司如尔要知道，月初跑到伏洛伏耶而且又是一个人，难道是卖鸡？为什么呢？也许是等候她的未婚夫吧？那是一个高个子，黑鬼，在马捷康造铁路的？……怎样？……失踪了？……他也是？……偏偏要为这件事来找西门赦·拉宾诺维慈请教吗？哼，这才怪……

司如尔说到未了几个字便把声音沉下来，给奥列娜做手势，叫她不要讲或者扯开另外一个话题，可是已经来不及了。

红斑的脸孔，蓬乱的须子，土耳其式的长袖子蝙蝠翅膀一样的摆动着。西门赦·拉宾诺维慈冲过来，痛斥司如尔：这里不是说闲话废话的地方，司如尔这是好心到别处去发他糊涂的议论去吧，马上滚，门在对面！

过后又轮到奥列娜吃排头：她也没有东西丢失在这里，她的鸡没有人要，如果她跑来这里不过是为了要找西门赦探问失踪的流氓，那她还是不如省下一口气：他不知道这批小鬼的事情，而且也不高兴知道……口里说着，他已经把司如尔和奥列娜推出店门口了。

"嘘……！"司如尔咬出一阵牙音，朝店门口做一个鬼脸，"嘘……！"

然后他回转身来告诉奥列娜：

"你偏偏要教他记起来，他的仰凯尔也到那下面去了。"

他看见奥列娜张开的嘴，睁大的，空洞的眼睛，看见她吃惊的窘相，他忍不住笑了。

"听吧"，他解释，"他的儿子，仰凯尔，原来也是到那下面去了。跟你的新郎，阿克那·斯拉提那的那一批人一样，如果有人当这个老头子的面提到这回事，他便要冒火，我已经做出了手势，叫你不要做声了。"

奥列娜缠不清，司如尔重复他的解释，可是还花上相当的时间，奥列娜才真的听懂了，可以提出问话来，司如尔所讲的到那下面去是什么意思，她的让哥和别人又究竟是到什么地方去了呢？

司如尔·齐佩尔摇摇头，他没有意思经过一次迅速的正面的答复便消灭掉享受，真正的享受寄托在好奇心缓慢的，逐步的捉弄。

"他们到那里去了呢？"他拖长来说，"这是什么问话！他们是到那里去的呢？"

他矇起眼睛，歪着头来看奥列娜，这位姑娘忽然觉得膝头软下去了，她只得坐在店门口的台阶上，现在司如尔才弯下身子，凑近奥列娜的耳朵，告诉她，所谓"到那下面去"是什么意思。

四

这段消息惊动了全村。

让哥·伏罗提尔和尼哥拉·克里伏苏卜是到外国去了，远远的，在南边什么地方，地名叫做西班牙，那边正在打仗。

那么，老家伙法息尔·法息尔楚克那段越过七重国界的旅行的糊涂的故事倒不是没有道理了？他猜想那两个小汉子打仗去了也不见得是胡说八道咧！

这样的事情还不曾有过，金山客波尔加努克比起这件事情来还算得什么呢？世界反了！

大家都放下工作，聚拢来——男人，女人，男孩子和女孩子，塞诺霍罗窝全村——到密脱尔·色多尔雅克家里去，他有顶阔大的房子。

"第一我们必要弄清楚，这一仗是怎么打起来的，他们为什么要打一仗"，密脱尔·色多尔雅克掩住了声音的骚乱，大家却静了下来，只有色多尔雅克的邻居和世仇屈利尔·格黎卜提出了挑战的质问：

"这样？一定要？究竟是因为何事？"

"因为"，密脱尔满不在乎的回答，"假如我们一乡有两个孩子参加了战争，那干脆就是我们的战争，我们一定要确实知道打仗的消息，难道不要吗？"

大家都齐声附和，只剩下格黎卜嘀咕嘀咕的摆出孤独相，密脱尔转身向奥利娜：

"那下面没有人再说到打仗的情形吗？"不，司如尔并没有多说，她自己又没有想到要问得详细一点，可是她明天可以再上伏洛伏耶跑一趟，把忽略的补足起来。

"不好"，密脱尔断言道，"那应该男子去，第一，打仗是男子的事情，第二，新扫帚总比旧的好……"

他亲自出马了，回来的时候还带着一张报。

"城里的人们所知道的战事消息都登在这上面了！"他郑重宣布，他屋子里又挤满了人，大家都要挤到前面去，看一看密脱尔放在桌面上的那张报纸，可是那些黑字却不给他们说出一点什么来。

"现在我们还是跟先前一模一样的聪明"，屈利尔·格黎卜讥笑着，"莫非你一下便学会了念书了，密脱尔？"

可是密脱尔·色多尔雅克却不慌不忙的，不上他的当，"说到念书呢，我跟你一样弄不来，可是并不会因此就一定是蠢才，找到一张报纸是一件事，念又是另外一件事。报纸我是找到了，念出来却可以找神父。"

"他就会白给你念出来吗，什么？"格黎卜老在胡缠，"你这样相信吗，小朋友……碰到他是连死也不会免费的！"

可是密脱尔晓得怎么回答：

"我干脆告诉他，这是公众的需要，大家都想知道报纸上面写着一些什么话，这样他便得念给我们听，他是不能不尽责任的。"

格黎卜还不罢休。

"啊，你以为他不会猜到你是拉他来上当？好朋友，绵羊还未宰好，他已经闻到烧烤的味道了……"

奥列娜打断他的话，本来她已经像站在针麻上面听得够长久了，现在她爆出了几句话：

"要钱就由他来出吧，总不要你掏腰包的，老吝啬鬼！"

"哦"，格黎卜抖起精神来，"原来是关你奥列娜的事，她变得多轻躁了啊，好像你是个阔气的小丫头！还是不如省下你的钱来吧，谁知道，你的逃婚新郎会再来讨你回去！"

奥列娜正在想劈头冲过去，却给密脱尔拦住了，现在不是吵骂的时候，不如去找神父，结束争论！

他挑选谁都可以陪他去；克里伏苏卜、伏罗提尔，波尔加努克和那个年老的于赖·梅特科这个人的徽号硬过牛皮，一口气比西门赦·拉宾诺维慈还要拉得长。

密脱尔点一点人选，4 名，他是第 5 名，这恰巧是合适的数目。

忽然奥列娜发问：

"我呢？"

密脱尔惊奇地望着她。什么？姑娘要一块去？5 个男子还不够吗？不行，什么也做不出来的，奥列娜只应该像别人一样留下来，不要沾染男子的事情。

他已经打算同她弄明白，却忽然想起，已经有过一次她也是这样站在他前面，兴奋激动到涨红了脸，那时她要求男子们向森林找寻法息尔·法息尔楚克，当时他也觉得奥列娜的要求是奇怪而且呆气，可是后来却证明了并没有什么不对，谁知道呢，也许这一次又会产生什么好事情出来，如果大家满足了她的愿望，她牙齿长出毛，俗话并不是白讲：圣水驱邪魔，妇人长舌伏神父！

密脱尔咽下那个行到舌头的不字，答应了：

"好吧，要是你看得这么重要，就一块去吧！"

当他们去找神父已经走了一程的时候，屈利尔·格黎卜又追了上来。

"如果奥列娜在一块，那我也要一块去！"他上气不接下气的，又气忿又着急的嘀咕着，他盯住密脱尔，恨不得打起架来，可是他只一举手："随便"就是举手的意思，"也来吧，无所谓的！"

屈利尔·格黎卜扑了一个空，他走了一小段路便止步了。

"究竟是没有什么意思的！"他在他们背后埋怨了，可是大家连头也不转过去。

五

神父摸不着头脑。

他给那 6 位不速之客念了两个钟头的报纸，同时来一番解释，究竟西班牙出了什么事，那边打仗是对付那些反基督的异端，对付撒旦的红军，他们毁灭教堂，焚烧农庄，把牧师钉起来，还把尼姑仍进油锅……说完了，他问他们听懂了没有，于赖·梅特科于是回答：不，有一点不明白，为什么有农夫——这位尊严的神父说过，农夫也做一份——为什么农夫肯放火烧农庄呢？

"为什么？"尊严的神父一声吆喝，他的声音同时倒过来，"为什么？因为邪鬼上身呀，因为土匪扭翻了他们的头呀！因为他们跟你一样的糊涂，容易被人牵起鼻子走！懂不懂？"

他沉住气等候回答，等候反驳，就是同伴的眼光也一齐充满了期望落在于赖·梅特科身上，可是他坐在那里，像是一点也没有听见，打窗口望向远处。

他望到那里去呢？

难道他看见对面山坡上面的积雪已经在明年春天的太阳光中溶解，冲下那些寒碜的泥屑吗？他看见农夫背起他们的"流动田地"再回来原处吗？他已经看见野猪到夏天冲出森林，袭击那些穷乏的种子，肆无忌惮的，看穿了农夫不敢开枪，因为害怕伯爵的森林管理来追问偷窃野猪的罪行？

是不是他看见了这一切而且记起烟熔腾空的伯爵的猎庄和园圃——多得贼头尼哥拉·苏海的一把火，神父和宪兵也叫他做"撒旦的儿子""杀人放火的凶犯"可是只有富户害怕他，穷人却不免把他看作朋友和善士呢？

或者他看到的想到的全不是这些，只看见那远远的，蔚蓝的国界，同时想起国界外面冒起的火烟，当时农夫起来反抗沙皇和灾难，把锄犁拖上贵族的庄田，分到的土地再也没有交出去……。

于赖·梅特科一挺身站了起来，引起了神父和同伴的惊讶，他表示：

"老坐下去听些四平八稳地说话什么用呢，我们必得知道，为什么西班牙要烧起农庄来。"

神父动了气。

"可是我不是说过了吗"，他气得脸色变青了，大声的嚷，"报纸上也写了出来呢！"

他斜眼盯住于赖，气得很，可是他一点不理他。

"也许他们骗了你呢，报纸啊，尊敬的神父"，他对神父说，"也说他们自己也说不出道理来，只有上帝晓得那一番道理，你早就向我们讲过的了"，向同伴："来吧，我们会从别处打听出消息来！"

"魔鬼来要你！"神父恨极了。

男子们没有主意跟于赖走，可是奥列娜跑到他身边去。

"他说得对，我们走吧！"

他们走了，在路上奥列娜问道：

"谁去打探消息呢？你吗？于赖？"他点头。

"你又上那里去打听呢？"

于赖举起他的右手，朝不确定的远处一指。

"是不是狐狸打听明白了才去捉耗子的呢？只要让我去想想办法……"

他离开塞诺霍罗窝，过了 3 天之后才回来。

他第一步跑去找密脱尔·色多尔雅克，不管密脱尔的询问如何急切，他总是一句同样的回答：

"去召集起众人来，我知道要做的一切！"

只还有一个意见他表示出来：原来一切都不出所料。

密脱尔一肚闷气，召集了塞诺霍罗窝乡民，可是他对于赖卖弄秘密的怨恨一下子便消散了，原来他听到了，老人家晓得怎么样做报告。

在西班牙农夫的犁耙拖到贵族土地上面去了，现在那些大亨们要收回土地，还要给农民一番教训，所以打起仗来的，大亨们还勾通了外国人来帮忙，罗马人，德国人，是的，甚至于黑人，渡过大海运回国内来的，黑人对付基督教人民，大亨们比农民有更多更好的武器，所以大家要帮助农民，让哥·伏罗提尔和尼哥拉·克里伏苏卜就是去帮他们的忙，跟他们一块打仗。

那下面这一场战事——于赖·梅特科这样结束他的报告——这一场战事并不是随便的一场打架，不关我们乡下的打架；这一场战事也许就是他们，塞诺霍罗窝的农民自己的事情，所以他们都应该明白，现在打成什么个样子，我们是好比欠下了自己，同乡的两个小汉子以及西班牙农民兄弟的一笔债。

"我说得对吗？"

"显然是对的了。"这是密脱尔·色多尔雅克。

"显然是对的！"现在大家都叫了，连屈利尔·格黎卜也没有例外。

大家还通过了，尽可能的，无论如何不能够少过一星期一次，经常派人上伏洛伏耶去打听西班牙战事的消息。

六

第一个星期进行得很顺利，可是一到第二周便刮起了大风雪，走回乡村一路上都是十分艰难的。

"你们要怎么办呢,假如雪水弄到路上再不能行走?"于赖和奥利娜第三周不顾滑冰和迷雾依期赶到伏洛伏耶,受到了司如尔·齐佩尔的询问,他因为损害赔偿的官司还没有结案,所以他有足够的闲工夫来替别人的烦难问题绞脑汁,"那你们要怎么办呢?"

"也许到那个时候已经结束了。"

司如尔笑了出来,一半是寻开心,一半是同情,然后他教训他们说:

"一场真正的战争从来不会马上结束,如果根本有一个结束才好咧。"

他玩味了一会奥列娜的惊愕,然后接下去,不行,不行的,谁也不能够做迅速结束的打算,可是他,司如尔碰巧有一个出色的计划,不管天气如何恶劣,塞诺霍罗窝人总可以天天听到,战事以至他们的两个小汉子在西班牙的种种情形,只要于赖和奥列娜答应他的四两烧酒,两只嫩鸡——当然,一切妥当,才谈得上报酬呀——他便愿意为塞诺霍罗窝贡献他的计划。

"好吧!"奥列娜立刻决定了,同时于赖还在怀疑,摇头,"好,司如尔!怎么样的计划呢?"

于赖又一次摇头,当司如尔说明他的计划的时候,可是奥列娜认为,怀疑和犹豫是什么也做不成功的。司如尔的提议也许是奇怪,不能尽信——不过,让哥和尼哥拉和打仗的这一大套不也是不能尽信吗,可不是真的?为什么不可以呢,为什么西班牙不会给塞诺霍罗窝传送消息呢,塞诺霍罗窝不是给西班牙送出了他们的儿子吗,试试看总可以的,何况一个人也的确要顾虑到大雪的季节,怎样去打听战事的消息。

"要就马上去",司如尔催促着,"我们去试试看,我们马上去找西门赦·拉宾诺维慈商量办法!"

头一个钉子是碰着了,西门赦死硬的不理会司如尔的提议。

仰凯尔,那个不安分的儿子,搅到乱子里面去还不够吗?这一场乱子跟伏洛伏耶的拉宾诺维慈有什么关连呢,犹太教长老和沙达古拉的大亨,打架难道会惊动到罗马教皇吗?现在又要拿仰凯尔的收音机去教塞诺霍罗窝大发疯癫,他们管西班牙的闲事实在是已经管得太多了,而且,真是见鬼,西门赦·拉宾诺维慈和塞诺霍罗窝人民中间的交易司如尔打算有什么图谋呢,不行,不行,这一笔交易绝对不会有出息,他们顶好是死了这条心。

奥列娜又来显一次固执的本领,西门赦经过一来一去的争论终于变了态度,交易成功，西门赦得到3只嫩鸡和明年春天10天的砍柴工作，塞诺霍罗窝人则得到一架收音机。

塞诺霍罗窝人的义务就一块小石板详细写明，石板就挂在门柱上面，然后西门赦爬上柜台，从货架上面把无线电机拿下来。

西门赦把它放在奥列娜和于赖的前面，他们想象到小匣子里面一阵微细的，神秘的音响。

"晤"，西门赦说，"就是这个家伙。"

他不服气，司如尔·齐佩尔居然打通了这一条路，他总得找地方发泄，他破口说出："怎么弄法，那你们找人去……问题是他懂得不懂得。"

"哼……"，司如尔只一哼，根本不看西门赦一眼；把匣子托在肩膀上，给于赖和奥列娜一招手，便走出店门。

事先已经约好，他得亲身把匣子带到塞诺霍罗窝，第一件事就是弄到它开口讲话，然后烧酒嫩鸡的契约才发生效力。

西门赦·拉宾诺维兹站在店门口，望着他们3个人快步沿山走过去——司如尔领头，神气十足的，像是从摩西圣庙捧起祭品。

"这样的一个混蛋！"

比先从更强烈的要求支使着西门赦，给司如尔一下打击，他拼起双手，圆圆的套上嘴角，大声喊：

"喂，你们塞诺霍罗窝的人们，当心上了这个老骗子的大当，好好的监视住他！"

他等候司如尔生气的答复，可是司如尔满不在乎的继续走路，只做了一下沉默然而明确的手势，叫西门赦担任一出极顶丢脸的工作。

于赖和奥列娜笑了。

西门赦涨红了脸，他吐一口气，忿恨哽住了他的喉咙，他叫不出声，只好尽力吐一口唾沫，回转身，躲到店里去。

"贱种！"他恨恨的骂出来，"一群贱种，等着看吧。……"

他确实相信，司如尔跟塞诺霍罗窝人是一定会闹翻的。

七

事情也几乎闹到这一步，原来匣子——经过司如尔一番神秘的摆弄之后——是开始讲话了，可是满口陌生的，听不懂的说话，塞诺霍罗窝一班村佬子是激起了愤怒的失望。

"骗子！"屈利尔·格黎卜嚷出来而且得到热烈的响应，"我们上当了！就是为这个东西要我们付出四两烧酒两只嫩鸡吗？右边和左边打他两记嘴巴，是的，然后吊起来，骗子连同他宝贝的匣子……"

幸亏密脱尔·色多尔雅克和于赖·梅特科从中调停，司如尔同那副机器才勉强逃过了绞刑的惩罚。

可是司如尔一感到安全，他的舌头便显本领了，像是上了油。

匣子的说话听不懂吗？可是正是这样才显得司如尔是那么老实！西班牙话听起来就还是西班牙话，塞诺霍罗窝人听得懂还是西班牙话吗？

"是不是这样，密脱尔？"

不错，是这样的，密脱尔承认，而且不错，是这样的，大家也一起承认，只有屈利尔·格黎卜坚持着敌意的反对。

"那我们拿来做什么用呢，我们听不懂"他老在埋怨，"好吧，他要我们听西班牙讲话，可是你听得懂吗，那是对我们有利的呢还是有害的呢？哼！"

这一番质问很不容易答复，可是司如尔仍然是应付得了。

不错，他接口说，这个匣子传不出我们明白的消息，可是在我们在伏洛伏耶得到的消息又弄得出什么来呢？那不是满口讲话而且自己打自己嘴巴吗？单说首都马德里，他们最尽力保卫的，不是已经常常听说到落在大亨们手上去了吗？四次？五次？或者更多次……不，不是的，我们不能够倚靠消息，我们要别外找点更靠得住的东西，事实上已经有了，有一个决不欺骗的记号，可以知道马德里是依然无恙，反过来也是同样实在的，要明白这个记号，你用不着报纸，也用不着懂得西班牙话，只要张开耳朵便可以，这个记号就是一支歌，战斗的农民和他们伙伴的歌曲，每逢一定的时间，它便从马德里向全世界播送，一天有歌唱，这都城便一天安全，如果一定的时间没有唱到这支歌，那就是令一个记号，坏的……那么，现在我们静一下，他要去找那支歌，正在黄昏和黑夜之间的一个镜头就是正确的时间。

司如尔朝匣子弯过去扭动那个周率钮，听得到的最先不过是司如尔工作的轧碟的声音和男男女女的急促粗重的呼吸，过后便是那不认识的，不了解的说话，再过了一些时间，直到塞诺霍罗窝人又已经相信做了傻瓜的时候，突然接上了这一支歌，一支异样的，肃穆同时又是暴烈的，号召战争，赞美胜利的歌曲——立戈进行曲，西班牙共和国的国歌。

"哦"司如尔·齐佩尔说，他的声音违反了本身的意志，自己也不免惊奇的，带着一阵感动的战栗，"对了，只要你们听到这支歌，你们便知道，让哥和尼哥拉和别人是打得很出色，你们不用多麻烦，除了每天晚上，喂过山羊之后，把这个小扣子朝右边一扭，一扭，不要多，而且认真的小心，看吧！这样！唱完了，便把扣子朝左边一扭，这样！除此之外，不要扭任何扣子，不要摇动到这个匣子，根本就不要碰它，懂不懂？对吗？注意，我再给你们做一次，这样又这样，现在自己做一次试试看！"

一点不错。

司如尔·齐佩尔于是朝随身带来的布袋塞进了一对辛苦挣到的嫩鸡走了。

自此以后塞诺霍罗窝的人们每晚齐集到密脱尔·色多尔雅克的大厅，等候这支歌曲，有时候听起来是又响亮又清楚，并不像是七重国界以外传来的，似乎就是在邻近的羊棚或者厕所。

"那下面没有什么不得了的事情"，于赖·梅特科过后便会说，他从过军，记起自己在梯罗尔前线的那些平静的日子，"对面不开火过来，我们可以满舒服的蹲茅厕，可以玩纸牌，捉虱子。"

有时候歌声又几乎听不到；一阵粗暴的响动和冲击差不多完全盖过了。

"沉重的气氛"，于赖于是解释，"我们也领教过了，在伊宋佐河意大利军队重炮一气射过来。你连鼻子也不敢在掩护阵地伸一伸出去，臭表情！可不是吗，战争过去了，我到底还留下一条老命……"

无论如何，清楚也罢，模糊也罢，总之，每晚有得听，马德里的歌，正如他们现在说的，他们的歌，报告出，这一座辽远的名城，已经跟伏洛伏耶或者西涅维尔一样的亲昵了，虽然陌生然而心心相印的名城依然是英勇的挺立着。

八

这样一个星期又一个星期过去了。

司如尔·齐佩尔遵守他们的信约，按时下乡来"喂匣子吃点东西，扭转来，又换上一些零件。"

司如尔带来的关于西班牙战争的消息以及西门赦·拉宾诺维慈赶集那一天讲述的一切都只有证实这一支歌的报导，马德里守住了，那是艰苦的，流血的战斗，可是大亨们没有进展，不管他们的黑人，德国人和罗马人是怎样的拼命冲锋。

塞诺霍罗窝对这一支歌一天天增加了信任，他们认为它不光是一个好信使，它还是一个朋友。

可是忽然间，正月后半的某一天，歌声停止了。

他们一直空等到半夜，第二天，情绪更紧张了，再等，歌声没有响，到了第三天还不响，他们不相信这是偶然的了，不安转变成恐惧，名城，他们的名城马德里受到了危险的威协，两条好汉，他们塞诺霍罗窝的两条好汉受到了威协，难道战争，他们的战争，失败了？

这非弄明白不可，尽可能的快，于是决定了，明天派出代表团上伏洛伏耶去：密脱尔，于赖和别的几个人，奥列娜也在内，匣子也一起带去。

到了代表团同人明天早上在密脱尔·色多尔雅克门前集合的时候，塞诺霍罗窝的全体居民一起涌过来，大家——连年老的，害病的，小孩子和一些妇女都在内——声明要一道出发。

虽然天气有恶劣的征候，仍然决定去，领头是代表团扛起了收音机，后面跟着一列长长的两路纵队，看见了很可以令人想起哭灵后面的香客，祭器开路，事实上妇女们也的确在唱出了圣骸颂。

头一个钟头一切都十分顺利，他们迈步前进，可是接着便刮起了厉害的，闭塞了视听和呼吸的大风雪，他们艰苦的挣扎着开始了。

到了中午他们才走了一半路，风雪的威势一点没有减轻，多数妇女也有少数的男人都退阵了，转身回家去。

剩下来的——仍然保持 30 名的实力——却竭力支撑，因为风雪的扑打不得不随时走横路，辛苦然而坚韧的向目的地前进，临近晚饭的时辰才终于到达了，他们第一步便跑去找司如尔·齐佩尔，可是他不在家，一张传票把他拖到乌慈霍洛德去了——他的官司终于开了庭，于是塞诺霍罗窝代表团再向前走，去找西门赦·拉宾诺维慈，他们跪到店门口，西门赦恰巧站在那里准备上锁。

于赖和密脱尔请他做人情看一看那个匣子，他干脆不理。

什么话，他嚷，现在来找他？现在？星期五晚上？安息日的开头？他们莫非是失魂了？不行，现在什么也不看，不试验，什么也不碰，现在只有庆祝安息日。

"等到明天晚上吧！"

口气是那么坚定而又那么决绝，弄到密脱尔和于赖都不敢再试一次去说服西门赦了，只有奥列娜还有胆量去交涉，她结巴巴的问，安息日可不可以延期开始，迟一点点，也许不过一刻钟。

西门赦的脑袋这一下可气胀了，什么？奥列娜什么都好意思提出来！胡说！荒唐！安息日延期？她究竟打什么主意？他可以像约苏亚一样抓紧太阳吗？

他忽然曳住了话头。

约苏亚……药苏亚……仰凯尔，他的儿子不是有一个别字叫做约苏亚吗？他不是也在危城里面。密脱尔和于赖谈论的危城里面吗？那一座危城，马德里，也许现在正要陷入敌手，危城的卫士也许现在正在受到敌人的杀害呢？……不错；那个孩子私下逃走了，违反了西门赦的意志，可是他到底是他的儿子呀，假如他现在遭受了危险，致命的危险，谁又能定得下心来庆祝安息日？做得到吗，也许儿子现在正在哭着叫"爸爸"，受伤或者咽气。

奥列娜，密脱尔，于赖或者任何一个人，后来都弄不明白，这一切是怎么逐步发展的。

他们只知道，他们忽然间全部都到了西门赦的客厅，安息灯射出辉煌灿烂的光芒，可是他们只是站着，眼光全集中在收音机上面；在匣子和西门赦发热似的扭转周率钮的双手上面，他们只知道，经过长久的，十分长久的，几乎绝望的长久的时间，大家都以为完了，才终于听到了十分微细然而确实不误的歌声，他们只知道，西门赦一听到歌声，便站起来，发出了出奇的，粗糙的声音，说：

"这样……现在是安息日了……而且是怎样的一个节日啊！"

当天晚上他们赶回去，天黑得很，风暴也仍然持续，可是在他们看来，一切艰难和挫折出来的时候是很难捱受的，现在却大大的减轻了。

他们轮流扛着那个匣子，谁也不放弃他的责任，匣子现在是沉默的，可是他们心里却唱着那支歌，它的调子是肃穆同时又是暴烈；它号召战争，更报导胜利的消息。

附注：外斯阁夫（F. C. Weiskopf）在德国流亡作家中以小说擅长，亦写文学批评，侨居捷克时，参加"民主西班牙援助协会"的工作，这篇小说即以捷克喀尔巴屯乌克兰为背景，其他作品只就我所知还有《尝试》《心——盾牌》等等。

署名"居甫"译

原载《朝报月刊》1943 年

普希金的遗产（下）[①]

吉尔波丁

普希金的诗作是真实意义上的平民诗作。"普希金——伯林斯基写道——并不是要跟拜伦比拼，却是要做他自己，忠实于那未经接触的现实，现实奔到他笔底下来。所以他的奥涅金也是最高标准的本色的，俄罗斯民族的创造"。伯林斯基论奥涅金的话在普希金多数作品上面都可以用得着。普希金的诗作是民众化的，即使它不能越出时代的思想范围，却已经抛开了当时那狭隘的官方承认的观察方法。沙皇政府无从阻碍他，他给予俄罗斯现实的风习一幅鲜明的图画，他刻画的人物并不是上头官府要他这样，而是他的本来面目。这应到他的真理的假设，说到政治的倾向，普希金的诗作是还不及吕列耶夫的诗作那么正确的比方说，可是如果说到反映对于自由的爱慕，独立和反抗的精神，这些鼓励了俄国优秀人物而且寻求表现的精神却是当日俄国意识生活任何别一个出版物都是不如普希金的。

普希金诗与散文的大众化是迫切需要普遍承认以及普遍爱好的形式，需要表现方式的简洁明的。至于普希金的创作对于任何人都是简明的，普遍承认而且普遍接受的话，是再不需要什么证明的，可是无论如何，有一点必须记住，普希金创作的这种特点并不是他天才的自然流露的表现，实在是卓识的苦功的成绩。普希金是有意背弃当时文学的空虚的托大和做作，努力去追求简明的。

赤裸裸简明的美——他在一篇笔记上写道，那篇笔记题名"时代要求一种成熟的文学"——对于我们还是那么不容易了解，我们自己在散文方面躲在古老的花头背后死命追赶，对于一种摆脱了咬文嚼字的形式的雕琢的东西的诗体却根本一点不懂，直到现在我们不仅还没有想到怎样接近那高贵的简明的诗的语言，反而要用劲

[①] 普希金遗产一文只找到下，没有找到上。

把散文吹涨到透不过气来才甘心。

在他论巴拉秦斯基一篇文章的草稿里面普希金又同样的感慨，"一种思想和感情的忠实的复印，表现的精确，良好的趣味，清楚和紧凑对于大家所发生的影响是很渺小不足道的，还不及画蛇添足的滥调"。

从这些意见可以见到，普希金不独拒绝那些食古不化的拟古的僵尸，而且还反对那些教条式的浪漫主义的不自然感情的昂扬，可惊奇的是，少年的普希金已经能够又清楚又正常的根据严格的简明的原则铸造他的艺术了。我们知道"俄罗斯散文论发凡"这篇文章是 1822 年写成的。

达蓝贝尔有一次对拉哈帕说：不要向我夸奖布芳吧，这位先生写道："人类一切获得的最高贵的就是那种骄傲的，火气腾腾的诸如此类的生物……"为什么不干脆说：马呢？拉哈帕听见这位哲学家的引证不由得吃惊起来，可是达蓝贝尔是一个非常聪明的人，至于我呢，老实说，我是差不多完全赞同他的意见的。

顺便我要说明，这里是关连的布芳，那位自然的伟大画师，他的作风是花团锦簇，浓得化不开的而且保持他描写的散文的范本的地位。可是一牵涉到我们的作家身上来，你有什么好说呢？他们如果说一件平常的物事，只简单指出他的本名，是认为损伤了他们的尊严的，他们相信，他们幼稚的散文可以因为粉饰以及贫血的代字增加点活气！这一批人说到"友谊"这个字是从来不会不添上那种神圣的感情，它的高贵的火焰之类的字眼的……他们本来可以干脆说：大清早的时候，他们却写道："初升的太阳先头的光线刚刚照射到薄明的天宇的东方的边缘……"这一切是多么新鲜和特别——也许是因为更长了所以就更好了吗？

我读随便一个戏迷的报道："这个年轻的，用亚波用洋溢的才智装点着的塔里亚（喜剧女神）和梅尔波美尼（悲剧女神）的弟子……"皇天，还是写出："这个多才的，年轻的女神"便再写下去吧——你可以确信，谁也不理会你有这些字眼，谁也不会感激你这些花头，穷乏的，嫉恨的 Zolug 它那永不休歇的妒忌在俄罗斯诗园的月桂上面滴下他催眠的毒药，它那使人疲乏的麻木只有在它那永不厌倦的奸险上面得到相等的比重……"皇天，为什么不干脆说——马！这样不是简短一些吗？编辑先生……

确切和简短，这是好散文的初步标识，它要求命意之后还是命意——没有命意便光华灿烂的词藻也是没有用处的；写诗却有点两样（不过，假如我们的诗人比平常写诗多灌注一些丰富的意旨，也不见得是有妨害的）。

普希金从民众找寻简洁的泉源，这是非常有意义的，风格的改造是现实的简洁的基础上面同"简陋人物"的语汇学习连结起来的。所谓简陋人物就是指农民以及城市的下等人物——此外还有民谣的学习。"时代要求一种成熟的文学——在我们前面提到的一篇笔记上面他写道——要是我们的精神对那种局促在流行的,雕琢词句的范围内的艺术的单调已经烦厌了,回头来接近的那新鲜的人类幻想以及带特色的,一直受到轻蔑的简洁的句法。——好比从前从法国有过一个时候上流社会专门醉心于华代思,现在则是渥斯基茨和柯列里治对大部分人发生吸引力,可是华代思已经没有想象力也没有诗情,那他滑稽的创作只产生一种相当的轻快,在那些墟市妇女和闲汉的市弁话头上面得到表现。这两位英国诗人的作品却正好相反,那是充满了深刻的感情和诗意的,借简单人民的老实的舌头传达出来的说话"。

"说到我们本身呢,多谢上帝,还没有跑得这么远"——普希金嘲笑地补上一句,同时他转述出对他同时代的俄罗斯文学的特性的标识的批判,如果是指他以前的文学,他是对的,可是正在普希金的创作上面却提出了证明,就是俄罗斯文学都也已经到了成熟的,独立的而且是民众化的时代。

普希金一面回身到大俄罗斯民间艺术的宝藏,同时并不会碰到那如伯林斯基所说的,简陋人民的习气里面去。他并不是把自己创作的意旨宝库压到那没有发展的,没有教养人民的程度,言语简洁化的努力以及对体式的多余的矫饰斗争在普希金身上是同艺术方面的思想丰富的要求连结起来的。艺术上的简洁恰巧是有这样的好处,揭发出东拉西扯的装饰以及多余的矫揉造作的空虚。简洁这个字在普希金看来就与确切和简短具有相同的意义。至于确切和简短对于他是用来表现作意又是一次作意的。所谓诗人的勇敢,照普希金看来并不是寄托在追求本色的随便的临末是轻快的攫取,却是"明白的意旨和诗化的形象"的有力的本色的和合。

根据普希金的意见,要达到简洁的意境便得经过民众化的转变,同教育联系起来,同新闻时代最进步的世界观以及为大众的情感联系起来,同那种能力,统观全体同时又在完整的基础上面观察各部的能力,一切归入相同的比重的计划互相联系起来,转向民众化的源泉,转向民俗学,转向简单人物的语言,同时还得提防虚浮,出奇和智识分子的游戏,这批人是只跟统治层的狭隘圈子打交道的,此外还要勉力做到,写出来使大家明白,大家承认,给作家指出群众的方向,创造出的艺术品应该要有客观的不独是主观的意义,进步的世界观可以阻止你做愚民作家,他们的标识时时在时代后头的退缩,他们不独拿民间语言的精金而且也拿起那些渣滓一起塞进他们文章的行格里面去,他们不是遵照优秀的人民代表所指示的最进步的思想把文学带到同一的方向,却跟随群众的成见,无知的、受压迫的以及沙文主义的结果。

至于为大众的感情，部分隶属全体的法则却是堕到艺术的圆满并且减轻作意的浮雕的显现的。

普希金给我们遗下了一部体大思精的风格论，俨然还不是采取学究的论文的形式，却是一些简洁的，明白的格言之类，直到今天对于俄罗斯的以及其他民族的文学都是有极大意义的。

普希金不独是决定的锻炼出俄罗斯的文学语言，而且由于他强力的影响把俄罗斯文学引上了现实主义大道，他找出一种膨胀的做作的文学，这种文学背转现实的真理，以为遵循死亡的，纸上的规律是比较活生生的现实还来得重要的，普希金以前的作家如果还愿意接近现实，那么这种事的发生也不过是为了一个目的，找出一些统治者高兴的东西来，加以渲染，加以乖曲当时的作家有时给诗所下的定论甚至于竟是装扮的自然的模样，就是普希金同时代的作家也是大多数把艺术从环绕他们现实的凄惨的幕景带到纯粹虚构的国度里面去，带到生机断绝的幻想以及理想的梦魂的世界，一种隔绝百分之百的现实及其矛盾的世界里面去，只有他忠实于现实的展览出他凄惨的一面：奴隶制度，农民暴动的残酷的弹压，小百姓的，小官员的，手工人的艰难的状况，他鞭打社会的害虫和专制政体的放肆。他是在韶文方面以及散文方面供给俄罗斯读者群真正现实主义的作品的第一人。

有意义的还有一件事，普希金摆脱了统治的帮口而且从纯艺术的理论找寻掩护，同时他的作品又越过统治群的头上却直接诉诸人民，说到人民，如农民，城市的下层，民主的平民层，当时是毫无权力的，不论在出版方面，集会方面都是一声不发的，可是当普希金下葬的时候人民的哀悼所表现出来的场面却已经发出证明，诗人的声音即使在尼古拉反动政权的严厉的压制之下也是已经冲进了人民的耳朵。

作为俄罗斯语言的改造者，作为俄罗斯现实主义的确立者，作为跨越政府和上流社会的头上把作品带给人民的作家，普希金就是新的俄罗斯文学的创造者。

署名"居甫"译

原载《朝报月刊》第一卷第 2 期 1943 年

难　童

H. W. Katz

　　本书曾得海涅奖金，是 1937 年德国流亡作家群中一部出众的杰作，原在荷兰菴斯脱丹①出版，现在译出来的是开头的一个独立部分。

　　这一天开出最后一列车，东线的最后一架火车头……

　　我们跳出梯车，立刻冲进火车站，那是一场大战，两边在争夺一个据点，来不及走进车厢的便抓住车门，抓住扶手，像是超额的水果，连车篷顶上都蹲满了急到拼命的乘客。谁愿意留下呢，哥萨克来了，那些"放火的"，那些"婴儿的屠伯"？

　　到处是忧愁的晕眩。凶野的骚乱，一把抓住了我们。我们身靠的挤紧，孩子哭着找妈妈，妈妈又在找孩子，家庭给拆散了。

　　最后一列车……

　　谁也不晓得这是不是谣言。赫煦和我一只手拉紧妈妈的大衣，再用另一只自由的胳臂、用脚、用肩膀去拼命。我们身缠住身，我们咬别人的手指，我们从踏板上面踢走别的小孩子。猛喘气，手在流血。我们终于跟妈妈，一个披头散发的恶煞，终于齐集在一节畜车里面。我们就稻草坐下，稻草还藏着泥尘的气味。祖父母也许是上了另一节车了，我们猜……

　　从畜车上面洞开的拖门望出去，可以看见站台一号和二号：川流不息的驶过长长的兵车；装运大炮，马匹和军用器材的货车；士兵帽子装上了槲树叶。歌声跨过路轨向难民车传过来，兵车车门上面用粉笔写着：

　　"6 匹马或 40 人。"

---

　　① 今译阿姆斯特丹。

"一颗子弹，一个俄国人。"

"俄国值得多少钱？"

说不定俄国人已经在一个残破的奥地利的省区宿营了。这个加里西亚的小城车站铁栅外面却站着哀哭的、忧愁的难民：妇女带着她们的孩子，老年男子，将近成年的儿童……各种宗教和种族的人民。而且这些剩下来的苦命人不一定咒骂战争。却向我们这些搭上了走动的火车的"福气人"咒骂……

威胁的拳头越来越少了，扔上车壁的石头越来越少了，憎恨的、抗议的喊声越来越轻了。

我们开走了。

钢轨歪到外面去，到了尴尬的地步，钢轨上面一撞一顿的火车驮着逃难的乘客飞跑过一个战争的高秋，车轮一顿就给难民的肋骨劈一下。挨到今天的生命是一段一段的放到后头去了，人类的善性是风暴中的树叶一样脱落了……

最后一列装满加里西亚犹太人的难民车是富有教训意义的，车门锁起来，只有在监视之下才许可半路靠站的时候换一口空气。自然，所有"良好的奥地利人"都一致承认难民也是国家的儿子，"肉是我们的肉，血是我们的血"。根本我们就供给了许多报纸的和演说的材料。委员会的工作堆满了，可是美中不足的是一切都太过复杂了，因为我们偏偏是来自加里西亚，我设想过，这一类关于"救济工作"的相似的议论是发过多少啊！

"不必提到，大多数的难民是加里西亚犹太人——这自然是无关重要的——抛开这一点，不是说过，对于我们有责任心的人类还有客观的祖国的理由吗？后方的安定可以因为穷困的难民受到了锐利的妨害，虽然不一定出自本意！对于我们机关和我们男人和女人，我们是自愿献身给国家的救济工作的——对于我们，不容讳言的是由于这一切计划的实现产生了一种所谓□□□（□为原件缺字），要摆脱它可并非如专家所想象的那么容易……"

唉，我们穷鬼！摆脱了罗松，却陷入"难民学家"的手里——这就是说：我们的列车给从一城推向另一城。

凄惨的难民生活的空气，我当时是用非常警醒的、虽然还是幼稚的意识去感应的。难民车、难民窝、虱子和臭虫，慈善的女士尤其是勉强躲在同情的叫喊背后的嫌弃，对待"肮脏的加里西亚的犹太孩子"——在我心中，在我的记忆中就是永远不能疗治的创伤，教给我，当时 7 岁的小孩，一门冷酷的世故的功课。

火车到了维也纳，可是那边已经如报纸开的玩笑"难民多过维也纳居民"。于是乎我们不许下车。

火车继续颠下去……颠到布达佩斯特……从布达佩斯特颠到普拉格……

差不多经过所有中间站，这一列由旧马车拼凑起来的寒伦的火车总得停下来。里面的乘客坐在稻草上面横七竖八的颠做一团。稻草已经受霉烂了，每一个大一点的车站总有许多士女在等候我们，一片善心的从篓子里面拿出面包来分派。他们同时也没有忘记，同情心是一点用不着掩藏的……

因为我们到处都不许下车，士女们，身边有先生陪伴着，走过一车又一车。这一种行为，不怕穷乏的加里西亚难民的肮脏（叹气，可怕的眼光的张望，搓手。"哎呀!"）一车走过又一车，倒是为 K. K 祖国（K. K = Kaiserlich – Koeniglich，皇帝的——国王的，当时奥匈帝国的称号）不容轻视的爱国的业绩。同时各位士女以及她们恭敬的——对士女恭敬的——伴侣提出我们不够干净的批评，也并不是有什么错处。可是我总不免常常想到，假如各位优雅的士女和绅士一连好几天不许离开这滂臭的闷气的畜车，他们的尊容又会变成什么个样子。闭塞加封的铁皮箱不独缺乏空气而且缺乏水，在我们腻结的头发和死脏的衣服里面爬动种种色色的毒虫。我们发狠的搔痒，连皮都搔破了。所以，那些眼光锐利的士女的确十分惊奇的指出"抽搐的身体，奇怪的动静无常的头部运动以至刺眼的，几乎是兽性的张望，对于生疏的环境的畏惧"，然后向他们的救济机关递上的确是不折不扣的动人的报告，"加里西亚难童的精神状态几乎可以说是异族的"。

当时我这个满身虱子，肮里肮脏的"异族的"小难民除了会说土语，希伯来德意志混合的方言之外，还说得一口纯熟的波兰话，德国话以及一些乌克兰话：我已经翻译希伯来经书，能够背诵成篇的祈祷文……可是我和其他难民同样的缺乏水，新鲜空气，肥皂，刷子以及……自由与和平!

在这一类车厢里面蹲着一个女人，就在分配面包和咖啡的时候也不肯放松她那两个儿子的小手。夜里是半睡眠，白天是半清醒；她的身体就只好拿来赔偿失眠的损失……可是整日整夜她总在抚摸儿子的小手，这个女人是莱亚费煦曼，我的母亲……

火车仍然驶下去，一站又一站，似乎在找一个实际上并不存在的城市。

母亲惦念着美国，惦念着父亲。

火车在飞奔，在呼啸，驶过奥匈帝国的全部，老是兜圈子。

母亲在担心祖父母，我们失落了他们。我也在追问他们的消息。赫煦也在问，可是我们两个总没有问起父亲，我们简直忘记了，我们有一个父亲住在纽约……

总算有一次放我们下车了，我们给送入难民营。营中本来已经躺着 150 名，现在再塞上我们这一批 200 个。一到门口已经可以看见大门和门板都踏坏了，碰破了。里面是恶臭臭虫的，虱子的，其他毒虫的、肮脏的稻草和霉烂的草垫，善士分给我们的布施，过来便是破烂的，皱褶的，尘垢的，肮脏的衣服。孩子、婆娘、男子……穷苦的，受难的人群，憔悴的人渣……加里西亚的难民！

话说得很像样："他们是奥国人，优秀的同胞，逃避了俄国人的迫害……" 12 个月之后，同胞也已经变作"该咒死的加里西亚人"了……

暂时还可以看见那种凄惨的情形，同情心也还没有麻木。每一个人，只要做得到，都尽力捐助，这不单是由于同情，而且也由于彼此一家人；谁敢担保俄国人不会有一天踏遍了全国。因为面对着可怕的战争和眼前的胜利者，大家的捐助不免是由于一种软弱的自觉，大家帮忙"打敌人"，定一定自己的恐惧，衣服又给我们送来了，因为已经是刺骨的寒冷。

过后几个月，俄军退去了，跟着他们一同走失了……慈善。我当时已经看穿了。好人难得，难民营的所在地有不少人给我们加上绰号，从此以后，这番话头好比柏油沾上了我们的脚板："肮脏的犹太！"

唉，说起我们以及我们的苦难的，渐渐的少下去。到后来简直没有了。世界容忍了战争，世界教我们许多人一夜之间变成了乞丐。现在又把我们改造成寄生虫，改造成社会的败类，改造成难民——因为我们这几年的确是丧失掉谋生的一切依靠：故乡，家庭，自己的屋瓦，尤其是自己的信任。

两间睡满了难民的大厅有婴儿在啼哭，病人又来中风猝倒，有几个甚至于发狂。红十字会终于逼得给我们难民营设立救护站——不久便叫做"给该死的加里西亚犹太人"分发了毒虫膏。搽搔破的虫咬的伤口，给孩子们分发白米爽身粉；给我们一个犹太教长老，给天主教徒好几个神父，给哺乳的母亲分发牛奶，两间大厅灯火点通宵；于是判定了难民的失眠和神经衰弱。刺激，突变，暴躁，一天天高涨，谁也不能够要求枉死的水鬼唱出阳春的甜美的合唱；也不能够要求他们像□（原件缺字）制的士兵一样，双手贴着涂色的裤骨，一声不响……

静默是很少的，更多的是哭泣，偷窃也发现了，非犹太人诬赖犹太人：犹太人反过来又诬赖非犹太人，时时刻刻都有好戏在扮演。过后差不多总是在失主身边找回了失物。原来他因为怕失窃，秘密藏起来，可是藏匿本身却随时被忘却，就是记性也在难民营倒了霉，什么都衰退了。

做母亲的吃到了孩子的头发的苦头，我的母亲天天替我们洗头发。那些借头安身的虱子只有在 24 小时之内才可以驱逐净尽。

母亲是越来越不安，越来越性急，她的远征并不是矿泉疗养……她是显然消瘦了。实际上她还是那么年轻……

为了挣点钱，难民去猎取工作了，他们缝军用被窝，装卷烟，织袜子和绣花边。

就是我们也要打算挣点钱，母亲领到一包烟丝和 1000 支长的白色的烟纸卷，烟草还是潮湿的，她找到一张大纸头上面摊开来，香味很浓，她不怎么熟练，拿起小木筷和剪刀，开始填满那容易破碎的纸卷。

我总是计算，50 支一份；我也修剪两头多余的烟丝，赫煦装盒子。我们学习做工，我们非常得意，跟母亲一起工作。

可是母亲却非常愁闷……

过后我们看到我们搬进一所矮小的泥屋，城市的末尾的"建筑"，在无穷无尽的菜畦的边缘，靠近车站，母亲同另外两家人发现了这所偏僻的"住宅"：没有窗，没有门，没有地板。可是比起连摊大铺的难民营来，已经舒服得多了……

"泥屋期"——在我身上烙下了销毁不掉的罪印！我还看见我自己：我自己同旁的孩子，难童……田野上停着堆得高高的菜车，开不走，因为没有马……我们摸过去，我们天天偷蔬菜——这是我们唯一的养料。不久，我们又偷别样东西了。车站的路轨上面有许多敞开的货车在呆等火车头，火车头给战争拖走了；车上面有许多宝贝都是一伸手就可以抓到的：木材，煤炭，水果，玉蜀黍……

母亲并不知道我们偷东西，我们说什么她一概相信：一切都是我们进城去，从本地的好心的犹太人手上得到的。她哭得多么凄凉啊，每当我们满口袋回家的时候！如果她知道，她的两个儿子已经正式加入了贼党，受过难童的训练，由一个 17 岁的红头小鬼做领袖，那时候她该要怎么痛哭啊！……

她再没有气力了，她哭的时候非常多。

天天都是大白菜，早上、中午、晚上，总是吃白菜，我们偷到的再也吃不完。我们捣鬼的事情越多，我们就越高兴。母亲如果问起来，我们便显出到家的本领，给她捏造一篇使人绝对相信的故事。我们偷别人的东西，骗自己的母亲。她每天晚上，不管我们的抗议，替我们捉虱子和跳蚤。跳蚤的狩猎总算是有点兴头：这些小畜生非常机巧的躲在积尘的裤子的、褂子的夹缝里面，如果你要捉它，它一跳，跑掉，正同我们跳出菜畦或者货车一样的机警，每当有人要来抓我们的时候。

我们偷窃，扯谎，讲臭话，甚至还抽起了卷烟，那是我们的一个朋友从城里一家烟店偷来的。可是母亲却要每天早上和晚上惩治我们来一套糊涂的盥洗，她要做到，我们的孩子一切都仍然是老样子……

唉，她一点也不知道那可惊的流寇生活啊！我们扯谎的本领太过到家了。这种生活我们难童度过了一整年，战争把我们这样推到了堕落的深渊。战争呀，我永远不会停止对你的憎恨……！

为了多挣一点钱，母亲现在从城里领回整块的烟叶，她切起来，跟从前在许特罗地切面条一样，不过还要细得多，渐渐的她可以制造出五万支烟卷了，同样的数目也经过我和赫煦的满是潮湿的烟味的小手……

接着我们的生活来了重大的转变。

署名"居甫"译

原载《朝报月刊》第 5 期 1943 年 8 月

无形的画册

——德国通货膨胀的一段插曲

施蒂凡·褚威格

　　火车驶过了德列斯登（Dresden）车站之后，有一个相当老的客人，走上我们的车厢，很客气的向我招呼，眼望着，郑重地再来一次点头，像是对一个要好的熟人一样。最先我简直想不起他的来历，可是，当他微笑说出他的姓名，我便立刻记得了：那是柏林一家极体面的古董商，太平时期我是不时会上他那边去看看旧书和墨宝，喜欢的便买一点。我们起初只是随便谈谈，忽然他劈头说出了一段故事：

　　哦，我得告诉你一件事，我刚从那边回来，因为这段插曲似乎是我这老古董从业 37 年间最奇特的经历了。也许您自己已经知道了，自从币值像煤气一样的飘忽以来，艺术行业变成了什么个样子：那些暴发户忽然间发现出他们的癖好是在哥特式的圣母像和初版古书以及古代的铜刻和绘画了；谁也没有本领，能够变戏法变出足够的供应，嚇，你还得提防他们把你客堂屋子都搬个清光，他们恨不得连袖扣和写字台的灯盏都买走，因此发生了越来越艰难的收集，随时都要有新货应市——对不起，我们平日认为庄严神圣的东西，我忽然脱口说出是货品——可是这批杂种的确是有了这样的脾气，一部奇妙的威尼斯版原刻古籍，就看做若干美金的外套。一幅规尔奇诺（Guercino）的手稿是三两张 100 佛郎钞票的化身。这批突发的购买狂的急迫的袭击，谁也抵挡不住，于是乎只隔一夜我便又空无所有。我恨不得放下我的橱窗活门，因为我这一家老招牌已经是我父亲从我祖父手上继承下来的了，现在却零零落落的只剩得一些货尾，连北方上街的旧货小贩都不愿意堆上小车去的东西。我丢脸了。

　　在无可奈何之中我生出一个主意，查看一下我们历年的簿册，要挖出一批老主顾来，或许我还可以从他们发掘到一些重复本，本来这一类主顾名单大抵不过是一种墓场，尤其是在这个年头儿，实在并不□□□□□（□为录入的原件缺字）启示：从前的买客多数已经□□□□□□家当搬到拍卖行或者自己死掉□□□□□，岿然独存的少数又不容你存计什么希望。可是忽然间我碰到了一大卷也许是我们最老的主顾的信件，这位先生只因为这次因缘才使我重新记起来。原来，自从世界大战爆发以来，1914年以来，他始终没有再来过任何一次的订单或者询问。这卷通讯可以一直回溯到——的确并不过火！——将近60年的长时间；他从我父亲和祖父手上做过买卖，可是我想不起他在我亲手管理的37年间有没有踏过我们的店面。一切都指示出他一定是一个奇怪的，迂拙的，滑稽的人物，消逝的门册尔（A. von. Menzel）或许匹慈维格（T. Spitzweg）时代的儿子，他们不过是在山村小城偶然东一个西一个作为稀罕的遗物传入我们的时代。他的信札是书法家的气派，写的很匀净，总数之下用界尺和红墨水打一条底线，数字总是重复两次，不引起任何错误；至于定规使用礼帖的废纸和旧信封更加显示出不可救药的村佬的小气和疯狂的节俭。说到这些文件的签署呢，除了他的大名之外，总是加上冗长的头衔，前任农林参事兼经济参事，陆军少尉，一等铁十字章的领有人，从他作为70年代的退伍军人这一点看来，那么，要是他还活着，他便至少是80开外的年纪了。可是这个可笑的，滑稽的人物作为古代版画收藏家却显出十分的聪明，超卓的见识和极精细的鉴赏力：当我把他将近60年来的订单慢慢的拼凑起来的时候，我开始察觉到，这个渺小的村佬，在当时还是用银角子算账的时候，一块钱可以买到一大堆德国木刻，他却一声不响地收集了一份铜刻集，比起那些叫嚣的暴发户来，该是可以保持他最高的荣誉吧。光是就他半世纪的时间向□□□□交出的几马克几分尼的订单计算起来□□□□□□可惊的价值，何况除了我们之外他说不定也会光顾旁的拍卖行和古董商，□价值□不见得是少了许多呢。当然自从1914年以来，便再没有收到过他的订单。可是我对于艺术买卖的种种情形到底是太有信心了，这样一单拍卖或者结束的出卖是不会从我手上溜走的：这个奇人也许还在世，不然的话，这些画册便遗落在他子孙的手上。

这件事引起我的兴趣，第二天，昨天晚上，我便动身，直向那萨克森州的一个最难通信的山村小城进发；到我走出小车站，踱进市街，我几乎不敢相信，在这鄙俗的人家连同他们的小家陈设中间，在某一所房子里面竟然住下了一个人，他能够收藏廉布兰德（H. von. R. Rembrandt）的名画以及杜勒（A. Duerer）和曼台亚（A. Mantegna）的铜刻，而且是无可讥评的全集。可是当我上邮局大厅一打听，问他们知不知道有一个叫什么名字的农林参事兼经济参事的时候，原来这先生果然还活着，于是我，老实说——并不是没有心跳——还赶在上午跑去找他看。

我没有费一点气力便找到他的房子，那是一家不多花钱的公寓的二楼，从这些公寓可以看到 60 年代随便一个投机建筑师马虎搭盖起来的工程。一楼住着一个老实的裁缝，二楼左边闪烁着一块邮政局长的铜牌，右边才是标明这位农林参事兼经济参事的大名的瓷牌子。经过我畏性的揿铃，立刻走出一位白发的老妇，头上戴起一顶黑色的小风帽，我递上名片，问一声农林参事可否见面讲讲话。吃惊又有相当的迟疑的她先看看我然后看名片：在这个与世隔绝的小城，在这所古老的房子里面，一次外人的访问似乎就是一件大事。可是她亲热地请我等一等，拿起名片便走进屋子里面去，我听见她很细声的说话，过后便是一阵响亮的，男子的嗓音："哦，柏林来的古董巨商 R 先生，叫他来吧，叫他来吧……我高兴极了!"这位老太太又已经迈开加快三倍的脚步，引我到一间好屋子里面去了。

我脱下我的衣帽，走了进去。在这朴素的屋子的中间挺立着一个年老的然而结实的男子，长着浓密的胡须，穿着束带的半军服式的便服，诚恳地朝我举起了双手。可是，这个明明是高兴的，内心的问讯的显著的动作跟他站在那里的一种奇异的凝望却是不调和的。他一步也不朝我走过来，我只得——有些异样——上前去，握他的手。可是到我伸手出去的时候，我从他那平行的固定的手势觉察到，他的手不是在找寻我的手，却是在等候。一转眼间我便明白了：他是瞎了的。

从小时候起，跟一个瞎子对面站着，我总是感觉得很不舒服的，我无法消除我的畏怯和窘厄，不能够把一个人当作完全的活人，同时知道，他对我是比不上我对他的真切。就是现在我也得克服初步的畏缩，当我看见这双死滞的，凝向空虚的眼睛藏在那翘起的灰白的睫毛底下的时候。可是这位瞎眼睛的不让我有长时间的迟疑，我的手刚一碰到他的，他便猛力握着，摇着，重三倒四的，风暴一般的，舒服而且得意地说出他的问候!"一次稀罕的访问"，他放声笑出声来，"的确是一件奇迹，一位柏林的上流绅士竟有一次迷失在我们的巢穴里面……可是这就是说注意提防，如果有一位老板先生走上他的旅路……我们家里有一句老话：游民一来赶快关门扣口袋……是的，我已经猜到了，你为什么来找我……在我们贫穷的倒霉的德国什么生意都不好做了，再没有顾客，老板先生便再向他们老主顾身上打主意，希望找得出他们一点甜头……可是说到我，我倒耽心你没有什么运气。我们这些吃长粮的老家伙，只要我们的那块面包能够好好的摆上来，我们便要高兴了。你们现在弄出来的那些亡魂失魄的价钱我们是无法应酬的……我们这样的人是永远算是过时的了……"

我马上更正，他误会了我的来意，我并不是来兜揽生意，不过是因为来到附近，不愿意错过机会，拜访他一次，表示我对多年主顾以及德国一流收藏家的敬意。我刚一说完"德国一流收藏家"这个字，这位老人脸上立刻现出奇异的变化。本来他是挺立在中间，呆望着的，现在却现出忽然开朗的表情以及最内在的骄傲。他转一转身，料到那是他太太的位置，像是要说"你听听吧"，声音充满了愉快，刚才那一副军人的粗野的口吻连一点痕迹都没有，柔软的，简直是温存的，他回过头来再同我讲话：

"这的确是你极好的，极好的友谊……可是你也不要空跑一趟，你得看一看你平时不是每天看得到的，甚至于在你那妄自尊大的柏林，……有几幅，便是在亚尔柏提那的也不会更好，在天杀的巴黎也没有办法找到的……是的，一个人收藏了60年，总应该有点好东西，不是随路乱丢的，路伊丝，给我把书橱钥匙拿来！"

现在呢，现在可发生了一点意外。那位老太婆本来站在他身边，微笑着，静听着，一团和气的参与我们的谈话，忽然举起双手，向我做出请求的姿势，同时摇头做出坚决反对的动作，这个记号我并没有立刻明白。过后她走近他丈夫的身边；一只手轻轻地按住他的肩膀："啊，赫华德"，她提出劝告，"你也就不管这位先生现在有没有时间来鉴赏你的画册，现在已经是中午了呀。吃过中饭你得休息一小时，这是医生郑重吩咐的。这样不是好些吗，吃过中饭才给这位先生全部搬出来细看，过后我们便一道喝咖啡？这样安妮马利也回来了，她一切都比较明白，可以帮你忙！"

这些话才说完，她立刻撇开那个忘机的老人，再向我请求似的重复一次那种迫切的动作。现在我明白她的意思了，我知道，她要我推辞立刻的观赏，于是赶快编造出一个约会，容许我观赏他的宝藏，在我是一种快乐，也是一种光荣，可是3点以前是不可能的，过后我可极愿意来打扰。

他生气了，像是一个小孩子给人家拿走他心爱的玩具，那个老人来回在打转，"当然了"，他愤愤地说，"柏林先生们是什么都没有空闲的。可是这一次你也真的得抽出时间来，因为这不是3张或5张，却是27大册，每一册二位大师，没有一册是半空的。好吧，3点钟；可是准时候。不然的话是看不完的。"

又一次他凭空向我伸出手来，"当心吧，你可以得意——或者生气，你越生气，我越得意，我们收藏家已经是这样的，一切为我们自己，一点也不为别人！"他再猛力摇动我的手。

老主妇陪我到门口。本来我已经察觉到她自始至终都保持着相当的不安，无可奈何的恐惧的表情，现在差不多临到门口了，她吞吞吐吐地用十分低微的声音说：

"可以……可以……让我的女儿安妮马利去接你吗，在您动身之前？这样做比较好，因为……因为许多的原因……您可是在旅店用饭的？"

"一定，我很高兴；那就是我的一种愉快。"我说。

果然，一小时之后，我在市区一家旅店的客室里面刚吃过中饭，便有一个近乎老大的女子，穿的很简单，东张西望的走进来。我朝她走前去，介绍我的姓名，而且声明可以立刻跟她走，去欣赏那些画册。可是带着一种忽然的脸红以及同样的迷惑的窘厄，像她母亲一样的，她请求我，问我可否答应她事先对我多讲几句话。我立刻看见，她是很难过的样子，只要她开口讲话，那一阵不安定的，飘荡的红晕便一直红到额角上面去，手也无力的缩进衣裳里面去。后来终于开口了，上气不接下气的，三番两次地重新起过头：

"我的母亲叫我来找你……她什么都告诉我了，现在……我们对你有一个重大的请求……我们愿意通知你……在你去看父亲之前，……父亲自然愿意给你看他的画册，说到这些画册……这些画册……再也不见是完全的了……那里面缺少了成排的画册……而且可怜，还是相当大的数目呢……"

她不得不透一口气了，过后忽然瞪眼望着我，急迫的说道：

"我得老实告诉您……您认识这些年头，您一切明白……父亲是在大战爆发之后便双眼全瞎了，在这以前他的目力已经不时受到损害，一场愤恨却夺了他全部的光明——原来他不顾 70 岁的高龄，还是坚决要重征法国，到了陆军没有像 1870 年一样迅速推进的时候，他便说不出的气愤，他的目力也因此得到可怕的迅速的衰退了。除此以外，他是十分壮健的，在他瞎眼以前不久，他一走还可以走几个钟头甚至于从事他心爱的打猎。现在可连散步都取消了，他唯一的快乐便只剩得他的画册，他每天都拿来看……这是说他看不见了，再也看不见了，可是每天下午，他总是把所有画册搬出来，至少他可以摸一摸，一张又一张的，总是按照一定的次序，几十年来他已经完全背得出来了……没有别的什么今天还可以再引起他的兴趣。我给他念报纸上面各种各色的拍卖，价钱越高涨，他便越快乐……因为……最可怕的便是父亲对于一般物质以及时代也不晓得了，他不知道我们一切都已经丧失，他的养老金呢，一个月的收入再也维持不了两天的生活，还有更甚的便是我的姐夫阵亡了，剩下我的姐姐和四个孩子……可是父亲始终不晓得我们所有的物质上的困难。最先我们是节省，比从前省下更多的钱，可是节省没有一点用处，接着我们便开始卖东西——我们当然不敢动他心爱的画册……卖仅有的一点首饰，可是天啊，那算得什么呀，60 年来只要有一分钱的剩余父亲都是拿来付他的画页的帐的，终于有一天什么都没有了……我们想不出其他的办法……于是乎……于是乎……母亲和我去卖掉一幅，要是父亲知道，他是一定不答应的，他不知道现在的景况是多么坏，他简直想不到，现在是困难到什么地步，靠私卖家当来换一口粮食，他也不知道，我们是吃了败仗，亚尔萨斯和洛林也割掉了，我们念报纸是不念这一类新闻的，省得他又来着急。"

"那是一副非常名贵的古画，廉布兰德的铜刻，我们卖了。那个商人出了好几千，好几万马克，我们希望，这一次可以支持好几年，可是你知道，那些钱是怎样溶化了的……我们把这笔款子存入银行，可是过了两个月便一切完了，于是我们卖了一幅又一幅，而且那个商人汇款总是那么慢，寄到的时候已经又跌价了，我们只得找拍卖行去碰运气，可是他们虽然出了千百万的价钱，结果还是骗局……到那千百万送到我们手上，差不多总是已经变成了废纸，这样一次又一次地卖下去，他那宝藏精华便只剩得三几幅了，只为了苟延赤贫的，憔悴的生命，可怜父亲还一点不知道呢。"

"就是这个缘故，所以你今天来到了，我的母亲这一惊才那么厉害呢……万一他给你打开画册，便一切秘密都戳穿了……原来我们就旧日的衬页，他一摸便认得出来的，安上一副翻版的或者相似的画纸去顶替卖掉的原画，这样他便摸到也不会觉得异样了，而且只要他能够抚摸和计算（那些次序他记得非常清楚），他也就得到完全同样的快乐，好比他从前开眼赏玩一样。平日这小城里没有一个人是父亲认为值得给他看看他的宝贝的……而且他对每一幅都灌注着那么疯狂的眷爱，我相信，假如他知道这一切都老早从他手下溜走了，他的心是会破碎的。你是头一个了，这许多年，自从德列斯登铜刻学会前任会长逝世以来，父亲今天才有心为别人打开他的画册。所以我请求您……"

忽然间这个接近老境的女子举起手来，她的眼睛闪出了泪水。

"我们请求您……您不要教他难过……教我们难过……你不要毁灭他那最后的幻象，救救我们，教他相信，他给您陈述的一切画页还是留在手头的……只要他一起疑心，他便活不过去了。也许我们是委屈了您，可是我们想不出别的办法：谁不要活下去呢？人命，四个孤儿还有我的姐姐，总比一些印版的纸张来的重要呀……直到今天我们都没有剥夺过他的快乐，他是幸福的，每天下午容许他翻三个钟头，跟每一幅画就好比跟一个人谈话。今天呢……今天也许是他顶快乐的一天了，不知道等了多少年，今天才容许他找到一个内行的来展览他的宝藏，请您……我请求你，举起我的双手，不要毁灭他这一场快乐！"

这一切是说得那么惊心动魄，我的陈述简直是无从表现。我的上帝，一个做买卖的当然看到过许多受到下流的抢掠，上过通货膨胀的卑劣的大当的人们，他们挺贵重的，千百年代的传家宝只给一块黄油面包骗走了——可是今天命运却创造出一件特别的事情，使我也特别受刺激，不用说我答应她，保持缄默同时尽我最善的努力。

我们一道走——半路上，我还一肚愤怒的听到了，那些家伙是要了怎样算账的花枪欺骗这些可怜的，无知的女人。可是这只有教我加强我的决心帮助她们一直帮到底。我们走上楼梯，刚一扭门，我们已经听见室内发出那位老人的愉快豪放的声音："进来！进来！"凭借盲人的特长的听觉他一定已经从楼梯上听到我们脚步声了。

"赫华德今天不耐烦到简直睡不着觉，等着要给你展览他的宝藏"，老太婆微笑的说，她的女儿的瞥眼已经教她对我的同意安了心，桌子上面摊开了的，等候着的摆满了重重叠叠的画册，而且这位瞎眼睛的一触到我的手，他便再不要更进一步的招呼，捉住我的手臂一压把我压倒靠椅上面去。

"好吧，我们立刻开始——要看的多的很呢，柏林的先生们是从来没有空闲的。这一函是杜勒大师而且你可以得到证明，相当的完备，一幅更比一幅好，唔，你会自己判断，你看看吧！"——他打开封夹——"骏马。"

他用那么体贴的小心，像是触动到什么脆薄的东西一样，伸开说不出的精细爱惜的手指从封夹抽出了一张衬页，衬页里面镶上一张空白的变黄的纸头，他却表情横溢的对着这张一钱不值的废纸盯住眼，望上好几分钟，实际上却一点看不见，可是他神往了，把一张白纸捧到了眼前，全幅面孔神秘地表现出一种鉴赏的紧张的动作。还有他呆钝的眼睛本来是突着死气的瞳仁的，现在却一下子——是由于纸张的反光呢还是双眼的光芒？——发出映照的明亮，智慧的光辉。

"现在"，他骄傲地说，"你生平见过比这更精美的复印吗？多精确，多清楚的每一细节——我曾经拿他跟德列斯登藏本比较过，可是那一张比起来是显得软弱而且呆板了。还有，看看他的世系，那边——他反转那张纸，用指尖不差毫发的朝背面给这张白纸指出一些个别的位置，弄到我也不由自主的看过去，看哪些印鉴是不是真的还存在——那边你可以看到纳格勒家藏的图记，这边是雷米和哀斯代尔的；他们永远也料不到，这些光荣的前辈，他们的画页竟然会有一天流到这间小屋子里面来。"

我背上抽起一股冷气，当这位矍然的老人极口夸耀这一张白纸的时候，看起来真有点鬼气。他伸出手指，简直准确到不差毫厘的，指向了那些只有在他的幻想中依然存在的无形的家藏图记。我呢，喉咙已经恐怖到结住了，我不知道怎样回答才好，可是一到我迷惑的抬起头，看到那两个人，我便又碰到了那个战栗的，着急的老太婆为了求情举起的双手。我硬一硬，开始我的客串。

"了不起!"我眼巴巴地终于开口了。"一幅神话的复印。"于是乎他全付面孔闪出骄傲的光辉。"可是这又算得什么呢?"他胜利了，"你还得看到那幅'忧郁'或者那幅'受难'才行呢，光彩陆离的一份，同样的质地是很难有第二幅的，你看吧"——他的手指又满细腻的摸上了一副幻想的画面——这种新鲜，这种结实的，温暖的色调，柏林连同所有的老板先生以及博物馆的博士先生，这回才会倒头站起呢。

就是这样进行着一场轰动的，口讲指划的胜利，足足是挂钟报打过的两个钟头。不行，我没有办法给你描写出来，那是怎样鬼气十足的，跟他一起欣赏这一两百张空白的废纸或是寒伧的翻版，可是就这悲剧的蓍然的老人记忆说来，这一切都是闻所未闻的千真万确，他一点不错的依照连续的次序每一幅都夸耀出而且描写出所有的个别的细节：这些无形的画册早就已经随风散掉了，对于这个瞎眼睛的，对于这个动人的，受骗的老人却依然是原封不动的保存着，而且他那幻想的热情是那么强烈，弄到我也差不多要开始相信了。只有一次醒觉得危险几乎可怕的切断了他那观照的精神的梦游似的准则：他正在夸耀着廉布兰德的 Antiope（一幅试印版，的确是无价之宝）那些印刷的精致，同时他那神经质的透视的手指充满爱眷的指点深压的线条的时候，他的最敏锐的触觉在张那张陌生的纸头上面都找不到那些凹下的位置，忽然间像是有一块黑影落在他额上，声音也忙乱了。"这可是……可是那幅 Antiope?"他喃喃自语，有点难为情。于是我不敢怠慢，连忙从他手上拿走那张衬页，就我熟悉的那一幅铜刻神魂飞舞的给他赞美一通所有的美点，这张瞎眼睛的难过的面孔才又松弛下来。我夸赞越多，这个支离憔悴的老人便越加得意，开放出一种朴质轻快的真挚的情感的花朵，"总算这一次碰到了一个内行"，他欢呼了，转身朝向他的家属，说不尽的胜利的喜悦。"到底，到底找到了一个人，你们亲耳听见，我的画页是有价值的，你们平日老是不相信地骂我在收藏上面乱花钱：是的，60 年间不喝啤酒，不喝葡萄酒，不抽烟，不旅行，不看戏，不买书，总是省呀省的省下钱来买这些画页。可是你们总会看到，到我哪一天不在世的时候——那你们便发财了，比较城里任何一个财主都更富有，富有到跟德列斯登一号大财主一样。可是只要我活一天，便不要有一幅从这所房子漏出去——让他们先把我扛走，然后才轮到我的宝藏。"

他一边讲，他的手一边细腻的，像是在什么有生命的身上，抚摸那些早就空空如也的画册——对于我这是骇人的同时又是动人的，因为自从战争以来，这些年头，在一个德国人的脸上我始终没有看见这么完全，这么纯粹的幸福的表情。他身边站着两个女人，神秘到活像那位德国大师的一幅铜刻上面那些女性的形相：她们来到，为了膜拜她们救主的陵墓站在那崩坏的，空洞的拱门面前，带着一种惶恐的表情同时却又是虔诚的，神往的狂热。如果名画上面的信女是由于救主的天启，那么，这两个接近老境的，受尽折磨的，贫乏的小城闺秀便也由于那位老翁的雅气的幸福的快乐，半是含笑，半是含泪地闪烁着灵光。我平生从没有经历过那么惊心动魄的眼色。可是那个老头子听我的赞美，听来听去还是不够瘾，不时回头去叠起又挪动那些画册，干渴似的吟味着每一个字：对于我这真是一服清凉剂，那些骗人的画册终于要推到一边去了，好给咖啡让出地盘来。他还是不大甘心似的，可是为了应付这位返老还童 30 年的老人那一场绘影绘声的快乐和自负，我却是松了多么造孽的一口气啊，终于结束了！他说到他当日购买和渔猎的千百则逸事，推辞了任何的帮忙，一次又一次的摸索，就是为了一张又一张的搜集：像是喝酒一样他兴奋了，沉醉了，可是当我终于开口，我不能不告辞的时候，他竟然那么惊讶，像是一个任性的孩子动了气。用脚顿地，反对说，那不行，我们才勉强看到了一半，经过那两个女人一番硬撑的苦劝，才算是弄明白了他那固执的气愤，他不应该再苦留我，因为我会因此失误我趁车的时间。

到他经过绝望的反对终于消除成见，殷勤话别的时候，他的声音完全温软了，他捉住我的双手，他的手指满有情致的使出一个瞎子的全部表情本领，沿双手一直摸到我的腕节，像是要多认识我一些，同时要向我说出语言所不及的更多的话。"你这一次访问，带给我极大的，极大的快乐"，他开口说，带着一种从心底发出来的突起的激动，我是永远忘不掉的。"这对于我就是真正的好事，终于，终于，终于能够又一次跟一位内行披览我心爱的画页，可是你看到，找我这个衰老的，盲目的人倒也不算是空走一趟。我对你声明，我的女人当面作证，我还得给我的处置办法加上一条，我的画册的拍卖权应该转入你这家老字号，你应该有这种荣誉，特许保管这一宗不著声名的宝藏——他同时不胜爱惜地把手搁在那偷光了的画册上面——直到它散入人间那一天为止，只要你答应我一件事，编一份漂亮的目录；这份目录就作为我的墓碑，此外，我再不要什么更好的东西。"

我望一望太太和小姐，她们身贴住身，偶然有一种痉挛从这一个人传到另一个人身上，像是两个人共用一副身体，发出了同心的战栗。我自己呢，却有一种十分庄严的感应，这位动人的蕈然的老人把他那无形的，老早已经飞散的画册当作一份宝贝给在保管，我够伤心的答应他，提出了实际上我无从实践的诺言；又是一阵光辉闪过那双死气的眼珠。我猜到了，他的思慕从心底出来，要切实体认我一次：我从他的情致，从他手指的亲热地把握，他的手指握住我的双手，是感谢又是赞叹，证实了我的猜测。

女人们陪我到门口，她们不敢作声，因为他精细的听觉会收听到每一个字，可是她们的眼睛对我含着多热的眼泪，多丰溢的感激啊！我简直迷头迷脑的蹀下了楼梯，实际上我感到惭愧了：我好比童话里面的天使飞进一家穷人的房子，教一个瞎子开了一个钟头的眼睛，只是因为我给一场虔诚的骗局帮了一点忙而且不要脸的在扯谎，可是这个我，归根结蒂是作为一个寒伧的市侩想要耍一套花枪，从什么人手上弄点值钱的古董回去的。可是我这次带回去的东西却更多：在这个沉闷的，戚戚无欢的年头我又看到了一次活灵活现的纯粹的愉快，一种精神上映照出来的完全寄托在艺术上的狂热，我们人类似乎早就已经没有缘分的了。我像是有一种——我找不到别样的说法——敬畏的感觉，虽然我还在惭愧，不知道究竟是为了什么。

我已经下楼站在路上了，上边有窗户响动我听见有人叫唤我的姓名：真的，他老人家还不肯放过，擎起他失神的眼睛朝着他心目中我走路的方向在送我。他的腰身弯到前面弯的太过了，那两个女人不得不小心扶住他，他扬起他的手绢，叫道："一路平安！"像是一个男孩子的轻快清亮的声音。不能忘记的是他的凝望，白发老翁的愉快的面孔靠在上头的窗口，飘飘然的跨过路上一切噪声的，东敛西抓的，孳孳为利的庸人，让一抹善良的痴癫的白电保护着脱离了我们现实的丑恶的世界；我不得不重新想起那句古老的名言——我相信是歌德说的——："收藏家是福气人。"

1924 年作

署名"居甫"译
原载《新赣南月刊》《学生月刊》1944 年

黄金国的发现

施蒂凡·茨威格

（J. A. 苏特，加利福尼亚　1848 年 1 月）

1834 年。一艘美国船从哈维尔驶向纽约。在一帮亡命之徒中间，千百人中间的一个，约翰·奥古斯特·苏特，原籍巴塞尔附近的黎年堡，31 岁，迫不及待地要在自己和欧洲法院之间取得一片汪洋的大海，破产者，盗贼，汇票伪造者，他把他的老婆和 3 个孩子干脆扔下不管，在巴黎用一张伪造的证件搞到一点钱，于是乎就去追求新的生命。7 月 7 日他在纽约上岸，在那里混了两年，一切可能的和不可能的买卖都做过了，打包工，药剂师，牙医生，药品小贩，酒馆老板。最后，勉强站稳了脚跟，开设了一家旅馆，一下子又把它卖掉，跟着迷人的时髦的风气跑去米苏里。他在那里当了农民，短短的时间里就挣得了一份家当，可以安安稳稳地过日子。可是不断有人在他家门前匆匆走过，皮货商、猎人，冒险家和兵卒，他们自西方来，他们向西方去，西方这个字渐渐地取得了一种充满魅力的音响。首先，人们是这样了解，是草原，布满庞大的野牛群的草原，走过几天，几个星期的路程总是荒无人烟，只是红人在来回狩猎，接着就出现山岭，高耸入云，从无人迹，最后是那另一个世界，谁也说不清楚是什么样子，只是喜欢它那神话一般的富饶，加利福尼亚，还是未经勘探。一片土地，牛奶和蜂蜜水一样在那里流，只要谁愿意要，都可以随便要——只是啊，远得很，无边的远，而且要赌上性命才能够到达那里。

可是约翰·奥古斯特·苏特有的是冒险家的血液，谁也不能叫他静坐下来，去耕种他那块好土地，1837 年的某一天，他卖掉他所有的一切，装备起一支由车辆、马匹和成群的水牛组成的远征队伍，从独立堡向陌生的地方进发。

向加利福尼亚进军

1838 年。两个军官，五个传教士，三个妇女坐着牛车走向无边的旷野。走过草原又是草原，最后是越过崇山峻岭，向太平洋行进。他们走了三个月，希望十月间到达温哥华堡。那两个军官在此之前已经离开了苏特，那些传教士没有继续走，那三个妇女则由于营养缺乏死在半路上。

苏特现在是孤单一个人了，但是谁也没有办法劝他留在温哥华，给他一份差事——他什么都拒绝接受，那个迷人的名字的勾引浸透了他的血液。首先他驾着一只寒伧的帆船横渡太平洋到三文治群岛登陆，经过无数的困难驶过阿拉斯加海岸，到达一个荒僻的地方，名为圣弗兰西斯科。圣弗兰西斯科——并非今天那个经过地震之后以加倍的发展速度成长为数百万人口的城市——不，那只是一个贫瘠的渔村，以弗兰西斯教派修道士命名的，也还谈不上是那个默默无闻的墨西哥省加利福尼亚的首府，无人治理，没有优良的畜牧和种植事业，弃置在新大陆的最富饶的地区。

西班牙式的混乱，由于缺乏任何权威的管理，暴乱，缺乏牲口和人力，缺乏鼓舞人心的魄力，情况就越发严重了。苏特租了一匹马，赶它走下萨克拉门托的肥沃的峡谷：一天的时间已经够他看的了，这里的地方不仅可以开辟一个农场，一片大田，而且有建立一个王国的空间。第二天他骑马去到蒙特雷，那个凄凉的首府，向总督阿尔威拉多做了自我介绍，向他表明他开垦这片土地的意图。他把海岛上的卡拿卡人随身带来，还要分批从那里把这些又勤劳又能干活的有色人种招来，而且承担起建造居民点的责任，创立一个小小的王国，一个殖民地，新赫尔维喜亚。

"为什么叫做新赫尔维喜亚？"总督问。"我是瑞士人，又是共和派"，苏特回答。

"好吧，你想干什么就干什么吧，我授予您开发全权，为期十年。"

你看：事业在那里飞快地发展起来了。远离任何文明世界不知多少千万里，单单一个人的毅力取得了不同于老家的另一种赞赏。

新赫尔维喜亚

1839 年。一队商旅沿着萨克拉门托的河岸缓缓地上路。走在前面的是苏特，骑着马，腰间扣着火枪，背后两三个欧洲人，然后是穿着短衫的卡拿卡人 150 名，然后是30辆牛车装着粮食、种子和弹药，50匹马，75头驴骡、母牛和绵羊，然后是一小队后卫——这就是要征服新赫尔维喜亚的整个队伍。

他们面前有一片阔大的火海在翻滚。他们给丛林点上一把火，这是比砍伐来得方便的法子。而且广阔的的林莽刚从地面上消失，就在还冒着烟的残枝剩干上面，他们已经开始工作了。仓库盖起来了，水井打出来了，用不着翻锄的土地播下了种子，圈养无数牲畜的栅栏造起来了，渐渐的从邻近地区涌来了荒僻的传教殖民地的增殖人口。

成绩是巨大的。播种的收获一下子就是百分之五百。谷仓塞破了，牲畜的头数不久就以千万计，不管辖境之内多少连续发生的困难，不管对敢于反复侵犯这繁荣的殖民地的土著进行过多少次的征战，新赫尔维喜亚一直发展成为热带的庞然大物。运河、磨坊、工场都开办了，河面上船只来来往往，苏特不仅仅是供养了温哥华和三文治群岛，而且供养了停泊在加利福尼亚的所有船客，他种植水果，今天是那么出名和备受赞美的加利福尼亚水果。看啊！它长得好，于是他从法国又从莱因州引进葡萄，不到几年它就布满广阔的地面。他给自己修建了房屋和富饶的农庄，他从巴黎经过180天的航程运来一架普莱耶尔牌钢琴，让60头水牛越过整个新大陆驮来一台蒸汽机。他在英国和法国最大的银行都有信贷和存款，如今，45岁了，正处在他胜利的高峰，他想起了，14年前曾经把一个老婆和三个孩子随便扔在世界的什么地方。他给他们写信，请他们到他这里来，到他王国里来。因为现在他感觉到自己拳头里面的富藏，他是新赫尔维喜亚的主人，世界上最富有的富翁之一，而且会继续是这样。最后合众国也就从墨西哥手上把这个荒凉的殖民地抢了过去。现在是一切都打了包票而且得到庇护。再过几年，苏特就是世界第一富翁。

倒霉的破土

1848年，1月间。詹姆士·威·马歇尔，他的细木工，忽然慌慌张张地冲进约翰·奥古斯特·苏特家里，他无论如何有话要同他讲。苏特很奇怪，他昨天才派他上科罗马他的农场那里去，去建造一个新的锯木厂。现在他居然未经允许就跑回来，紧张得浑身发抖站在他面前，把他推进了他的房间，随手把门关严，再从他口袋里抓出一把沙，沙里面夹着一些黄色的颗粒。昨天掘地的时候这些奇怪的金属引起了他的惊异，他相信，那是金子，可是别人都在嘲笑他。苏特脸一沉，把那些颗粒接过来，经过试金石的检验：是金子。他决定明天立刻同马歇尔骑马赶去农场，可是那个木工师傅，作为遭到那快要震撼世界的可怕的寒热的攻击的第一人；当天半夜就顶着风雪飞马跑回去，他忍不住要证实一下。

明天一早苏特上校到了科罗马，他们堵住运河，查看一下沙子。只要你拿筛子来回簸弄簸弄，金砂就留在黑网上闪闪发亮。苏特把那几个白人召集到他的周围，要他们提出荣誉的保证，在锯木厂完工之前，决不走漏风声，然后他严肃而又坚定地回到他的农场。一种奇特的思想牵缠着他：任你怎样想，也从来没有想到黄金竟是这样容易就可以抓到手，那么明明白白地散布在地面上，而这块地却又属于他，是苏特的财产。好像是一夜之间跳过了 10 年。他是世界的第一富翁。

狂　潮

第一富翁？不——第一穷人，最倒霉的人，全球最失望的乞丐。八天之后秘密就泄漏了，一个妇女——总是妇女！——对一个偶然碰到的过路人讲了出来，还给了他几粒金沙。随后发生了什么事，那简直是史无前例。苏特的全体人员马上放下了他们的工作，锻工离开了锻工场，牧人离开了羊群，种葡萄的离开了葡萄园，兵士撂下了他们的枪枝，一切都鬼迷了似的，夹着乱抓到手的筛子和蒸锅向锯木厂飞跑，为了从沙里淘出金子来。一夜之间整块地方人都跑光了，奶牛没有人挤奶，叫呀叫的，倒毙了，水牛冲破了栅栏，大踏步踩进园地，园地的水果都在枝上烂了，奶酪厂停了工，谷仓接二连三地倒塌。大工厂的巨大的轮机设备一动不动的摆在那里。电报飞越各个国家，各个海洋传送黄金的预约。于是闻风而动的有从城市来的，从海港来的诸色人等，水手离开了他们的船只，公务员离开他们的机关，漫长的，没有尽头的队伍从东边来，从西边来，步行的，骑马的，坐车的，都赶到了，这股狂潮，这群人类的蝗虫，这些淘金迷。一群无法无天的，穷凶极恶的流氓，他们懂得什么法律，有的只是拳头的法律，什么叫命令，有的只是手枪的命令，他们一起涌上这兴旺的殖民地。对他们来说一切都是没有物主的，谁也不敢对这批亡命之徒碰一下。他们宰杀苏特的母牛，他们拆毁苏特的仓库以便盖起他们的房屋，他们践踏他的田地，他们偷他的机器——一夜之间约翰·奥古斯特·苏特变得一贫如洗，好比是点金国王米达斯，在自己的黄金里面窒息而死。

这一股史无前例的淘金风暴还是越来越凶猛；消息已经传遍全世界，光是纽约就开出了上百只船，1848、1849、1850、1851 年从德国、英国、法国、西班牙无数成帮结伙的冒险家都跑到这边来了。有些人乘船绕过南美洲的合恩角，但是对那些最缺乏耐心的人来说，这条航路是太长了，于是他们选择了那条越过巴拿马海峡的比较危险的道路。一家当机立断的公司迅速地在海峡边上修筑一条铁路，修建期间成千成万的工人死于寒热病，只不过是为了节省那些急性子的三个到四个星期的时间，好让他们早点找到金子。横贯大陆奔驰着浩浩荡荡的商旅，各个种族和各种语言的人们，他们在约翰·奥古斯特·苏特的私产上面东穿西挖，就像是在自己的土地上一样。在圣弗兰西斯科的土地上，根据政府的官印文书那片属于他的土地上以梦幻一般的速度冒起来一座城市，陌生人相互变卖他的土地，新赫尔维喜亚，他的王国，这个名字，就在那个迷人的字眼：黄金国，加利福尼亚的后面消失掉了。

约翰·奥古斯特·苏特，又一次破产，瘫在那里凝望着那严重的祸根。首先他试图自己也挖上一份，亲自带同他的仆人和伙伴利用那宗财产，可是所有的人都抛弃了他。于是乎他从黄金区彻底撤退，回到一个偏僻的农场，在山顶附近，远离那该死的河流和渎神的沙，回到他的避世农场。正好在那里终于迎接到了他的妻子和那三个长大成人的孩子，可是刚一到达，她就由于旅途劳累，一命呜呼。好在儿子现在是来了，八条胳膊，约翰·奥古斯特·苏特于是同他们一道动手搞他的农业；又一次，现在是同他的三个儿子，来打他一个翻身仗，静悄悄地、坚忍不拔地，利用这块土地的匪夷所思的肥沃。又一次他隐藏着一个伟大的计划。

告　状

1850 年。加利福尼亚被接收加入合众国的联邦。在它严密的法纪底下秩序终于在财产之后来到这着了黄金迷的土地。无政府状态受到制止，法律重新赢得它的权力。

约翰·奥古斯特·苏特忽然出面提出他的要求。全部土地，他申诉说，圣弗兰西斯科这座城市借以建设起来的土地，不论是依据事实还是依据法理都是属于他的。国家有责任补偿他由于财产的被盗所遭受的损失，他要求从他的土地上所开采的全部黄金取得他应有的份额。诉讼开始了，其规模之大，可以说自有人类以来还不曾听说过。约翰·奥古斯特·苏特控告了 17221 家农民，他们在他的领地上住了下来，他要求他们撤离那偷来的土地，他要求加利福尼亚州偿还他 2500 万元，因为它把那由他修筑的道路、运河、桥梁、堤坝、磨坊等等随便收为己有，他要求联邦政府付给他 2500 万元，用以补偿他那被破坏的土地财产的损失，除此之外还有他在被开采的黄金上面应得的份额。他送他的大儿子，爱弥尔，去华盛顿学习法律，为了打好

这一场官司，他从他新的农场所获得的巨额的收入也全部用来应付这一场消耗金钱的官司。四年长的时间他打遍了所有各级法院。

1855 年 3 月 15 日判决书终于下来了。那位廉洁奉公的法官汤姆逊，加利福尼亚的最高长官，承认约翰·奥古斯特·苏特对土地的权利是完全合法的而且是不可侵犯的。

这一天约翰·奥古斯特·苏特的目的达到了。他是世界第一富翁。

结　局

世界第一富翁？不，再一个不，最穷的乞丐，最不幸的，最命苦的人，命运又来对他开一次致命的玩笑，这一次啊可把他永远打翻在地了。判决的消息一传开，圣弗兰西斯科以至全境立刻爆发出一场大风暴。成千成万人聚拢在一起，所有受到威胁的财主，街道的流氓，惟恐天下不乱的无赖，他们冲向法院，一把火把它烧个精光，他们搜索法官，要吊死他，他们一声呼啸，结成一支庞大的队伍，去洗劫约翰·奥古斯特·苏特的全部财产。他的长子被强盗逼得走投无路，开枪自杀了。次子被谋杀了，第三个儿子落荒而逃，在半路上淹死了。一片火海笼罩着新赫尔维喜亚，苏特的所有农场烧成了灰烬，他的葡萄藤踩得稀巴烂，他的家具，他的收藏，他的金钱给抢走了，总之，惊人的一笔财产就在无情的暴怒之下变成了一片荒凉。苏特自己总算勉强逃脱了一条性命。

约翰·奥古斯特·苏特再也没有从这一场打击中恢复过来。他的工程是毁灭了，他的老婆，他的孩子都死了，他的精神迷乱了：只有一个念头还在那变得迟钝的头脑里面稀里胡涂地来回晃动：他的权利，他的官司。

一个衰老的、精神疲乏的、衣衫褴褛的人还在华盛顿法院周围踱来踱去踱过了25 个年头。在所有办公室里面人们都认识这位穿着肮脏的外套和破烂的皮鞋的"将军"，索取他那亿万财产的"将军"。即使是到了这个地步，还有律师、冒险家和恶棍要来骗取他最后一点养老金，唆使他重新打他的官司。他自己并不想要钱，他憎恨黄金，憎恨那使他贫穷的黄金，害死他三个孩子的黄金，破坏了他的生活的黄金。他只要求他的权利而且抱着偏执的健讼的愤懑的心情加以捍卫。他向参议院申诉，他向国会申诉，只要谁表示帮忙，他对什么人都信任，他们于是花言巧语把事情颠三倒四乱说一通，给他穿上一套可笑的将军制服，把这个不幸的人像妖怪一样拖着去找了一个机关又一个机关，一个众议员又一个众议员。这样过了 20 年之久，从

1860 到 1880 年，20 个可怜的乞丐年头，他一天过了又一天，总是那么懒散地凝望着国会大厦，所有官吏的嘲笑，所有街头儿童的逗乐，他，地球上最富饶的土地属于他，那庞大帝国的第二首府就在他的土地上建立起来而且每时每刻在发展起来。可是人们让这个不舒服的人在那里等候。然而就在那里，在国会大厦的台阶上，1880 年 7 月 17 日下午，救苦救难的中风落到了他的身上——人们抬走了一个死乞丐，一个死乞丐，可是口袋里却装着一份辩论书的乞丐，它为他和他的继承人根据一切世间的法律对世界史上最巨大的产业的权利要求做出了保证。

迄今为止还没有一个人对苏特的遗产提出过要求，没有后裔提出过关于他的应得权利的申请。圣弗兰西斯科，整大片国土始终建立在别人的地面上。这里始终还没有做出法律的宣判，只有一个艺术家，布莱斯·岑德拉尔斯，至少是给予那被遗忘的约翰·奥古斯特·苏特以伟大的命运的独一无二的权利，引起后世惊叹的纪念的权利。

（译自施蒂凡·茨威格的历史小品集：《人类的关键时刻》）

署名"居甫"译

原载《文丛》第 4 期　香港旅港嘉属商会出版 1984 年

爱 吧

弗拉里格拉特[①]

爱吧，能爱多久，愿爱多久就爱多久吧，
你守在墓前哀诉的时刻快要到来了。
你的心总是得保持炽热，保持眷恋，
只要还有一颗心对你回报温暖。

只要有人对你披露真诚，你就得尽你所能教他时时快乐，
没有片刻愁闷。
还愿你守口如瓶：严厉的言词容易伤人！
天啊——本来没有什么恶意——
却有人带泪分离。

原载《李斯特钢琴曲选》

---

① 《爱之梦》第三首、李斯特曲。

德国民间创作概论

海尔曼·斯特罗巴赫[1]

引　言

当前这本书是第一次展示出德意志民主共和国关于德国民间创作概论。历代相传的民间创作如歌谣、童话、传说、笑话、谚语以及其他种种的出版吸引了越来越多的关心的人群。广场、电视、剧场以及唱片的专门节目首先为民歌和童话提供了应有的地位，当然也没有忽略民俗学其他品种。这一类的出版、供应和论述不仅是面向儿童，而且对成人也取得越来越大的成绩。此外占有优生地位的也多方面地吸收了国际的材料和传统。这种现象无疑是有道理的，正是人民文化的创造和传播促使对各国人民的生活关系，风俗习惯，生活、思想和想象方式的认识和了解，从而特别有助于各国人民思想的沟通。可是就在国际的民间文艺的演出节目里面，本民族的民间文学和它的批判创作的成就也是摆在突出地位的。话虽这样说，不管某些努力是如何卓有成效，对于德国民间文学的传统和价值的充分的知识还是相当缺乏的。为广大的读者层的出版咨询工作以及为文化实践的资料供应工作迄今为止还只是注重个别的选题或者有限的材料范围。我们希望，这一本从马克思——列宁主义的命题出发的第一次尝试能够为介绍入门的总论述尽一点力量，改善一下对德国民间文学的品种的专门特色和富有价值的传统的一般认识。

一、标识和概念

民间文学的含义究竟应如何理解？这个问题，即民间创作的标识和概念已经引

---

① 海尔曼·斯特罗巴赫（Hermann Strobach）。

起国际上特别活跃的讨论。推动这一问题发展的无疑是当前的文化的演进过程。劳动人民文化活动的开展及其在发展的社会主义社会接受文化遗产的种种可能性的扩大，当前歌曲创作、歌咏运动及业余合唱组织的现象和倾向，工人创作运动以至其他种种要求重新考虑民间文学的概念以及它的历史意义和当代意义。作为这一场讨论的中心地位的，即便是马克思主义民俗学意义上仍就是议论纷纭的问题就在于，民间文学究竟只是对某一特定的过去和历史时期具有特征的意义。到了问题的提出：民间创作是不是具有历史的意义？今天却不过是处于文化发展的主线之外作为残余物的存在呢，还是今天依然继续发展的可能？

要答复这个问题——根本就是探究民间文学的本质问题——据我们的理解只能从事物的历史主义的考察出发。每一种历史分析都指明，民间文学并不是原封不动的统一的模式，而是历史地不断流转和发展的现象。改变了的种种社会现实连同它那各不相同的生活关系和生活方式，思想水平和教育水平都会相应要求别具一格的艺术表现形式。民间文学的这种历史的特性是在千百年来在发展过程中依照社会——文化功能，内容与形式，品种和典型，产生因由和继承的深刻演变表现出来的。

如果对民间文学特质的规定和描写的某些仅仅是个别的、历史上属于一定范围的现象提到一般的标识的高度，正如在民间文学的定义上反复出现的那样，那么，势必会导致不正确的，归根结蒂是反历史的结论。这一类有关民间文学的特性的，对民间创作的不同的理论理解的基础的论述在文学上至今还不罕见的标识，例如民间文学的著名性，还有就是它的产生仅限于人民间本身的论点——产生论（Produktionstheorie），或者那种相反的理论。认为那纯粹从民间以外的，亦即在统治阶级范围内的创作接受过来的接受论（Rezeptionstheorie），此外还有创作过程的集体性以至出于口头——便于记忆的以及互相联系的民间文学在内容与形式上种种流传的多变异性，最后还有结合人民的人道主义的内容和它的表达的进步性，亦即据以规定人民文化作为"第二种文化"的标识。

在描述民间文学的性质的时候，最常见的一种说法是出于口头便于记忆的流传作为最主要标识。毫无疑问，它指明了民间创作经历漫长的历史时期的存在方式。然而它作为流传的主要形式现在也还是一种历史现象。从历史上考察，它过去不仅仅是民间创作的特征，它更多的是适应某一特定的文化阶段的唯一的或主要的流传方式。一般说来，它属于人类社会的早期的发展状态，我们放眼看看德国和欧洲的文化发展吧，我们遇到不少在对抗的及分化的阶级关系基础上高度发展的诗歌的广大领域，都是未经文字写定经历多少世纪还在繁衍。封建贵族以及早期封建社会，在某些方面还在充分发展的封建的阶级社会里面为封建贵族制作的诗歌，都是广泛地通过出于口头——便于记忆的流传、无名性和歌词的变异性显示出来。作为实例的可以举出德国宫廷恋歌到 14 世纪都在保留着出于口头——便于记忆的即兴技术。中世纪游学生徒的拉丁文歌曲同样是采用变异形式翻唱的。正如我们后来在口头流传的民间歌曲所能够观察到的一样。特别是中世纪的流浪乐手不论是在宫廷，在初期城市——市民的群众面前还是在乡间都在培养那种出于口头——便于记忆的流传的诗歌的风格和即兴技术，唱起来不用文字资料，只是凭记忆以及一种学徒式地学来的技术的形式和格调。

劳动人民和被剥削人民那种出于口头——便于记忆的流传方式之所以经历漫长的时间，主要是决定于经济社会的关系以及由此派生的这些阶级和阶层在对抗的阶级社会不同的阶层的生活方式和精神——文化的种种可能性，作为占主导地位的流传方式，这种出于口头——便于记忆的传授是与那主要是文盲状态乃至只有非常落后、非常贫乏的阅读能力与书写能力分不开的。因此它也是农民的口头创作而且也是封建社会下层的手工业的及低贱市民层的口头创作的一个主要特征。对于被剥削的劳动的人民大众如同初期的无产阶级，首先是农村贫困的各个部分来说，口头实际至少就其局部来说，直到资本主义社会制度的构成和彻底贯彻的时代依然具有一种文化的意义。这种传授形式的特色在于这种歌词在传授者直接的个人的交接过程中的推广，他们首先通过嘴巴和耳朵，不用其他物质媒介的插手。因此它在国际学术界也被称为口头传统。

这种偏重口头的——便于记忆的流传的特殊的从属现象构成这种传统的变异形式。如果你比较一下在不同的歌手和说话人同时记录下来的同一文词或者应时的更番传授的各种版本——甚至是出自同一艺人——，那就会呈现出多种多样的变奏形式的众多数字：某些字删掉了，或者添上读音相同的字，或者意思相同以至近似的字互相替换；有意无意之中使得字句的变换造成意义截然相反的说法。由于地名或人名的变换使得故事、格言和歌曲能够适应迥然不同的各种情况。歌词变化的其他形式是字句顺序的改变直到最后歌曲方面的同韵段落和章节的移动或删除，故事方面的插段，动机复合体等等的移动或删除。频繁出现的情况是多种不同的歌词或歌词段落的溶合（混淆），这中间就产生了内容上或形式上的关系（歌词的亲戚关系）。深刻的改变能够影响到新的词句和章节或者整段故事增添。拿这一类变奏形式，以个别单字的替换，由于字句或比较大的歌词段落的移动和删除，以及通过歌词的溶合为标志的种种变奏形式加以比较，我们遇到的真正新体形式和扩展还是比较不多的。

很难得有一篇故事或一首歌在口头流传中会依照完全一样的结构重说一遍，或者重唱一遍。歌词提示出一种整体上摆动的、变奏的性质。因此变异性是偏重口头的——便于记忆的流传的民间文学的一般表现形式，它在个别的变体的多数上得到实现。它并不是存心要这样做而是显示出特定的规律性，它的主要倾向在于一首歌词的相对中固定或多变的部分在第一线上按照它对今意和形式结构的关系定出它的规矩。然后这种变异性反过来表现为命意以及形式结构的缘故而按比例地融合那论字句、段落、格式、动机及动机复合体，韵文部分的诗句或章节所赋予的意义。因此那对讲述来说是次要的，无足轻重的部分是变化最多的部分。在意义范围之内变异性最强烈的地方是提供容易掉换的同义字（例如兴趣、乐趣、笑缘）以至可以替换的人物或地名的地方。相对固定的是那些最重要的单字、词汇、说明及动机的复合体。这是一些承担歌词的意义或者其中表现特殊性格及其功能的东西。还有属于固定契机的是一些本质结构的因素如音尺和韵脚，诗篇开头和诗篇结尾，对应，格式，格式系列，造型图式和结构图式及其他等等。

个别变体的产生的条件又是多层的，它在人的歌唱和讲说过程中产生，而这个人又各个决定于特定的经济和社会的，政治和精神文化的关系而且各个打上特别的印记，他们又通过他们的行事影响这种关系。因此这一类条件是历史和社会的现实，作为文词的阐述和功能的关系空间，更进一步他还是歌唱者、表演者和听赏者，以至他们具体的生活关系和生活方式的社会和精神文化的地位。除此之外，还有语言连同它语音的、语法的和词汇的实况。这里首先起作用的是方言和高级语言之间的差别，各种不同方言之间的差别，各种风格等级以及其他的差别。这些变体归根结蒂是从属于特定的阶级和阶层，或者各个区域连同他们各个时期各不相同的内容、机缘和实践的歌唱传统与讲说传统。由于这种种原因，在民间文学的总体之内就产生了社会性质上互相差异的传统（例如手艺工人歌曲和手艺工人格言，水手歌曲和水手故事，工人歌曲及其他种种）以及区域性和地方性的传统和风格特色（风土的或者地方的互相关联的故事宝藏和歌曲宝藏，各带有部分独特的色彩和性格）。这一类打上区域的或地方的印记的传统，是某一特定风土的人们能够同它化为一体的传统——在近一时期大都通过歌曲单行本、协会丛刊和协会活动。通过地方刊物和其他印刷品的介绍——有相当一部分一直活到了今天。

但是口头流传的民间文学的变异性却又由流传资料的相对稳定的倾向加以补充，而且在某种意义上说是加以提炼。这一倾向除了通过说话人和歌手以及说话团体和歌唱团体主观的定稿之外，更通过客观因素的制约。最主要一点是适应口头——便于记忆的流传的集体形式，社会的及文化历史发展的特定的程度。比较一下歌词同许多记录和继续推广，就会看到，在某一有限的、风土上互相联系的地区记录下来的各种版本，彼此出入定规是比较小些。它们同其他地区记录的差别就大不相同，这就造成一些变体群，一般称之为更新。支持这种民间流传的相对稳定性的首先是一种传统的密度。假如唱词的和说话的人以至歌唱团体和说话团体互相取得的、直接的和反复的接触，那么歌词的版本亦会经常处于联系状态，即使有所偏离也会互相"订正"。处在这样一类活的传统在特定阶级和阶层之内通过相对稳定的集体的种种的条件之下，那些所谓"唱碎了"和"说碎了"的东西亦即是说干扰歌词的东西的形式就会保持住口头——便于记忆的流传的单一的面貌。它们通过歌手和人的相互接触不断得到校正。在这里，歌词的改动主要是由于创造性的翻唱的形式，所谓翻唱，就是根据改变了的情况和关系采取灵活变化的适应和融合。反之，比较严重的唱碎和扯乱作为一般的倾向，大都表现在各个彼此连接的流传地区的边缘和个别的、分散遥远的种种版本之中。可是歌词体型之所以松弛，不仅是空间上在于流传的边沿地区，同时也应在时间上进行了解。有一类歌词，由于历史条件的变化而宣告生命的结束。在特定的历史时期，民间文学里面已经再没有生命了，只残留在个别人的回忆中，于是陷于瓦解。因此歌词形式的唱碎和扯乱是不属于民间传统的本质的。它更多地成为限界现象，它可以作为一般倾向加以考察，凡是地理上以及历史上置身于密切的，结合人民生活的传统之外的歌词，都不能不宣告完结，或者开始结束它作为民间文学的生命。

反过来说，口头的——便于记忆的民间传的客观的基本倾向就是变化和保存。两种倾向互相制约，而且，只要一种歌词仍然是传播的民间财富，它就仍然在发挥作用。这种变异性通过人民的继承阶级和阶层在流传过程中的交替和转化的实况和条件使得流传遗产的永恒的定式成为可能，也就可以说它的保存，而且相对稳定的倾向的作用还在于面对传统遗产的崩溃发挥一种维持文化的因素的作用。

在口头的——便于记忆的流传方式上因此也显示出一种语言，艺术的生产力的文化历史性的特殊的品性。在极像世界和流传集体的造型语言范围内实现了作为主动的、恒久地改变和发展造型的再生产。这样一来就为人民的每一个成员在文化生活上的创造性的参与顺理成章提供了可能性。同时又在人民流传的从歌唱团体和说话团体显示出有天赋的歌手和说话人。应该给他们首先记上的功劳是在歌词编制的创新和增补，深刻的改变和向前演进。这一种新造型是会被歌唱团体和是说话团体的接受或者再遭到拒绝，要看具体情况，看它在他们社会的和精神文化发展的特定历史阶段上是否适应他们的生活想象，文化需要和美学理解。在个别人和集体的交流过程中人民对文化活动和生活表现的追求就这样向着流传下来的人民创作的内容、形式和变体的流动的富藏，这份富藏，今天已经成为人类文化发展的意义重大的遗产。

话虽这样说，同时也不能忽视这种创造的民间创作的可能性与局限性，它是决定于劳动人民在对抗性的阶级社会中压抑的生活关系和有限的教育水平和文化水平。这种局限性所有的表现正是在于民间文学在以口头的——便于记忆的流传为其特点的历史阶段上作为新创造和千差万别的独立类型的证明它比较上更多得多的是变体，翻新和溶合的类型。可是这一种局限性首先规定它的特点的是那种事实，即这一种民间文学在创作领域上对于人类文化的意义重大的进步，如小说，伟大的戏剧形式的完成之类不能引为己有。

即使是有这一种相对的局限性，比较古老的德国民间文学——农民创作也是这样——也并没有墨守自己的体系。只要我们力所能及地从充分发展的封建主义时代的根源基础上对它加以考察，那就不管是在被剥削的劳动阶级和阶层之内，还是之外都能够确定它的素材的生成和来源。早在中世纪晚期，已经有不少例证证明，许多歌词是吸收教士以至封建贵族和高等市民的文献把它输入城市的和乡村的居民的中下层的流传过程。寺院笑话、说教故事、谜语游戏和寺院的传说诗歌也同宫廷恋歌、宫廷——骑士史诗的素材和插曲或者早期的城市居民的格言诗一样都在民间创作中留下它们的痕迹。那些游方的修道士和乐手是多方面作为中介登台表演的。还有不能忽视的是这种方式上也有从其他的，一部分是属于辽远的地方和人民的文献和文化中流入德国民间创作中来的，到了 15 世纪末期和 16 世纪，由于在口头民间文学（特别是决定于下层城市的和农民乡村的阶层的那一部分）和上升的资产阶级的文学之间的密切接触，又产生接受了文艺复兴时期的小说材料和市民的歌曲、寓言、谚语和笑话的文学作品。由于阅读能力（当然，在贫苦的人民阶层中间首先只限于个别人）的逐步提高，书面的中介人开始承担了介绍的功能。至少在 16 世纪初的一二十年代开始，当书籍印刷发挥广泛影响的时候，民间传统的口头性，由于印刷的条件而受到了多方面影响和突破。这里首先应该提出来的是活页小册子和通俗歌本，人民话本、谚语大全和故事大全、祈祷书、谜语全书、历本及其他等等。同时作为传播的形式我们也能够加以表演和朗诵。后来从民间来的能写的书手开始自己写下一些书面的歌曲、谜语和故事的专书。自 16 世纪起大量证实了从统治的封建阶级领域的文化特别是上升的市民的文化产生的文学财富的顺应，而且标明了17——19世纪民间文学保存下来的材料的大部分特征。积极的资产阶级的研究为在民间广泛传播的歌曲查清了众多的歌词和曲调个人的，特别是市民的作者。这样一来，那首先以浪漫派收集者和研究者为代表的无名氏作为民间创作的特征的假定就大大地动摇了。它不再成为产生的一般的标志而只能成为对决定材料传播范围来说，还能有效的次要的特征，而在这一传播过程中探索作者名字和个人的创作特色的知识是减弱了。

由于从统治文化以至渐成形的市民性的阶级文化接受文学财富的绝对化，自从新的世纪交替期，即德国资本主义社会过度到帝国主义阶段的时候，资产阶级民俗学家发展了那所谓的“下降的文化遗产”的偏见，对人民创造性贬低的理论。它在理论上不正确的结论的基础上引向对人民的诽谤。根据这一套理论那就不论任何时代都只有那所谓的“上层”才是有精神上的创造力的。另一方面，这一派原理的代表又把人民描写成无创造力的，只能消极地接受从上层认为是“落下”来的文化财富。他们顶多是承认人民还能够创造一些“原始的”诗歌的成品。

这一套理论违反了科学的经验，是错误的。

第一，事实证明民间创作是来自民间的。在法国民间文学中有众多的产品，它的产生是多来自民间的人类创造性的精神产物，除此之外这一命题也遭到丰富的诗歌的传统的驳斥。这是在世界上许多部分的人民中间可以遇到和收集到的，这是还没有一种发展的、对抗性的阶级文化所能制造出来的。

第二，人民的接受并不是消极的而是积极的选择和占有。那些在劳动阶级和阶层之外产生的通过吟游乐手、诜教、印刷及其他手段传播开来的诗作和素材的接受，并不仅仅是消极的过程而是从多方面看都是积极的文化活动的过程，它首先表现在这一类素材的选择和占有，表现在进入人民生活的、想象的、流传的方式的不断前进的形成。

第三，民间创作进入统治阶级而促进了资产阶级进步文化的发展。从最古老的源头起就有一条相反的道路多方面地摆在那里，而且是众所周知的人民传统的接受和占用进入统治阶级的文化，至于那强大的、富有的成果的影响，从人民的流传进入统治阶级的文化以至成形的文化，从而历史性地走上应运而生的阶级的统治。对于16世纪早期资产阶级革命的开始，直到18世纪70年代卢梭狂飙运动表现的社会问题，对反专制、死气沉沉的文学和虚伪的道德，进步的文学思潮来说，人民创作的接受对结合人民的现实主义的倾向的形成赢得了伟大的意义。

假如另一方面忽视了这种事实，统治阶级思想对人民创作的渗透，即从统治阶级领域接受文学的产品和素材的结果，由于受到意识形态和教育状态的历史性的局限性，有许多东西挤进了也就塞进了人民的传统，以至散布了那些服务于现存阶级关系和剥削关系的维持、粉饰和掩蔽的意识渗透、世界的和社会的评价标准。但是即使那在人民中间自己产生的创作也常常反映了一些不适应或不再适应劳动阶级和阶层的利益的意识形态，而是客观上拥护统治阶级的社会制度或者至少是不能体现进步的世界形象（例如历史主义的过了时的符咒或神秘传说）。因此在人类文化的发展中由列宁标明为"第二种文化"的进步的阶级路线的组成部分只是那一种人民传统，其中包含着反封建的，后来则是反资本主义的，在其基本倾向上是民主的和——在无产阶级中间——终于是社会主义的理解和态度。此后，在更广泛的主义上还有那一些创作和传统，这是在压迫、剥削、思想监督和权势的社会关系之下表现人民对生活的进步的肯定和主宰。

上面谈到的那些标志始终规定的是某一时期人民传统的一个方面或者单一地概括了一种受历史制约的见解。它的绝对化不可避免地引向非历史的抽象化，从而在理解人民创作的本质上走向狭隘性和片面性。因此在各不相同的社会形态上诗歌的人民传统的具体的历史发展和多层性不可能一视同仁地去掌握。更多的是民间文学作品的存在只是限于一个特定时期或者干脆地限于一个特定的素材范围，也就是说限于那一范围，即片面地或者非历史地绝对化了的标志规定为文化历史的现象或者作为内容的符号。

与之相反的一面就是历史的转变和社会——文化的、功能的和美学的多层性无疑构成了民间文学共同的表现形式。而且这一种转变和多层性不仅标明个别的类型和素材的特征，而且揭示出劳动阶级和阶层中间那种语言——艺术的传统。就是这样，民间文学的社会——文化的功能在历史过程中改变和发展。在不同时期而且就在这些时期之内它又能在不同的阶级和阶层身上表现得非常之多样。举例来说，15世纪和16世纪初期的材料来源表明，最先开始了德国民间文学的密集和历史的传统就是这样，当时歌谣和故事传说、格言遗产采取各不相同的语言——诗歌形式构造出来的生活经验成为农村中和低下的城市阶层人民精神文化最重要的组成部分。反之，对于中间市民阶层首先也就是对行会师傅和小商人来说，那些文学素材和构造已经在那些传统之外具有提高的意义（例如匠师歌手）。随着16世纪中等的、后来加上低级的市民阶层，特别是19世纪以来就连乡村居民中间的阅读能力的逐步提高，民间文学的传统品种在这些人的精神文化中间的份额越来越缩小，取代它们的地位则是大不相同的来源和种类的阅读材料。也就是说从口头材料到书面材料。

还有一点，民间文学的个别就历史上看不仅在它的内容和形式方面，而且也在它的应运而生的出现，它的社会代表阶层以及它的社会意义方面逐步转变。不仅关于童话，而且，例如某些歌谣集团方面也是众所周知的，特别是在 19 世纪和 20 世纪的开头，它已经从成人世界移入了儿童的世界。对 19 世纪末叶德国口头故事传统来说，例如童话和神仙的传说的后退，笑话传统根本就是滑稽与娱乐的品种和类型的强大的支配地位是有典型意义的。流传形式也不是一成不变的，而是适应历史的社会结构各个不同阶段的劳动阶级和阶层的社会地位和文化水平而改变（这一点在口头——便于记忆的流传的讨论中已经指出过了）。同样适用的是对于民间文学的来源和成立，以及与之相联系的人民大众的文化生产的种种形式。

当然这一种转化和改变并不是平衡进行的。特定的品种可以在不同的历史时期比较清楚地显示出来，另外一些品种里面民间文学的总节目也没有那么鲜明的烙印。有些素材和类型——特别是在特定的叙事诗或童话方面——在人民传统中虽然经历了比较长的时间，在它们的核心内变化仍然不大，而另外一些，例如数目很大的情歌或许多的传说，就不免取得更迅速的和不断的变化。另外一些素材和类型经历过比较短的时间之后就又从流传过程中消失了，正如在一些历史歌曲中就常常出现这种情况。

因此民间文学的历史标志一方面是影响长远的各种传统之间，另一方面又是品种和类型、结构形式与表现形式、流传方式和传统形式的不断变换之间的辩证关系。同时，一个时代的和每一个劳动阶级的民间文学的关键问题始终是一个多层的样式，至少自从我们占有了直接源泉之后是如此。它从与风习有关的延伸到结伴娱乐的故事、歌谣和格言，包括各不相同的内容和美学的要求以及那些不论是集体歌唱还是个人歌唱的歌谣的歌词之类。

联结所有这一切变换的想象的因素是人民大众的创造性的参与，不论是催生还是在生产性占有，深入本身生活和思想方式的定式的多方面的可能性上，在积极的保存和改变上，结合现实改造形式和更新形式上都能够表现出来。这一种创造性的因素，我认为是规定民间文学的本质和概念的最根本的标志，同它比较起来，其他各种特征则具有第二义的（不妨说是：可以转换的）资格。同时还有决定意义的一点，即使是这一个标志——正如每一种社会现象一样——也应该从它历史的局限性和发展加以考察。

二、当代民间诗歌创作中新因素

对于民间文学的本质和它今天继续发展的可能性的问题，就那多数是推到前头来的或者也是多方面划分的绝对口头和书面的流传的区别来说并不是第一义的。它更多的是决定于不同社会制度各个不同发展阶段特定的阶级和阶层的地位。一个阶级与这一历史地位相联系的客观生活条件制约着这一社会阶级和阶层的成员在精神文化发展中各种特定的历史的可能性、形式或者界限。剥削阶级与被剥削阶级在文化生活领域充满矛盾。

封建社会中被压迫和被剥削的劳动阶级和阶层，特别是农民作为被剥削的群众的文化活动的可能性和传统就是这样，撇开某些交替影响不管，它同服务于又从属于统治阶级文化正处于一种对抗性的矛盾状态。统治阶级占有了教育的垄断地位从而努力试图占有那迄今为止人类发展的文化进步成果并使之为自己服务。对于那资产阶级从封建主义到资本主义过渡时期的资产阶级的兴起与形成密切结合的文化的进步成果，被剥削的劳动阶级和阶层是只能备受限制地参与，他们是在经济上和政治上受到制约的有限范围内发展自己的文化传统。同时他们在他们的教育状况和这一时代精神生产和消费的主导形式的基础上，还是决定只能求助于语言文化财富的口头的——便于记忆的流传手段，然而就在这一范围之内他们都发挥了伟大的创造才能，而且首先通过文化传统的变异的形式宝藏而取得卓越的成就，从而构成了每一个民族文化的意义重大的遗产。

资本主义最后也是大规模破坏了劳动人民这种文化——生产的可能性的基础，它的破坏是到了那样的程度，就像它把工人大众纳入资本主义利用和剥削的轨道一样。生活方式上的深刻改变，是与资本主义的社会秩序对城乡的劳动大众，特别是对产业工人的彻底支配互相关联的，它也引向文化生活的决定性的转变。那种由于所谓"家长式的"，也就是说由于个人直接关系打上烙印的生活方式，以及生产活动的真率的狭隘性和劳动生活及群体生活的紧密联系，这也是在封建的生产关系和社会关系之下，对乡村的劳动人民，正如对手工业工人、手艺学徒及其他市民阶层同样具有特征意义的东西，都逐步解体了。还有劳动人民适应这一种生活关系的精神——文化生活的种种形式以及流传方式和结构方式也以同样的规模给抽掉立脚的地盘。这样一来对被剥削的无产阶级和半无产阶级的居民来说，迅速发达的工业地区发展起来的创造性满足对文化的美学要求的可能性就被打断了。另一方面则是由于为资本主义生产必不可少的初等教育的普及，阅读能力的范围有所扩大。两种倾向促成了对文学欣赏的越来越高的要求。为了满足这种要求不能不发展浅易的娱乐文学。在资本主义进入垄断阶段的过程中这一宗文学生产发展成为反动的帝国主义的"批量文学"，它定例属于质量贫乏的美学水平的，它影响读者的思想，而且想方设法保持住那种美学的无所要求的精神——文化的消极接受。

在有些劳动阶级和阶层中间，特别是在农村工人中间也同小农、农村和小城镇的手工业工人和手艺学徒中间一样仍然在相当范围上维持着民间文学的传统的传播、品种和结构方式的生命。资本主义特别是帝国主义国家的教育状态，依存的阶级地位和一种主要带着中等的小的工业和农业的企业的劳动印记的生活方式，却对这些阶层关上了进入人道主义文化遗产的全部库藏的大门而且加深了他们吸取社会的和进步力量的困难。通过对改变了的条件和关系的适应，民间文学传统的素材和表现方式满足了这些阶层从具体的生活关系产生出来的文化的要求和交往，这些要求和交往对于他们来说是满有意义的，而且——至少第一部分是这样——使得他们有可能从事自行创造的文化活动和生命表现。这就说明，这一时期特别是从乡村和小城镇那些交通和工业都属于偏僻的地区之路以能够收集到那么大量的传统资料的原因。当然，在主要是向后看的基础上的资产阶级收集者的心目中，不论是总的目录上还是个别类型和素材上的东西都是他们几乎无法理解的。在一种历史上得到贯彻的倾向上，那些原始的民俗学的传统都会给推回到社会的边沿地带，推回到稍欠发达的阶层，特别是推回到比较贫穷的和处于仆从地位的乡村居民中间和偏僻地区以及落在个别现象上面。理论上的片面性使得这种事实引向民间文学的没落的命题。

然而光是看这一面，那可是错误的。资本主义的发展也产生了现代的工人阶级，这就不仅是带来了自己制度的而且根本是带来了剥削社会的掘墓人、工人阶级政治的历史的使命，把劳动人民从剥削中解放出来并且建立一个无产阶级社会，也有文化的一面。工人阶级在他们不断发挥作用的成就和高度发展的形式和可能性过程中，占有人类文化迄今为止的胜利成果的同时，已经在资本主义内部创造社会主义文化的种种因素。在语言文化民俗学的存在方式的基础上的生产在工人阶级中间虽然也许不免后退，可是他们在反对统治的剥削制度和建立自己的组织和更高的发展的斗争中，他们的潜力却得到现实的使用和扩大。在民间文学领域，由于别的，更高的文化生产的形式的占有和掌握，也并不意味着没落而是向前发展。

虽然工业无产阶级在他发展初期以及后来为了特殊的目的，又处于特殊境遇之下，也会使用流传下来的民间文学的各种形式和品种。可是形成自己的队伍和组织自己队伍的工人阶级在劳动人民的艺术本身活动过程中并不是停留在历史和文化都受限制的可能性的地位上。当无产阶级在反对统治的社会制度的阶级斗争中自觉意识他的历史使命，并在革命政治和文化政策的组织中团结起来的时候，到了这样的程度，他们就为劳动人民的艺术业余创作的向前发展和更高发展创造种种实验和奠基的条件。无产阶级的新型的生活关系和社会的政治任务也要求在艺术——文化的领域内占有而且掌握新的内容、品种、结构方式以及交往和传播的新手段。代替占主导地位的口头——便于记忆的、变异的传统连同它那特定的品种和门类的体系的地位的自觉地占有充分发展文学品种、结构方式和它那与创作以及书面上写定的专门的推广形式和流传形式有关媒介。为了适应阶级斗争的要求就有新的作战的文学品种和推广方式。随着革命的工人文化运动的建设和开展，工人阶级的先进部分在资本主义内部已经取得了意义重大的业余创作的胚胎和因素，从而掌握了比较发展的形式和手段。同时也在克服历史上遗留下来的劳动人民的业余创作与专业艺术之间的矛盾的道路上迈开了新起的脚步。工人阶级与进步艺术家之间的联系也开辟了新的道路，而且在共同的斗争中结合得更加紧密。就在工人阶级本身也产生了艺术家和作家。

这些因素和萌芽只有劳动大众在工人阶级他们的革命政党的领导之下从剥削和压迫中解放出来才能够得到充分的发展。接着它就成为自成一格的社会主义文化的主导的表现形式。那些被认为是对抗性的阶级社会的精神文化具有特征意义的，又被资产阶级民俗学家断言为绝对的对立而且在理念上更是众所周知的矛盾，例如艺术家与人民之间，"艺术歌曲"与民间歌曲之间的矛盾，都将不再成为受到阶级制约的不可逾越的鸿沟。社会主义为艺术与人民的不断接近创造了经济的和社会的前提条件。当然那时还会有一些差别，例如社会主义社会的歌曲宝藏中就有这种差别。今后总会有各不相同的功能，内容各不相同表达以及各不相同的美学程度的歌曲。可是从原则上说，人类社会各个阶级和阶层的文化教育可能性的社会的限界和拘束是总会消除和逐步克服的。

在那为艺术创作提供的质量上继续变化的物质精神文化条件之下，形式和可能性也会不可避免地继续改变。同那历史上民间文学的初期阶段比较起来，新的业余创作在本质上不是以资料的变异性及其持续变奏的翻造为标志而是通过不断翻新和扩大的内容和形式的创造。它的流传和推广主要不是决定于口头——便于记忆的传播，而是通过书面——文学的以及电化视听技术的推广，现代的、大规模地提供人民使用的交往的手段。正在产生的故事宝藏和歌曲宝藏已经不是通过品种和类型的相对平稳的轮流替换，更多根本就是通过民族的和国际的进步文化的品种和结构方式的变化为己用而显示它的特色。

当然这里也应该照顾民族的特色，这历史和文化的发展过程的不平衡性所造成的结果。K. V. Cistov 曾经指出这一点，对于这一过程的判断时说："特别重要的是，在苏联，文化革命是在一个时机完全实现的，那就是在大多数人民那里民俗学传统在特定的品种上依然活着而且还被特定的年辈和社会的各个阶层运用于创作的时候。"（《民俗学及文化史年鉴》续编，第五卷，1977 年版，第 76 页）变奏式作为创作方法、口头交往的形式和传统的品种，在任何一个民族的文化发展中都不会消失。这只要考察一下德意志民主共和国关于 60 年代中期以来的歌咏运动——在工厂里面、在人民军里面、在节日、在庆祝会和联欢会上某些著名的依调换词的翻唱，在某些行业组织和工厂及其他种种的集体里面某些讲述故事的形式，就可以一目了然了。某些比较古老的民间文学，不管是内容上还是形式上的——以歌词的改作和新作为标志的——传统也许还能够比较过去更多地发挥创造性的生产的一切可能性。不过话虽这样说，同社会主义社会那些对诗文创作来说，已经处于主导地位的新的可能性和构造方式比较起来，它的重要性已经减退了。这些创造性的创作的内容形式，要想在劳动人民的文化活动中得到充分的发挥，只有在工人阶级及其他劳动阶级和阶层的社会解放的基础上，在社会主义制度的建设中才有可能。也就是说到了劳动阶级和阶层的全体成员都能够不断提高他们的教育水平和文化水平的时候才是可能的。同时这些艺术生产的新形式也提出更高的要求。它在多方面都显得比那些传统的形式更为复杂。这样一来，它不仅是一种提高了的教育水平和文化意识的结果，而且反过来又成为社会全体成员不断前进的更高发展前提。因此劳动人民艺术本身活动的新形式的普遍实现和发展，只能是比较长的历史进程的结果，它构成从社会主义合乎规律地过渡到共产主义的进程中，形成社会主义文化革命和社会主义生活方式和人格的一个重要的组成部分。现在已经有一些措施，即在社会主义人民艺术运动范围之内已经着手的有关写作工人、歌咏俱乐部、戏剧团体及其他种种活动，指明了在社会主义社会制度下民间文学向前发展的可能性的方向。

从社会主义文化发展的互相关系上看，历代相传的民间文学的传统和门类也取得一种改变了的地位价值。在对抗性阶级社会里面它是直到属于人民的压倒多数，即被剥削和被压迫的劳动阶级和阶层的革命的无产阶级文化运动兴起之前，几乎他们创造性活动和文化生活在语言、艺术领域内唯一的表现。反之，在社会主义社会里面，它是人类文化的具有人道主义的艺术和价值的总宝藏的一部分。如何对它维护，批判地创造性地加以运用，并使之向前发展，这就成为工人阶级和全体劳动人民的历史使命。

三、关于当前这本书的论述

关于这一些理论的和认识的观点的阐述，在我们研究的基础上无疑还存在着许多漏洞和悬而未决的问题。例如民间文学的种族之间和国家之间的关系就远远没有得到充分的探讨。这里常常只是作为动态和一般关系提到一下。占据中心地位的是德国民间文学的论述，而且那些有关的概括和理论的论断也只是针对德国民间文学而作出来的，可是就是这里也存在重要的研究和漏洞。由于50年代中期以来，有一部分在这一领域专业化的科学家集中起来进行德国民间文学的民主传统和革命传统的收集和研究，从而在这一观点之下为科学的编订和文化政策的实践提供了丰富的资料以及重要的新知识。同时我们也有许多专门领域和众多的问题还仍然没有着手去做。摆在这里的品种的万花筒占主导地位的是那些所谓传统的门类和品种。考虑正在德国民间创作在德国隍城之内封建主义建立以来长达千年之久的总的历史发展过程，这种做法是有道理的。当然也并不是所有这些品种都仅仅是"传统的"，而至少还有一部分是极有现实意义，例如"歌谣""业余演出"及其他等等。因此各位作者都在努力随着相应的各个时代的发展和转化一直深入到现代去进行论述。可是不能不承认这样的事实，即他们的民俗学的探究始终还是非常之不够的。《人民用书》和《通俗文学》这两章讨论了专门的、与民间文学多方面接触然而却又形成特性的对比的文学形式的问题，这是在初期资本主义发展时代书籍的印刷的发达开始日益扩大范围地传到人民中间去，而且作为"通俗的阅读材料"传播开去的。《早期的工人自传》是试图显示出继续前导的发展倾向。从我们的认识上看，无疑还有必须列为专章的《写作工人运动中的诗作》。可是我们眼下几乎没有什么可供这一重要领域的探索的依据，从而不可能提出概括性民俗学的论述。这里存在不少的研究课题，这些课题的解决必不可少的会容纳这样一章来补充日后的新版。

其他一些为论述划定的限界是由书的性质决定的，因为它要为广大的读者层提供一个概貌，还有就是听候支配的范围。民间文学另一个非常多层的领域，因此一切完善无缺是既不能追求也不能达到的，归根结蒂在它的内容上和形式上的品种的多样和转化都能在有选择的范围和实例上面加以阐明。

考虑到上面提出来的种种限制，我们仍然希望，凭这一册的论述能够给广大的读者提供一些有关德国民间文学的品种和问题的有用的情况和文化政策上可供参考的资料。

在全书总的编写工作上所有作者都越出他们专门的范围参加了讨论提出了意见。对于莱比锡菲利普·莱克朗出版社，特别是他们的编辑埃克·米德尔，我们为他们为出版所作的热心的支持表示衷心的感谢。

80 年代遗稿　廖崇向整理于 2015 年 9 月

新鬼后记

曼努埃尔·阿尔陀拉规尔[①]

我呼唤战争的新鬼后记，
因为我像是一架腐蚀的身体带满伤，
愿意就水流照一照
好比一棵树，给抢光一切果实，
折掉枝条，
连树干也给砍作木柴……

假如我看不见自己，
只给我剩下树根，
当鸟雀无望地
在我膀上无可安慰的贫乏中
找寻它们旧巢的方位——
那时候将有新芽
在青春浑厚的气息中
破开深泥
绽出青绿和生命……

那时候我将是少年的队伍，
并且是月桂的花环，围绕着

---

① 曼努埃尔·阿尔陀拉规尔（Mannel Altolaguir）现代西班牙诗人。

那歪缺的树头——
多样的生命由死亡给予，
万道光芒是我们的朝霞！

约翰尼斯·罗伯特·贝希尔诗 8 首

约翰尼斯·罗伯特·贝希尔[①]

1. 还有一会

还有一会得继续说下去，
又是一个时代临到了边沿，
我们，我们又走上了三叉路，
踌躇吗？上阵了，再不许迟延。

谁算得清丧失掉的时辰？
谁还朝过去回转他的头？
昨天的事情像是倏然消隐，
埋入或一个久远的荒丘。

这样，三个时代有我的挣扎，
不容依附的我有时死心讬命，
什么要来了，却感到无名的战栗。

我是在攀登又是在颠蹶，
是成熟，开花又像是凋零，
而且也许吧，谁知道——也是种子。

---

① 约翰尼斯·罗伯特·贝希尔（Johannes Robert Becher）德国诗人，1891 年生于慕尼黑。父亲是高级法官。先后在柏林、慕尼黑、耶拿攻读医学、文学和哲学。早在大学时就发表作品。

2. 我们，我们的时代，20 世纪

我知道：现在，我活着的时代
是无比的伟大，再没有别一个
跟她比得上，新时代要到来！
时代的潮流和逆流得拼一次火。

用尽回天的气力我来改造
我自己，提防落在时代的后头。
看吧：新时代是我终身的投靠，
她为我也显出改造的身手。

我对着你，说不出的惊奇，
你，我的时代……要是几个时代
容许我来一次自由的选择。

我可看上你，还得再一回
让骄傲的呼声传遍东西南北：
"我们，我们的时代，20 世纪！"

3. 我算得什么

我算得什么，要不是有党
给我一番教养，她的严厉？
一只野鹿，用愤怒的叫嚷
破坏了自己，还有一杯又一杯。

酒精的中毒，也许有些诗行
你们会承认，一些辞藻的奢侈，
精巧的，洋溢的，音节的嘹亮，

充满忧郁唱出了世界的衰微。

终于有一天觉察到：我的诗章
连我都是多余的，这一回惆怅，
多余的感觉引我搭上了缰绳。

这样我逃脱了衰败的沉沦，
可是，要不是我有党教的严明，
还不是一直跟命运鬼混？

4. 这一天

这一天让我们冷静的考虑，
有什么损失又有什么收获？
我生下来了，有什么新生的添补？
受赐多了给世界什么报答？

我发誓，不再重犯的错误
会不会对我再弄些狡猾？
我是打了胜仗呢还是再打输？
只有腐败的恭维会把我气杀。

我们可不要死在错觉上，
我们大家工作有什么重量，
将来有一天会毫厘不差。

我们自己的标准算不得标准，
缺少一样东西呀你看看秤盘，
人民的声音才是决完的砝码。

5. 给走向没落的

你们大家，有的走向没落的路上，
有的在路边，迟疑迷惘。

你们大家，有的站在路中间，
绕到你们周围的是旷远——旷远的苦难。

你们，有的寻觅消逝的脚印，
你们，有的逃避，逃避开你们本身。

你们，每一个人都是死有份：
灭亡在劫灰的大城镇。

灭亡在行进中，睡梦中，跳跃中，
在正午的阳光中，暮色中。

灭亡在队伍中或者孤单一个人，
在荒漠的砂碛或是高高的山顶。

灭亡在天空中或者在海面——
也有交叉，也有弯斜，这是他们的路线——

你们大家，有的照你们的路走，
你们，有的在问，转出个什么念头。

你们走呀走的，同时在期望，
期望我带领你们走出死亡的乡邦——

你们可不曾给我派遣过信使：

"你教每一个人认识他自己！"

从很远处我给收入你们的视线，
像是你们先教我走在前面。

我得打探路途，还得留神，
叫大家一边靠拢，一边前进……

6. 追　踪

我追寻你的踪迹，我向前
沿尼客河走过春天的溶雪，
女亭恩闪过
林檎的花光，一丛浓密
几乎遮尽了人家。
葡萄山荡漾着，
伸到地面，那边，山园环立，
迎接他们的有茂盛的花坛，
还有丛林，还有草坪——多美的德国！
你的颂歌呼唤着我，霍德尔林，
呼唤我转入新生命——
保证我，说我是
生来做诗人，于是骄傲的希望
保卫着我，而且，为了克服我自己，
我直冲向陌生的一切……
偶然，由于愤怒的推挤，
我回转身，考验一下，
看是不是站在正路，选择好
准确的砝码，还有你光明的严厉
教育我，因此我一边战斗，一边保持
我自己的部位，凭着"神圣的沉着"。

面对你雍容的歌唱，

我的呼号细到听不见，吵闹

躲起来，自惭形秽，生命

伴着我静里开花，追随你

我起誓……那边我找寻你，

在土丙恩，夏天的一天，河桥

挺立在突兀的穹洞上面，

尼客河上五光十色的

船冲船过，阴晴的

桥眼底下响着歌，上面

是车辚辚……从雷特灵恩

伸过来一条大路，动不一动的

矗起凤尾杨，我驶过林荫路

煞住了动了单车

跑下来，斜街窄巷

交扭着，望着那所房子，这里面

轻微的疯癫断送了你的残生。

哦，怀古的幽情，从灰黄的街巷

我转上桥头，

在我身边看那古堡

披上温暖的中午阳光。

我逆流直望到源头，

又顺流开眼，拱桥底下

是歌声，浪花

搅碎了流水的镜面，

水流中我看见

逼我的种种混合在一起，过去

分散的，到这里流成了整体。

我自己啊，自己变作陌生的，凭借水光

逼近我面前，波光啊，

你充满了命运复杂的流转！我不是站在

光明的顶上，越过时代望过去，
于是我解放了，因为我在这里
从雄伟的清波认识了一条规律：
人类工程和星宿转变
合并了，我呢，在永恒的漩涡中
一直活下去……声音又在响，
我试用文字去把握
我的颂歌，唉霍德尔林
声音的感应，像是
支解的人再凑成整体，
还有陌生的，他自作自受的，
现在造成崇高的厮守——
我重复起誓，追随你
而且是站在河桥上，谁在叫"来"，
还把手搁在我肩膀上，
而且像是引导，抚摸我的手，
我独立暮钟声里，先有所思，
过后你听从呼唤，我追随你
经过这所有年头，可是我一片忠心
却不同那瘫痪的少年群。
他们随便模仿你，
虚伪的流产，自作多情的谵语，
要用现成的创造形象，
于是，一场窃权的笨拙的扯淡
糟蹋了你的名字——倒败的徒孙，
还有叛逆也串上
你的名言，煞有介事的说出
罪行，谎话更加是无法无天，
假扮人样，永恒的青春交付了
衰老的空无……那时候我
站在土丙恩桥头，而且

当你的呼唤支使我离开原位的时候，
我起誓，追随你，同时
通过那陌生的，拆散你的东西
我突破重围，
重新争取他，统一自由的活人……
狂悖的时代，在战场上有
我的地位，我战斗，加入了队伍。
我唱过收场，又唱过开头：
一个时代快要结束了，另一个时代
已经爆发出光芒，在时代的冲击中，
我有时像是着了迷，一种战栗
注入我的话语：死的这么多！在我周围
堆起那未拥挤的残骸，
还得通过异乡迈开脚步，进行
反抗奴役的搏斗……可是总会有一天——
也许又是旧时一样的夏天——
我站在桥头，弯入
那狭窄的街巷，凝望着
那所房子，抬高头，
现在我是归来了，我们大家
那一场该死的流亡算是终结了，
你是同我们一起，我们为你的颂歌
亢昂兴奋，如今是如愿以偿了，
我的歌唱也同样为了这回事，而且我是这样
追随你的，伟大的踪迹的追随。

7. 啊，痴心

记得是春天，我独立露台，
谁都已经有了她的心爱，
手牵手的，我急得要哭，

啊，痴心，我的爱还没有归宿。

那时候他来回在下面走
天黑了，还是朝着露台瞧。
像是太阳照到我的梨涡。
啊，痴心，我看见了一个，一个。

夏天来了，哦美丽的夏天！
啊，两样啊，什么比得上眼前。
我那里还会啼哭这么蠢。
啊，痴心，我爱他，那一个人。

秋天打起仗来了，我独立露台，
他走过面前，跟千万人成一队。
我看他也上前线：我那位！我那位！
啊，痴心，现在可不要哭啊，现在！

冬天过去，一封信要寄一段长时间
也许他寄信抽不出时间。
多少礼拜得不到一点消息！
啊，痴心，你不应该，你不许哭泣！

如今是春天，我独立露台，
一团兵还有那边：他的大队。
我找他，找他，那队是他的隶属，
啊，痴心，为什么不要痛哭啊，痛哭……

8. 摩拉将军①

他坐着，就是这样，头也不抬，
写呀写的，一个又一个判决：
没一点人性的影子——瘦削的苍白，
只有身上的外套还有人性存在。

好像它是同样会哭也会笑，
外套是那么近人情，精致的呢绒，
一种企图，要用巧妙的人工
把外套缝出一副人容貌。

有一天，一架飞机摔下了荒山，
人不知，鬼不觉，烧成灰烬。
没有人说得出它的来历。

要不是找到了外套的破片，
怎认得出这就是他，将军——
这是唯一的，他人性的标记。

---

① 摩拉（General Mola）将军是 1936 年在摩洛哥与弗朗哥共同起事颠覆西班牙政府的军事领袖。不久之后便因飞机失事，送了性命。

山岭上的农妇

克拉拉·布龙[①]

受尽鞭打的这乡村,又小又贫穷
伏在山脚底。
他们来了,陌生,放纵而且蛮横,
罗马式敬礼。

他们闯入人家,一个又一个,
火气在增高,
他们在刺探消息,尖起耳朵,
农民哑了口。

我才不跟这些陌生的狗种
墙靠墙过活,
我才不从他们的手上
讨取吃和喝!

山岩的面孔扳起的那副愤恨相
从不曾有过;
我从小便排开牙齿学个这模样,

---

① 克拉拉·布龙(Klena Blun)是一位用德文写诗的犹太女诗人,诗集已出版者有《答复》《诗存》等。她对于中国人民以至文学特具热心,译成德文的有《木兰歌》、艾青的《向太阳》等。《山岭上的农妇》发表于1937年。

俏皮的家伙。

路径吗，从小便熟悉得可以，
山岭在呼唤——
爬呀爬的我爬得松了一口气，
再也不愁闷。

从西尔威马遗尸上拿到一杆枪，
现在属于我，
西班牙妇女一看到丈夫阵亡，
便自己接火。

这就够你们死在权力的中毒
神经的震颤，
有一种人是宁可挺身肉搏，
不屈膝生存！

你们据着村庄，靠你们的军队，
造孽的恶棍，
别以为山岭是没有人烟和荒废——
山岭在瞄准！

记犹太荡妇桑德丝

贝托尔特·布列希特[①]

女仑堡定出了一条法律
为了这有些女人在哭泣，她
跟假丈夫同睡一张床。
"城郊的面包在涨价，
鼓是敲得震天响
皇天在上，只要他们有一点身家
要是今天到得了晚上。"

玛丽·桑德丝，你的情人
长着太黑的头发。
今天还是再不去看他
昨天的事归昨天。
"城郊的面包在涨价
鼓是敲得震天响
皇天在上，只要他们有一点身家
要是今天到得了晚上。"

妈妈，给我钥匙
事情总不过是一半坏

---

① 贝托尔特·布列希特（Bertolt Brecht）曾与人合编德国流亡作家的文学月刊。

月亮还是没有变样。
"城郊的面包在涨价
鼓是敲得震天响
皇天在上，只要他们有一点身家
要是今天到得了晚上。"

一天早上，九点钟
她穿过城市
衬衣，颈上挂起牌子，剃掉头发
通街闹烘烘，她
眼发冷光。
"城郊的面包在涨价，
今天晚上恼了流浪汉
老天爷，要是她们有一只耳朵，
要是知道，人家跟她们捣的什么蛋。"

乔休·卡尔杜奇诗 3 首

乔休·卡尔杜奇①

1. 阁楼上发出的声音

没有面包又没有
生路；虔诚的厮守有什么用？
冷灶边妈妈蹲着不做声，
呆望着我，在发抖，
苍白，无望：可怕的愁容！
一天就好比度过宇宙的永恒，
直到我，抵不住这双眼的恳求，
屈服了，我动身向街上走。

透过冬天的雾围，
月光从天上照向街道的泥泞，
越来越阴沉，终于一阵阴云
吞没了它和光辉：
就这样从我身边闪掉青春的光明，
让我的生命打发给黑暗的灾难，
我乞求：恶棍只对我做一个鬼相，

---

① 乔休·卡尔杜奇（Giosue Carducci 1835—1907）意大利诗人，文艺批评家。1906 年获得诺贝尔文学奖。诗作是从亨德勒的德译本《卡尔杜奇诗集》译出。

当面扔下了刻薄的中伤……

凶野！唉，更加凶野
却是肠胃的饥火的燃烧，
妈妈，还有你沉痛的双眼——
面包我就带回家，
可是吃……伤心到极点便饿也变饱，
一双眼再也睁不开一条线：
妈妈，额头只好躲进你怀里，
受不住的耻辱啊！一个——婊子！

别了，我泪随声下，
你贞洁的爱情的甜梦，你们，
太阳光底下穷丫头的游伴，
那纯洁的蒙头纱
快来笑你们，纱上面有慈母的泪痕，
心头还记得起摇篮的温暖，
只有我，唉，前头没有新郎，
孤零零的只跟随黑影步入灭亡。

2. 对树讲话

你，橡树，冬天铁一般坚挺，
扇开苍老的树叶，我永不爱你，
为什么一个罪人毁灭了城池
你却用枝叶装饰起他的头顶？

要捧场，月桂，可别计算我的姓名，
你，扯谎，捣鬼，用长青的叶子
以及青春的虚伪的光辉
替寒伧的凯撒额头圈出了威棱。

还是你，葡萄，我喜欢看你
沿岩石攀缠，在你绿荫底下
熬熟了酒浆，送我入生命的遗忘。

更进一步是枞树，我的心事，
野性的浪荡和追求的矜夸，
借你的长生板得到收殓的下场。

3. 下　雪

慢吞吞的，雪花从灰色的天空飘动，
再没有
生命的声息从城市给我送上来，
没有菜婆的叫卖，没有辘辘的车声，
也没有歌曲，唱出愉快的青春和匿爱，
市塔破空传出沙哑的钟声，时辰
在呜咽，像是远方，远方的时日的叹息，
可不是鸟雀迷途的，在扑打无光的玻璃？
是朋友
从墟墓起来，张望、呼唤、朝着
我：
好，哦好朋友们，就来——别闹，无羁的心灵——
我就要下去交给静默，向黑影找寻
安息。

可 是

沃尔夫·弗兰克[①]

什么地方没有大森林，
山谷以及波荡的田亩
以及海水连天向下沉——
可是只一个地方，为它我受苦。

有生命就有沉重的时间，
酣醉的沉重和沉重的苦辛，
这种时间会是来回无数遍——
可是只一个时间，为它我打颤。

渴念作弄着我的心绪，
还有面孔也咄咄逼人——
可是只有这一场灾难是属于
我自己，正如我给它卖了身。

兄弟姊妹在大地的内圈——
在你们中间我诞生——
可是从我冒血的嘴唇
却形成一片向昨天的独自的呼声。

---

① 沃尔夫·弗兰克（Wolf Franck）。

呼声凑上你们的，可是对面
却静住——失魂的飓风。

德国，
有一只云雀向青天
昂然穿破昏眩的高空。

石工饥饿进行曲

路易斯·费恩堡[①]

我们愿意啃石头就像啃面包，
总算饥饿的肚皮有东西填满，
我们忍受过一切灾难，
我们走过了层层地狱，
最凶的还是它：饿饭！

我们愿意在石堆中活埋，
在砂砾中间闭绝气息，
总算像个有墙有瓦的小房，
让我们终于躺下，
伸一伸鲰驼了的脊梁。

可是在石堆中饿死之前，
我们还得向城市前进，
要前进，趁没有饿死——
前进！

---

① 路易斯·费恩堡（Louis Fürrberg）。

胡戈·胡佩尔特诗 4 首

胡戈·胡佩尔特①

1. 跑车少女

（戈罗维诺村）
她跟着闪光，黑漆和白镍在欢呼，
她驶过去，像是要从后轮
搅起一团烟尘，像是脚筋
扳起一股劲，一团团的捲起那道路。

光起两条腿，依照稳定的节拍，
她攀上山岭，然后是稀松的溜下山，
然后又是陡上去，先拐一个弯：
她的舵柄就是抽象的步伐。

没有人拿着胶轮当绣球，
屏绝呼吸让太阳穴和额头
承受踏板：腻友，新娘，订婚，结婚。

不：风娘子才是她，抢亲的是风，

---

① 胡戈·胡佩尔特（Hugo Huppert）德国流亡作家，写诗、写小说、写论文、写音乐评论，朗诵、飞行，什么都在行。是现代一位特殊诗人。

她献身给风，风给她快捷的拉拢，
吉期到了，她已经跨上双轮。

2. 生　日

我们走遍了喧嚣的街市，
很愿意送大封贺礼，
糕饼，鲜花和水果全齐备。
春天来了可又还没来——
我们一下子感到悲哀。

我们呆望着，有些尴尬，
问今天快乐该也不应该？
我们快乐了会不会后悔？
北国战争刮一场狂风，
我们心头吹起了冰冻。

我们的话通不过嘴巴，
我们说得出什么好话，
生日却逢到时代的粗野，
这是多少青年的死日——
谁不在它阴影下战栗。

于是我们，神圣般冷静，
依命运——对幸福表示虔诚：
告诉你，执拗的生命，
提高一切欲求不放松，
我们的请帖不教你落空。

我们要，生命，从头干一场，
教你再回到我们手上，

你今天得信赖自己的意向，
这样，我们将庆祝你的生辰，
甘心交付出我们的生命！

3. 门

看，一道门给人家填塞了，
一道熟悉的，亲切的门户。

哦，这就够我在伤心叹息？
因为找你，找你就走这条路。

我走过，一阵冷痉扑上背，
止步！我想，可不是这地方？

围墙纵然给涂抹上油灰，
依然显现出聋哑的门框。

手，还是举起来，准备敲门，
人性是这样，有什么话说？

颓败地，缩回手，手向下沉，
面正对着那死门的妖魔。

诅咒得洞穿这围墙！
问讯得炸裂那墙壁！

打门，只要是诚心张起的手掌，
便千门万户也得应声开启！

4. 这只有一族人民，彻底自由才能够……

地球的穹顶满是尸骸
经过了奴役的千百万年头，
生命的飞扬，它的主宰——

这只有一种生命：彻底自由才能够，
挣脱了搭上铅球的锁链，
大地的沉重的诅咒

打开了六分一的地面，
种种的飞入更完满的光明，
向永恒的空虚奏出胜利的乐典。

攀登青天的高岸和低层，
饱和的风雪和黑暗的势力
在光芒的激射中已经像山崩！

有人跳脱他自己的影子，
像是从别人的奴役和迫害
他解放了他自己；

这样，他张开翅膀，划出时代。
只有自由人知道目的和方向，
人民付予他使命，表示关怀。

跨过夏天照耀的海洋
他开阔了勇敢的，预计的道路；
他的英雄气魄，计划和胆量

击败了古老的荒原，毁灭和寒苦——
那地方，有卑怯的敌人像是鸷鸟
张开黑翼飞近没有防御的乡土。

婴儿血染红山岗的青草，
死神飞马进行生人的狩猎，
拉缰的是刽子手的畏惧和粗暴——

可是人类如今有话说——
他支使了动力的洪流，
一族人民迈开了他的步伐——

他的工作联结起大洲！
跨过了分隔人民的冰洋
向北极带来心肠的温柔。

我们的子孙许还会颂扬
这年代的飞将的姓名。
作为地球两半的人民桥梁。

这铁翼的环抱世界的象征，
还有一切奴役的绝头
将会教育他们了解崇高的决胜：

这只有一族人民，彻底自由才能够！
他们将会回顾，将会遵循
集体的历史和轨道。

还得看到：他们直飞上星辰。

兄弟的谋杀

——童年的回忆

奥托里奥·马查多①

阴冷而且晦暗，是冬天
一个下午，学生在写字，
外面是单调的雨点
敲击着窗户的玻璃。

是上课时间，我从一幅图画
看见凯因②行凶后逃亡，
亚贝尔暴尸荒野，
草丛中有一朵血花开放。

儿童合唱团涌起波澜
齐一的声音唱出倍数表，
"一千倍一百——十万，
一千倍一千——一兆！"

---

① 奥托里奥·马查多（Autorio Machado）西班牙诗人。他的诗对于西班牙的青年影响极大，虽然他晚年过着几乎退隐的生活，可是终因为1936年内战的爆发挺身而出了，到了1939年跟着共和政府的失败逃亡法国，被拘入集中营，不堪虐待，1940年病死。
② 凯因（kain）是亚当的儿子，谋杀了他兄弟亚贝尔（Anel），因为具有凯因命宫的保护，所以不愁报复。杜勒尔曾拿他们做绘画的题材。

像是敲起空虚的洪钟
靠墙壁站着老教员——
褴褛的衣衫，枯朽的颜容，
手上是教科书一本。

阴冷而且晦暗，是冬天
一个下午，学生在写字，
外面是单调的雨点
敲击着窗户的玻璃。

丰　收

欧仁·鲍狄埃[①]

禾穗在风中荡漾，活像海洋。
泛滥着饱和，太阳在怒照。
呼出热香，看人在割下，扎牢，
又扑打，熟了的堆满谷仓。

麻雀，土拨鼠，塞满了喉腔，
蟑螂火一般来回啄个饱，
凡是昆虫全都有了甜头，
弃不得罪恶呀沾丰收一点光。

像是生命的乳母大发心！
不然世界吃过份了，而今
逢到丰年，谁还吃得它精光。

可是在回家的路上，菩提树下
躺着饿坏了的妇女同她的娃娃——
怎么好，谷粒，秋秋了，有什么好讲?

---

① 欧仁·鲍狄埃（Eugene Pottier）。

赖纳·马里亚·里尔克诗 21 首

赖纳·马里亚·里尔克[①]

1. 时维四月

又是香喷喷的树林，

成群的云雀向高处飞扬

连天也推上去，我们肩膀驮过它那股沉重；

而且还从树罅看到过白天，它多虚空——

可是经过漫长霪雨的下午

来了晒得金黄的

簇新的时辰。

为了躲避，辽远的楼房的

创伤的窗门

全都扣紧，像是禁不起恐怖。

于是肃静，甚至于雨点也更加轻盈

洒向石头的安宁幽暗的光辉，

一切烦杂的噪响全行

收敛入枝头灿烂的蓓蕾。

[①]　赖纳·马里亚·里尔克（Rainer Maria Rilke 1875—1926）德国近代精彩绝伦的诗人，他的诗笔兼有画笔之长，而且弹出迷人的音乐的节奏，散文亦开一代的宗派。他的翻译，白郎宁夫人，米凯安琪罗尤称绝诣。

2. 少女的忧郁

我想起一个英俊的骑士
几乎像一句古老的格言。

他来了，林中有时就卷起
一场大风暴而且罩住你，
他去了，洪钟的福祉
就给你一个不理，
不管你还在祈祷……
于是你愿意叫入沉寂
可是总不过吞声饮泣
蒙紧你清凉的手绢。

我想起一个英俊的骑士
他武装走上远道。

他的微笑是那么温柔和优美：
像是光辉照上古老的象牙，
像是乡愁，像是圣诞的雪花
飞入黑暗的乡村，像是宝石
珍珠环绕着周围，
像是月华
映照亲切的书本。

3. 寂　静

听吧，亲爱的，我抬起手——
听吧，它作响……
孤客的那一个动作不是任受

多种人物的听赏？
听吧，亲爱的，我合上眼皮，
就是这一下响动也传送给你，
听吧，亲爱的，我又抬起……
……可是干吗你不在这里。

我顶小的动作的烙印
都在游丝的寂静中保留痕迹；
顶微弱的冲撞一打进
远方绷紧的帐幔也不容磨灭，
星星跟我的呼吸
一升一降。
芳香朝我的嘴唇化作酒浆，
而且我还体认出辽远的天使
的手腕。
只有我的思念：你
我却看不见。

4. 天　使

他们全有一张疲倦的口，
以及明朗的灵魂没有边缘，
还有一种渴望（像是罪恶的追求）
有时会穿过他们的梦魂。

他们的貌样差不多大家一式
在上帝花园他们不做声，
像是他权力和旋律
包含这许多许多的音程。

只有当他们张开翅膀，

他们便是风色的警钟：
像是上帝伸开阔大的一双
雕刻手在贯通
太初的阴暗的书本的篇章。

5. 童年回忆

黑暗在室内好比是富藏，
儿子坐着，隐住了身躯，
母亲一入门，像是经过梦乡。
酒盅抖响了安静的玻璃厨，
她觉得，居室泄露了秘密，
给儿子一吻：你在这地方？
于是母子惘然朝钢琴张望，
她有一只歌沁入孩子的心脾。
记得是某一个黄昏晚，
静静的坐着，他圆大的望眼，
系在她手上，手给戒指坠到弯弯的，
像是她走过风雪，艰难的
走过了洁白的键盘。

6. 男　儿

我愿意做一个像这样的，
横穿黑夜策动他们的野马，
擎起火炬，火炬活像上冲的毛发，
在他们驰驱的大风中飞舞。
我愿意站在前头，像在船头
堂堂的气概，像是大旗的舒卷。
晦暗，可是顶一件金盔，
金盔闪烁不定，后面排列起

十个人从一式的晦暗

闪出头盔，像我的一样光芒起伏，

一会是玻璃般晶莹，一会又晦暗，苍老和盲目。

在我身边号手给我们吹开空间，

他的号角在打闪，在叫喊，

而且给我们吹出漆黑的沉寂。

我们驶过沉寂好比一场迅疾的幻梦：

房屋落在后头，朝我们跪倒，

道路转弯抹角的迎接忙，

广场溜不走：我们一把抓牢，

我们骏马的嘶声聚如雨降。

7. 夜里人

黑夜不是为人群造成，

夜色隔离开你和你的贴邻，

拜访他那可真无谓，

要是你有心给厅房照亮，

要找别人看一看脸庞，

你得先考量：谁。

光彩可怕的歪扭了人样，

从他们脸上泛出的光彩，

他们半夜里挤在一堂，

你会看见世界是踉跄

混淆的一堆。

他们额上有一片黄光

赶跑了一切思虑，

他们眼中有酒波荡漾，

他们手上摆出

沉重的动作，靠动作
交换他们的意见；
他们一边说，我啊我，
却是泛指：某某人。

8. 卜　邻

陌生的提琴，你可是在追逐我？
在多少辽远的都市，你的深宵
向我的深宵说出了冷落？
你有一百人呢还是一个人的弹奏？

是不是凡是大都市
总有人已经没有你
向河流丢失了性命？
为什么总是射中我的心灵？

为什么我卜邻总是碰到这一种，
他熬不过忧郁，追你歌唱
而且说出：生命的沉重
超过一切事物的重量？

9. 悲　歌

啊，一切都是多辽远
又多长久的消逝，
我相信，星辰，
我从它，接受光辉，
已经死掉千万年。
我相信，船上面，
它打从前面划过，

我听到了有什么幽怨。
人家已经报打过
时辰……
那一家？……
我愿意跑出我的心房
跑到广大的天底下。
我愿意祈祷，
满天星斗啊还一定
会真正有一颗星，
我相信，我晓得
那一颗孤零零
在持续的，
那一颗像是一座白城
矗立在高天光芒的尽头……

10. 秋　日

主啊，是时候了，夏天可真大，
让你的阴影放上日圭，
而且放清风吹上原野。

给末造果实派一份饱和；
给它们再来两天南国的天气，
催它们走向完成还驱使
最后甜蜜进入沉重的葡萄。

谁现在没有房屋，可不会再盖，
谁是孤独，得挨一段长时间，
得失眠，翻书，写长信，
还得在林荫路上徘徊，
不安定的，跟从黄叶的飘散。

11. 记 忆

总是你等候，期望着一种什么
可以使你生活丰富到无穷的；
强大的，出众的，
石头的醒觉，
向你回转的深刻。

书架上映照出
书本的金黄和浅褐；
你却想到经过的疆域，
想到图象，想到仳离的妇女
以及她的华服。

而且忽然你省起了：就是这个，
你欠身而起，对面正摆好
一个消逝的年头的
恐惧、身段和祷告。

12. 秋 天

叶在飘落，像是从远方飘落，
你会疑心九天辽远的花园在凋零；
他们飘落，带上否定的姿态。

夜间沉重的地球也在
从一切星星坠入寂寞。

我们全在飘落，飘落，看这只手，
你看看别人：大家一样。

可是总还有一个人，他在他手上，
扶住飘落，凭着无穷的温柔。

13. 长 进

又响得更响了，我深沉的生命，
像是间入广阔的河岸在流走，
一切事物更增加亲切的情调，
而且一切形象也更加鲜明。
对无名的我可以加深交情：
跟我的心意，像是跟鸟雀，从橹树，
我达到四面翻风的天宇，
还朝池塘的破碎的日子沉下去，
像站在游鱼身上，我的感觉。

14. 预 感

我好比一面旗子四面围绕着辽阔。
我感到风色，它来，我得给它生命的超脱；
这时候下面一切还是毫无动作：
门户关得平熨熨的，壁炉保守着寂静；
窗棂不晓得打抖，尘埃也依然沉重。

我却已经知道风暴的来头，大海一般在荡漾，
一会张开一会卷缩，
一会又倾斜，终于是一场孤独
担起大风暴的支撑。

15. 斯克恩的黄昏

林园是高的，好比从一座房屋，

我从林园的暮霭走入
平原和黄昏，走入晚风，
晚风啊，行云也给它抚摩，
清明的河流还有长翼的风磨
迂缓的旋转靠近天边。
现在我也落在晚风手里面，
天底下最渺小的实物——看：

这可是一片天，
祯祥的轻蓝，
攝引着越来越纯洁的浮云，
下面是一切洁白在过往，
上面是稀薄的广大的银灰，
温暖的泛滥有如粉红的底绘，
还有落日给一切披上
宁静的霞光。

神奇的结构，
本身在流动本身又在保存，
造出形象，巨大的翅膀，条纹，
还有高山正对初起的天星，
还有一转眼，那边：天门开在远方，
远方啊，也许只有飞鸟才识得路向……

16. 黄　昏

黄昏慢慢的改换衣裳，
衣裳给它从老树保持住边缘，
你看：从你身边分开了两块地方，
一块是朝天，另一块呢，下沉。

让你不附属任何一派，
不要黑暗到像沉默的楼房，
也不要寄托确定的永恒
像星星每夜闪动起光辉。

而且（说不出的解化）拿你生命
交给你自己，凄惶，巨大也走向成熟，
教它一会局促一会又把握，
在你身上轮流作石头和星星。

17. 严肃的时辰

有谁现在在世界上任何一处哭，
无故的在世界上哭，
在哭我。

有谁现在在夜里任何一处笑，
无故的在夜里笑，
在笑我。

有谁现在在世界上任何一处走，
无故的在世界上走，
来找我。

有谁现在在世界上任何一处死，
无故的在世界上死，
望着我。

18. 乞丐之歌

我走过一家又一家，

雨水淋又太阳晒；
忽然我右手一叉
托起我的耳朵，头向右歪，
于是声音似乎在作假，
真是我的吗，那可怪。

于是我猜不准，是谁在走路，
我，还是别的谁，
我叫喊是为了一点区区，
诗人叫喊却多讨好几倍。

终于我还收起我的面孔，
连带闭上了双眼；
手上搁住面孔那一股沉重，
倒像是一片安闲，
教他们别以为我太穷，
连头也没有地方安顿。

19. 盲人之歌

我是瞎的，你们外面，那是一种诟詈，
一种敌意，一种异议，
一点每天的沉重，
我的手搁上我女人的臂膊，
我灰白的手搭上她灰白的灰白，
她领我走过一片又一片的虚空。

你们互相接触，拥撞而且妄想，
比较石头碰石头是另外一种声响，
可是你们弄错了：只有我
在生活，在受苦又在嘈闹。

我身内是一片无穷的叫嚷,
我也不知道,是我的肠脏,
还是我的心向我呼号。

你们可认得这些歌曲?你们不唱,
也不全符合音调的轻重,
每天早上是新鲜的阳光
温暖的给你们照入宽敞的房栊。
而且你们的情感是凝望对凝望,
一场相望勾引到顾惜的宽容。

20. 孤儿之歌

我是空头人也永远是空头人,
现在算成人当然还矮小;
将来可也糟。

妈妈呀爸爸
做做好心,
即使不值得花精神培养:
一割总算是收场,
谁也用不着我:现在是太早,
明天呢却又过了时候。

我只有这一件衣裳,
会退色也会变稀薄,
可是穿得到地久天长
也许直到上天国。

我只有这一点头发,
(老是这一抓)

有过人当它是宝贝。
现在他什么也不爱。

21. 看书的人

我一直看书，自从下午，
连带潇潇的雨声，靠上了窗户，
从外面我再听不到飘风：
我的书沉重。
我看入篇幅就像看入脸庞，
脸庞对沉思显现出灰暗，
而且诵读周围积聚起时间——
忽然间书页加上了一层明朗，
代替烦躁的字句的纷乱
写着：黄昏，黄昏……布满了纸张；
我还不朝外面望，可是
冗长的字行在破裂，字粒在打滚，
滚脱了线索，到那里随它高兴……
于是我知道，在那过分
茂密灿烂的花园顶上天宇是辽远；
太阳还应该再一次来临——
现在到了夏夜，任你放眼望：
凌散的拼不出多少小组，
行人暗沉沉的走上长途，
而且怪远，只要有一点言语
传到你耳朵，意义便见得特别深长。

当现在我从书本抬起眼睛，
什么都不会陌生，什么都显得庞大，
外边有什么，就在我里面超生，

东西南北全没有限界；
只有物体以及累积的严肃的简单
接到我游动的眼光，
我才更多的陷入罗网——
地球一步步长大，一步步扩张，
像是要拥抱广大的天穹：
第一颗大星好比是末一座楼房。

正　法

瓦尔特·胡戈·圣克[①]

暴君侩子手靠近断头台，
从死囚口上穿过清晨
剪出一声最后的叫喊：
为什么？可是没有人说：因为……

原来没有谁提得起勇气，
监刑官低头走向断头台，
感到是给打个正着，动作得赶快
血泊中于是泛涌起问题……

---

① 瓦尔特·胡戈·圣克（Walter Hugo Schenk）。

赛巴斯托波尔英军墓地

西莫诺夫①

没有秋凋松，没有水松，
碱地上突起西方的石屋，
炙热的阳光下的鳞甲松
像是刺刀直戳入砂砾。

顶着瘦伶仃的树荫，
铺上灰老的石块，
步兵为步兵，骑兵为骑兵，
长眠着不列颠武士，一排又一排。

林木应和着悲风，尤其是丁香，
呼呼的海风连日吹，
守墓人跪到地上，
依照英国的气派，修剪树枝。

长眠的武士从未被遗忘，
轮船从英国带来鲜花，
带来乌刺荆编作篱墙，
还从德文塞带来红砖瓦。

---

① 西莫诺夫（K Simonow）苏联青年诗人，这首诗是从列徐尼徹尔的德译稿译出。

也许是死者寄葬天涯
会睡得更加安稳，要是他们晓得
头上铺的是英国自己的砖瓦，
还有英国自己的树枝摇曳。

每一座碑位的铜牌，
纪念像的尘封的砌壁，
都小心嵌上碑铭，也是从英国带来，
写明纵队以及士兵的姓名经历。

还有一件事，做好了才放船开行，
凡是碑文通通给译成俄文，
他们担心，会有恶劣的事情，
看外国得用另一种眼光看。

可是一说到俄文的翻译工夫，
这位不列颠绅士却没有到家，
无可奈何的真挚的寡妇
为了纪念丈夫说出一段话：

"一位军士在此安息，上帝做主，
来到墓前就向死者致敬！"
多少老妻，新妇和慈母
从英国发出这样的心声！

谁担保外国人不锄开坟墓，
劈开棺材，赌一赌毒心辣手段——
"听见吗？不要大胆，上帝作主！
哀求你们的是妻子和母亲！"

无根的恐惧，祖宗墓地的碑铭

已经应该归编入古老的年头，
不列颠武士早已长眠不醒，
我们没有谁要向死人说报仇。

苏利－普吕东诗2首

苏利－普吕东[①]

1. 无名的愉快

认识得太透彻了痛苦的根因，
可是有时却从它找寻愉快
偶然一觉醒来，也会开开心，
心事的勾引却到底陌生，不了解。

玫瑰光辉浸润着我的家，我的风仪，
我热爱宇宙可又说不出因由，
我闪动喜气，只维持得一小时，
我的性灵又回复它的幽忧。

怎么来的这倏忽的愉快的辉光？
天堂，为思慕的凝望开一开？
从黑夜的时辰闪出了星芒？
熄灭了——我向黑暗倒退。

难道是四月事先来报导蔚蓝，

---

① 苏利－普吕东（R F A Sully-Prudhomme 1839—1907）法国诗人，长于哲理的抒情，从诗作《无名的愉快》便可以显出作者独特的风格。1901 年获得诺贝尔文学奖。

熄灭的火焰还可以散放光芒，
从季候的死灰再烧出青春？
预感就是未来的忧情的欢畅？

不，算不得回忆也算不得预兆，
来看这些迹象作为隐藏的命运，
也许是依傍迷途的幸运有一番警告，
幸运的浪游偶然给我们打一个照应。

2. 古瓶和小鸟

孤零零的，密林深处，
荆棘丛中，野草堆中
有一只花瓶，高大，威风，
还是俨然的王朝气度。

高贵的形式，优美的石头，
搢耳挺起了一双羊戟，
婴儿团一团亲热
藤蔓般连搭起身手。

边缘，本来是雪白，
却粘上了黝黑的苔藓
古铜色的络须从四面
合围，埋头的来一次剥蚀。

重担拖侧了瓶脚，
瓦石的荒堆得到掩盖，
因为脚架是已经崩坏，
可是它挺立，像是天骄。

它想："世界上——难道有什么变故？
我周围却在昏睡；闷得慌，
阴暗的雨水满满的灌上，
枯枝和烂锈更一塌糊涂。

宫人今天全上那里去？
他们的光鲜，他们的谑弄？
多少年来没有人类的颜容
同我打过就是一次的招呼。"

正当它回想过去的繁华，
孤零零的没有人理会，
却来了一只小鸟，从天边飞来，
为了解渴向瓶口落下。

"来吧，青天住户，讲讲新闻，
望得远是你的眼睛，
你可知道卢浮宫①的运命？
为什么国王的消息没有人传？"

"啊，你今天可真是"，
对方说"搬出了过时的忧愁，
这里难道就一点也没有
提到人民变乱的把戏？"

"偶然，像是远远的轰雷
有粗野的强暴的冲撞
以及奇怪的战斗的响动

---

① 卢浮宫是巴黎的古宫，建于 16 世纪，1973 年后改为美术馆，为世界艺术的宝库。巴黎王府 1871 年被焚，现在就原址改建公园。

教我不由自主的惊悸。"

这就是他们骚乱的回响。
没有寺楼也没有塔顶
容许鸟雀享一点太平，
到处都是烟焰和刀枪。

在巴黎我向关闭的窗玻璃
敲动我的嘴甲，啊，发颠！
就连玫瑰色的娇嫩的唇边
也没有面包给你打主意。

向巴黎王府，向孟式①檐牙
我飞了过去，赌一次胆，
可是立刻便是火焰的追赶，
除非不看，看就是放火和抄家。

总算今天遇到了救星，
看见巴士梯②超登大宝；
他顶上我安顿了一家老小——
那一切震撼啊，我的难民营！

他们从新造起了石墙，
你我却不许先开眼界：
过去了宫殿的时代，
筑巢吗，暂时还不要多想。"

---

① 孟式是孟萨尔（1598—1666）式的顶楼建筑，他的侄子（1646—1708）主持路易十四的凡尔赛宫的建筑工程。
② 巴士梯是巴黎的宝殿，路易十四时代改作政治犯的牢狱，成为专制的象征。1789 年 7 月 14 日为市民攻克，即以为法兰西共和国国庆日。

一只船驶往德国

彼得·胥尔特①

夜是旷远，海送来海风，
我躺着，睡不着，身在他乡。
什么纽带也不曾跟它扣上，
它让我孤单，与陌生人相同。

碰上我耳朵是一阵低沉壮实的音响，
一只大船在驶出邻近的港口，
像是猛兽出笼，沉重的长嘎，
我追蹑它的力气，几秒钟久长……

于是我的心跟着飘浮大海，
我的心梦着故乡，辽远的彼岸
还从不识的人们听到呼唤，
奔向斗争，为了民族精神和气派。

朝着这目标我们同样在搏斗，
你们在故乡，我们，我们在流亡；
你的儿子们呀，德国，凝着爱你的心肠
当怀乡病的没有星星的深宵——

---

① 彼得·胥尔特（Piter Sylt）。

每一穴坟墓爬出来一个数字，
从深深的地底，深深的海底

都有多样的数字搬进会堂：
给人变成了金元，马克和金镑……

铁刺网上面挂满人——
他们却高坐着大发议论

盘算着，却几乎不免惊慌：
赢利跟着轰炸向下降。

赢利，跟着高射炮飞散天空，
赢利变作水雷的供奉。

重炮发挥了它的威势，
死人坑——作为赢利的登记。

每一个死人都有了代价，
照耀着胜利的光华。

曲线一直向上攀，看见了！
赢利增加！大账单对了！

他们这样坐着，白天坐到夜
世界的老爷证明了他们的强大。

什么也弄不到他软化和迷惘——
每一个都有一副铁脑浆。

没有一个人对他的行为惊怖——

谁都有一层铁皮肤。

没有一个人丧失了他的神经——
装甲的夹万就是他们的心。

不管死的是几千百万——
签字总有他们的铁手腕。

有一回集合了世界的老爷,
大账单高高悬挂。

由某一个人高声读一过,
谁在插嘴……可不是一队妖魔?

"账目对了!"这样插一句,
为了引起各方面的申诉:

"这篇账目说错真是错,
我们说一份!我们有话说!"

主席坐着,他吩咐,
铁脑袋在想一个数。

铁拳头拿起那数字一拍——
这个数字,这个数字那里算够格!

"我们说一份!"嚷着,人是数不清,
"我们是这个数目,账上竟没有列名!"

不管铁手腕签什么花头,
缺少了这个数字,万事皆休……

"这个数字越见得占有多数！"
多样的数字挤在一处。

对面的一个数字在发言：
"你，铁脑袋，铁手腕！

你们，铁心肝，你，铁皮肤！"
——多数的声音越来越粗鲁——

"你们……你们把我们榨成数字，
现在让我们来一场复活的典礼——

你们从人类的苦难榨出甜头，
你们，你们十恶不赦的凶手——

曲线一直向上攀，看见了！
世界的老爷，大账单对了！"

他们这样说着，白天说到夜，
而外边——外边是停止了厮杀。

说着荣誉也说着毁谤，
真理开口了，虽然从前是一声不响。

还有是属于人道的使命，
人民在说话，人民在说着饥馑。

英雄在说话，找到了他的诗伯，
说的有一个神圣自由的祖国……

他们这样说着，一唱大家和，
每一句话都有同一的节拍。

白天转到夜，夜转大清早。
"大账单对了！"擂鼓在报告。

这组诗歌 49 首均为遗稿　由沈红辉、廖崇向编排整理于 2014 年。

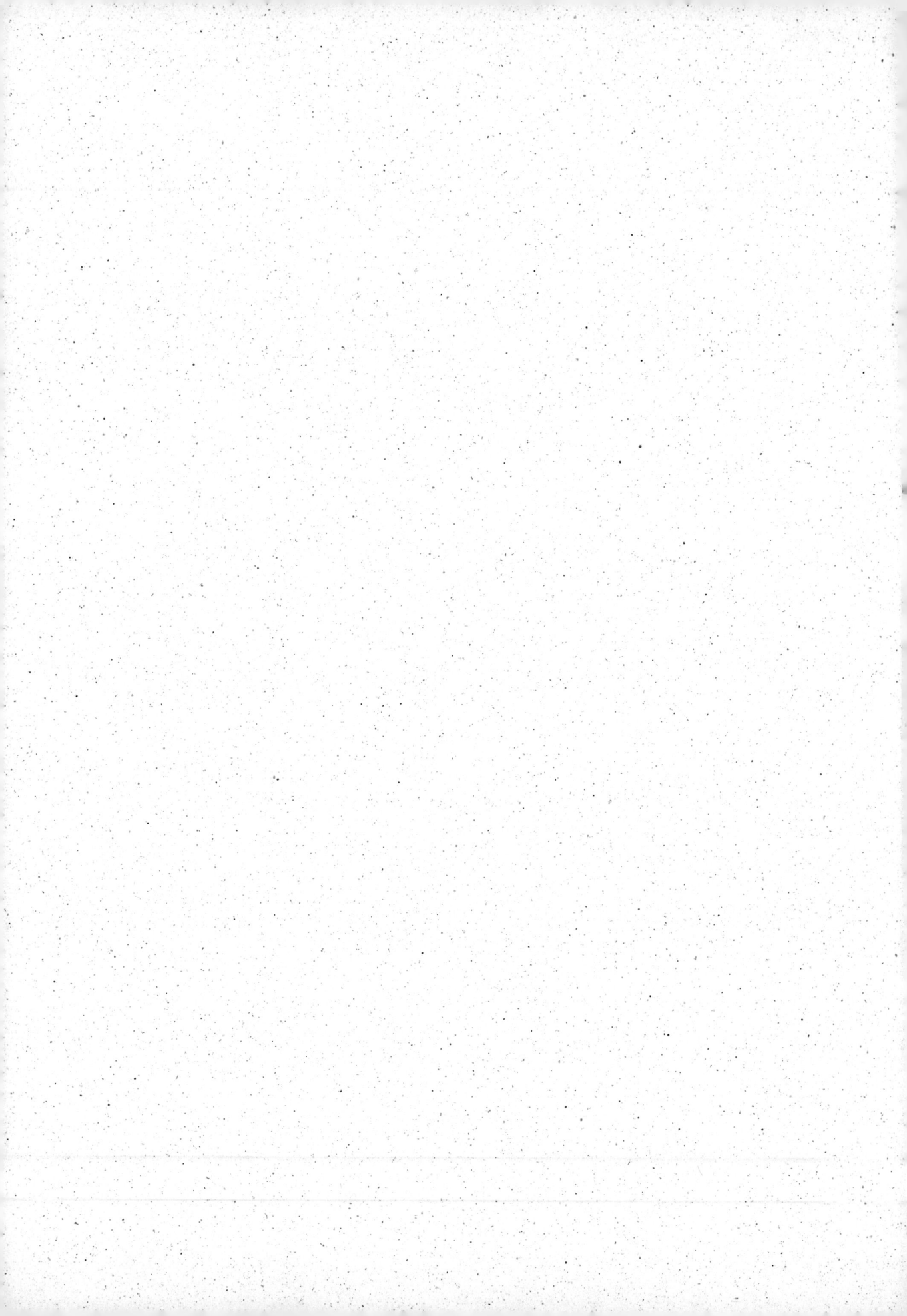